AF453938

PUBLICATIONS

DE L'ÉCOLE DES LANGUES ORIENTALES VIVANTES

LE

SYSTÈME VERBAL SÉMITIQUE

ET

L'EXPRESSION DU TEMPS

PAR

MARCEL COHEN

PROFESSEUR ADJOINT À L'ÉCOLE DES LANGUES ORIENTALES
DIRECTEUR D'ÉTUDES À L'ÉCOLE PRATIQUE DES HAUTES ÉTUDES

PARIS

IMPRIMERIE NATIONALE

ÉDITIONS ERNEST LEROUX, RUE BONAPARTE, 28

MDCCCCXXIV

PUBLICATIONS

DE

L'ÉCOLE DES LANGUES ORIENTALES VIVANTES

V⁰ SÉRIE. — VOL. XI

LE

SYSTÈME VERBAL SÉMITIQUE

ET

L'EXPRESSION DU TEMPS

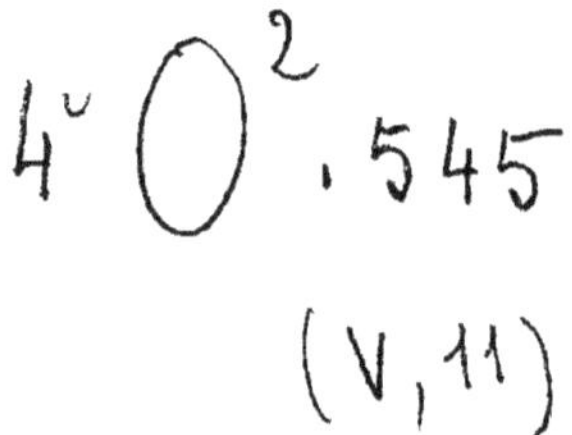

LE
SYSTÈME VERBAL SÉMITIQUE

ET

L'EXPRESSION DU TEMPS

PAR

MARCEL COHEN

PROFESSEUR ADJOINT À L'ÉCOLE DES LANGUES ORIENTALES
DIRECTEUR D'ÉTUDES À L'ÉCOLE PRATIQUE DES HAUTES ÉTUDES

PARIS

IMPRIMERIE NATIONALE

ÉDITIONS ERNEST LEROUX, RUE BONAPARTE, 28

MDCCCCXXIV

PRÉFACE.

Ce livre est un procès-verbal de recherches. Deux faits ont inspiré ces recherches :

1° Les langues sémitiques anciennes (accadien à part) n'ont, à chaque thème du verbe, que deux formes conjuguées de l'indicatif : ces deux formes (parfait–imparfait) n'expriment pas le temps, mais le degré d'achèvement d'un procès (accompli-inaccompli).

2° Certaines langues sémitiques modernes ont des formes verbales composées qui rappellent les formes composées des langues modernes de l'Europe occidentale et semblent, comme celles-ci, exprimer des divisions du temps.

Du contraste entre ces deux faits est née l'idée de rechercher dans toutes les langues sémitiques si, au cours de leur histoire, le système verbal n'y était pas parvenu à exprimer les rapports de temps qui sont essentiels dans le verbe des langues européennes occidentales.

La notion du temps situé, divisé en passé, présent, futur, a donc servi de pierre de touche pour juger et classer toutes les formes verbales sémitiques que fournissaient des dépouillements de grammaires descriptives et d'ouvrages de grammaire comparée, des sondages dans les textes publiés, des renseignements dus à divers observateurs et des observations personnelles sur différentes langues parlées.

C'est ce plan de recherche qui a commandé le plan du livre. La question générale qui était posée ne pouvait recevoir une réponse que si on faisait comparaître tous les faits sémitiques dans le cadre abstrait de l'enquête : c'est donc ce qui a été fait.

Or il s'est révélé, une fois le travail mené à bout, que le système verbal sémitique, très conservateur, a persisté au cours de son histoire, presque partout, dans son essence ancienne. L'idée de temps y est accessoire, presque toujours; les formes composées n'ont presque jamais une valeur seulement temporelle; presque jamais elles ne sont d'emploi obligatoire. La recherche aboutit, dans l'ensemble, à une conclusion négative.

Ceci, cependant, avec une réserve : il vient d'être dit « presque jamais, presque toujours ». En effet, sur quelques points, l'idée de temps a pris pied, tout de même, dans le système sémitique : c'est peut-être l'indice d'un développement nouveau, et sans doute n'était-il pas inutile d'en faire l'observation.

Cette réserve faite, il est évident que, vu le résultat généralement négatif qui a été obtenu, le plan du livre apparaît comme mal accommodé à l'objet de l'enquête : le système verbal sémitique. Les faits sémitiques sont examinés de biais et non dans le plan qui leur est propre. Une description qui s'attacherait à l'esprit particulier du système verbal sémitique devrait être tout autre.

Fallait-il donc refaire un exposé suivant cette idée? Rapprocher les membres disjoints, reconstituer l'organisme?

Pour la période ancienne, dans la mesure où nous pouvons atteindre quelque chose du sémitique commun, la première partie du livre essaie (en utilisant les travaux de divers auteurs) de répondre à ce besoin de description interne.

Pour le développement ultérieur, il ne paraît pas actuellement possible de dépasser beaucoup le résultat atteint jusqu'ici par les sémitisants comparatistes. Chaque langue a un développement individuel, comme il est normal dans tout groupe de langues. Les faits de l'une ne se laissent aisément comparer aux faits de chacune des autres que si l'on s'en tient à des observations superficielles sur les formes, et encore; dès qu'on observe les emplois avec soin, les incompatibilités se manifestent.

Il resterait donc à suivre les développements séparés. C'est une tâche considérable, réservée aux équipes de chercheurs à venir. Les langues littéraires ont été, il est vrai, pour la plupart minutieusement décrites; les monographies de parlers vivants sont déjà abondantes. Mais ces études sont en nombre insuffisant : des parlers modernes de l'arabe, de l'araméen, de l'éthiopien sont connus par des recueils de textes sans grammaire, ou avec des grammaires rudimentaires; d'autres (en nombre considérable, pour l'arabe) sont encore presque ou tout à fait inexplorés. Un effort complémentaire d'information et surtout de description s'impose avant qu'on puisse passer à la comparaison et à l'histoire, sur chaque domaine. Les besognes qui attendront ensuite les travailleurs sont tracées à l'avance : étudier les grands ensembles à l'intérieur du sémitique : l'araméen, l'arabe, le groupe éthiopien.

En attendant que ces tâches soient accomplies, j'ai dû me borner à exécuter tant bien que mal mon projet comme je l'avais d'abord conçu. Mais l'absence des travaux préliminaires, qui seuls permettront ultérieurement des études générales plus assurées, m'a été à chaque instant sensible au cours de mon travail.

J'ai constaté, en examinant le matériel de ces temps composés qui m'avaient incité à la recherche, qu'il me fallait revoir plusieurs étymologies, amorcer certaines études de lexique. Ainsi est née la deuxième partie de cet ouvrage.

Ensuite il m'a fallu, dans l'examen des faits relatifs à chaque chapitre, déflorer des problèmes de syntaxe, juger sans statistique de la fréquence approximative de maints emplois, alors que je ne me sentais pas appuyé autant que je l'aurais voulu par l'autorité de confrères spécialistes en chaque domaine. Sans doute j'aurais pu faire mieux avec de nouvelles années d'enquête, en me pliant à un supplément d'apprentissage, en recherchant des renseignements qui s'offriraient sans doute : je confesse à la fois, ici, mes ignorances et mes hardiesses.

On comprendra, d'après ce qui précède, que je n'aie tenté qu'avec une certaine timidité de donner un aperçu d'ensemble sur les systèmes verbaux des langues sémitiques, même en me bornant aux mieux connues. Cet aperçu était nécessaire comme un regroupement de ce qui avait été dispersé par la recherche *a priori*. Il ne pouvait pas être composé avant que tous les faits de détail aient été passés en revue, et il devait se trouver à la fin de l'ouvrage. Néanmoins il pourra être commode aux lecteurs de s'y transporter après avoir lu la première partie et d'en prendre connaissance avant de lire la documentation qui seule en éclaire la teneur et justifie les conclusions qui en dérivent.

Ceux qui auront la patience de regarder avec l'enquêteur la marqueterie de fragments de langues qui constitue les chapitres de la troisième et de la quatrième partie pourront entrevoir par quelle variété de moyens, par combien de solutions partielles et précaires, avec quel mélange d'autres notions, l'idée de temps, qui n'est pas dans l'esprit du système verbal sémitique, arrive à percer néanmoins dans le verbe de divers parlers sémitiques.

Ma reconnaissance va aux auteurs d'ouvrages comparatifs, de grammaires descriptives, de recueils de textes, sans lesquels je n'aurais pu entreprendre mon enquête.

Elle s'adresse à tous ceux qui m'ont aidé au cours de la tâche. M. A. Meillet, dont j'ai essayé d'appliquer les enseignements sur un domaine qu'il m'a lui-même conseillé d'aborder, a approuvé le choix de mon sujet en 1912 ; quand j'ai pu me mettre à rédiger à la fin de 1920, il m'a soutenu de sa critique jusqu'à ce que je m'arrête à la présente rédaction et il a encore participé à la revision des épreuves. M. W. Marçais a lu l'ouvrage en manuscrit et m'a indiqué nombre de détails à rectifier ; il a revu minutieusement les épreuves en enrichissant encore le livre de ses informations.

M. Mayer Lambert a lu les épreuves et m'a aidé surtout pour l'hébreu et l'araméen. M. Ch. Fossey a vu de près avec moi les passages consacrés à l'accadien. Qu'ils soient ici spécialement remerciés. La plupart des autres personnes à qui je suis redevable de renseignements sont nommées dans le corps du livre; je n'oublie pas celles à qui je dois certaines informations ou vérifications qui ne sont pas expressément signalées.

Juin 1924.

Marcel COHEN.

NOMENCLATURE.

Temps situé. — Ce terme a été adopté pour désigner le temps qu'un spectateur se représente comme une ligne idéale sur laquelle il découpe les tranches : passé, présent, futur; voir p. 13.

Procès — Ce terme est employé pour nommer ce que désigne proprement le verbe : c'est le fait «qu'il se passe quelque chose» : action, changement d'état, etc. (voir Meillet, *Linguistique*, p. 175).

Parfait et imparfait. — Ces termes désignent les deux formes principales de la conjugaison sémitique. Le parfait est la forme à suffixes du sémitique occidental (ainsi 2ᵉ personne masculin singulier de la racine «tuer» en arabe : *qatalta*) ou la forme à radical bref du sémitique oriental (même personne, racine «conquérir» : *takšud*). L'imparfait est la forme munie de préfixes et de suffixes du sémitique occidental (2ᵉ personne masculin singulier, arabe *taqtulu*, féminin singulier *taqtulīna*) et la forme conjuguée de même, mais à deux voyelles radicales, du sémitique oriental (2ᵉ personne masculin singulier : *taka(š)šad*, féminin singulier : *taka(š)šadī*). Ces noms ont une valeur strictement morphologique et ne préjugent pas de l'emploi.

Accompli, inaccompli; jussif, jussif subordonné, subjonctif; parfait-présent, passé relatif, passé du deuxième degré, passé antérieur, plus-que-parfait; résultatif; duratif; présentatif. — Ces termes dont on trouvera les définitions au cours du livre (voir les références à l'index des notions) indiquent des emplois et peuvent s'appliquer à des formes variées.

TRANSCRIPTION.

LISTE DES SIGNES EMPLOYÉS QUI N'EXISTENT PAS DANS L'ALPHABET FRANÇAIS

OU QUI ONT UN EMPLOI DIFFÉRENT DANS CET ALPHABET.

Les transcriptions des divers auteurs cités ont été ramenées à la présente transcription.

CONSONNES.

ʾ   occlusive glottale (*hamza* de l'arabe ء).

ʿ   spirante laryngale sonore (*ʿayn* de l'arabe ع).

ḥ   spirante laryngale sourde (ح de l'arabe).

q   occlusive vélaire sourde, avec constriction glottale (ق de l'arabe).

q̇   spirante vélaire sonore, avec constriction glottale (*q* spirant, seulement en tigrigna).

ḫ   spirante vélaire sourde (خ de l'arabe; ኸ du tigrigna [remplaçant *k* entre voyelles], *ch* allemand vélaire fortement prononcé comme dans les parlers suisses).

ġ   spirante vélaire sonore (غ de l'arabe, *g* dans l'allemand du Nord *Wagen* « voiture »).

g   occlusive sonore (comme dans « gâteau »).

č   affriquée prépalatale sourde (*tch* du français).

č̣   affriquée prépalatale sourde, avec occlusion glottale (ጨ de l'amharique).

ǧ   affriquée prépalatale sonore (*dj* du français).

š   spirante prépalatale sourde (*ch* du français).

ž   spirante prépalatale sonore (*j* du français).

ñ   nasale palatale (*gn* du français).

ṭ   *t* emphatique avec constriction ou occlusion glottale (ط de l'arabe, ጠ de l'éthiopien).

ḍ   *d* emphatique, avec constriction glottale (transcription conventionnelle du ض arabe et du ፀ éthiopien).

ḏ   variété de *d* en égyptien ancien.

s   spirante dentale sourde (comme dans «sourd»).

ṣ   *s* emphatique, avec constriction ou occlusion glottale (ص de l'arabe, ጸ de l'éthiopien).

ś   *s* mouillé ou *š* particulier (égyptien ancien, hébreu, sudarabique).

ṛ   *r* emphatique, avec constriction glottale (en arabe moderne).

ṯ   spirante interdentale sourde (ث de l'arabe, *th* sourd de l'anglais).

t^s   *t* affriqué, à peu près **ts**.

ḏ   spirante interdentale sonore (ذ de l'arabe, *th* sonore de l'anglais).

ḏ̣   spirante interdentale emphatique, avec constriction glottale (transcription conventionnelle du ظ arabe).

ḅ   spirante bilabiale sonore, *b* spirant ou *v* bilabial.

ṗ   *p* avec occlusive glottale (en éthiopien).

VOYELLES.

Voyelles longues, trait au-dessus : *ā*; voyelles brèves, croissant au-dessus : *ă*.

u   *ou* du français.

ü   *u* du français.

ọ   *o* fermé.

ǫ   *o* ouvert.

ö   *eu* du français.

â   intermédiaire entre *a* et *ǫ*.

ä   intermédiaire entre *a* et *ę*.

ẹ   *e* fermé.

ę   *e* ouvert.

ǝ   *e* muet du francais dans «probablement» (voir ci-dessous *ĕ*).

ĕ   en arabe et dans les langues sudarabiques désigne généralement un *ę* bref. Mais il est employé aussi quelquefois d'après des auteurs qui ne distinguent pas expressément *ę* bref de *ǝ*; il peut donc arriver qu'il représente *ǝ* et non *ę* bref, mais c'est dans des cas où ces deux voyelles sont morphologiquement équivalentes.

ACCENT.

L'accent n'est marqué nulle part.

RÈGLES PARTICULIÈRES

POUR LA TRANSCRIPTION DE CERTAINES LANGUES.

Hébreu et araméen biblique. — La notation massorétique du texte biblique a été translitérée aussi complètement que possible.

Les consonnes munies du signe de renforcement «fort» sont représentées par une consonne répétée.

Les consonnes *p*, *t*, *k*, *b*, *d*, *g* notées comme spirantes sont suivies de *ʰ*.

Les consonnes non prononcées par les Massorètes sont mises entre parenthèses.

Pour les voyelles, la transcription tient compte du timbre et non de la quantité, ainsi *å* transcrit ᵀ; *o* transcrit ˙, *e* transcrit ‥, *ę* transcrit ⦙.

Les voyelles longues notées au moyen d'un signe vocalique et d'une semi-voyelle sont transcrites (i)*y* et *u*(w). Le mot proclitique ᴉ «et» est transcrit *u*-.

La voyelle ˎ non prononcé n'est pas transcrite; prononcée pleinement, elle est transcrite *ə*; dans les cas ambigus où les grammairiens l'appellent *šəwá(ʾ)* moyen, elle est transcrite ᵉ.

Syriaque. — Dans l'ensemble il est translitéré, comme l'hébreu, avec mise entre parenthèses des consonnes non prononcées. La prononciation spirante de *p*, *t*, *k*, *b*. *d*, *g*, a été notée suivant les règles de l'hébreu massorétique, ainsi que les voyelles *ə* et ᵉ.

Mandéen. — Le mandéen est translitéré; les consonnes représentant des voyelles sont transcrites comme des consonnes.

Arabe. — La transcription usuelle est suivie ici; les voyelles longues sont notées comme telles, les consonnes qui servent à les noter en arabe ne sont pas translitérées; il est fait exception pour *y* après *a* en fin de mot, ainsi *ʿala(y)* et non *ʿalā* «sur».

Éthiopien. — Les voyelles du guèze autres que *a* et *ə* sont toujours translitérées comme longues. Il en est quelquefois de même dans les exemples des langues modernes pris à des textes écrits. Ceux qui ont pu être entendus, ou sur lesquels des renseignements exacts ont été obtenus, ont été notés avec les voyelles de longueur variable qui se prononcent en réalité, d'où certaines discordances.

La voyelle *a* (1ʳᵉ colonne du syllabaire) figure assez souvent là où la prononciation exacte est *ä* et même *ę*; la voyelle *ā* (4ᵉ colonne du syllabaire) est souvent transcrite ainsi même dans des cas où elle est brève, notamment en finale; la voyelle de la 5ᵉ colonne, ancien *e*, est notée *e* en guèze et en tigré, mais ordinairement *ye* en tigrigna et en amharique, suivant la prononciation moderne.

ABRÉVIATIONS.

chap., chapitre;

col., colonne:

fém., féminin:

l., ligne;

masc., masculin;

p., page;

sing., singulier;

et suiv., et suivant(e)s.

Ab. Ph.	Abhandlungen der philologisch-historischen Klasse der sächsischen Akademie der Wissenschaften.
B. A.	Beiträge zur Assyriologie und semitischen Sprachwissenschaft.
B. S. L.	Bulletin de la Société de linguistique de Paris.
C. I. S.	Corpus inscriptionum semiticarum.
G. G. A.	Göttingische gelehrte Anzeige.
J. A.	Journal asiatique.
M. S. L.	Mémoires de la Société de linguistique de Paris.
M. S. O. S.	Mitteilungen des Seminars für orientalische Sprachen (Berlin).
R. S. O.	Rivista degli Studi orientali.
Sph.	Sitzungsberichte der kais. Akademie der Wissenschaften in Wien, philosophisch-historische Klasse.
W. Z. K. M.	Wiener Zeitschrift für die Kunde des Morgenlandes.
Z. A.	Zeitschrift für Assyriologie und verwandte Gebiete.
Z. D. M. G.	Zeitschrift der deutschen morgenländischen Gesellschaft.

SIGNES DIVERS.

$>$ aboutit à;

$<$ provient de;

$*$ forme restituée;

( ) suppression, explication:

[ ] addition.

TRADUCTION DES EXEMPLES (ORDRE DES MOTS).

Dans les exemples, chaque fois que la traduction ne suit pas l'ordre des mots du texte cité, les mots de cette traduction reçoivent des chiffres correspondant à la place des mots sémitiques; ainsi le premier mot de la phrase sémitique a dans la traduction française le chiffre 1, quelle que soit sa place dans ladite traduction.

En principe les enclitiques et proclitiques ne sont pas distingués des mots auxquels ils sont attachés. Ils sont séparés par un trait d'union seulement s'ils reçoivent un numéro d'ordre distinct dans la traduction.

Les mots français qui sont entre crochets sont ajoutés pour l'intelligence des phrases citées; ils n'ont pas de correspondant dans le texte sémitique.

RENVOIS.

Les renvois ont été réduits au minimum, ainsi que les références à l'index.

Les index, qui indiquent toutes les mentions importantes d'un mot ou d'une notion, servent de système de référence d'un passage du livre à l'autre : ainsi, quand on étudie à la III⁰ partie l'usage d'une particule dont l'étymologie est étudiée à la II⁰ partie, il n'est pas renvoyé à cette II⁰ partie; mais l'index, consulté pour cette particule, permet de se reporter au passage voulu.

LISTE

DES OUVRAGES CITÉS.

Dans le corps du livre les titres sont abrégés.

Les textes accadiens et les ouvrages arabes dont un passage est reproduit d'après un des ouvrages cités ou d'après un informateur cité ne sont pas insérés dans la présente liste.

Les textes de la Bible et du Coran n'y sont pas non plus mentionnés.

Abba Jérôme Gabra Musye. Renseignements verbaux sur sa langue maternelle, le tigrigna, et sur l'amharique (1922).

Abba Takla Maryam. *Kəfla sawāsəw šāləs*, Rome, 1910.

Antoine d'Abbadie. *Dictionnaire de la langue amariñña*, Paris, 1881.

G. J. Afevork. *Grammatica della lingua amarica*, Rome, 1905.

—— *Guide du voyageur en Abyssinie*, Rome-Paris, 1908.

—— *Romanzo in lingua amarica (Ləbb wallad tārik)*, Rome, 1908.

K. Albrecht. *Die Wortstellung im hebräischen Nominalsatze* (Zeitschrift für die Alttestamentliche Wissenschaft, 1888, p. 249-263).

——, *Neuhebräische Grammatik*, Munich, 1913.

Aleqa Taje, *Abyssinian history (Yaityopyā həzb tārik)*, Asmara, 1922.

Arabic proverbs collected by Mrs. A. P. Singer, ed. by E. Littmann, Le Caire, 1913.

C. H. Armbruster. *Initia amharica* : Part I, *Grammar*, Cambridge, 1908.

—— *Initia amharica* : Part III, *Amharic-english vocabulary*, with phrases, volume I, Cambridge, 1920.

Ch. Bally. *Copule zéro et faits connexes* (B. S. L., XXIII, 2, n° 71, p. 1-6, 1922).

J. Barth. *Sprachwissenschaftliche Untersuchungen zum Semitischen*, 2ᵉ partie, Leipzig, 1911.

J. Barth. *Etymologische Studien zum semitischen insbesondere zum hebräischen Lexicon*, Leipzig, 1893.

—— *Arab. lāta «es ist nicht»* (Z. D. M. G., 67 [1913], p. 494-496).

—— *Die Etymologie von arabischen [ʾin] «nicht», [laysa] «nicht sein»* (Z. D. M. G., 68 [1914], p. 360-364).

A. Barthélemy. *Notes de lexicographie et de grammaire arabes* (dans : Cinquantenaire de l'École pratique des Hautes Études, Paris, 1921, p. 43-50).

—— *Histoire du roi Naaman*, Conte arabe dans l'idiome vulgaire de Syrie (Haut-Meten, Liban) [Journal asiatique, 1887 (2° vol.), p. 260-339, 465-487].

Francesco da Bassano. *Vocabolario tigray-italiano e repertorio italiano-tigray*, Rome, 1918.

René Basset. *Manuel de langue kabyle*, Paris, 1887.

Hans Bauer. *Die Tempora im Semitischen*, Leipzig, 1910 (B. A., VIII, 1).

—— *Semitische Sprachprobleme.* 1. Das chronologische Verhältniss von Aorist (Imperfekt) und sog. Perfekt in der sem. Verbalbildung (Z. D. M. G., 68 [1914], p. 365-388).

—— *Semitische Sprachprobleme.* 8. Superglossen zu Nöldeke's «Glossen» in Z. A., XXIX, s. 163 ff. (Z. D. M. G., 71 [1917], p. 401-407).

Hans Bauer und Pontus Leander. *Historische Grammatik der hebräischen Sprache des Alten Testaments.* I. Einleitung. Schriftlehre. Laut- und Formenlehre. Halle, 1918-1922.

Leonhard Bauer. *Das palästinische Arabisch. Die Dialekte des Städters und des Fellachen*, Leipzig, 2° édit., 1910 (la 3° éd., de 1913, n'a pas été utilisée).

Marcelin Beaussier. *Dictionnaire pratique arabe-français*, Alger, 1871.

G. Bergstrasser. *Glossar des neuaramäischen Dialekts von Maʿlūla* (Abhandlungen für die Kunde des Morgenlandes, XV, 4, Leipzig, 1921).

—— *Neue Texte im aramäischen Dialekt von Maʿlūla* (Z. A.. XXXII, 1918-1919, p. 103-163).

—— *Verneinungs- und Fragepartikeln und verwandtes im Ḳurʾān* (Leipziger semitistische Studien, V, 4, Leipzig, 1914).

—— *Sprachatlas von Syrien und Palästina*, Leipzig, 1915.

A. A. Bevan. *Some contributions to arabic lexicography* (dans : A volume of oriental Studies presented to Edward G. Browne, Cambridge, 1922).

Maximilian Bittner. *Studien zur Laut- und Formenlehre der Mehri-Sprache in Sudarabien*, I, Sph., 162, 5, 1909; II, Sph., 168, 2, 1911; III, Sph., 172, 5, 1913; IV, Sph., 174, 4, 1914; V, 1, Sph., 176, 1, 1914; V, 2, Sph., 178, 2, 1915; V, 3, Sph., 178, 3, 1915. Vienne.

Maximilian BITTNER. *Studien zur S̱ḫauri-Sprache in den Bergen von Dofâr am Persischen Meerbusen* : I, Sph., 179, 2, 1916; II, Sph., 179, 4, 1916; III, Sph., 179, 5, 1917; IV, Sph., 183, 5, 1917. Vienne.

—— *Vorstudien zur Grammatik und zum Wörterbuche der Soqoṭri-Sprache* : I, Sph., 173, 4, 1913; II, Sph., 186, 4, 1918. Vienne.

A. BLOCH. *Phoenicisches Glossar*, Berlin, 1890.

Franz M. Th. BÖHL. *Die Sprache der Amarnabriefe*, mit besonderer Berücksichtigung der Kananismen, Leipzig, 1909.

Hermine BRAUNER-PLAZIKOWSKI. *Ein äthiopisch-amharisches Glossar (Sawâsew)* [M.S.O.S., XVI (1914)].

Carl BROCKELMANN. *Grundriss der vergleichenden Grammatik der semitischen Sprachen* : I. Laut- und Formenlehre, Berlin, 1908; II. Syntax, Berlin, 1913.

—— *Syrische Grammatik*, Berlin, 2ᵉ éd., 1905.

Ferdinand BRUNOT. *La pensée et la langue*, Paris, 1922.

Louis BRUNOT. *Yallah! ou l'arabe sans mystère*, Paris, 1921.

Manfredo CAMPERIO. *Manuale tigré-italiano*, Milan, 1894.

Henri CARBOU. *Méthode pratique pour l'étude de l'arabe parlé au Ouaday et à l'est du Tchad*, Paris, 1913.

Marius CHAÎNE. *Grammaire éthiopienne*, Beyrouth, 1907.

—— *Catalogue des manuscrits éthiopiens de la collection Mondon-Vidailhet*, Paris, 1913.

The chronicle of king Theodore of Abyssinia, éditée par Enno Littmann, Princeton, 1902.

Chronique de Zar'a Yâ'eqôb et de Ba'edu Máryâm, édition J. Perruchon (Bibliothèque École des Hautes Études, n° 93, Paris, 1893).

Marcel COHEN. *Le parler arabe des juifs d'Alger*, Paris, 1912.

—— *La prononciation traditionnelle du guèze (éthiopien classique)* dans J. A., oct.-déc., 1921, p. 217-260.

—— *Groupes de consonnes au début du mot en éthiopien* (dans Cinquantenaire de l'École pratique des Hautes Études, Paris, 1921, p. 141-159).

—— *Couplets amhariques du Choa* (sous presse, extrait de J. A., 1924).

—— *Enquête personnelle sur les dialectes gouragué* (Notes manuscrites prises en 1910).

—— *Sur la forme verbale égyptienne dite «pseudo-participe»* (M.S.L., XXII, p. 242-246 [1921]).

Marcel Cohen. *Les langues chamito-sémitiques* (dans : *Les langues du monde*, par un groupe de linguistes sous la direction de A. Meillet et Marcel Cohen, sous presse).

G.-S. Colin. *Notes sur le parler arabe du Nord de la région de Taza* (Bulletin de l'Institut français d'archéologie orientale [au Caire], t. XVIII, 1921, p. 33-119).

Giovanni Colizza. *Lingua 'Afar nel Nord-Est dell' Africa*, Vienne, 1887.

C. Conti Rossini. *Aethiopica* (R. S. O., vol. IX [1922-1923], p. 365-381 et 449-468).

—— *Canti popolari tigrai* (Z. A., XVII [1903], XVIII [1904], XIX [1906]).

—— *Testi in lingua harari* (textes recueillis par Mondon-Vidailhet) [R.S.O., vol. VIII, 1919].

Stanley A. Cook. *A glossary of the aramaic inscriptions*, Cambridge, 1898.

P. S. Coulbeaux et J. Schreiber. *Dictionnaire de la langue tigraï* (1re partie), Vienne. 1915.

D. A. E. = *Deutsche Aksum-Expedition*. Band IV. *Sabäische, Griechische und Altabessinische Inschriften*, von Enno Littmann, Berlin, 1913.

Gustav Dalman. *Grammatik des Jüdischpalästinischen Aramäisch*, Leipzig, 1894 (la 2e éd., 1905, n'a pas été utilisée).

Dr Decorse et Gaudefroy-Demombynes. *Rabat et les Arabes du Chari*, Paris, 1907.

Friedrich Delitzsch. *Assyrische Grammatik*, Berlin, 2e éd., 1906.

R. Derendinger. *Notes sur le dialecte arabe du Tchad* (Revue africaine, 1912, p. 339-370).

J. Desparmet. *Enseignement de l'arabe dialectal*. Coutumes, institutions, croyances, Ire et IIe partie, 2e éd., Alger, 1913.

Edmond Destaing. *Étude sur le dialecte berbère des Aït Seghrouchen* (moyen Atlas marocain) [Publications de la Faculté des lettres d'Alger, t. LVI, Paris, 1920].

August Dillmann. *Grammatik der äthiopischen Sprache*, 2e éd. par Carl Bezold, Leipzig, 1899.

—— *Lexicon linguae aethiopicae*, Leipzig, 1865.

—— *Chrestomathia aethiopica*, Leipzig, 1866.

S. R. Driver. *A treatise on the use of the tenses in hebrew*, 3e éd., 1892, Oxford (1re éd., 1874).

Rubens Duval. *Traité de grammaire syriaque*, Paris, 1881.

—— *Les dialectes néo-araméens de Salamas*, Paris, 1883.

Adolf Erman. *Ägyptische Grammatik*, Berlin, 3e éd., 1911.

J. Euting. *Nabatäische Inschriften aus Arabien*, Berlin, 1885.

G. H. A. Ewald. *Grammatica critica linguae arabicae*, 2 volumes, Leipzig, 1831.

Jacques Faïtlovitch. *Proverbes abyssins*, Paris, 1907.

Michel T. Féghali. *Le parler de Kfar'abida (Liban-Syrie)*, Paris, 1919.

——— *Essai de syntaxe arabe (parlers actuels du Liban)*. — Cet ouvrage encore inédit a été consulté en manuscrit au cours de l'impression et n'a pu être que peu utilisé.

Samuel Freund. *Die Zeitsätze im Arabischen*, mit Berücksichtigung verwandter Sprachen und moderner arabischer Dialecte. Dissertation de Heidelberg, juillet 1892.

Abraham Geiger. *Lehr- und Lesebuch zur Sprache der Mischnah*, I, Breslau, 1845.

Wilhelm Gesenius' *hebräisches und aramäisches Handwörterbuch über das alte Testament*, in Verbindung mit A. Socin und H. Zimmern bearbeitet von Frants Buhl (13ᵉ éd.), Leipzig, 1899 [16ᵉ éd., 1915; non utilisée].

Gesenius-Kautzsch. Voir Kautzsch.

Eduard Glaser. *La préformante* bà-, be- *de l'imparfait (arabe)*, Munich, 1901.

M. W. Golénischeff. *Quelques remarques sur la syntaxe égyptienne* (dans : Recueil d'études égyptologiques dédiées à la mémoire de Jean-François Champollion, Paris, 1922, p. 685-711).

Louis H. Gray. *The punic passages in the «Poenulus» of Plautus* (American Journal of semitic languages and literatures, XXXIX, 1923, p. 73-88).

Grundriss. Voir Brockelmann.

Ignazio Guidi. *Particelle interrogative e negative nelle lingue semitiche* (dans : A volume of oriental Studies presented to Edward G. Browne, Cambridge, 1922).

——— *Grammatica elementare della lingua amariña*, Rome, 1889.

——— *Vocabolario amarico-italiano*, Rome, 1901.

——— *Sulle coniugazioni del verbo amarico* (Z. A., VIII, 1893, p. 245-262).

Joseph Harfouch(e). *Le drogman arabe*, ou Guide pratique de l'arabe parlé pour la Syrie, la Palestine et l'Égypte, Beyrouth, 3ᵉ édit., 1913.

P. Haupt. *Semitic verbs derived from particles* (American journal of semitic languages and literatures, t. XXII [1906], p. 257-261).

Fritz Hommel. *Südarabische Chrestomathie*, Munich, 1893.

Martin Jäger. *Assyrische Rätsel und Spruchwörter* (B. A., II [1894], p. 274-305).

Alfred Jahn. *Die Mehri-Sprache in Südarabien* (Südarabische Expedition, Band III, Vienne, 1902).

——— *Grammatik der Mehri-Sprache in Südarabien*, Sph. 150, Vienne, 1905.

Le P. Paul Joüon. *Grammaire de l'hébreu biblique*, Rome, 1923. — Cet ouvrage n'a pu être utilisé que vers la fin de la correction des épreuves. L'auteur décrit (p. 290 et suiv.) les formes verbales de l'hébreu biblique comme exprimant «à la fois des temps et certaines modalités de l'action» (unicité ou instantanéité, en face de pluralité ou durée).

G. Kampffmeyer. *Beiträge zur Dialektologie des Arabischen*, I : *Das marokkanische Präsenspräfix* ka (W. Z. K. M., XIII [1899]).

—— *Beiträge zur Dialektologie des Arabischen*, II : *Die Arabische Verbalpartikel* b (m) (M.S.O.S., II, 1900).

—— *Marokkanisch-Arabische Gespräche im Dialekt von Casablanca*, Berlin, 1912.

—— *Texte aus Fes* (M.S.O.S., XII, 2, 1909, p. 1-32).

E. Kautzsch. *Wilhelm Gesenius' hebräische Grammatik*, völlig umgearbeitet (28ᵉ éd.), Leipzig, 1909.

—— *Grammatik des biblisch-aramäischen*, Leipzig, 1884.

Kitāb al-Aġānī [Choix extrait du], Beyrout, 2 vol., 1888.

Johannes Kolmodin. *Traditions de Tsazzega et Hazzega*. Textes tigrigna, 1912. Traduction française, 1916 (Archives d'Études orientales, 5 [1 et 2], Upsal).

Fr. Eduard König. *Historisch-comparative Syntax der hebräischen Sprache*, Leipzig, 1897.

—— *Neuere Stammbildungstheorien im semitischen Sprachgebiete* (Z. D. M. G., 65 [1911], p. 709-728).

—— *Syntactische Excurse zum Alten Testament*. 3. Zur Geschichte der emphatisch-copulativen Tempusfolge, ihrer Analogiegebrauch und ihrer Obsoletirung (Zeitschrift für die alttestamentliche Wissenschaft, t. XIX, 1899, p. 259-287).

Mayer Lambert. *Le groupement des langues sémitiques* (dans : Cinquantenaire de l'École pratique des Hautes Études, Paris, 1921, p. 51-60).

—— *Le vav conversif* (Revue des Études juives, 26 [1893], p. 47-62).

Carlo Landberg. *Proverbes et dictons de la province de Syrie, section de Ṣayda*, Leide-Paris, 1883.

Le comte de Landberg. *Arabica*, III, Leyde, 1895.

—— *Études sur les dialectes de l'Arabie méridionale*. Iᵉʳ volume : Ḥaḍramoût, Leide, 1901.

—— *Études sur les dialectes de l'Arabie méridionale*. IIᵉ volume : Daṯînah, Iʳᵉ partie, Textes et traduction, Leide, 1905; IIᵉ partie, Commentaire des textes prosaïques,

1909; IIIe partie, Commentaire des textes poétiques, articles détachés et indices, 1913.

Le comte DE LANDBERG. *Glossaire daṯinois*, Ier volume, ǀ-ǝ, Leide, 1920.

E. LAOUST. *Cours de berbère marocain*, Paris, 1921.

G. J. LETHEM. *Colloquial arabic. Shuwa dialect of Bornu, Nigeria and of the region of Lake Chad*, Londres, 1920.

É. LÉVI-PROVENÇAL. *Textes arabes de l'Ouargha.* Dialectes des Jbala (Maroc septentrional), Paris, 1922.

L. LÉVY-BRUHL. *La mentalité primitive*, Paris, 1922.

Julius LEWY. *Untersuchungen zur akkadischen Grammatik. I. Das Verbum in den « Altassyrischen Gesetzen »*, Berlin, 1921.

Enno LITTMANN. *Publications of the Princeton expedition to Abyssinia*, I-II, Leide, 1910.

— — *Die Pronomina im Tigre* (Z. A., XII [1897], p. 188-316).

—— *Das Verbum der Tigresprache* (Z. A., XIII [1898], p. 133-178; XIV [1899], p. 1-102).

—— *Bemerkungen zu den neuen Harari-Texten* (Z. D. M. G., 75 [1921], p. 21-36).

—— *Die Partikel* ma *im Harari* (Z. A., XXXIII [1920], p. 103-122).

—— *Harari-Studien* (Zeitschrift für Semitistik und verwandte Gebiete, Band 1 [1922], p. 38-84).

—— Voir sous *D. A. E.*

Max LÖHR. *Der vulgärarabische Dialekt von Jerusalem*, Giessen, 1905.

Job LUDOLF. *Grammatica linguae amharicae*, Francfort, 1698.

Al-Machriq. 3e année, 1900. *Enquête sur le b- de l'imparfait dans la langue vulgaire*, p. 415-419, 477, 558-562, 987-992.

Arthur John MACLEAN. *Grammar of the dialects of vernacular syriac*, Cambridge, 1895.

W. MARÇAIS. *Quelques observations sur le dictionnaire pratique arabe-français de Beaussier* (Extrait du Recueil de mémoires et de textes publié... en l'honneur du XIVe congrès des Orientalistes, Alger, 1905).

—— *Le dialecte arabe parlé à Tlemcen*, Paris, 1902.

—— *Le dialecte arabe des Ulâd Br̥āhim de Saïda* (département d'Oran) [Extrait de M. S. L., XIV et XV], Paris, 1908.

—— *Textes arabes de Tanger*, Paris, 1911.

Max. L. MARGOLIS. *Lehrbuch der aramäischen Sprache des babylonischen Talmuds*, Munich, 1910.

Emanuel Mattson. *Ṭūlit il'umr.* Texte arabe vulgaire transcrit et traduit avec introduction, notes et commentaire (Monde oriental, VI [1912], p. 81-117, 206-231: VIII [1914], p. 16-57, 92-115).

A. Meillet. *Linguistique historique et linguistique générale*, Paris, 1921 (contient un chapitre *Sur les caractères du verbe*, p. 175-198).

—— *De l'expression du temps* (B. S. L., XX, 2, n° 65, 1917, p. 137-141).

—— *Introduction à l'étude comparative des langues indo-européennes*, Paris, 5ᵉ éd., 1922.

—— *La phrase nominale en indo-européen* (M. S. L. XIV [1906-1908], p. 1-26).

Bruno Meissner. *Die Keilschrift*, Berlin et Leipzig, 1913.

—— *Neuarabische Geschichten aus dem Iraq* (B. A., V, 1, Leipzig, 1903).

Mejdoub ben Kalafat. *Choix de fables*, Constantine, 2ᵉ éd., 1900.

Gerardo Meloni. *Saggi di filologia semitica*, Rome, 1913 : *Alcuni studi sul tempo presso i semiti*, p. 127-150.

Eugen Mittwoch. *Abessinische Erzählungen und Fabeln* (M. S. O. S., XIV, Berlin, 1911).

Mohammed 'Abdessalām, répétiteur à l'École des langues orientales. Renseignements verbaux sur l'arabe du Sous (Sud marocain), en 1923.

C. Mondon-Vidailhet. *Chronique de Théodoros II, Roi des rois d'Éthiopie.* Texte abyssin, Paris, s. d. [1904].

—— *Proverbes abyssins* (J. A., 1904, 2ᵉ vol., p. 487-495).

—— *La langue harari et les dialectes éthiopiens du Gouraghé* (extrait du Journal asiatique et de la Revue sémitique), Paris, 1902.

Dav. Heinr. Müller. *Die Mehri und Soqoṭri-Sprache :* I, 1902; II. 1905; III, 1907 (Südarabische Expedition, Band IV, VI, VII, Vienne).

—— *Das Substantivum verbale* (dans : Orientalische Studien Theodor Nöldeke gewidmet, Giessen, 1906, p. 781-786).

Werner Munzinger. *Vocabulaire de la langue tigré*, annexé à Dillmann, *Lexicon.*

C. A. Nallino. *L'arabo parlato in Egitto*, Milan, 1900.

Neuaramäische Märchen und andere Text aus Ma'lūla, hauptsächlich aus der Sammlung E. Prym's und A. Socin's herausgegeben von G. Bergsträsser (Abhandlungen für die Kunde des Morgenlandes, XIII, 2, Leipzig, 1915); traduction, *ibid.*, XIII, 3, 1915.

Theodor Nöldeke. *Die semitischen Sprachen*, Leipzig, 2ᵉ éd., 1899.

—— *Beiträge zur semitischen Sprachwissenschaft*, Strasbourg, 1904.

LISTE DES OUVRAGES CITÉS.

Theodor Nöldeke. *Glossen zu H. Bauer's semitischen Sprachproblemen* (Z. A., XXX [1915-1916], p. 163-170).

—— *Beiträge zur Kentniss der aramäischen Dialekte.* II. Ueber den christlichpalästinischen Dialekt (Z. D. M. G., 22, 1868, p. 443-527).

—— *Kurzgefasste syrische Grammatik*, Leipzig, 1880 (la 2ᵉ édition, de 1898, n'a pas été utilisée).

—— *Mandäische Grammatik*, Halle, 1875.

—— *Texte im aramäischen Dialekt von Maʿlûla* (Z. A., XXXI [1917-1918], p. 203-230).

—— *Grammatik der neusyrischen Sprache am Urmia-See und in Kurdistan*, Leipzig, 1868.

—— *Zur Grammatik des classischen Arabisch* (Denkschriften der Kais. Ak. der Wiss. in Wien, Phil. hist. Classe, Band XLV, Vienne, 1896).

—— *Ueber einem arabischen Dialect* (W. Z. K. M., IX, 1895, p. 1-26 et p. 177-179).

—— Compte rendu de : Hans Stumme, *Maltesische Studien*, etc. (Z. D. M. G., 58, 1904, p. 903-920).

—— *Z. D. M. G.*, 35. Voir Prym-Socin.

H. S. Nyberg. *Wortbildung mit Präfixen in den semitischen Sprachen* (Monde oriental, XIV, 1920, p. 177-289).

J. Oestrup. *Contes de Damas*, recueillis et traduits avec une introduction et une esquisse de grammaire, Leide, 1897.

Francesco da Offeio. *Grammatica della lingua tigrai*, Keren, 1907.

M. Parisot. *Le dialecte de Maʿlula.* Grammaire, vocabulaire et textes (tirage à part de J. A., 1898).

—— *Contribution à l'étude du dialecte néosyriaque de Tour-Abdîn* (dans : Actes du XIᵉ congrès des Orientalistes, Paris, 1897, 4ᵉ section, Paris, 1898).

Pedro de Alcala. Petri Hispani *de lingua arabica* libri duo, éd. de Lagarde, Göttingen, 1883.

Perruchon. Voir *Vie de Lalibala*.

Franz Praetorius. *Äthiopische Grammatik*, Karlsruhe, 1886.

—— *Beiträge zur äthiopischen Grammatik und Etymologie* (B. A., I, 1888, p. 21-47).

—— *Zur aethiopisch-arabischen Grammatik* (Z. D. M. G., 27, 1870, p. 639-644).

—— *Grammatik der Tigriñasprache in Abessinien*, Halle, 1871.

—— *Ueber zwei Tigriñadialekte* (Z. D. M. G., 28, 1874, p. 437-447).

Franz Praetorius. *Die amharische Sprache*, Halle, 1879.

——— *Über die hamitischen Sprachen Ostafrika's* (B. A., II, 1894, p. 312-341).

Friedrich Probst. *Arabischer Sprachführer im ägyptischen Dialect*, Giessen, 1892.

Eugen Prym-Albert Socin. *Der neuaramäische Dialekt des Ṭûr 'Abdîn*, Göttingen, 1881 (compte rendu par Th. Nöldeke, Z. D. M. G., 35 [1881], p. 218-235).

H. Reckendorf. *Die syntaktischen Verhältnisse des Arabischen*, Leide, 1895-1898.

——— *Zum Gebrauch des Partizips im Altarabischen* (dans : Orientalische Studien Theodor Nöldeke gewidmet, 1906, p. 255-265).

——— *Arabische Syntax*, Heidelberg, 1921.

Carl Reinhardt. *Ein arabischer Dialekt gesprochen in 'Omân und Zanzibar* (Lehrbücher des Seminars für Orientalische Sprachen, XIII, Stuttgart et Berlin, 1894).

Leo Reinisch. *Die Bilīn-Sprache in Nord-Ost-Afrika* (Sph., 99, 2, Vienne, 1883).

——— *Die Somali-Sprache*, 3 volumes (Südarabische Expedition, t. I, II et V), 1900-1903.

A. Reynier. *Méthode pour l'étude du dialecte maure*, Tunis, 1909.

J. Rhétoré. *Grammaire de la langue Soureth*, Mossoul, 1912.

N. Rhodokanakis. *Der vulgärarabische Dialekt im Ḍofâr (Ẓfâr)*, Vienne, I, 1908; II, 1911 (Südarabische Expedition, t. VIII et X).

——— Compte rendu de : M. Cohen, *Parler arabe des juifs d'Alger* (dans G. G. A., 1914, 1).

J. Rosenberg. *Hebräische Conversations-Grammatik*, Vienne, sans date.

Walter Rössler. *Nachal und Wâd il Ma'âwil* (M. S. O. S., I [1898], p. 56-90).

Eduard Sachau. *Skizze des Fellichi-Dialekts von Mosul* (Abhandlungen der Akademie, Berlin, 1895).

Silvestre de Sacy. *Grammaire arabe*, 3ᵉ éd., revue par L. Machuel, 2 vol., Tunis, 1904-1905.

Christian Sarauw. *Das altsemitische Tempussystem* (dans : Festschrift Wilhelm Thomsen, Leipzig, 1912, p. 59-69).

Hans Schmidt und Paul Kahle. *Volkserzählungen aus Palästina* gesammelt bei den Bauern von Bir-zet, Göttingen, 1918. — Cet ouvrage n'a pu être utilisé, incomplètement, que vers la fin de la correction des épreuves.

J. Schreiber. *Manuel de la langue tigrai*, Vienne, I, 1887; II, 1893.

P. Schröder. *Die phönizische Sprache*, Halle, 1869.

Albert Oswald Schulz. *Über das Imperfekt und Perfekt mit ו (ן) im Hebräischen*. Dissertation de Königsberg, Kirchhain N. L., 1900.

J. Selden Willmore. *The spoken arabic of Egypt*, Londres, 1901.

Kurt Sethe. *Der Nominalsatz im ägyptischen und koptischen*, Leipzig, 1916.

Adolf Siegel. *Laut- und Formenlehre des neuaramäischen Dialekts des Tûr Abdîn*, Hanôvre, 1923 (Beiträge zur semitischen Philologie und Linguistik, Heft 2).

C. Snouck Hurgronje. *Sa'd ès-Suwêni, ein seltsamer wali in Hadhramôt* (Z. A., XXVI, 1912, p. 221-239).

Albert Socin. *Diwan aus Centralarabien* (édité par Hans Stumme) : I, textes; II, traduction; III, introduction, etc., Leipzig, 1900-1901.

—— *Der arabische Dialekt von Môṣul und Mārdin*, Z. D. M. G.. 36, 1882, et 37, 1883.

Albert Socin-Hans Stumme. *Der arabische Dialekt der Houwāra des Wād Sūs in Marokko* (Ab. Ph., XV, 1), Leipzig, 1894.

W. Spitta-Bey. *Grammatik des arabischen Vulgärdialectes von Aegypten*, Leipzig, 1880.

H. H. Spoer-E. Nasrallah Haddad. *Manual of palestinian arabic*, Jérusalem, 1909.

Hermann L. Strack. *Grammatik des Biblischaramäischen*, Leipzig, 4ᵉ éd., 1905.

Hans Stumme. *Märchen und Gedichte aus der Stadt Tripolis in Nordafrika*, Leipzig, 1898.

—— *Grammatik des tunisischen Arabisch*, Leipzig, 1896.

—— *Tunisische Märchen und Gedichte*, 2 vol. (texte, traduction), Leipzig, 1893.

Le synaxaire éthiopien. I. Le mois de Sanê, éd. et trad. I. Guidi (Patrologia orientalis, I, 5, Paris, s. d. [permis d'imprimer de 1905]).

—— III. Les mois de Nahasê et de Paguemên. Éd. I. Guidi: trad. Sylvain Grébaut (Patrologia Orientalis, IX, 4, Paris, s. d.).

Le Testament en Galilée de Notre-Seigneur Jésus-Christ, Patrologia orientalis, IX, 3, Paris, sans date (permis d'imprimer, 1912).

Ernst Trumpp. *Der Kampf Adams (gegen die Versuchungen des Satans)* [Extrait des Abhandlungen der Bayer. Ak. der Wiss., Munich, 1880].

Arthur Ungnad. *Babylonisch-Assyrische Grammatik*, Munich, 1906.

—— *Babylonische Briefe*, Leipzig, 1914.

—— *«Haben» im Babylonisch-Assyrischen* (Z. A., XXXI, 1917-1918, p. 277-281).

Michel Antonio Vassalli. *Grammatica della lingua maltese*, Malte, 2ᵉ éd., 1827.

J. Vendryes. *Le langage*, Paris, 1921.

Vie de Lalibala. Texte éthiopien édité et traduit par J. Perruchon, Paris, 1892.

L. de Vito. *Grammatica elementare della lingua tigrigna*, Rome, 1895.

L. DE VITO. *Vocabolario della lingua tigrigna*, Rome, 1896.

K. VOLLERS. *Lehrbuch der aegypto-arabischen Umgangsprache*, Le Caire, 1890.

C. M. WATSON. *Comparative vocabularies of the languages spoken at Suakin : arabic, hadendoa, beni-amer*, Londres, 1888.

W. WRIGHT. *A grammar of the arabic language.* 3ᵉ éd., revue par W. Roberston SMITH et M. J. DE GOEJE. 2 volumes, Cambridge, 1896-1898.

A. S. YAHUDA. *Bagdadische Sprichwörter* (dans : Orientalische Studien Theodor NÖL-DEKE... gewidmet..., Giessen, 1906, I, p. 399 et suiv.).

K. V. ZETTERSTÉEN. *Beiträge zur Geschichte der Mamlūken-Sultane*, Leide, 1919.

Heinrich ZIMMERN. *Vergleichende Grammatik der semitischen Sprachen*, Berlin, 1898.

—— *Das Verhältnis des assyrischen Permansivs zum semitischen Perfektum und zum ägyptischen Pseudopartizip* (Z. A., V [1890], p. 1-22).

LE
SYSTÈME VERBAL SÉMITIQUE

ET

L'EXPRESSION DU TEMPS.

PREMIÈRE PARTIE.

LES ÉLÉMENTS ESSENTIELS DU SYSTÈME VERBAL SÉMITIQUE.

PRÉAMBULE.

1. Avant de rechercher quel est le rôle de l'expression du temps dans le verbe des langues sémitiques, il sied de définir aussi bien que possible les éléments du système verbal sémitique.

Par le qualificatif « sémitique » on désignera ici à la fois le plus ancien état auquel permette de remonter la comparaison des langues sémitiques, et l'ensemble des tendances restées vivantes dans le développement des langues sémitiques anciennes. Cette notion est complexe et assez fuyante; mais l'état de la morphologie et de la syntaxe comparées des langues sémitiques n'est pas tel qu'on puisse prétendre définir avec précision le verbe du sémitique commun. On ne saurait le faire d'ailleurs sans tenir compte des rapprochements avec les langues parentes, et ici l'étude est encore bien moins avancée, comme on le verra un peu plus loin.

Dans cette première partie, qui est une introduction, comme dans le reste du travail, seules les formes verbales sont en question. Le but est de rechercher quelles sont les notions qu'exprime une forme définie ou, inversement, par quelle forme distincte une notion définie est exprimée.

Mais il est bien entendu qu'aucun système verbal ne possède des formes distinctes pour toutes les idées que le verbe peut théoriquement représenter; c'est précisément le choix entre les idées exprimables qui définit le système verbal d'une langue donnée[1].

Les notions dont le système verbal ne tient pas compte peuvent être exprimées par des éléments du lexique en dehors du verbe. Donc, sans une étude complète du vocabulaire des différentes langues sémitiques, il serait imprudent de parler des idées sémitiques sur le temps situé ou sur la durée, etc.

Toutefois, étant donné la grande place que tient le verbe dans le système des langues sémitiques, il n'est pas indifférent, pour connaître les conceptions des gens qui parlent ces langues, de savoir quelles notions ont chez eux une expression verbale définie.

Peut-être, par là, le présent travail sera-t-il un élément utile pour des recherches de linguistique générale d'une part, d'histoire de la logique d'autre part.

En lui-même il est rigoureusement borné à une étude sur l'expression grammaticale du temps, avec les développements annexes qui ont paru strictement nécessaires : tout autre sujet que les formes verbales et leurs emplois sera systématiquement écarté.

2. Les langues sémitiques constituent le rameau oriental du chamito-sémitique[2]. Il n'est pas impossible qu'elles soient plus proches de l'égyptien que des autres langues dites comme lui chamitiques, c'est-à-dire le libyco-berbère et les langues couchitiques d'Abyssinie; mais ce n'est nullement démontré (Bauer-Leander, p. 9). En tout cas le sémitique est un ensemble bien distinct; il est légitime d'étudier l'évolution de certaines formes au cours de son développement indépendant[3].

Les langues sémitiques divergent assez peu; la principale coupure dialectale est celle qui sépare le sémitique oriental du sémitique occidental;

---

[1] MEILLET, *Linguistique*, p. 175 et suiv.; MEILLET, *Expression du temps*; VENDRYES, *Langage*, p. 116-133, p. 136-161.

[2] Marcel COHEN, *Les langues chamito-sémitiques*; ZIMMERN, *Vergl. Gram.*, p. 5-6 et ailleurs; ERMAN, *Äg. Gram.*, p. 1-3.

[3] Détails et bibliographie : NÖLDEKE, *Skizze*; ZIMMERN, *Vergl. Gram.*; *Grundriss*, I.

dans le sémitique occidental on distingue un domaine septentrional et un domaine méridional[1].

Sémitique oriental. — L'accadien, langue littéraire des Babyloniens et des Assyriens, est connu par de nombreux textes, échelonnés sur une durée de trois mille ans environ jusqu'aux abords de l'ère chrétienne.

Il apparaît comme peu différent depuis la plus ancienne période jusqu'à la plus récente. Ceci est vrai en particulier pour le verbe : un système d'apparence archaïque s'y est conservé presque immobile. La langue est morte sans qu'une évolution se soit produite ou au moins se soit montrée dans les textes. L'accadien est intéressant pour la description du système verbal du sémitique ancien; mais il ne fournit rien à l'étude des transformations de ce système.

Sémitique occidental du Nord. — Il comprend le cananéen et l'araméen.

Dans le cananéen, le phénicien est attesté seulement par des inscriptions non vocalisées, courtes, monotones (surtout vᵉ-ivᵉ siècles av. J.-C.). Il ne fournit pas grand'chose.

Au contraire l'hébreu est bien connu par toute la littérature biblique; il y a des doutes sur la prononciation des voyelles et certains détails de la prononciation des consonnes pour lesquels on n'a que des notations du viiᵉ siècle ap. J.-C., postérieures de 1000 ans à la disparition de l'hébreu comme langue parlée de la Palestine; mais le système morphologique et la syntaxe sont bien connus. Les textes se datent à peu près de mille à cent ans av. J.-C. On ne peut guère plus que pour l'accadien y suivre l'évolution d'une langue parlée : c'est une langue littéraire conservatrice. La

[1] Au cours du livre, les cadres des chapitres étant tracés par des données théoriques, l'examen de détail pour chaque notion a été fait en passant en revue toutes les langues dans l'ordre de l'énumération ci-dessous. Il s'est révélé que cet ordre ne disloquait pas les faits linguistiques. En effet les coupures se font de telle sorte que l'accadien est nettement à part; l'hébreu et l'araméen ont des tendances et des éléments de vocabulaire en commun; l'arabe, le sudarabique et l'éthiopien s'écartent des langues précédentes et sont souvent proches entre eux. Ainsi la répartition dialectale généralement admise, qui a été suivie ici, se trouve fortifiée.

Pour des essais d'autres répartitions dialectales, voir Bauer-Leander, p. 1-9; Mayer Lambert, *Groupement des langues sémitiques*.

morphologie du verbe y présente des traits particuliers qui semblent reposer sur des archaïsmes, et où l'on peut par conséquent chercher des renseignements sur l'état du verbe dans la période du sémitique commun. Certaines traces de transformation se montrent dans quelques-uns des textes les plus récents.

L'hébreu, remplacé sur son ancien territoire comme langue parlée par l'araméen, a un renouveau dans les écrits de l'époque talmudique (premiers siècles de l'ère chrétienne); le système du verbe est alors modifié, par l'abandon de certains archaïsmes, et par des innovations : il est difficile de juger si celles-ci attestent quelque chose de l'évolution que l'hébreu parlé avait subie avant de céder à l'araméen, ou si elles sont entièrement dues à une intrusion de l'araméen, devenu la langue maternelle des lettrés, dans leur langue savante : en tout cas les innovations ressemblent à celles de certains dialectes araméens.

Le moabite, attesté par une seule inscription contemporaine des anciens textes hébreux, en est très proche et est précieux comme confirmation de l'ancien état cananéen.

L'araméen, même en laissant de côté les dialectes connus seulement par des inscriptions, fournit de nombreux sujets d'étude. Sous ses deux formes, araméen occidental et araméen oriental, il a survécu jusqu'à nos jours dans des parlers qui ont échappé aux influences littéraires conservatrices. L'araméen biblique, ancien parler occidental, a un système verbal proche de celui de l'hébreu, quoique moins archaïque; l'araméen talmudique de Palestine, qui le continue, va de pair avec l'hébreu talmudique; l'araméen moderne occidental (qui n'est plus parlé que dans trois villages de l'Antiliban en Syrie) montre la réalisation de tendances qui agissaient à l'époque talmudique. De même, à l'Est, le syriaque littéraire d'Edesse, l'araméen talmudique de Babylone, les textes mandéens attestent un certain stade de l'évolution entre le IIIe et le Xe siècle ap. J.-C.; le résultat de cette évolution, poursuivie dans les mêmes voies jusqu'à une transformation presque complète du système sémitique ancien, s'observe dans les dialectes modernes de la région montagneuse où le Tigre prend naissance. On peut donc sur ce domaine envisager une histoire assez prolongée, sinon continue.

Sémitique occidental du Sud. — Il se divise en trois domaines : arabe, sudarabique, éthiopien.

Il y a lieu de négliger provisoirement, pour les études d'emploi des formes, les inscriptions non vocalisées du Nord de l'Arabie qui sont antérieures à l'extension de l'arabe proprement dit.

L'arabe littéraire apparaît au vi^e siècle après J.-C., greffé sur des dialectes bédouins très conservateurs; codifié par les grammairiens dès le viiie siècle, il a conservé jusqu'à nos jours l'aspect en grande partie archaïque de sa morphologie. De subtiles règles d'emploi des formes verbales y représentent peut-être en partie des usages stylistiques dont le sémitique ancien n'est pas responsable; à coup sûr le besoin, propre à de nombreuses langues littéraires, d'allonger et de compliquer la phrase et d'y mettre en relief certains mots par des procédés spéciaux a favorisé des créations originales.

Il n'est pas possible de faire l'histoire continue du développement de l'arabe entre le vi^e et le xixe siècle. La langue parlée a très peu influencé la langue écrite; les documents écrits de divers parlers locaux sont extrêmement rares et ne donnent que des points de repère isolés.

Un certain nombre de parlers modernes ont été bien décrits au xixe et au xxe siècles; à vrai dire les formes sont mieux connues que leur emploi. Toutefois un assez grand nombre de textes notés par les savants européens permettent certaines études de syntaxe. Dans l'ensemble les parlers arabes modernes ont en commun des simplifications identiques de la grammaire ancienne, surtout à cause de l'abrégement général des finales; mais les faits relatifs à l'usage des formes verbales, et surtout les innovations, sont très variés suivant les lieux : aussi faut-il s'efforcer de passer en revue pour chaque question tous les parlers les mieux connus.

Le terme «sudarabique» désigne des parlers de l'Arabie méridionale qui sont proches de l'arabe, mais en diffèrent nettement, à peu près comme l'araméen ancien diffère de l'hébreu. C'est pourquoi un terme tel que «arabe méridional» en français ou «südarabisch» en allemand est à éviter comme pouvant prêter à confusion.

Le sudarabique ancien est connu par de nombreuses inscriptions, environ du viiie siècle av. J.-C. au vi^e siècle ap. J.-C. L'absence de vocalisation ne permet pas d'en connaître la morphologie dans tous ses détails. Certains faits y confirment l'ancienneté du système verbal de l'hébreu.

Les restes de parlers sudarabiques modernes ne sont étudiés que depuis le début du xx⁰ siècle; ils ont quelques traits particuliers intéressants, peu d'innovations dans l'ensemble.

Le groupe éthiopien, détaché du sudarabique dans les derniers siècles avant l'ère chrétienne, s'est développé sur le domaine des langues couchitiques dont il a subi assez fortement l'influence.

L'éthiopien ancien ou guèze est représenté d'abord par quelques inscriptions, presque toutes du iv⁰ siècle ap. J.-C., ensuite par une abondante littérature chrétienne. Celle-ci n'a été écrite sur le domaine où le guèze était parlé que jusqu'au x⁰ siècle environ et aucun manuscrit de cette période n'a été retrouvé. Elle s'est développée ensuite à partir du xiii⁰ siècle en domaine amharique, où le guèze s'est trouvé employé comme langue religieuse et savante, et elle s'est augmentée jusqu'à nos jours. L'éthiopien littéraire est une langue de traduction : son plus ancien monument est la Bible traduite du grec, sans doute au v⁰ siècle; à partir du xiii⁰ siècle les traductions de l'arabe abondent. Le guèze a un caractère artificiel assez marqué; certains faits semblent marquer des influences étrangères sur la syntaxe.

Les langues parlées de l'Abyssinie sont à peu près sans histoire, et connues presque toutes seulement au xix⁰ siècle.

Le tigrigna est parlé vers le Nord de la région abyssine sur le domaine ancien du guèze, dont il est une forme évoluée. Il a beaucoup innové dans le système verbal.

Le tigré, parlé plus au Nord encore, représente un ancien langage proche du guèze, plus conservateur par certains traits : langue de gens restés à l'écart de l'influence littéraire, il apparaît comme assez archaïque.

L'amharique, parlé au Sud du tigrigna, est depuis le xiii⁰ siècle la langue du gouvernement de l'Abyssinie; il paraît issu d'un parler nettement distinct du guèze. Quelques documents, à partir du xiv⁰ siècle, permettent d'en connaître une forme un peu différente de l'état moderne. Les innovations de l'amharique sont en général parallèles à celles du tigrigna, bien que les éléments d'expression soient différents.

Les parlers méridionaux, harari et gouragué, malheureusement encore mal connus, montrent des innovations analogues à celles de l'amharique, auquel ils se rattachent peut-être dès l'origine.

En résumé, pour l'étude du système verbal sémitique, on dispose de plusieurs langues littéraires : accadien, hébreu, araméen biblique, syriaque, arabe, guèze, qui présentent divers aspects du type sémitique ancien. Divers langages modernes : quelques parlers araméens, de nombreux parlers arabes, des restes de parlers sudarabiques, les langues sémitiques de la région abyssine, permettent de voir ce qu'est devenu le sémitique après de nombreux siècles d'évolution sur différents domaines et d'étudier jusqu'à quel point le système verbal ancien a subsisté ou a cédé à des innovations.

CHAPITRE PREMIER.

LES THÈMES VERBAUX.

3. La principale richesse du verbe sémitique est une grande abondance de thèmes pour chaque racine; ces thèmes sont distingués par des modifications internes de la racine ou par l'adjonction de préfixes. Les deux procédés peuvent se cumuler, et deux préfixes peuvent s'additionner.

Les valeurs des thèmes ainsi constitués sont variées. Ils peuvent exprimer le rôle du sujet par rapport au procès (actif, passif, réfléchi, causatif, factitif, etc.) ou un mode du procès (par exemple l'intensité, la répétition).

La liste des thèmes varie pour chaque langue; dans chacune des langues, chaque racine n'a qu'un certain nombre de thèmes usités.

Soit une racine arabe *qtl* « tuer »; le dictionnaire fournit les thèmes suivants (cités, suivant l'habitude sémitique, à la 3ᵉ personne masculin singulier du parfait) :

forme simple active *qatala* « tuer », avec un passif *qutila* « être tué »;

intensif *qattala* « tuer net »;

conatif *qātala* « chercher à tuer, combattre »;

causatif *'aqtala* « faire tuer »; avec un passif *'uqtila* « subir la mort »;

réfléchi (*i*)*nqatala*, avec valeur de passif « être tué »;

réfléchi (*i*)*qtatala* « se livrer au combat », avec une forme passive (*u*)*qtutila* « dépérir (d'amour, etc.) » [1];

désidératif (*i*)*staqtala* « chercher à se faire tuer »;

---

[1] Dans cette forme, le préfixe -*t*- est devenu infixe.

réfléchi de la forme intensive *taqattala* «se tuer (à faire quelque chose)»;

réciproque (réfléchi de conatif) *taqātala* «combattre les uns contre les autres».

Il est hors du sujet du présent livre d'insister sur ces thèmes verbaux. Chacun est muni des mêmes formes, soit conjuguées avec des désinences personnelles, soit nominales, que l'on appelle généralement temps ou modes, et qui en sont dérivées au moyen d'alternances vocaliques, de préfixes et de suffixes. C'est de ces formes qu'il sera question dans la suite.

Mais il y sera exposé qu'elles sont en petit nombre dans les langues connues historiquement, et que leur nombre était sans doute encore moindre en sémitique commun.

Cette pauvreté paraîtra moins étonnante si l'on songe que tout système linguistique, soit en phonétique soit en morphologie, semble ne pas dépasser facilement un certain degré de complication. Il est donc essentiel de penser à l'abondance des thèmes verbaux sémitiques quand on étudie les quelques formes qui en constituent proprement la conjugaison.

CHAPITRE II.

L'ACCOMPLI ET L'INACCOMPLI.

4. L'habitude est de classer les formes verbales d'un thème donné, suivant les catégories de mode, de temps ou d'aspect. Il est assez rare, pour ne pas dire plus, que ces catégories soient entièrement distinctes dans un système verbal, de telle sorte que chaque forme verbale n'ait qu'un usage soit entièrement modal, soit entièrement temporel, etc.[1].

Dans les langues sémitiques en général, les formes conjuguées sont peu nombreuses; assez fréquemment elles ont plus d'un emploi. Il faut essayer de distinguer l'essentiel dans cette relative confusion.

Or deux oppositions ressortent avec netteté.

La première consiste en ceci : il y a d'une part des formes qui expriment un commandement ou une impulsion (impératif, jussif), d'autre part des formes destinées surtout à l'énonciation (soit dans une proposition indépendante, soit dans celles des propositions subordonnées qui se construisent comme les propositions indépendantes) : ces dernières formes constituent ce qu'on peut appeler dans l'ensemble le système de l'indicatif[2].

La seconde opposition est intérieure au système de l'indicatif. Il s'y rencontre deux formes qu'on dénomme en général, d'une manière impropre, des temps; ces formes servent à distinguer deux aspects de l'action, qui sont l'accompli et l'inaccompli.

L'opposition accompli-inaccompli est l'objet essentiel du présent chapitre. Les usages accessoires des formes qui expriment cette opposition seront en outre examinés brièvement.

---

[1] Ainsi le subjonctif en latin ou en français a des usages multiples.

[2] L'opposition entre impératif-jussif et indicatif, avec certaines notions intermédiaires, sera traitée au chapitre IV.

5. Dans toutes les langues sémitiques anciennes, les deux formes verbales essentielles de l'indicatif, pour chaque thème, sont ce qu'on appelle généralement le parfait et l'imparfait[1]. En sémitique oriental ces deux formes se distinguent seulement par la vocalisation du radical. En sémitique occidental l'opposition est plus visible parce qu'elle se marque dans la flexion : en effet le parfait n'a que des suffixes, tandis que l'imparfait exprime les différences de personne par des désinences préfixées, et seulement les distinctions de genre et de nombre par des suffixes. La situation est toutefois un peu plus compliquée par endroits, à cause de certains échanges des deux formes dans une proposition coordonnée avec une proposition précédente.

Dans le tableau qui suit, les langues principales et bien connues sont seules citées. La personne choisie est la 2ᵉ personne masculin singulier qui a des désinences bien distinctes. Les racines utilisées sont *kšd* « conquérir », *qtl* et *qṭl* « tuer ».

	ACCADIEN [2].	HÉBREU.	ARAMÉEN BIBLIQUE.	ARABE CLASSIQUE.	ÉTHIOPIEN ANCIEN.
Imparfait.......	*takaš(š)ad.*	*tiqṭol* (avec « et ». *waqåṭaltå*).	*tiqṭul.*	*ʾtaqtulu.*	*təqattəl.*
Parfait........	*takšud.*	*qåṭaltå* (avec « et » : *wattiqṭol*).	*qəṭaltå.*	*qatalta.*	*qatalka.*

6. Il est essentiel de bien définir la valeur principale de l'opposition entre le parfait et l'imparfait sémitiques.

La doctrine qui est actuellement admise par la majorité des sémitisants

---

[1] Ces termes sont pris ici exclusivement dans le sens défini au paragraphe 6, et non au sens qui est habituel dans les grammaires du français ou des langues anciennes; pour les équivalents du « parfait » grec, voir IIIᵉ partie, chap. ɪɪ, et pour ceux de l'« imparfait » français, IIIᵉ partie, chap. ɪv; pour le terme « aoriste », voir p. 53, note.

[2] Ce tableau n'est suffisant, pour l'accadien, qu'en ce qui concerne les procès considérés en dehors de l'idée de durée (voir à l'index les références sur le permansif).

est celle du caractère non temporel de cette opposition. Cette doctrine est suivie ici d'autant plus résolument que l'enquête sur l'expression du temps dans le verbe sémitique a révélé le caractère fragmentaire et secondaire de cette expression. L'idée directrice du présent chapitre est donc que l'opposition formelle du parfait et de l'imparfait correspond dans l'ensemble au contraste de deux états ou aspects du procès considéré en lui-même.

Le terme d'«aspect» employé ici ne doit pas induire à confondre l'opposition des deux formes sémitiques avec l'opposition d'un aspect perfectif ou momentané et d'un aspect imperfectif ou duratif : celle-ci est essentielle dans le système des langues slaves, qu'elle domine entièrement, en y provoquant un doublement de tous les verbes[1]; elle est importante dans bien d'autres langues encore. Le fait commun aux faits slaves, etc., d'une part, aux faits sémitiques d'autre part, est que dans les deux cas le verbe distingue dans le procès des caractères qui sont indépendants du sujet parlant; c'est ce qui justifie l'usage du terme commun «aspect». Au contraire la notion de temps proprement dit a un caractère subjectif, comme il sera exposé ci-dessous. Ceci dit, pour ne pas mélanger deux systèmes très différents et dont l'un n'explique pas l'autre, il ne sera fait aucune comparaison dans tout l'exposé entre le sémitique et le slave[2].

Le parfait exprime généralement l'achèvement du procès à un moment quelconque du temps; c'est ce qui est appelé ici la notion d'accompli. L'imparfait exprime généralement le non-achèvement d'un procès, plus brièvement l'inaccompli, ceci quel que soit le moment du temps. (Voir les exemples ci-dessous.)

Ainsi, en simplifiant les faits à l'extrême, c'est à peu près comme si le français n'avait qu'une seule forme pour tous ses temps accomplis : «j'ai fait, j'avais fait, j'eus fait, j'aurai fait» et une autre pour tous les temps qui supposent un déroulement non achevé du procès : «je faisais, je fais, je ferai». C'est une opposition similaire à celle du thème de l'«infectum» et de celui du «perfectum» en latin, voir Meillet, *Linguistique*, p. 185 (seulement le latin a trois temps de chaque thème, et le détail des emplois est différent). Il est bien entendu que ces rapprochements schématiques ne

---

[1] Ainsi *pasti* «tomber», *padati* «être en train de tomber», d'après Meillet, *Linguistique*, p. 184.

[2] Voir Meillet, *Linguistique*, p. 183 et suiv.; Vendryes, *Langage*, p. 117 et suiv., et surtout p. 129-131, avec bibliographie.

sont donnés qu'à titre d'indication, pour faire concevoir la distinction sémitique à des lecteurs habitués aux langues européennes; il ne faut pas poursuivre la comparaison dans le détail. Un point important est que l'inaccompli ne doit pas être pris pour un duratif, quoiqu'il exprime souvent la description; par exemple, l'inaccompli en fonction occasionnelle de présent est «je fais», non «je suis en train de faire».

La distinction des deux formes sémitiques est au total objective et concrète, et porte sur le procès, lequel est extérieur au sujet parlant[1].

Le sémitique présente donc une situation opposée à celle des langues de l'Europe occidentale moderne, où le verbe est muni de formes qui expriment différents moments du temps, et surtout l'opposition entre ce qui est passé et ce qui n'est pas passé. Une notion temporelle de cette sorte est subjective : elle n'a de sens que pour le sujet parlant qui conçoit le temps d'une manière abstraite, comme une ligne idéale, et y trace des divisions par rapport à lui-même : ce qui est derrière lui (au moment où il parle), le passé; ce qui est devant lui à ce moment précis, le présent; ce qui est en avant de lui, l'avenir. Le temps ainsi conçu peut être appelé spatial, subjectif, abstrait; en tant que notion se reflétant dans l'emploi de certaines formes verbales, il sera ici constamment nommé «temps situé».

La différence entre la conception sémitique et la conception qu'on peut appeler brièvement européenne a échappé longtemps à l'attention des savants; il reste difficile de l'exprimer, à cause de son existence même, puisque, chaque fois qu'il y a traduction d'une langue d'un système dans une langue du système opposé, il se fait inévitablement une transposition. Les exemples du présent travail n'échapperont pas à cette nécessité; des parfaits et des imparfaits du sémitique doivent être traduits tant bien que mal par des formes temporelles du français.

Cependant il est assez facile d'observer la différence des systèmes.

[1] La conception non temporelle de l'opposition parfait-imparfait a été énoncée pour le sémitique en général par Fleischer en 1864, développée pour l'hébreu par DRIVER, *Hebrew tenses* en 1874, pour l'arabe par RECKENDORF, *Synt. Verhältnisse*, 1895. Une opposition sérieuse a été faite par KÖNIG, *Syntax*, chap. 7, p. 40 et suiv. (notamment S 166, p. 66) et *Z. D. M. G.*, 65, p. 717 et par BAUER, *Tempora*, p. 49 et suiv., où est donnée une bibliographie de la question.

En effet, un Européen qui apprend une langue sémitique s'aperçoit très vite de la difficulté qu'on éprouve à faire correspondre ce qu'on appelle les «temps» sémitiques avec les «temps» de nos grammaires. Si dans bien des cas, comme on le verra par la suite, le parfait correspond à un passé avec une exactitude suffisante, il est visible même au cours d'une observation superficielle que l'imparfait ne correspond pas seulement suivant les cas au présent ou au futur, ou à un présent-futur, mais que son rôle comme équivalent de certains de nos passés est important.

Inversement un homme de langue sémitique apprenant par l'usage une langue européenne ne s'habitue pas immédiatement à l'usage des temps et on peut observer au cours de l'acquisition des confusions frappantes. (Le cas d'une acquisition au moyen d'un enseignement systématique administré par un maître prévenu de la difficulté doit, bien entendu, être mis à part.)

Dans ce livre même, en réunissant des faits étudiés à différents endroits, on apercevra la discordance essentielle des emplois de formes verbales en sémitique et en français. Ainsi, dans la troisième partie on verra le parfait figurer non seulement aux chapitres sur le passé, mais aussi aux chapitres sur le présent, le futur et le futur antérieur; de même pour l'imparfait, dont il est question à presque tous les chapitres. Dans la suite de cette première partie elle-même, des usages divers de ces deux formes, notamment ceux qui répondent à des modes de nos grammaires, révéleront aussi l'essence non temporelle des deux formes sémitiques.

Des exemples ont été insérés ici pour mettre en évidence le fait essentiel, à savoir que le parfait et l'imparfait sémitiques, dans leurs emplois les plus normaux, doivent être rendus par différents temps de l'indicatif français (ou grec) suivant les phrases. On pourra y remarquer comment le parfait, quel que soit le moment du temps où se situe le procès, exprime un procès achevé et inversement comment l'imparfait exprime un procès encore en cours d'accomplissement.

Hébreu. — Josué, 1, 3 : *kǫl maqo(w)m 'ăšęr tidʰrokʰ kapʰ ragʰləkʰęm bo(w) låkʰęm natʰatti(y)w ka'ăšęr dibbarti(y) 'ęl mošę(h)* «tout (1) endroit (2) où (3-7) marchera (4) (imparfait) la plante (5) de vos pieds (6) à vous je le donnerai (parfait)[1], comme je [l']ai dit (parfait) à Moïse».

[1] Il faudrait traduire «je vous l'ai assigné dès maintenant», si le parfait correspondait forcément à un passé du français; mais il n'en est rien; voir § 127 et 151.

Traduction grecque des *Septante*, édition Swete, Cambridge, 1901 : ϖᾶς ὁ τόπος ἐφ' ὃν ἂν ἐπιβῆτε[1] τῷ ἴχνει τῶν ϖοδῶν ὑμῶν, ὑμῖν δώσω αὐτόν, ὃν τρόπον εἴρηκα τῷ Μωυσῇ.

1 Rois, 5, 8 : *wəhaśśə'ori(y)m wəhattębʰęn lassu(w)si(y)m wəlârâkʰęṣ yâbʰi'u(w) ęl hammâqo(w)m ʿăṣęr yihyę(h) śśâm 'i(y)ś kəmiṣpâṭo(w)* « et l'orge et la paille pour les chevaux [ordinaires] et pour les chevaux de char, ils (les préposés) [en] faisaient venir (imparfait) à l'endroit où il (Salomon) était (imparfait), chacun suivant sa fonction ».

Septante, 3 Rois, 4, 21 : καὶ τὰς κριθὰς καὶ τὸ ἄχυρον τοῖς ἵπποις καὶ τοῖς ἅρμασιν ἦρον εἰς τὸν τόπον οὗ ἂν ᾖ[1] ὁ βασιλεύς, ἕκασῖος κατὰ τὴν σύνταξιν αὐτοῦ.

Arabe. — Coran, sourate 13, verset 23 : *ġannātu ʿadnin yadḫulūnahā wa-man ṣalaḥa min... 'azwāǧihim* « Les jardins d'Eden, ils y entreront (imparfait) et [aussi] qui a été juste (parfait) parmi... leurs épouses » (le parfait exprime ici l'éventualité, voir § 7 et p. 119 note).

Guèze. — Notice du *Synaxaire* sur Takla Hāymānōt, dans Dillmann, *Chrest. Aeth.*, p. 36 bas : *wa'əmzə zamāhrakahī sōba yərakkəb 'anəsta lāḥəyāta yərēssəy(y)ōn ʿəqūbātīhū* « et dans ce qu'il avait razzié (parfait) lorsqu'il trouvait (imparfait) des femmes belles, il les prenait (imparfait) comme ses concubines ».

7. Il importe de noter ici un fait qui sera ensuite, autant que possible, tenu à l'écart de cette étude consacrée au temps : c'est presque uniquement par le moyen du parfait et de l'imparfait avec ou sans conjonctions, que le sémitique exprime les idées d'éventualité et de condition. Or, si on veut comparer cette situation à celle de quelques langues européennes, on voit qu'en français le conditionnel a une série de formes spéciales, auxquelles s'adjoignent d'ailleurs certains emplois des formes de l'indicatif; en latin, l'expression de l'hypothèse est du ressort de l'indicatif et du subjonctif;

---

[1] Le traducteur grec a senti et rendu par le subjonctif avec ἄν une nuance d'éventuel dans des propositions relatives où l'hébreu a un imparfait; comme le grec n'a ni passé ni futur du subjonctif, il ne peut rien offrir ici qui réponde aux temps français. Dans les deux passages l'emploi du subjonctif avec ἄν met en valeur le fait que l'imparfait hébreu n'est proprement ni un futur ni un descriptif passé.

en grec ancien, de l'indicatif, de l'optatif, du subjonctif : au total, c'est une question de mode.

Le fait que le parfait et l'imparfait du sémitique servent à l'hypothèse en même temps qu'à l'énonciation simple, montre une fois de plus combien ces formes sont loin de correspondre à des temps de l'indicatif du français (voir l'observation de la note 1, p. 15).

L'emploi du parfait et de l'imparfait dans les deux propositions d'une même phrase s'observe dans l'exemple arabe suivant, Coran, 7, 98, cité dans Wright, *Ar. Gr.*, II, § 4 c : *law naša'u 'aṣabnāhum bidunūbihim* « si nous voulions (imparfait) nous les frapperions (parfait) pour leurs péchés ».

Ce fait une fois exposé ici, il n'en sera question qu'en cas de nécessité, pour éviter des confusions dans l'exposé de la IIIᵉ partie[1].

8. L'opposition entre l'accompli et l'inaccompli, qui est nette d'une manière générale, malgré certains chevauchements d'emplois, dans toutes les langues sémitiques anciennes, est le point de départ essentiel d'une recherche sur l'emploi des formes verbales dans l'évolution du groupe sémitique. Il n'est pas inutile d'essayer, par la méthode comparative, de remonter plus loin dans le passé et de chercher à reconnaître si cette opposition est ancienne. La comparaison peut porter d'abord sur les langues sémitiques, de manière à tenter de reconstituer l'état du sémitique commun; il sera intéressant ensuite de chercher si les groupes parents au sémitique peuvent confirmer cet essai de reconstitution.

Or la comparaison des formes de l'imparfait et du parfait dans les langues sémitiques, telles qu'elles résultent du tableau de la page 11, et une étude comparative des langues chamitiques (voir § 9) aboutissent à une constatation importante : une forme est commune à presque toutes les langues et elle seule peut être attribuée sûrement au sémitique commun (et sans doute au chamito-sémitique), c'est la forme d'imparfait.

Le fait notable qui vient d'être exposé incite à faire l'hypothèse suivante : le sémitique commun, au lieu de deux formes, n'en avait qu'une, à désinences personnelles préfixées, dépourvue de la distinction entre

---

[1] Une autre notion qui est relative en grande partie à l'emploi du parfait et de l'imparfait, mais demandait un certain développement, a constitué le sujet d'un chapitre spécial (Expression du fait général, chap. III).

accompli et inaccompli. La différenciation des deux formes s'est faite secondairement, de manière indépendante et différente dans les deux dialectes du sémitique commun qui sont devenus, l'un le sémitique oriental l'autre le sémitique occidental.

Cette hypothèse permet d'expliquer les faits qui suivent :

1° Les deux dialectes du sémitique expriment de manière très différente l'opposition accompli-inaccompli : le parfait du sémitique oriental est à préfixes, alors que celui du sémitique occidental est à suffixes; de plus il n'a qu'une voyelle interne du radical, comme l'imparfait occidental et au contraire du parfait occidental qui a deux voyelles : le parfait *taksud* est semblable pour la forme à l'imparfait *taqtul(u)* (voir tableau p. 11, et, pour la vocalisation, § 12, p. 32). En outre, l'usage du parfait n'est pas exactement le même sur les deux domaines (voir références à l'index).

2° En sémitique occidental, l'emploi des formes est loin de répondre à la distinction tranchée de l'accompli et de l'inaccompli qui a été exposée au paragraphe 6.

La forme d'imparfait sert assez souvent à l'expression de l'accompli.

En hébreu biblique et en moabite, l'imparfait après la conjonction *wa-* « et » (sous sa forme ordinaire dans la plupart des verbes, sous sa forme la plus courte dans certains thèmes qui se prêtent à la distinction d'une forme longue et d'une forme brève) sert à exprimer l'accompli, au lieu du parfait; des emplois analogues se rencontrent après certaines autres particules et aussi sans conditions d'entourage dans des textes poétiques (Bauer, *Tempora*, p. 27-28; Driver, *Tenses*, chap. vi; König, *Syntax*, chap. 33; Bauer-Leander, § 36, p. 274; exemples plus loin à la III⁰ partie, § 76 et 93).

En arabe classique la forme courte de l'imparfait est employée avec sens d'accompli après certaines négations et conjonctions, ainsi : *lam yaqtul* « il n'a pas tué » (Wright, *Ar. Gr.*, II, § 12-13). De plus la forme longue (à finale *-u*) est quelquefois employée au lieu du parfait après une conjonction de coordination (Nöldeke, *Zur Gram.*, p. 68; Reckendorf, *Syntax*, § 167, 3, p. 333 bas; ci-dessous § 114). Elle se rencontre aussi, dans de rares exemples, avec valeur de passé momentané, sans que cet emploi dépende de la jonction avec une particule déterminée (voir III⁰ partie, § 114). Cet emploi est plus fréquent dans certains dialectes modernes, voir § 116 et 118.

En sudarabique ancien on rencontre des exemples d'imparfait avec *wa-* coordonnés à un parfait, avec, semble-t-il, le sens de passé momentané, ceci seulement dans des propositions subordonnées temporelles et les deux verbes étant séparés par d'autres mots (Hommel, *Südar. Chrest.*, § 42, p. 27-28; König, *Zeitschr. Alttest. Wiss.*, 19, p. 259). En sudarabique moderne on rencontre parfois l'imparfait, même non précédé de *wa-*, comme expression du passé momentané, voir IIIe partie, § 76.

Il y a donc pour l'imparfait, à époque historique, diverses survivances d'un état ancien d'indistinction entre l'accompli et l'inaccompli[1].

En dehors de la forme verbale unique pour l'énoncé du procès sans considération de durée, il semble que les deux dialectes anciens du sémitique aient eu chacun une forme descriptive destinée à exprimer un procès durable. Ces formes consistaient en une forme nominale de chaque thème verbal, suivie de pronoms plus ou moins agglutinés; mais le détail de la forme était différent dans l'un et l'autre dialecte ancien.

Au cours de toute son histoire le sémitique oriental possède à côté du couple parfait-imparfait une forme durative, le permansif; elle est constituée comme il vient d'être dit, mais avec insertion d'un -*ā*- après le radical, type *kašdāta* « tu conquiers », voir § 18.

En sémitique occidental, à période historique, il n'y a rien de tel dans le système du verbe; mais il est permis de croire, et c'est le complément indispensable de l'hypothèse développée ici, que le parfait à suffixes, avant d'être un accompli, a été un duratif analogue au permansif accadien[2].

Des éléments de preuve sont les faits suivants : la valeur primitive sup-

---

[1] Il n'a été tenu compte dans le développement ci-dessus, comme partout ailleurs dans la description tentée ici, que du thème simple des verbes. Mais une étude complète devrait tenir compte des thèmes dérivés. Ainsi il est intéressant de noter qu'en accadien *iktasad* est également parfait et imparfait de réfléchi.

L'exposé a été fait ici en supposant qu'il n'y avait pas anciennement de différence de thème entre l'imparfait indicatif et le jussif (voir § 12). Une autre conception consiste à admettre une différence entre les deux modes; dans cette hypothèse, on est amené à réunir au jussif l'imparfait court dont il a été question ci-dessus (ainsi SARAW, *Tempussystem*); même, si on s'attache à l'accentuation particulière de l'imparfait avec *wa-* en hébreu massorétique, on en arrive à poser trois formes anciennes : un imparfait simple, un imparfait avec *wa-*, un jussif (voir Mayer LAMBERT, *Vav conversif*).

[2] Pour des développements de formes d'origine nominale en formes verbales, duratives et non duratives, à époque historique, voir ci-dessous chap. v.

posée de la forme à suffixes a subsisté en hébreu biblique quand elle est immédiatement précédée de la forme brève *wə-* de la conjonction «et»; dans cet emploi le parfait a en effet toujours la valeur d'inaccompli, et équivaut en réalité à une forme descriptive (Driver, *Tenses,* chap. viii)[1]; un cas isolé semble montrer le même fait en phénicien (Bauer-Leander, p. 35, note); la même construction se retrouve aussi en sudarabique ancien (Hommel, *Südar. Chrest.,* § 42).

En arabe, la langue du Coran a conservé le même usage, surtout dans des descriptions du Jugement dernier où le parfait après une particule de coordination continue un imparfait (Bauer, *Tempora,* p. 43, avec références; *Grundriss,* II, § 78, p. 154 bas; Reckendorf, *Syntax,* § 167, 3; exemple en dehors de ce cas, Coran, Sourate 7, 169).

Enfin, en hébreu, dans les prophéties poétiques, le parfait peut s'employer au milieu d'imparfaits même sans être accompagné de *wə-*, voir Gesenius-Kautzsch, § 106, p. 323, Driver, *Tenses,* § 14, Bauer, *Tempora,* p. 34-35; ainsi Esaïe, 8, 23 : *wəhā'aḥăro(w)n hik^hbi(y)d^h dęręk^h hayyām* «et le dernier [temps] rendra glorieux (parfait) le chemin de la mer».

Il faut probablement joindre à ces emplois une partie des exemples poétiques que Driver, *Tenses,* § 12, cite comme exprimant un fait général (voir ci-dessous, p. 29) et qui n'ont pas vraiment ce caractère, ainsi Psaumes 33, 13 : *miššāmayim hibbi(y)ṭ yhwh rā'ă(h) ęt^h kǫl bǝne(y) hā'ādām* «Dieu (3) regarde (2) (parfait) du haut des cieux (1), il voit (parfait) tous les fils d'Adam».

Tous ces emplois sont considérés ici comme étant des archaïsmes. Mais, malgré Bauer, *Tempora,* p. 33-34 et p. 43, on évitera dans le présent ouvrage d'expliquer de la même manière des emplois du parfait comme présent ou comme futur qui sont particuliers à des verbes de certains sens (§ 127 et § 151) ou des emplois de la même forme qui ont une valeur modale (§ 7, § 12, sous Arabe classique, § 151).

Il résulte de tout ce qui précède qu'on peut concevoir un moment où le sémitique n'aurait eu à chaque thème qu'une forme exprimant le procès dans la sphère de l'indicatif sans considération de durée. Cette simpli-

---

[1] Voir d'autres appréciations de ces emplois dans Mayer Lambert, *Vav conversif,* et Schulz, *Imperfekt und Perfekt;* voir aussi la discussion de Bauer, *Tempora,* p. 29.

cité, qui paraît à première vue excessive, se tempère, si on admet que l'existence d'une forme verbale durative est contemporaine de l'usage de cette forme unique pour le procès non duratif. Pour qui serait tenté de trouver néanmoins le système ainsi défini étonnamment pauvre, il y a lieu de rappeler que la richesse du verbe sémitique consiste surtout dans l'abondance des thèmes (chap. 1ᵉʳ). Enfin rien n'empêche d'admettre que la simplicité à laquelle les faits attestés invitent à remonter peut avoir été l'ultime développement d'un état plus compliqué qui échappe à nos investigations actuelles (pour les conclusions provisoires qu'on peut tirer de l'étude du chamito-sémitique, voir § 9).

Reste à voir comment il est possible de concevoir le passage de l'état préhistorique supposé à l'état historiquement attesté.

La force motrice de l'évolution serait la tendance à distinguer, indépendamment de la notion de durée, l'aspect accompli et l'aspect inaccompli du procès.

Cette tendance, nouvellement apparue à une époque donnée, aurait conduit la langue à modeler pour elle les éléments dont elle disposait. Mais, comme il arrive dans ces sortes d'évolutions, des tournures archaïques ont subsisté en dépit de la logique du nouveau système et elles peuvent nous servir à démasquer en partie l'état antérieur.

En sémitique oriental, la forme à préfixes s'est scindée secondairement en deux formes qui sont distinguées par la vocalisation et sans doute partiellement (au thème simple) par un renforcement de la seconde consonne radicale (ainsi *ikšud*, parfait, s'opposant à *ikaš(š)ad*, imparfait). La forme durative a alors coexisté à deux formes non duratives.

En sémitique occidental, la forme à préfixes s'est restreinte, plus ou moins tôt et plus ou moins complètement suivant les langues, à l'emploi comme inaccompli.

Par endroits, des créations nouvelles ou au moins des spécialisations de certaines vocalisations ont servi à marquer nettement des différences modales. Ainsi l'indicatif est caractérisé en arabe par un –*u* final (*yaqtulu*), en éthiopien par un *a* de la première syllabe radicale (*yəqattəl* ou *yəqatəl* suivant les langues); voir en outre § 12, p. 32.

A côté de la forme à préfixes servant d'inaccompli, une forme durative à suffixes, caractérisée par la présence de deux voyelles dans le radical, en est venue à servir d'accompli : c'est le parfait sémitique occidental. La forme ainsi captée au profit de l'opposition accompli-inaccompli a laissé vide, dans les langues occidentales anciennes, la place de l'expression verbale de la durée.

Comment concevoir ce transfert de la durée à l'accompli? L'histoire du sémitique montre deux voies possibles. La forme durative de l'accadien sert souvent à exprimer un procès envisagé dans son résultat (voir § 81); il est facile de passer de la notion de résultatif à celle d'accompli. D'autre part une forme durative, en tant qu'élément descriptif, sert souvent au récit d'événements passés; ainsi il sera parlé plus loin (chap. v) d'emplois de participes pour le récit historique; du récit d'événements échus à la notion d'accompli en général le passage est concevable[1].

9. Les différents groupes chamitiques présentent des faits inégalement clairs, attestant, plus encore que les dialectes sémitiques, des développements distincts.

a. La grammaire du libyco-berbère est connue seulement par les dialectes modernes qui, à la comparaison, se révèlent assez homogènes.

Il est assez difficile d'expliquer en quelques mots le système des formes verbales berbères.

Plaçons-nous d'abord dans la sphère des procès momentanés et considérons une phrase à plusieurs propositions soit simplement juxtaposées, soit reliées les unes aux autres par un élément conjonctif. Il faut maintenant faire abstraction du premier verbe de chaque phrase, dont il sera

[1] L'antériorité de la forme à préfixes par rapport à la forme à suffixes dans le système accompli-inaccompli a été suggérée par ZIMMERN, *Vergl. Gr.*, p. 93 et suiv., professée par BAUER, *Tempora*, qui a été suivi ensuite par *Grundriss*, II, § 174, p. 144; l'opposition à ces vues s'est exprimée en particulier dans KÖNIG, *Stammbildungstheorien* et NÖLDEKE, *Glossen;* comme défense contre les critiques, voir BAUER, *Sem. Sprachprobleme*, 1 et 8; en dernier lieu voir NYBERG, *Wortbildung*, p. 188-189, avec bibliographie du débat.

Dans l'exposé ci-dessus, des développements indépendants sont admis chaque fois qu'une concordance probante n'impose pas de remonter à une forme unique du sémitique commun : aussi le parfait occidental n'est-il pas rapproché de l'imparfait oriental (contre BAUER, *Tempora*, p. 20) et n'est-il pas identifié non plus avec le permansif oriental (contre ZIMMERN, *Verhältniss*, BÖHL, *Amarna*, p. 42 et suiv., SARAUW, *Tempussystem*, p. 60-61).

question ensuite, et considérer d'abord ce qu'on peut appeler les verbes subséquents.

Voici le fait essentiel : les verbes énonçant un procès momentané ont une forme unique sans distinction de temps ni d'aspect. Le radical a une forme courte, à une seule voyelle dans le thème fondamental du verbe. Les désinences personnelles sont en majorité préfixées; à certaines personnes il y a à la fois préfixation et suffixation; quelquefois le préfixe manque et il n'y a qu'un suffixe; ainsi, d'une racine *krz* «labourer»[1] : 3° personne masculin singulier *ikərz*, pluriel *kərzən*; 2° personne, masculin singulier *tkərzt*, masculin pluriel *tkərzəm*; 1re personne, commune aux deux genres, singulier *kərzeĝ*, pluriel *nkərz*. Au total on a l'impression, qui pourra être confirmée ou modifiée par des études ultérieures, que les désinences préfixées sont essentielles pour la distinction des personnes; la forme ainsi définie se rapprocherait donc sans difficulté de la forme à préfixes du sémitique.

Venons maintenant au premier verbe de la phrase.

Si l'idée d'avenir doit être exprimée, le verbe est à la forme définie ci-dessus; il est précédé d'une particule qui exprime le futur.

Si c'est l'idée d'accompli qui doit être exprimée, le premier verbe se présente sans particule, il a les désinences définies ci-dessus, mais on y voit paraître souvent un vocalisme spécial : les verbes qui n'ont que deux consonnes radicales ont en général un vocalisme réservé à l'accompli en tête de phrase : ainsi *ifta* «il est parti», en face d'une forme «subséquente» *iftu*; toutefois les verbes à trois consonnes radicales et à voyelle brève ont pour l'accompli initial de phrase la même vocalisation que pour la forme subséquente, ainsi *ikərz,* forme unique. Ce qui précède n'est d'ailleurs vrai qu'en phrase positive. L'emploi de la négation amène des complications supplémentaires dont il est fait abstraction ici[2].

En résumé certains verbes (en fait, plus de la moitié du vocabulaire) fonctionnent, particule préfixée à part, avec une seule forme de l'indicatif (pour le procès momentané); d'autres ont une distinction, pour le verbe

---

[1] Les formes verbales citées ici sont prises au dialecte du Sous, dans le sud du Maroc; elles ont été obligeamment communiquées par M. E. Destaing.

[2] La distinction entre le premier verbe de la phrase et les suivants jette un jour sur les échanges des formes sémitiques après conjonction de coordination dont il a été question ci-dessus, p. 17, 18 et 19.

initial de phrase, qui rappelle la distinction du parfait et de l'imparfait en sémitique oriental.

On peut supposer que cette distinction vocalique a été générale autrefois, mais s'est oblitérée dans les verbes qui ne la possèdent pas; on peut supposer aussi le contraire, à savoir que la forme unique est primitive et qu'une distinction partielle de deux formes s'est réalisée secondairement; des éléments de décision entre ces deux hypothèses font défaut dans l'état actuel des études. En tout cas, il est intéressant que le berbère moderne montre que des verbes peuvent se passer de toute distinction accompli-inaccompli.

Outre les formes du procès momentané, le berbère possède à chaque thème un duratif, conjugué au moyen des mêmes désinences que les formes momentanées, mais nettement distingué par l'aspect du radical; cette distinction est réalisée de manière différente pour les divers types de racines; ainsi, de *krz*, le duratif est *ikkərz*; de *ftu*, il est *ifəttu*. L'emploi de cette forme, que les berbérisants appellent la forme d'habitude, est analogue à l'emploi du permansif accadien[1].

Enfin une conjugaison réalisée uniquement au moyen de suffixes apparaît dans certains verbes exprimant une qualité, pour la forme durative seulement; les mêmes verbes ont, comme conjugaison momentanée, les formes ordinaires. Cette conjugaison à suffixes se trouve à l'état de traces dans différents dialectes (renseignement de M. E. Destaing); elle a été observée à l'état complet dans des dialectes kabyles; ainsi (Basset, *Kabyle*, p. 35-36), *bərrikəḍ* «tu es (étais) noir» (la désinence *-ḍ* correspond à *-t* d'autres dialectes).

b. Le groupe couchitique est beaucoup plus varié que le berbère.

Il n'est lui aussi connu qu'à époque moderne.

Les conjugaisons y sont abondantes en formes; mais dans toutes les langues se retrouve la distinction fondamentale d'un parfait et d'un imparfait.

On distingue un type de conjugaison analogue à l'imparfait du sémitique, avec préfixes accompagnés de suffixes à certaines personnes et un

---

[1] Dans certains dialectes la forme d'habitude peut recevoir la particule préfixée du futur, quand elle se rapporte à l'avenir (renseignement de M. E. Destaing).

type à suffixes. En réalité, ce deuxième type se laisse ramener au premier, comme il va être expliqué ci-dessous.

Les exemples qui suivent sont pris à l'afar (langue des Danakil) où les deux types sont représentés.

Dans l'un et l'autre de ces types, c'est une distinction vocalique qui marque l'opposition du parfait et de l'imparfait. Ainsi, pour le type à préfixes (Colizza, p. 20), racine *gdf* «tuer», 2ᵉ personne singulier, imparfait, *taggifä*, parfait *tiggifä*; pour le type à suffixes (Colizza, p. 44), racine *ab* «faire», 2ᵉ personne singulier, imparfait *abta*, parfait *abtä* (*abtẹ*).

Or, on a reconnu (voir surtout Praetorius, *Ham. Sprachen*) que les suffixes du second type de conjugaison sont composés d'un auxiliaire court, qui est attesté aussi comme verbe indépendant : imparfait *a*, parfait *ẹ* «dire, être»; cet auxiliaire conjugué comme un autre verbe quelconque au moyen de préfixes, et adjoint à un radical invariable, constitue les soi-disant désinences suffixées; ainsi *abta* est à décomposer en *ab* d'une part, *ta* d'autre part, où *t-* est le préfixe *t-*. On est donc ramené partout à la conjugaison à préfixes, c'est-à-dire à un état comparable à celui du sémitique oriental.

Les formes décrites ci-dessus, employées seules, ne sont pas duratives. Pour exprimer le duratif, elles servent aussi, mais avec adjonction d'un verbe auxiliaire de durée : autrement dit, le duratif n'a pas d'expression simple.

c. L'égyptien est la langue la plus anciennement attestée de l'ensemble chamito-sémitique. Au cours de sa longue histoire, au moins de la fin du quatrième millénaire avant J.-C. jusqu'à la mort du copte vers le XVIᵉ siècle de notre ère, il se montre riche en formes verbales, dont on peut observer l'évolution.

Si on s'en tient à l'état le plus anciennement connu, voici les faits principaux qui nous intéressent.

Le rôle de verbe est tenu en général par des mots composés d'un thème nominal (soit nu, soit pourvu de divers suffixes), auquel sont affixés des pronoms personnels; ceux-ci ont la forme abrégée qui sert par ailleurs comme suffixe possessif avec des noms, ou comme complément de prépositions. Les termes ainsi constitués sont considérés par certains comme des composés récents postérieurs à l'élimination de formes verbales plus anciennes; ils seraient à base de participes, comme semblent être le parfait sémitique occidental ou le permansif accadien (voir p. 21) ou comme sont certaines formes de l'araméen (voir chap. v); ainsi Erman, *Äg. Gramm.*, § 277. D'autres auteurs préfèrent y voir une construction au contraire très ancienne, à laquelle n'auraient pas forcément préexisté des formes verbales analogues à celles que possèdent les langues apparentées à l'égyptien (Golénischeff, *Syntaxe*, p. 686).

La forme la plus simple s'emploie le plus souvent comme expression de l'inaccompli, ainsi *śdm-k* « tu entends »; mais elle peut servir aussi au récit dans le passé. Une forme avec suffixe *-n-*, ainsi à la 2ᵉ personne masculin singulier *śdm-n-k*, sert d'accompli ou de résultatif.

Une forme toute différente qui ne sert pas de verbe indépendant, sauf peut-être en de très rares exemples, mais exprime soit une circonstance accompagnant une action principale soit un résultat, a été appelée pseudo-participe. Elle est constituée au moyen d'un thème lequel est complété de désinences suffixées qui ressemblent aux désinences personnelles du sémitique; ainsi, à la 2ᵉ personne singulier *śdm-ty*.

Tel que l'a décrit M. Erman, qui a le premier reconnu cette forme, *Äg. Gram.*, § 326, le pseudo-participe apparaît comme muni à toutes personnes d'un *y* dans sa terminaison. Sous cet aspect, on peut se demander s'il n'est pas composé au moyen d'un auxiliaire conjugué, comme le second type de conjugaison couchitique décrit ci-dessus sous *b* (M. Cohen, *Pseudo-participe*); ainsi dans *śdm-ty*, l'élément *t* serait une désinence préfixée à un auxiliaire *y*. Si cette explication était juste, la conjugaison à préfixes du type de l'imparfait sémitique se trouverait attestée aussi en égyptien.

Mais l'interprétation par un auxiliaire semble caduque ou au moins plus difficile à rendre vraisemblable, si l'on possède des formes de pseudo-participe sans *y;* or les formes les plus anciennes seraient précisément sans *y* (d'après une lettre de M. Erman en 1921). On ne peut donc pas écarter, au moins provisoirement, la ressemblance qui a été invoquée (surtout par M. Erman) entre le pseudo-participe et le parfait sémitique occidental. Mais il n'est nullement nécessaire d'identifier ces deux formes; le parfait sémitique en question, le permansif accadien, la forme de qualité en berbère, le pseudo-participe ne sont pas pareils dans le détail de l'aspect et de l'emploi : il est préférable d'y voir des formes qui se sont développées de manière indépendante sur des domaines différents.

Que conclure de l'excursion qui vient d'être faite en dehors du sémitique? L'accord de deux groupes, sinon trois, avec le sémitique démontre l'ancienneté d'une conjugaison à désinences préfixées. Ceci renforce, au point de vue morphologique, la conclusion tirée tout d'abord de l'examen intérieur au sémitique et qui a été exposée p. 16. Pour ce qui concerne la valeur des formes, l'opposition du parfait et de l'imparfait se trouve en couchitique et, avec un caractère moins général, en berbère; les emplois de certaines formes égyptiennes semblent répondre, comme l'opposition parfait-imparfait, au contraste accompli-inaccompli. L'opposition de deux aspects de l'action remonte donc peut-être au temps de l'unité chamito-sémitique; dans ce cas il faudrait admettre que l'existence temporaire d'une seule forme au lieu de deux en sémitique commun (hypothèse retenue comme la plus vraisemblable ci-dessus p. 19) aurait été un état transitoire résultant d'accidents momentanés. Mais on peut aussi bien admettre que seule la tendance à marquer l'opposition accompli-inaccompli appartient à l'ensemble du chamito-sémitique. En pareille matière, il n'y a que les concordances de détails morphologiques qui soient probantes; or on est très mal armé pour la recherche, puisque les formes de l'égyptien, en tout état de cause, sont tout à fait à part, et puisque le berbère et le couchitique n'ont pas d'histoire. Ce qu'on peut dire, c'est que dans la mesure où les faits sont connus, ils sont divergents : l'opposition d'aspect n'est pas exprimée exactement de la même manière dans les formes à préfixes du sémitique oriental, du berbère, du couchitique. Rien n'empêche donc d'admettre qu'il y a eu des développements parallèles dans les différents groupes parents, après leur séparation.

Ce qui vient d'être dit pour l'opposition accompli-inaccompli vaut aussi et encore mieux pour l'opposition momentané-duratif : réalisée en plusieurs points, elle l'a été par des moyens différents.

Les comparaisons sont encore trop mal étayées d'études préparatoires; elles portent d'ailleurs sur des états de langues malaisément comparables, à cause des différences considérables d'époque; aussi n'est-il pas encore temps d'établir une hypothèse générale sur le développement du verbe chamito-sémitique, une restitution de l'état ancien; et rien ne serait plus

nuisible qu'une explication prématurée et simpliste. Mais les données qui
ont été rapprochées laissent entrevoir divers types de développement dans
des directions parallèles en différents points de l'ensemble chamito-sémitique. Certains développements intérieurs au groupe sémitique en sont
éclairés par analogie; en particulier l'importance de l'opposition entre
l'accompli et l'inaccompli apparaît avec netteté.

Après avoir marqué au cours de ce chapitre l'existence et le poids de
cette opposition, il sied de reconnaître qu'elle n'a pas abouti, dans la plupart des langues sémitiques anciennes, à un système simple et clair. On
verra par exemple, dans la III° partie, que le récit d'un événement passé
peut dans une langue comme l'arabe être exprimé soit par l'accompli, soit
par l'inaccompli, soit par un participe, sans qu'on puisse bien déterminer
quelle nuance de sens ou même de style règle le choix dans chaque cas
donné. Pas plus que des oppositions de temps nettes, on n'a en sémitique
des oppositions d'aspect de caractère absolument tranché et, peut-on
dire, normalisé. Il semble que les langues sémitiques, le sémitique oriental mis à part, n'aient pas trouvé le moyen d'établir un système net et
symétrique comme en ont constitué les langues européennes occidentales
avec les oppositions de temps ou certaines langues slaves avec les oppositions d'aspect duratif et momentané.

Il y a lieu de faire observer ici un détail important. On aura remarqué
au paragraphe 8, p. 17 et 19, qu'en plusieurs points du sémitique l'indistinction d'emploi entre accompli et inaccompli, soit pour l'imparfait, soit
pour le parfait, s'observe surtout dans des propositions qui ne sont pas
placées en tête de phrase. Les choses semblent se passer comme si un seul
verbe d'une phrase devait servir à la situer dans l'achevé ou dans l'inachevé, les autres verbes pouvant rester dans l'indistinction à cet égard.
Les faits berbères exposés au paragraphe 9, p. 22, montrent ce système en
pleine vigueur sur un domaine actuellement observable. On verra aussi
dans la III° partie différents faits qu'il est intéressant de mentionner ici
en groupe : l'emploi d'un verbe auxiliaire en tête de phrase pour situer
le développement qui suit (§ 60, 63, 77, 152), la persistance de l'emploi
très libre de l'imparfait en arabe moderne dans des développements où le
temps est marqué par une indication en tête de récit (§ 120), l'indistinc-

tion des temps en proposition subordonnée en amharique, s'opposant à leur distinction stricte en proposition principale (§ 13, 124, 147); de même pour le tigrigna (§ 122 et 145).

Il transparaît probablement dans tous ces faits un trait ancien du chamito-sémitique qui est de nature à expliquer en partie le flou de la situation du sémitique, telle que nous l'observons à époque historique.

Dès le premier chapitre cette situation floue gêne l'étude; l'inconvénient en sera senti encore plus d'une fois dans la suite.

CHAPITRE III.

10. Ceci est un chapitre de parenthèse, destiné à éviter certaines confusions dans la suite. Il n'y est pas question de formes distinctes, mais de l'expression d'une notion.

Comment s'exprime un fait (situation ou procès) qui est en dehors des circonstances de temps, de durée limitée ou d'achèvement, par le fait que la valeur en est générale, l'existence sans limites? Autrement dit, quelle forme, verbale ou non verbale, sert à l'énoncé de proverbes ou de sentences analogues aux proverbes?

Lorsque c'est une situation qui doit être notée, la phrase nominale (en accadien, le permansif) est de règle; ceci même dans les langues où la phrase nominale est par ailleurs éliminée (un fait analogue s'observe en français, par exemple « A bon chat bon rat ») [1].

Quand il y a procès, le parfait et l'imparfait semblent s'employer indifféremment; aucun des deux ne correspond donc régulièrement à l'emploi que tient le présent en français pour l'expression de vérités générales.

Quelques exemples donneront une idée des faits.

ACCADIEN. — Jäger, p. 296 : *puqli na'pi meštu ul uḫḫurśu* « la force du ver, l'ivrogne ne lui est pas inférieur (permansif) ».

HÉBREU. — Proverbes, 22, 2 : *'ǎši(y)r wǎrǎš nip^{h}gǎšu(w) 'ośe(h) k^{h}ullǎm yhwh* « le riche et le pauvre se rencontrent (parfait), [celui qui les] fait (participe) tous, [c'est] Dieu »; voir Driver, *Tenses,* § 12. — Proverbes,

---

[1] Sur la phrase nominale en général, voir § 14, p. 40 et suiv.

11, 26 : *moneă͏͘ bar yiqqəb'uhu(w) lə'o(w)m, ub'əråk'å(h) ləro(')š mašbi(y)r* « le cacheur de blé (1-2) la populace (4) le maudit (3) (imparfait), mais bénédiction sur la tête du négociant en grains ! ».

ARABE CLASSIQUE. — Dans des comparaisons; exemples cités par Reckendorf, *Synt. Verhält.*, p. 56-57 : *tuḥṣifu kamā 'aḥṣafa l'ilǧu* « elle va vite comme va vite (parfait) l'âne »; *sārat riǧālun kamā tamšǐ lǧimālu ddawāliḥu* « des hommes (2) avancèrent (1) comme marchent (imparfait) les chameaux pliant sous le faix ».

ARABE MODERNE. — Proverbes. *Arabic proverbs*, n° 169 : *ĭddĭnya badal yōmin ʿasal yōmin baṣal* « le monde [est] alternative, une fois miel, une fois oignon » (phrase nominale); *Arabic proverbs*, n° 29 : *kullə mānu yisḥab ĭnnār liqurṣu* « un chacun apporte (imparfait) le feu pour son gâteau »; Marçais, *Tanger*, p. 7, l. 23 : *mwālɩn ḍḍāṛ ṣọbrọ ul ʿazzāin k(ə)frọ* « les gens de la maison [qui ont un deuil] prennent patience (parfait) et les visiteurs-de-condoléance geignent-comme-des-païens (parfait) »; Desparmet, *Arabe dialectal* II, p. 25, l. 4 : *elhĕnā ǵləb elǵnū* « contentement passe (parfait) richesse ».

ÉTHIOPIEN. — D'une manière générale l'emploi de l'imparfait semble prédominer. Pour le guèze, le fait est marqué dans Dillmann, *Äth. Gram.*, p. 152 b, fin; pour le tigrigna il ressort de l'examen d'un certain nombre de proverbes; mais le parfait s'y rencontre aussi, ainsi (Schreiber, *Manuel*, p. 196) *tämanyā zərä'əyäs bəlọḥṣi tädahlä* « qui a vu (2) [parfait] un serpent (1) se cache (4) [parfait] à [la vue d']une bande d'écorce (3) ».

En amharique, où les deux formes verbales se rencontrent, de nombreux proverbes ont la phrase nominale, inemployée par ailleurs dans cette langue en dehors de la poésie (voir § 57); Faïtlovitch, *Proverbes*, p. 64 : *kasyēt nagar kabaqlo madanbar* « [on peut attendre] de la femme, les paroles; du mulet, l'écart ».

Ces faits, en complément du chapitre précédent, montrent une fois encore que le parfait et l'imparfait du sémitique n'entrent pas dans les conceptions du temps situé, où la permanence illimitée est normalement conçue comme un présent perpétuel (voir Vendryes, *Langage*, p. 119).

Par la suite, les exemples se rapportant à un fait général ont été écartés comme impropres à toute démonstration au sujet de l'expression du temps.

CHAPITRE IV.

LES MODES PERSONNELS EN DEHORS DE L'INDICATIF.

11. Le verbe, d'une manière générale, ne sert pas seulement à constater un fait; il peut aussi exprimer une impulsion, comme l'ordre ou la défense (langage actif, voir Vendryes, *Langage,* p. 162), ou une démarche sentimentale comme le doute, le souhait, etc. (langage affectif, voir *Langage,* p. 163 et suiv.).

Il faut examiner les formes qui correspondent à ces notions en sémitique et voir jusqu'à quel point elles sont en liaison avec l'opposition accompli-inaccompli. Même celles qui ne sont nullement mélangées à cette opposition seront décrites, de manière qu'on puisse juger de la place du couple accompli-inaccompli dans l'ensemble du système. Mais ce sera une mention rapide. Au contraire, il y aura lieu de s'attarder un peu plus là où il peut y avoir des connexions [1].

12. Si l'on examine l'ensemble des formes à chaque thème d'un verbe sémitique, il est visible que le couple parfait-imparfait s'oppose en gros comme indicatif à un complexe qu'on peut nommer l'impératif-jussif, lequel sert à exprimer l'ordre et la défense.

L'ordre adressé personnellement à un être est exprimé par l'impératif, qui n'a qu'une personne, correspondant à la 2ᵉ personne dans les autres formes verbales.

Si l'on considère le thème le plus simple dans le verbe de toutes les langues sémitiques, on voit que l'impératif a une forme courte du radical (à une seule voyelle), sans désinence préfixée ni suffixée quand il s'agit

[1] Pour une étude plus complète, voir *Grundriss*, II, § 9 et suiv.

du masculin singulier, avec une marque de genre ou de nombre en dehors de ce cas, ainsi arabe *qtul* (*uqtul* après consonne ou en tête de phrase), féminin singulier *qtulī*, pluriel masculin *qtulū*, etc.

Certaines langues ont deux voyelles, ainsi accadien *kušud*, ce qui a conduit la plupart des sémitisants à admettre un impératif sémitique commun **qutul*, et certains à poser par analogie un radical de jussif (et d'imparfait) non attesté, qui serait à la 3e personne masculin singulier **yaqutul* (*Grundriss*, I, p. 544 et suiv.); mais les formes à deux voyelles s'expliquent plus simplement par disjonction de groupe à l'initiale, ainsi accadien **kšud>kušud* (M. Cohen, *Groupes de consonnes*, p. 144; Bauer-Leander, § 56, p. 386, n. 1).

L'impératif n'a donc qu'une 2e personne. De plus, il ne peut pas, d'une manière générale, s'accompagner d'une négation (pour les exceptions, dans des parlers modernes, *Grundriss*, II, § 12). Les ordres, aux personnes autres que la 2e personne, et la défense à toutes personnes sont exprimées par ce qu'on peut appeler le jussif, pour parler courtement, ou jussif-prohibitif pour tenir compte de la défense aussi bien que de l'ordre positif.

Le jussif a les mêmes désinences que l'imparfait (indicatif). Dans certaines langues il s'en distingue par son vocalisme qui est alors semblable à celui de l'impératif. Cette distinction remonte-t-elle au sémitique commun ou s'est-elle créée séparément sur divers domaines? Les faits sont assez confus; en particulier la communauté de vocalisme entre le jussif et des formes courtes d'imparfait en fonction d'accompli (ci-dessus, § 8, p. 17 et 18, n. 1, et Sarauw, *Tempussystem*, p. 62-64) présente des difficultés. La question d'origine est laissée ici de côté; seuls sont étudiés les faits qui, à époque historique, attestent une distinction de l'indicatif et du jussif dans différentes langues à différents moments.

L'emploi en proposition subordonnée présentant certaines complications spéciales (voir § 13), les propositions principales sont seules traitées dans le présent paragraphe.

Pour la commodité de l'exposé, l'optatif, qui est comme notion une sorte de jussif atténué et qui se confond souvent comme forme avec le jussif, a été touché dans le résumé qui suit; une étude complète des modes en sémitique devrait le traiter à part.

Accadien. — Les faits sont assez complexes; à première vue on n'y discerne que des emplois divers des formes de l'indicatif.

La défense est exprimée soit par l'imparfait avec la négation *lā,* qui est la négation des phrases à l'indicatif, soit par le parfait avec la négation *ā* (ou *e,* avec la 2ᵉ personne) qui sert spécialement à cet usage de prohibitif (Delitzsch, *Ass. Gr.,* § 187).

L'imparfait peut exprimer le jussif, même à la 2ᵉ personne (*Ass. Gr.,* § 177); il exprime aussi le souhait à la 1ʳᵉ personne du pluriel, généralement avec une particule préfixée *ï* (*ē*), voir *Ass. Gr.,* § 188.

La particule habituelle du souhait est *lū;* à elle peuvent se joindre toutes les personnes du permansif; au lieu du permansif on trouve aussi le parfait, mais pas aux 2ᵉˢ personnes, ni à la 1ʳᵉ personne du pluriel (*Ass. Gr.,* § 131).

L'interprétation de cette situation peut être en bref la suivante : *a.* le parfait *ikšud,* semblable aux formes courtes de l'imparfait occidental, est comme elles un jussif; c'est pourquoi, d'une part, il est évité aux 2ᵉˢ personnes au positif (ces personnes étant exprimées par l'impératif) et d'autre part, il sert de véritable prohibitif avec la particule réservée à cet usage; *b.* l'imparfait est employé soit comme jussif soit comme prohibitif atténués, par un usage comparable à celui du futur en français («vous ferez telle chose»).

Hébreu. — Dans tous les thèmes où l'on peut distinguer une forme longue et une forme courte de l'imparfait (voir p. 17), c'est la forme courte qui sert de jussif ou de prohibitif. Pour les autres thèmes, le jussif est confondu avec l'indicatif. Le prohibitif se distingue en général par l'emploi de la négation *'al* par opposition à la négation *lo(')* de l'indicatif (Driver, *Tenses,* chap. iv; *Grundriss,* I, p. 556).

De plus, il existe un optatif à finale *–āh,* mais seulement pour la 1ʳᵉ personne.

Araméen. — En ancien araméen occidental, une trace de distinction du jussif et de l'indicatif ne se trouve qu'aux 3ᵉˢ personnes du pluriel, où l'indicatif seul a une finale *-n* (*Grundriss,* I, p. 557 bas). De plus le prohibitif a sa négation spéciale *'al.*

Le syriaque ne distingue le jussif de l'indicatif que devant les pronoms suffixes (Duval, *Gram.,* p. 200-201). Il n'a pas de négation spéciale du prohibitif.

ARABE CLASSIQUE. — L'imparfait indicatif est terminé par -*u* dans les personnes qui n'ont pas de désinence finale caractérisant le féminin ou le pluriel, ainsi *yaqtulu* « il tue(ra) »; les personnes qui ont une voyelle longue finale ont en outre une finale -*na*, ainsi *yaqtulūna* « ils « tue(ro)nt ». Le jussif, qui est généralement précédé d'une particule *li-*, a une forme courte sans -*u* et sans -*na* final, ainsi *li-yaqtul* « qu'il tue », *li-yaqtulū* « qu'ils tuent » (voir Wright, *Ar. Gr.*, II, § 17). Il sert à la 2ᵉ personne, au lieu de l'impératif, pour les verbes au passif, et quelquefois en poésie (Reckendorf, *Syntax*, § 10).

L'optatif peut être exprimé par le parfait employé seul (Wright, *Ar. Gr.*, II, § 1, *f*).

ARABE MODERNE. — Les voyelles brèves finales ont disparu, les finales -*na* du verbe ancien ne sont pas représentées : la distinction ancienne du jussif et de l'indicatif est donc abolie. Mais dans un certain nombre de parlers, il s'est constitué une nouvelle caractéristique de l'indicatif et par conséquent une nouvelle distinction de modes; ainsi en arabe de Syrie *b-yirža‘* « il revient » est opposé à *yirža‘* « qu'il revienne » (voir à l'index Indicatif) [1].

SUDARABIQUE. — Pour la langue des inscriptions, voir Hommel, *Südar. Chrest.*, § 36-38 : en minéen seulement, l'indicatif n'aurait jamais à la 3ᵉ personne masculin singulier un -*n* final qui peut apparaître au jussif (voir p. 35, n. 2); au pluriel au contraire, il y aurait une distinction analogue à celle de l'arabe, l'indicatif ayant une finale en -*n*- que n'a pas le jussif (contredit par Kampffmeyer, *Verbalpartikel b*, p. 38, n. 1).

Le sudarabique moderne confond l'indicatif et le jussif dans les thèmes de verbes neutres; dans les verbes actifs, l'indicatif a une forme longue, le jussif une forme courte (Bittner, *Mehri*, II, p. 11; *Šḫauri*, II, p. 9).

ÉTHIOPIEN. — Dans les langues éthiopiennes la distinction de l'imparfait indicatif et du jussif est nette : celui-ci a le même radical que l'impératif; l'indicatif a un radical plus long (voir ci-dessus p. 20); en outre, devant certains suffixes, l'indicatif a une voyelle après la dernière consonne radi-

---

[1] Il y a en arabe classique et dans divers dialectes modernes des traces d'une distinction entre la négation de l'indicatif et celle du jussif, voir WRIGHT, *Ar. Gr.*, I, p. 287; MARÇAIS, *Tlemcen*, p. 190, *Ulād Brāhīm*, p. 179; LÉVI-PROVENÇAL, *Ouargha*, p. 40.

cale que n'a pas le jussif, ainsi en guèze *yəqattəlakka*[1] «il te tue(ra)», mais *yəqtəlka* «qu'il te tue».

D'après les faits qui viennent d'être énumérés, il semble bien que toutes les branches du sémitique, chacune pour leur compte, aient anciennement distingué le jussif de l'indicatif; mais les faits sont trop divergents pour permettre de restituer, à ce point de vue, la situation du sémitique commun.

Pendant la période historique, la distinction est peu claire en sémitique oriental; en sémitique occidental septentrional, au cours de l'évolution, elle a tendu à s'oblitérer; en sémitique méridional au contraire, elle est restée nette en général et même, par endroits, elle s'est accentuée au cours des temps[2].

13. L'indicatif (parfait-imparfait) d'une part, le jussif d'autre part, peuvent-ils se subordonner sans se transformer, ou y a-t-il des rapports de mode ou d'aspect propres aux propositions subordonnées? C'est ce qu'on peut appeler au sens large la question du subjonctif. Il est essentiel d'en tenir grand compte, parce que, sur certains domaines, des formes nouvelles qui paraissent à première vue destinées à marquer des nuances à l'intérieur de l'indicatif, et ont peut-être à l'origine servi uniquement à cet usage, sont en réalité employées à distinguer le mode indicatif, soit à la fois du jussif et d'un mode subordonné, soit seulement d'un mode subordonné (le jussif étant distingué autrement). La question doit être examinée à part pour chaque domaine dialectal.

AccADIEN. — En proposition principale, les formes verbales à finale consonantique peuvent être augmentées d'une voyelle finale, le plus sou-

---

[1] Pour les géminations dans ce mot, voir M. Cohen, *Prononciation traditionnelle*, notamment p. 259.

[2] Pour être complet, il faut mentionner l'usage de la forme insistante, caractérisée par une finale *-n*, qu'on appelle l'énergique. Cette forme apparaît sur divers points dans les langues anciennes; ainsi un *-n* du jussif a été mentionné ci-dessus pour le sudarabique; l'optatif en *-åh* de l'hébreu est généralement expliqué comme résultant d'une finale en *-n* affaiblie; en arabe classique des finales en *-n-* apparaissent tant avec l'impératif qu'avec l'indicatif, ainsi *yaqtulan* et *yaqtulanna* à côté de *yaqtulu* (voir *Grundriss*, I, § 259; § 273 F). Il y a là des faits d'un ordre intermédiaire entre l'usage d'une particule adverbiale et la constitution d'un véritable mode.

vent -*a* (plus rarement -*i*, plus rarement encore -*u*); la valeur de cette voyelle facultative n'est pas encore bien connue. En proposition subordonnée introduite par un pronom relatif ou par une conjonction, les mêmes formes verbales sont terminées, sauf rares exceptions, par une voyelle qui est généralement -*u* (quelquefois -*a*); fréquemment, à défaut de pronom relatif ou de conjonction, la subordination se reconnaît seulement à la présence de cette voyelle finale. C'est le phénomène dit «mode relatif» (Delitzsch, *Ass. Gram.*, § 130; *Grundriss*, I, § 259, p. 557 bas; Sarauw, *Tempussystem*, p. 68). La marque de distinction modale peut, au reste, s'ajouter à toutes les formes (parfait, imparfait et permansif), dont elle ne trouble pas les rapports réciproques : il est donc inutile d'en tenir compte dans l'étude de ces rapports.

Hébreu et araméen. — Dans quelques cas l'apparition de formes composées semble liée à la difficulté de subordonner les formes simples dans certaines conditions; de même la difficulté de subordonner une phrase nominale peut faire apparaître l'usage d'un verbe «être». Ces cas seront examinés dans la suite; on pourra les retrouver par les références de l'index, au mot «subordination».

En hébreu biblique, la forme courte de l'imparfait apparaît quelquefois après *wə*- «et»; elle ne peut être interprétée comme un imparfait (l'imparfait après *wə*- étant remplacé par le parfait) ni comme un parfait (le parfait en coordination étant remplacé par *wa*- suivi de la forme à préfixes). Comme le sens de cette combinaison est celui d'une certaine finalité, elle a été interprétée comme une amorce de mode subordonné (Driver, *Tenses*, chap. v); ainsi, Lévitique, 26, 43 : *wəhāʾāręs teʿāzebʰ mehęm wətʰiręs ętʰ-šabbətʰotʰe(y)hå* «et la terre sera laissée libre par eux, de manière qu'elle jouisse de ses sabbats». Mais il serait peut-être préférable d'y voir simplement un emploi de jussif coordonné : «. . . et qu'elle jouisse».

Arabe classique. — Le verbe de l'arabe classique a une forme généralement appelée subjonctif. Cette forme se confond avec le jussif à toutes les personnes terminées par voyelles longues (ainsi 3ᵉ personne masculin pluriel *yaqtulū*, en face de l'indicatif *yaqtulūna*). Aux personnes qui ont un -*u* final à l'imparfait (indicatif), le subjonctif a un -*a* final, ainsi 3ᵉ personne masculin singulier *yaqtula*; il se distingue donc à ces personnes non seulement de l'indicatif *yaqtulu* mais aussi du jussif *yaqtul*.

Le subjonctif sert comme forme subordonnée après certaines con-jonctions [1].

Il y a lieu de distinguer ici pour le sens deux valeurs différentes :

1° La subordonnée au subjonctif dépend d'un verbe désignant une vo-lonté (ordre ou défense), ou un sentiment analogue à la volonté, comme le souhait; ainsi (Wright, *Ar. Gram.*, II, § 15 *a*) *'amartuka bi'an taf'ala kadā* «je t'ai commandé de faire [que tu fasses] ainsi».

C'est ce qu'on peut appeler un jussif subordonné.

2° La proposition subordonnée au subjonctif exprime une tendance vers un but sans que la proposition principale doive nécessairement ex-primer un ordre; ou bien elle indique une conséquence, après certaines propositions principales déterminées, surtout celles qui marquent une volonté; ainsi Reckendorf, *Syntax*, § 226 (exemple de Hamadānī) : *kayfa tu'ḫadu ʿāmmatun bidunūbi ḫāṣṣatin ḥatta(y) yuḫraǧū min diyārihim* «com-ment (1) une population (3) sera-t-elle prise [comme responsable] (2) pour les péchés (4) de quelques-uns (5) au point qu'on la fasse sortir (subjonctif) de ses habitations»; Wright, *Ar. Gram.*, II, § 15 *d* : *lā tu'āḫidnī fa-'ahlika* «ne me punis pas de telle sorte que je périsse».

Cette seconde série d'emplois est ce qu'on peut appeler le subjonctif proprement dit.

Au point de vue de l'arabe classique seul, il serait inutile de distinguer le jussif subordonné du subjonctif proprement dit : tous deux sont com-mandés en grande partie par les mêmes particules, et il n'existe qu'une forme pour les deux. Mais la distinction est utile pour d'autres langues.

L'emploi du subjonctif en arabe, comme en général l'emploi des modes subordonnés dans les langues littéraires à grammaire raffinée, donne lieu à la distinction de nuances délicates; il n'en est pas tenu compte ici, où seul le fait dans son ensemble importait.

Alors que le jussif en proposition principale apparaît comme indépendant de la distinction accompli-inaccompli, le subjonctif se trouve, par sa va-leur, être généralement dans la sphère de l'inaccompli (voir les exemples ci-dessus) et par sa forme il semble une variante de l'imparfait indicatif. Cette manière de voir trouve une confirmation dans le fait que le parfait ne figure pas volontiers seul dans une proposition subordonnée où le

----

[1] Il est «extrêmement rare» qu'il soit employé sans conjonction, d'après Reckendorf, *Syntax*, § 9.

subjonctif est requis : si dans une telle proposition le sens appelle l'expression de l'accompli, il faut généralement employer une forme verbale composée d'un subjonctif et d'un parfait (voir § 79).

ARABE MODERNE. — L'essentiel a été dit au paragraphe 12 : par suite de l'abrégement des finales, le subjonctif ancien, comme le jussif, s'est confondu avec l'indicatif en arabe moderne. Mais il s'est reconstitué en plus d'une région des indicatifs de nouvelle formation; la forme ancienne, qui sert alors de jussif indépendant, sert aussi de jussif subordonné.

Pour ce qui correspond au subjonctif proprement dit de l'arabe classique, l'indicatif est employé le plus souvent; mais certains parlers emploient, au moins partiellement, la forme de jussif; nulle part, semble-t-il, il n'y a trois formes comme en arabe classique.

Ces usages seront examinés quelque peu dans la IIIe partie (voir les références à l'index sous «jussif subordonné» et «subjonctif»), quoique l'étude des modes ne soit pas l'objet de ce travail; comme il a été dit ci-dessus, p. 31, la distinction modale, bien souvent, est ou semble mélangée à une distinction de temps ou d'aspect : une brève discussion sur ces confusions ne pouvait pas être exclue de l'exposé.

ÉTHIOPIEN. — En guèze, l'indicatif est exclu des subordonnées qui indiquent nettement le résultat d'une volonté ou d'une tendance. Mais il n'y a pas de forme distincte du subjonctif; c'est la forme de jussif qui sert aussi de jussif subordonné et de subjonctif proprement dit. Ainsi, Genèse, 2, 18 : ʾikōna šannāya laʾəgwāla ʾəmmaḥəyāw yənbar baḥtītū «il n'est pas bon pour l'homme (la progéniture de la mère-des-vivants) [qu']il reste (subjonctif-jussif) seul».

Dans les langues modernes, la tendance à constituer trois formes, comme en arabe classique, est très nette : la forme ancienne de jussif, restée distincte, est réservée aux propositions indépendantes qui expriment l'ordre ou la défense; la forme ancienne d'imparfait indicatif tend à être réservée aux propositions subordonnées de toute espèce (à condition que l'emploi d'un accompli n'y soit pas nécessaire); pour exprimer l'indicatif, il se crée des formes composées. Comme pour l'arabe moderne, cette question a dû être étudiée dans la IIIe partie; on y verra jusqu'à quel point la tendance à distinguer trois modes a abouti dans les différentes langues (voir références à l'index sous «subjonctif» et «jussif subordonné»). Par exemple, en amharique : indicatif indépendant (en phrase positive) *yəsa-brāl* (= *yəsab(ə)r* + *alla*) «il casse(ra)»; mode subordonné *yəsabər zänd* «afin qu'il casse», *sisabər* «lorsqu'il casse»; jussif indépendant *yəsbar* «qu'il casse!».

La distinction du mode indicatif et du mode subordonné est, d'après ce qui précède, importante pour le sémitique méridional : là où elle s'était éliminée au cours de l'évolution de la langue, elle tend à renaître. Il faut en tenir compte dans l'étude des formes verbales de formation récente [1].

[1] Pour l'expression du conditionnel, voir § 7, p. 15.

CHAPITRE V.

LA PHRASE NOMINALE, LES FORMES NOMINALES DU VERBE
ET L'EXPRESSION VERBALE DU TEMPS OBJECTIF.

14. Le verbe sémitique ne se comprend bien que par opposition à la phrase nominale : celle-ci joue en effet un grand rôle dans la plupart des langues sémitiques.

La phrase nominale sert à constater une situation par le rapprochement d'un sujet et d'un prédicat nominal, sans aucun verbe exprimant un procès [1].

Les exemples suivants montrent l'usage de ce type de phrase; ils sont tous à deux termes [2].

Accadien. — Delitzsch, *Ass. Gram.*, § 183 : *anāku Nabūnā'd* « moi Nabonid, je suis Nabonid ».

Hébreu. — 2 Samuel, 11, 11 *wa(')dʰoni(y) yo(w)'âb wəʿabʰᵊdʰe(y) 'ădʰoni(y) ʿal pəne(y) haśśåd̊ʰẹ(h) ḥoni(y)m* « et mon maître Joab et les serviteurs de mon maître sur la surface de la campagne campant (campent) ».

Araméen biblique. — Daniel, 3, 25 : *wəreweh di(y) rəbʰi(y)ʿå(y)'å dåme(h) ləbʰar-'ĕlåhi(y)n* « et l'aspect du quatrième ressemblant à un fils des dieux », c'est-à-dire « ressemble... ».

---

[1] Pour la définition, de la phrase nominale en général, et pour le sémitique en particulier, voir Meillet, *Phrase nominale;* Vendryes, *Langage,* p. 143 et suiv.; Sethe, *Nominalsatz; Grundriss,* II, p. 35-116. Pour le fait général, voir ci-dessus, § 10, p: 29.

[2] Sur les phrases nominales à un seul terme, voir *Grundriss,* II, § 20-21 et 51; Reckendorf, *Syntax,* § 176, 177. Sur les phrases à trois termes, voir ci-dessous, § 15.

A͎rabe classique. — Coran, sourate 12 (Histoire de Joseph), 23 : *warāwadathu llatī huwa fī baytihā* « et le sollicita celle que lui dans sa maison », c'est-à-dire « celle dans la maison de qui il était le sollicita ».

Guèze. — Notice du Synaxaire sur Takla Hāymānōt, dans Dillmann, *Chrest. Aeth.*, p. 39 : *wa'iyəṭə'(')əm məntanī za'ənbala qwaṣl baḥtītā wasətēḥūnī māy* « et il ne goûtait à rien excepté des végétaux seulement et [quant à] sa boisson, eau (c'était de l'eau) ».

15. La phrase nominale, dans beaucoup de langues sémitiques, tend à se compliquer d'un troisième terme qui sert à marquer une identité entre le sujet et le prédicat; c'est ce qu'on appelle une copule (pour d'autres langues, voir Vendryes, *Langage*, p. 145 bas et 146 bas).

La copule peut soit insister sur l'identité, soit distinguer une affirmation d'identité d'une qualification par apposition, sans marquer aucune autre notion (consulter Reckendorf, *Syntax*, § 141); c'est dans diverses langues sémitiques un pronom personnel indépendant qui joue ce rôle.

Le pronom copule peut être variable en personne, ainsi dans la phrase guèze suivante (Matthieu, 20, 15) : *'əsma 'ana ḫēr 'ana* « car moi bon moi (je suis bon) ». Mais très souvent le pronom est invariable en personne, le pronom de 3° personne servant aussi pour la 1ʳᵉ et la 2°, soit avec variations en genre et en nombre, soit sous la forme figée de masculin singulier; ainsi en guèze (Genèse, 46, 8) *kamazə wə'ətū 'asmātīhōmū* « ainsi lui (=sont) leurs noms » (Dillmann, *Aeth. Gram.*, § 194; *Grundriss*, II, § 52 et suiv.).

Comme cette copule logique est toujours indifférente au temps, il n'en sera plus question par la suite que dans la mesure où elle côtoie les autres copules, les copules verbales.

Il y a en effet des copules verbales : la phrase nominale semble subir l'attraction de la phrase verbale et tendre à recevoir les notions qui lui manquent naturellement : personne exprimée dans le prédicat, distinction de modes, distinction d'aspect accompli-inaccompli, etc. Cette tendance se réalise par l'introduction de copules verbales : soit verbes dépouillés de tout sens concret et devenus aptes à exprimer une liaison logique, soit particules pourvues d'une flexion verbale et finissant par s'apparier à des verbes. De ces faits il sera question dans la IIᵉ partie.

16. Mais il est encore une autre manière par où une phrase nominale touche au verbe et peut passer au type verbal.

Ici intervient une notion à laquelle il a déjà été fait allusion dans le chapitre II, notamment p. 18, celle de durée.

La durée est une notion de temps, mais non pas de temps situé (voir p. 13) : c'est le temps existant en dehors du spectateur, considéré soit dans la situation stable, soit dans l'événement mouvant, dans le procès. Il ne dépend pas du spectateur qu'une situation se prolonge plus ou moins longtemps ou existe pendant un court instant seulement; la notion de durée est objective, comme la notion de temps situé est subjective. A la notion de temps objectif ne se rattache pas seulement l'idée de durée, mais aussi l'idée de circonstance accessoire, concomitante ou antérieure à une circonstance principale.

Ces notions s'expriment souvent en sémitique au moyen des ressources de la phrase nominale : les exemples cités plus haut ont suffi à montrer que la phrase nominale dépeint naturellement le durable.

Aussi n'est-il pas étonnant que dans les langues où la phrase nominale est très usitée, le verbe n'ait pas ou n'ait que peu de formes qui expriment spécialement la durée.

Inversement, on peut s'attendre à trouver un usage réduit de la phrase nominale là où s'est développée une expression verbale de la durée. Ce sont de tels développements qui doivent être étudiés ici.

17. Dans les langues sémitiques, des formes nominales, participes ou infinitifs, se rattachent aux thèmes verbaux. Or c'est souvent un participe qui sert de prédicat à une phrase nominale (voir § 14, p. 40, l'exemple hébreu et l'exemple araméen).

Reckendorf, *Particip,* a bien montré la valeur du participe dans de telles phrases : il n'exprime pas le déroulement d'un procès durable, ce qui ne peut être que le rôle d'un verbe véritable, mais il exprime l'attribution à un sujet d'un procès qui le caractérise : ce procès peut être en cours d'accomplissement, en préparation, ou achevé : *zaydun qātilun* «Zeyd [est le] tuant (celui qui a tué, tue, tuera)». Mais, si cette distinction entre participe et verbe est justifiée par l'usage, il n'en reste pas moins qu'elle est fragile au point de vue du sens; et la confusion des valeurs devait favoriser plus d'une fois la confusion des formes.

Il peut arriver en effet que, dans des phrases comme celles qui ont été citées § 14, le participe devienne plus ou moins nettement un véritable verbe; cette éventualité se réalise si le sujet manque ou s'il est agglutiné au participe : celui-ci est alors centre de phrase et peut se suffire à lui-même comme le verbe dans une phrase verbale en général.

Les exemples suivants éclairciront la chose: Soit la phrase hébraïque citée p. 4o : *wa(')dᵸoni(y) yo(w)'āb waᶜabᵸᵊdᵸe(y) 'ădᵸoni(y) ᶜal pəne(y) haśśādᵸę(h) ḥoni(y)m*; le participe *ḥoni(y)m* est le centre du prédicat de la phrase nominale, mais n'est pas centre de phrase. Soit maintenant la phrase suivante d'arabe moderne tunisien (citée dans *Grundriss,* II, § 8₁ *d*); *qāᶜadĭn filqṣar* «assis (= ils étaient assis) dans le château»; *qāᶜadĭn* représente à la fois un sujet et un prédicat, il se suffit à lui-même comme ferait un imparfait *yaqᶜudū.* Soit enfin une forme syriaque *qāṭəlnā* «tuant-moi, je tue» (voir § 21) : le sujet est enclitique sur le participe; l'ensemble est indécomposable autant que le *qāᶜadĭn* de la phrase précédente.

En réalité, il n'y a d'agglutination du sujet que si celui-ci est un pronom comme dans l'exemple ci-dessus : or un participe avec un pronom agglutiné est en réalité une forme conjuguée, une forme verbale de plein exercice. Par cette voie, des formes nominales s'insèrent dans le verbe et il en résulte que la conjugaison peut se compliquer ou se renouveler.

D'après le paragraphe 16, la notion de durée s'introduit dans le verbe quand les formes d'origine nominale y pénètrent. Mais les formes duratives, une fois entrées dans le verbe, éprouvent aussi plus ou moins l'influence des autres formes; elles peuvent la subir, dans certaines circonstances, jusqu'au point extrême où elles cessent d'être duratives.

Ces faits sont détaillés dans les paragraphes suivants où ce qui concerne l'expression du temps objectif a été traité brièvement, en même temps que l'entrée de certaines formes d'origine nominale dans le système accompli-inaccompli était illustrée d'exemples.

On verra que sur quelques domaines des substantifs et des adjectifs reçoivent, comme les participes, une conjugaison.

18. *Sᴇ́ᴍɪᴛɪǫᴜᴇ ᴏʀɪᴇɴᴛᴀʟ.* — *Permansif accadien.* — La forme du permansif est la suivante : le radical, au thème simple, a une forme brève à une seule voyelle solide, la seconde voyelle alternant avec zéro : (de la racine *kšd* «conquérir») *kaš(i)d* ou *kaš(u)d* «il est *ou* était en train de conquérir». La

même forme de radical se trouve dans des adjectifs ou adjectifs substantivés (Delitzsch, *Ass. Gram.*, § 91, 7). De même, le radical des thème dérivés (ainsi intensif *kuššud*) est caractérisé par un timbre *u* qui se retrouve dans des infinitifs et des adjectifs.

La 3ᵉ personne masculin singulier a le thème nu : *kašid, kuššud*. Les désinences suffixées à initiale consonantique sont précédées de -*ā*-, ainsi 2ᵉ personne masculin singulier *kašdāt(a)*, *kuššudāt(a)*, 1ʳᵉ personne singulier *kašdāku, kuššudāku*. Les désinences ressemblent d'une manière générale à la partie terminale des pronoms personnels indépendants : *atta* « toi », *anāku* « moi » (voir Delitzsch, *Ass. Gramm.*, § 128; Ungnad, *Bab. Ass.*, § 26; *Grundriss*, I, § 264, p. 583). On explique le permansif par la jonction d'une forme nominale avec une forme abrégée des pronoms personnels en fonction de sujet (pour la forme, voir encore § 46, p. 77, n. 2).

Le caractère nominal de la forme est bien affirmé par le fait que, en dehors des thèmes verbaux, certains noms sont usuellement fléchis comme permansifs, ainsi *šarrāku* « je suis (étais) roi », *zikarāku* « je suis (étais) mâle ».

Le permansif exprime la durée sans distinction de moment, en proposition principale ou subordonnée, aussi bien pour des actions que pour des états (Delitzsch, *Ass. Gram.*, § 116-117, 119, 124); les traductions doivent généralement rendre le permansif par un présent ou par un passé, ainsi *labir* « il est *ou* était vieux », mais le futur n'est pas exclu, ainsi (Ungnad, *Z.A.*, 31, p. 28) *ilšu ittišu sabūs* « son dieu contre lui sera indisposé ».

Un cas particulier de l'emploi comme duratif est l'emploi comme résultatif (§ 81).

L'existence du permansif restreint sensiblement le rôle de la phrase nominale en accadien; d'autre part, elle laisse peu de place au développement de copules.

19. *Sémitique occidental*. — Les langues sémitiques occidentales anciennes n'ont pas de forme durative semblable au permansif oriental. Mais il a été exposé au paragraphe 8, p. 18, que le parfait de ces langues semble issu d'une forme parallèle au permansif. Le sémitique occidental apparaîtrait donc dans l'histoire à une époque où le système accompli-inaccompli du verbe aurait absorbé récemment une forme durative d'origine

nominale. Si cette hypothèse est admise, il ne peut pas paraître étonnant que des complexes de formes nominales avec des pronoms ne se soient reconstitués que partiellement et tardivement sur le même domaine.

20. Cananéen. — L'hébreu biblique a quelques adjectifs conjugués qui ressemblent au permansif accadien; leur valeur les rattache au présent avec lequel ils seront étudiés dans la III° partie (§ 127).

De nombreuses phrases nominales de l'hébreu biblique, et aussi du phénicien, ont pour second terme un participe. Si le premier terme de la phrase est un pronom, ce pronom reste indépendant : il n'y a donc pas constitution de forme verbale, et à ce point de vue il n'y aurait pas lieu de faire état ici de ces sortes de phrases. Mais à cause du développement des valeurs en hébreu même et pour l'établissement de comparaisons avec l'araméen, il est utile de citer quelques exemples de ces phrases nominales à participe (*Grundriss*, II, § 83, p. 162; Schröder, *Phön. Sprache*, p. 210; Gesenius-Kautzsch, § 116, 5, p. 374).

En hébreu biblique, ces phrases expriment un procès durable, ou au moins une nuance de description (par opposition au récit) sans distinction de moment.

Genèse, 3, 5 : *ki(y) yod^he^aᶜ ʾĕlohi(y)m* « car (1) le Seigneur (3) sachant (2) [= sait] »; Genèse, 7, 4 : (car, encore sept jours et) *ʾånok^hi(y) mamṭi(y)r ᶜal-hăʾåreṣ* « moi faisant pleuvoir (je ferai pleuvoir) sur la terre »; Genèse, 41, 1 : *way^hi(y) miqqeṣ šənåt^hayim up^harᶜo(h) holem* « et ce fut à la fin de deux-ans, et Pharaon rêvant (= rêva) ».

Quelquefois le sujet manque; le participe, seul ou accompagné de la particule *hinne(h)* (à ce sujet voir § 27), est centre de phrase. D'autre part, l'équivalence du participe avec un verbe à un temps personnel peut se marquer exceptionnellement en phrase négative au fait que la négation des verbes, *lo(ʾ)*, est employée au lieu de la négation des noms, *ʾe(y)n*; Sophonie, 3, 5 : *wə-lo(ʾ) yo(w)d^he^aᶜ ᶜawwål bošeṭ^h* « et (1) le méchant (4) ne (2) connaît (3) pas (2) la honte (5) ».

L'emploi du participe comme présent soit en hébreu ancien, soit en hébreu moderne, sera étudié à la III° partie, chap. v, § 129.

21. Araméen. — Le participe a eu une grande fortune dans la plupart des dialectes araméens : on l'y voit, déjà anciennement, tendre à devenir une forme verbale conjuguée et à remplacer le parfait et l'imparfait dans leurs emplois d'accompli et d'inaccompli.

Dans la mesure où cette tendance a abouti, les faits seront étudiés plus en détail à la III* partie. Ils sont de nature à éclairer, par analogie, la constitution du parfait sémitique occidental (§ 8, p. 18, et § 19, p. 44).

En araméen biblique, l'usage du participe est dans l'ensemble le même qu'en hébreu biblique (Strack, *Bibl. Aram.*, § 13, 4). Exemple de participe centre de proposition et servant de temps du récit : Daniel, 6, 13 : *qəribʰu wə'āməri(y)n* « ils s'approchèrent et disant (dirent) ».

D'autre part l'araméen biblique a une forme *qəṭil*, attestée surtout à la 3ᵉ personne; les désinences sont celles du parfait, le sens est celui d'un parfait passif; ainsi Daniel, 5, 27, *təqiltå(')* « tu as été pesé ». C'est un emploi d'adjectif verbal en fonction de verbe, d'après Kautzsch, *Bibl. Aram.*, § 29, 3 et § 72, mais un ancien parfait passif d'après la doctrine plus généralement admise (voir *Grundriss*, I, p. 539).

Dans les dialectes occidentaux des premiers siècles chrétiens, le participe s'agglutine les pronoms aussi bien sous sa forme active que sous sa forme passive; le sens paraît se localiser dans le présent (König, *Syntax*, § 239 *h*, p. 134). Pour l'accompli ou passé, il y a des analogues au *qəṭil* ancien (Dalman, *Jüd. Pal.*, § 64, p. 229).

A l'époque moderne (parler de *Maʿlūla*), le participe est si bien entré dans le système du verbe qu'il a reçu partiellement les désinences de l'imparfait qu'il tend à supplanter; la même flexion s'applique aussi à des adjectifs (voir III* partie, chap. v, § 131).

En araméen oriental, l'emploi du participe s'est étendu plus encore qu'en araméen occidental.

Dans les divers dialectes littéraires (période du iiiᵉ au xiiiᵉ siècle environ), le participe actif est employé, entre autres usages, comme forme descriptive du verbe; il s'agglutine des pronoms personnels sujets sous une forme abrégée, ainsi à la 1ʳᵉ personne du singulier (verbe *qṭl* « tuer ») *qāṭel(')nå(')* (*Grundriss*, I, § 439, p. 113; § 264, p. 582; II, § 84, p. 162 et suiv.; Brockelmann, *Syr. Gr.*, § 90, 221, 222; Duval, *Gram.*, p. 174, 312; Margolis, *Talm.*, § 31, p. 40; Nöldeke, *Mand. Gram.*, p. 230, 374).

Ce participe actif est un inaccompli, non seulement dans le domaine du présent ou du futur, mais aussi dans celui du passé (voir Margolis, *Talm.*, § 58, p. 79-81).

L'adjectif verbal passif en -*ī*- peut lui aussi constituer une phrase à lui seul; mais il apparaît avec une valeur à la fois de duratif et d'accompli, c'est-à-dire de résultatif, ainsi (en syriaque ou en mandéen) *kaᵗʰi(y)bʰ* « (cela a été et reste) écrit ». Si on ajoute à cet adjectif verbal, variable en genre et en nombre, des pronoms suffixes médiats, c'est-à-dire la pré-position *l-* munie de suffixes pronominaux, l'ensemble équivaut à un temps conjugué de verbe actif; ainsi *šəmi(y)ᶜ-lan* « (c'est) entendu à nous », « nous avons entendu ».

On est tenté d'interpréter les faits ci-dessus de la manière suivante : l'araméen oriental avait un double jeu de formes : le parfait et l'imparfait, momentanés, et, de plus, un inaccompli et un accompli duratifs.

Toutefois, les textes montrent quelquefois la forme participiale à -*ī*- en fonction de passé momentané; ainsi en mandéen (Nöldeke, *Mand. Gram.*, § 263, p. 382) *hzyly'* « je [les] vis ».

La survivance jusqu'à nos jours de dialectes orientaux permet d'observer l'aboutissement de l'évolution. Le parfait et l'imparfait anciens ont com-plètement disparu; les formes participiales subsistent seules et servent même quand il n'y a aucune idée durative à exprimer; ainsi l'expression distincte du duratif a disparu, au moins de ce côté : (Rhétoré, *Soureth*, § 310) *tama(') 'ḥīl -lī ḥoḥe(')* « là je mangeai des pêches ».

Toutefois, l'usage d'auxiliaires combinés avec les formes nominales actuelles du verbe a permis la reconstitution de certaines formes duratives nouvelles (voir III⁰ partie, chap. ɪɪ, § 82).

On voit ici comment une flexion nouvelle peut remplacer une flexion ancienne, apparemment dans les mêmes cadres. Mais, en réalité, le par-fait et l'imparfait nouveaux de l'araméen ne sont pas tout à fait pareils par leur valeur à ceux qu'ils ont remplacés : dès l'origine, leur liberté de se mouvoir dans le temps est limitée. L'accompli duratif comporte une idée de passé; plus tard il est nettement un passé. L'inaccompli duratif, de manière analogue, semble prédestiné à devenir un présent-futur; de fait, à époque moderne, sans être aussi déterminé dans son usage que la forme du passé, il est en pratique un présent-futur et ne sert qu'exceptionnelle-ment comme passé, à moins qu'il ne soit caractérisé comme tel par l'adjonction d'un auxiliaire passé (§ 113 et 133).

Ainsi, en même temps qu'un renouvellement flexionnel s'opérait, une distinction temporelle tendait plus ou moins à se substituer à l'ancienne opposition d'aspect.

22. ARABE. — L'emploi du participe formant centre de phrase comme un verbe apparaît un peu partout en arabe; il ne s'est développé que sur certains points. D'une manière générale, le participe ainsi employé n'a pas pris de marques de conjugaison (voir pourtant § 84). Il est souvent difficile d'apprécier la raison qui fait employer le participe au lieu d'un des temps conjugués; à ce sujet, se reporter à l'opinion de Reckendorf, *Particip,* résumée ci-dessus, p. 42, et tenir compte, en outre, de l'opinion exprimée dans le même article (p. 263) que «les participes constituent plus d'une fois un élément de retardement dans l'exposé».

Le participe-verbe n'est, en général, pas situé dans le temps (voir certains emplois, § 84, 98 et suiv.). Son usage, représenté en arabe classique et en arabe maghribin, est surtout abondant dans les dialectes orientaux (*Grundriss,* I, § 264 *b,* p. 581; II, § 81 *d,* p. 161; Spitta, *Grammatik,* p. 355 et suiv.; Socin, *Diwan,* III, § 190, p. 231; Rhodokanakis, *Ḍofar,* § 86, p. 196; Nöldeke, *W.Z.K.M.,* 1895, p. 19). Exemple en arabe d'Égypte (Spitta, *Gram.,* p. 357) : *wə-qāʿid hūwa kal elġarīʃēn* «et (1) lui (3) s'assit (2) (participe), mangea (parfait) les deux galettes»; au Maroc (Brunot, *Yallah,* p. 175 bas) : *sākninha ežžnūn* «les djinns (2) l'habitent (1)».

En Oman, le participe reçoit les compléments pronominaux avec *-n* interposé (reste probable du signe ancien de l'indétermination, voir *Grundriss,* I, § 264, p. 581, avec références).

Quelques noms recevant les pronoms affixes du verbe comme flexion se rencontrent en arabe; le principal est le mot «nom», au Maghrib; ainsi (M. Cohen, *Alger juif,* p. 253) *īsəmni* «je me nomme» (voir Marçais, *Saïda,* p. 152-153).

Des adverbes peuvent aussi se fléchir ainsi; s'ils sont près d'un verbe, ils jouent le rôle d'adverbe; mais s'ils sont seuls ils jouent le rôle de verbe; ainsi (Reinhardt, *Oman,* p. 26) *ḥīnək qilt* «à l'instant tu as dit », *ḥēnək* «où [es]-tu ?» (voir § 27 et IIᵉ partie, § 50 fin et 51).

23. SUDARABIQUE. — En mehri, une forme nominale (adjectif verbal à suffixe *-ōn-* au masculin singulier de la forme simple, ainsi *amrōne* «il dira») est entrée dans le système du verbe et restreint d'autant l'emploi de

l'imparfait quand il s'agit d'événements à venir (IIIe partie, chap. vi, § 145)[1].

24. *EXPRESSION DE LA CIRCONSTANCE ACCESSOIRE*. — Dans une étude complète au sujet du temps objectif, il y aurait lieu de ne pas négliger la circonstance accessoire qui exprime un détail, un à-côté ou une explication du procès principal. Une circonstance accessoire a un lien temporel avec ce procès auquel elle est soit antérieure, soit entièrement ou partiellement concomitante. Ici cette notion ne figurerait que pour mémoire s'il ne fallait pas définir certaines formes qui jouent un rôle pour l'expression du temps situé dans des langues modernes. Quelques-uns des emplois qui vont être examinés s'ajoutent aux faits cités dans les paragraphes précédents pour montrer les voies de passage du nominal au verbal.

Le cas où une circonstance est exprimée par une proposition entière, soit coordonnée, soit subordonnée à la proposition qui exprime le procès principal, n'est pas examiné ici quoiqu'il puisse prêter à un complément d'étude sur la valeur du parfait et de l'imparfait. Un seul exemple montrera de quel ordre d'idées il s'agit : en amharique, une circonstance durable peut être exprimée par une particule *əyya-* suivie du parfait; ainsi *farasōč əyya-ḥədu yədakmāllu* «les chevaux, à mesure qu'ils marchent (parfait) se fatiguent (imparfait composé)» [2].

Le cas à retenir pour l'explication de certains faits qui concernent le verbe en araméen et en éthiopien est celui où la circonstance est exprimée par une forme nominale complétant une proposition. Un tel complément, dans les langues sémitiques qui ont une déclinaison, se met au cas accusatif (voir ci-dessous, § 26); dans les autres langues, il peut être employé absolument, soit sans aucune marque de flexion ou de dépendance, soit déterminé par une préposition (*Grundriss*, II, § 227, p. 341 et suiv., et ci-dessous § 25). Exemple d'emploi absolu en mandéen (Nöldeke, *Mand. Gram.*, § 268, p. 388) : *mytyh d'd'm mn byt hyy'* «venue (= lors de la venue) d'Adam de la maison de vie».

---

[1] En éthiopien, les relations des formes nominales avec la conjugaison relèvent de l'expression de la circonstance, dont il va être question maintenant.

[2] Pour l'accadien, DELITZSCH, *Ass. Gram.*, § 195; pour l'hébreu, DRIVER, *Tenses*, Appendice I; pour l'arabe, *Grundriss*, II, § 61.

25. En araméen oriental moderne, l'infinitif précédé de la préposition *b-*
est employé surtout avec un verbe auxiliaire présent ou passé (IIIe partie,
§ 113 et 133).

Si l'auxiliaire manque, l'infinitif apparaît, dans une langue où la
phrase nominale n'est pas normalement en usage, plutôt comme l'équivalent d'un verbe que comme le second terme d'une phrase nominale; mais
il ne comporte pas de conjugaison; exemple (*Grundriss.* II, § 91, *d*) :
ləbbəh bərʿālā « son (féminin) cœur en-trembler (= tremble) ».

26. C'est seulement dans certaines langues éthiopiennes (guèze, tigrigna, amharique) que le verbe est muni d'un nom verbal spécial, le gérondif, pour exprimer la circonstance. Le radical du gérondif est caractérisé
par un *a* de la 1re syllabe et un -*ī*- de la 2e syllabe en guèze et en tigrigna (du verbe « tuer », *qatīl*); en amharique, il n'y a pas d'-*ī*-, mais zéro
ou *ə* (du verbe « tuer », *gadl-;* du verbe « chercher », *falləg-*).

Le gérondif est en guèze toujours à l'accusatif, lequel est marqué par
une désinence -*a* (ainsi *qatīla-*) et il est suivi des pronoms suffixes pos-
sessifs; ainsi *qatīlaka* « toi tuant *ou* ayant tué ». En tigrigna et en amharique l'accusatif en -*a* n'existe pas; la voyelle -*a*- a disparu à presque
toutes les personnes en tigrigna, ainsi *qatīlka;* elle a subsisté en amharique, ainsi *gadlah*.

L'emploi constant des pronoms suffixes fait de cette forme d'origine
nominale une vraie forme conjuguée.

Les exemples suivants (en guèze) montrent que le gérondif peut s'employer soit avec le même sujet, soit avec un autre sujet que la proposition
principale. Indiquant la circonstance sans détermination de moment, il
peut être traduit suivant les phrases soit par un présent soit par un passé
du français.

Chronique de Zarʾa Yāʿeqôb, p. 97 : *kōnū ʾayhūda ḫadigōmū krəstənnāhōmū*
« ils devinrent juifs, ayant abandonné (abandonnant) leur christianisme »;
Synaxaire, mois de Nahasé, p. 379, l. 3 : *naṣarā qawīmā ənza sərgūt yəʾtī*
« il la regarda se tenant debout (elle), alors que parée elle (se tenant là
toute parée) ».

Le gérondif peut s'employer de la même manière en tigrigna et en
amharique. De plus, il peut s'y composer avec des auxiliaires pour former
un parfait-présent et un plus-que-parfait (IIIe partie, chap. ii et iii) : là

encore il a un rôle subordonné. Mais il peut aussi, fréquemment en tigrigna, rarement en amharique, recevoir pleine indépendance et fonctionner à lui seul comme parfait-présent : l'évolution de la forme nominale à la forme verbale est alors complète (§ 88 *bis* et 90).

27. *L'ÉVÉNEMENT INOPINÉ.* — On peut encore rattacher à l'étude du temps objectif l'idée d'événement inopiné. L'expression de cette idée se fait dans les diverses langues sémitiques de manières variées, dont certaines n'ont pas à intervenir ici, mais surtout au moyen de particules « présentatives » qui entrent souvent en liaison avec le système verbal [1].

La particule peut être suivie de pronoms suffixes; elle prend alors un caractère semi-verbal; ainsi dans l'exemple suivant, en hébreu, où la particule est *hinne(h)* : Genèse, 16, 11 : *hinnåk^h hårå(h)* « voici-toi, enceinte (voici que tu es enceinte) ».

Pour l'arabe, et en particulier pour le développement de *ṛā-* servant de verbe-copule en algérien, voir § 51, p. 89. En amharique également, une particule conjuguée de cette manière est devenue une copule verbale : ainsi *näñ* « je suis (*ancien* voici moi) », voir § 57, p. 105.

Ici encore, il y a eu passage de la phrase nominale à la phrase verbale.

28. Du chapitre qui s'achève ici, deux conclusions se dégagent.

Tout d'abord, au point de vue formel, la phrase nominale tend souvent à devenir verbale.

Il en résulte, au point de vue du sens, que l'expression du temps objectif (notamment de la durée) qui paraît avoir été essentiellement nominale à l'origine dans les langues sémitiques, tend à pénétrer dans le verbe.

Mais cette intrusion se fait indépendamment sur les divers domaines; il n'est pas possible de remonter comme pour l'imparfait (voir p. 16) à des formes communes à toutes les langues sémitiques.

---

[1] Terme de BRUNOT, *Pensée et langue*, p. 8.

CONCLUSION.

L'ÉTUDE DU TEMPS SITUÉ.

29. Les grandes lignes du système verbal dans les langues sémitiques anciennes sont donc les suivantes.

Les formes conjuguées qui sont représentées dans toutes les langues expriment, au point de vue modal, l'opposition de l'indicatif et de l'impératif-jussif, quelquefois du subjonctif. A l'intérieur de l'indicatif, elles marquent l'opposition entre deux aspects du procès exprimé par le verbe : l'accompli et l'inaccompli.

De plus, sur divers points, des formes nominales sont entrées dans le système de la conjugaison : elles y expriment le temps objectif : durée, circonstance.

Au point de vue formel, aucun temps composé n'apparaît dans le système ancien.

En ce qui concerne le temps situé, aucune forme verbale ancienne n'a pour fonction régulière de l'exprimer : l'ancien système verbal sémitique, dans l'ensemble, ne tient pas compte de cette notion.

30. Mais aucune langue connue ne se passe de l'expression du temps : des adverbes (aujourd'hui, demain; avant, après) sont employés à cet effet, si le verbe n'y sert pas.

Or, en fait, si on observe le développement de chacune des langues sémitiques après la période ancienne, on voit que, grâce à des innovations diverses, la notion de temps situé y est en fin de compte plus ou moins exprimée par le verbe.

Les instruments employés à cet usage ont été soit les anciennes formes simples, parfait et imparfait, soit des formes nouvelles, surtout des temps composés.

31. Usage temporel du parfait et de l'imparfait. — L'un et l'autre, comme on le verra par la suite, ont certains usages temporels. Notamment, dans toutes les langues où l'accompli et l'inaccompli avaient des formes distinctes et constantes, le parfait a été senti depuis longtemps comme appartenant surtout au domaine du passé : les actions achevées ne sont-elles pas, en grande majorité, situées dans le temps écoulé ? C'est ainsi que le parfait de l'arabe, constamment employé dans les récits, fait dans l'ensemble (mais non exclusivement) figure de passé.

Il est intéressant, afin de sonder la conscience des sujets parlants, de voir quelles sont les dénominations adoptées pour les formes verbales par les grammairiens indigènes des différentes langues sémitiques. Mais il ne faut pas y attacher trop d'importance, parce que les grammaires de langues sémitiques sont postérieures aux grammaires des langues européennes basées sur la distinction des temps et qu'elles en ont plus ou moins, et plus ou moins directement, subi l'influence (voir un aperçu de la question dans *Grundriss,* II, § 74).

D'une manière générale, le parfait est appelé «passé»; ainsi en éthiopien *ḫalāfī;* dans la même langue, on emploie pourtant aussi la dénomination *qadāmāy* «le premier» qui ne préjuge pas de la valeur de la forme.

L'imparfait est plus embarrassant, puisqu'il a généralement, au point de vue du temps, une valeur principale double : présent et futur, et, en outre, des emplois de passé; aussi les nomenclatures hésitent, quelquefois dans la même langue, entre une appellation qui respecte l'indétermination de la valeur et une appellation temporelle; ainsi en arabe, *muḍāriʿ* «assimilé» (au nom, par la variation des voyelles finales) et *mustaqbil* «futur», en éthiopien *kālʾāy* «le second» et *tənbīt* «prophétie»[1].

Dans les langues où il se développe un système temporel complet, les anciennes formes simples sont généralement restreintes à un usage temporel déterminé, par exemple, en amharique, dans le domaine du passé, le parfait simple est nettement un passé momentané (au moins en phrase positive).

[1] Certains grammairiens européens désignent l'imparfait par le nom d'«aoriste», qui respecte l'indétermination temporelle (mais ne tient pas compte de l'aspect).

Ainsi, des formes anciennes peuvent être mises au service d'une notion nouvelle.

Il est à noter que, dans toutes les langues, certaines racines sont, par leur sens même, en relation avec la durée ou avec le moment (ainsi des verbes « advenir, exister, demeurer, cesser », etc.); l'accompli et l'inaccompli dans ces verbes tendent à se situer dans le temps et fournissent souvent des auxiliaires à valeur temporelle.

32. FORMES COMPOSÉES. — Beaucoup de langues sémitiques ont des formes composées, qui se sont constituées indépendamment sur chaque domaine; la plupart ont une valeur durative, en même temps qu'elles expriment un moment du temps situé. Elles tiennent une grande place dans l'étude des temps, à la IIIᵉ partie.

Certaines formes composées n'ont pas une fonction temporelle, mais servent à renouveler l'ancienne opposition de l'indicatif et d'un mode subordonné ou du jussif, en des points où elle avait disparu : dans ce cas, l'innovation formelle est au service des notions anciennes.

Comme l'usage propre aux propositions principales ou aux subordonnées, aux phrases positives, négatives ou interrogatives a été, autant que possible, distingué au cours de l'exposé, on aura l'occasion de constater que les formes nouvelles s'établissent de préférence en proposition principale positive, non interrogative.

33. Anticipons ici sur les conclusions de la recherche, pour laquelle les voies sont maintenant ouvertes : les innovations dans le verbe des langues sémitiques ont été rarement définitives et radicales. Le temps situé est resté presque partout une notion secondaire. Le vieux système, avec son opposition d'aspect, a été peu entamé par les germes de changement dans toutes les langues littéraires antérieures à l'époque moderne; de nos jours même, il prévaut encore dans la majorité des parlers vivants.

DEUXIÈME PARTIE.

LE MATÉRIEL DES TEMPS COMPOSÉS.

PRÉAMBULE.

34. Il peut être quelquefois difficile de juger si un ensemble constitué
par une forme verbale et une particule ou par deux formes verbales jointes
est un véritable temps composé. Mais, en général, les composés se re-
connaissent clairement au fait que les composants n'ont pas la forme ou
le sens qu'ils auraient s'ils étaient autonomes.

Pour la forme, souvent l'un au moins des deux éléments composants a
un aspect autre qu'à l'état isolé. Parfois l'altération s'est faite à époque si
ancienne et a été poussée à un degré tel que l'élément altéré n'est plus
sûrement reconnaissable.

L'altération du sens ou de l'emploi d'un des composants suffit, à défaut
d'altération formelle, à montrer la cohésion d'un composé. Dans le cas de
deux verbes qui se suivent, l'un dépendant de l'autre, sans conjonction de
coordination, comme il est fréquent en sémitique (Reckendorf, *Synt.
Verhält.*, p. 288) on peut reconnaître que l'un des deux est auxiliaire
s'il n'est pas possible d'analyser la phrase en deux propositions; ainsi, en
arabe, *kāna yaľabu* «il jouait (il était — il joue)»[1].

Il ne sera parlé ici que des composés suffisamment nets, à valeur temporelle. Sont donc exclus en principe les adverbes temporels indépendants
et les composés avec auxiliaire sans valeur temporelle (Nöldeke, *Zur Gram-*

[1] Sur le rôle de l'accentuation, voir S 35.

matik, p. 73); les verbes auxiliaires accessoires ont été étudiés non au chapitre II ci-dessous, mais à la IV⁰ partie. (Sur la matière de la présente II⁰ partie en général, consulter *Grundriss*, II, § 324-328.)

La constitution et les emplois des composés ont été indiqués brièvement à propos des éléments composants étudiés dans cette partie; mais il n'a pas été donné partout des renvois précis : c'est l'index des mots, où tous les passages concernant les particules et les auxiliaires sont signalés, qui sert de lien pour le détail entre la II⁰ partie et les suivantes.

CHAPITRE PREMIER.

PARTICULES DU PARFAIT ET DE L'IMPARFAIT.

35. Ce chapitre est une énumération des particules qui marquent le temps ou une notion connexe, en combinaison avec l'imparfait ou, plus rarement, avec le parfait, et qui n'ont pas la valeur d'un verbe d'existence ou d'une copule.

Les valeurs de ces éléments sont indiqués ici d'une manière sommaire, le détail des emplois étant rejeté à la III⁰ partie.

L'intérêt de l'énumération est de montrer la forme et autant que possible l'origine des particules. Les conclusions de cette revue sont ici exposées par avance.

a. Des mots entiers peuvent jouer le rôle de particule : il se rencontre dans ce rôle des noms, surtout des noms verbaux, et aussi des verbes figés.

Les mots employés ainsi ont une étymologie claire. Mais la cohésion de la forme qu'ils servent à composer n'est pas toujours évidente.

Il manque ici pour une étude complète des renseignements suffisants sur l'accentuation des langues sémitiques : il est probable qu'un complexe ayant nettement une valeur de composé n'a jamais qu'un accent, ou au moins que l'accent d'un des composants est subordonné à l'autre.

Un exemple de particule consistant en un mot entier est l'arabe *ʿammāl* « faiseur, faisant ».

b. La particule peut être un mot légèrement tronqué (ainsi *ʿamma* au lieu de *ʿammāl*). Dans ce cas la cohésion de la forme composée est éclatante. D'autre part l'étymologie de la particule reste claire quant à la racine, encore qu'on puisse quelquefois douter de l'aspect exact du mot qui a été abrégé (voir § 40).

c. La particule peut avoir une forme extrêmement réduite. La cohésion est devenue une fusion, la particule un préfixe — joint généralement dans l'écriture à la forme verbale.

Dans ce cas l'étymologie est souvent douteuse : si on rencontre en arabe un préfixe ʿ*a,* on peut être tenté de l'expliquer comme une réduction ultime de ʿ*ammāl;* mais d'autres explications se présentent aussi à l'esprit. Un mot à consonne unique peut, en effet, théoriquement, être l'abréviation de très nombreux mots à deux ou trois consonnes.

En pareille occurrence, on hésite souvent entre l'explication par un mot long existant dans la langue qui serait très réduit à cause de son usage comme particule, et l'explication par une particule courte existant par ailleurs dans la même langue. Ainsi le *b-* de l'arabe est expliqué tantôt comme verbe, tantôt comme préposition (§ 40). Au reste, on peut imaginer que les prépositions elles-mêmes sont nées de mots plus longs, par réduction : mais des faits préhistoriques de ce genre ne sont pas en question ici.

Quand l'étymologie ne peut pas se faire d'une manière vraisemblable par l'examen de la forme seule de la particule, on ne peut espérer y voir plus clair qu'en scrutant le sens de la forme composée.

Malheureusement, il peut arriver que la valeur de la forme soit ambiguë (ainsi pour l'imparfait arabe avec *b-* en Syrie). Dans ce cas, il serait justement désirable qu'une étymologie incontestable aide à mieux comprendre le sens de la forme examinée.

De toutes manières, il est vain de chercher à toute force une étymologie unique pour un élément qui a deux valeurs différentes. Même si la valeur est actuellement unique, l'origine peut être complexe. La convergence d'éléments réduits dans leur forme, usés dans leur sens, est une hypothèse souvent plausible (sur l'évolution rapide des mots accessoires, voir *Le renouvellement des conjonctions* dans Meillet, *Linguistique,* p. 55 et suiv.).

Il sera donc sage de n'accepter pour les préfixes courts une explication par un mot entier de la même langue (par exemple ʿ*am* de ʿ*ammāl*) que si ce mot entier y est attesté avec une amorce au moins du même emploi; il faut se méfier des reconstitutions trop faciles, même quand elles se sont présentées tout d'abord à l'esprit des indigènes (ainsi rapport de *ba* avec *bə̆y,* § 40, p. 64).

D'une manière générale, aucune des langues sémitiques n'a une longue histoire continue qui permettrait de suivre les évolutions dans le détail, ce qui serait le seul moyen d'obtenir une certitude dans les cas difficiles.

36. Néo-hébreu. — *'ăt^h i(y)d^h;* forme d'adjectif d'une racine de sens « être prêt »; ce mot perd son sens plein s'il est suivi de *lə-* et d'un infinitif; il reste variable en genre et en nombre; l'ensemble exprime le futur.

So(w)f; substantif de la racine « cesser »; ce mot s'emploie, augmenté de pronoms suffixes, avec *lə-* et l'infinitif, ou avec un participe, au même sens que le précédent (pour le même mot en arabe, voir § 38).

lə- « à », qui a un rôle dans les constructions ci-dessus est une particule invariable, préposition ou conjonction, commune à toutes les langues sémitiques.

37. Araméen. — *Araméen palestinien.* — Dans certains textes de basse époque, *'ăt^h i(y)d^h* (voir ci-dessus) est employé, soit avec *lə-* et l'infinitif, soit avec *də-* et le participe, dans le même sens qu'en néo-hébreu.

Araméen moderne occidental. — Un élément *batt-* s'emploie, muni des pronoms suffixes, au sens de « vouloir », ainsi *battaḫ* « tu veux ». Avec l'imparfait ancien, ou même avec le participe muni de préfixes qui le remplace habituellement, il forme un temps de l'intention ou de l'imminence; cette forme peut servir de simple futur.

Cette particule *batt* peut être rapprochée de l'arabe *b-wdd* (classique *bi-wuddi-*) « dans le désir de… » (Nöldeke, *Ma'lūla,* p. 209; Bergsträsser, *Glossar,* p. 16); voir pour l'arabe de Syrie, § 38. Mais il ne faut peut-être pas la séparer de la particule analogue de l'araméen oriental (Parisot, *Ma'lula,* p. 96-97, et ci-dessous); voir aussi Landberg, *Gloss. Daṯ,* p. 45, note.

Un élément arabe, *'ammāl* et ses formes abrégées (Bergsträsser, *Glossar,* p. 4; ci-dessous, § 39) sert, avec le participe conjugué, à exprimer la durée.

Araméen oriental talmudique. — Une particule *qā̆, q* se joint souvent au participe servant de verbe, pour exprimer la concomitance. On l'explique comme une forme tronquée du participe *qā'em* «se tenant» (Margolis, *Talm.*, § 58 *g*, p. 81).

Mandéen. — *Qā* ou *qi* est employé de même, mais n'est fréquent qu'à basse époque (Nöldeke, *Mand. Gram.*, § 261, p. 379).

Araméen moderne oriental. — En ṭōrānī l'imparfait indicatif (ancien participe en fonction de présent-futur) est ordinairement précédé d'une particule *kǝ-*, *gǝ-* qui semble provenir du *qā* mentionné ci-dessus (Siegel, *Ṭûr 'abdîn*, § 86, p. 148, § 87, p. 149; voir aussi ci-dessous, § 40 fin).

Le même élément peut se présenter devant la forme de parfait, sans doute avec une valeur de résultatif (Siegel, § 88, p. 151; voir ci-dessous, § 40 fin et § 82).

Comme marque du futur avec l'imparfait, le ṭōrānī a *gǝd*, quelquefois *kǝd* devant voyelle, *gǝ* devant consonne; Siegel, *Ṭûr 'abdîn*, § 87, p. 151, donne *kǝd*, comme forme première et suggère que ce pourrait être un composé du *k* vu ci-dessus et du relatif *d*. Il mentionne aussi un élément *kaddu* «maintenant, déjà» en araméen talmudique, et rapproche pour le sens une particule *'adō* citée dans Parisot, *Contributions*, p. 187, comme servant à former un futur prochain (voir ci-dessous, § 192 et *o'do* «maintenant» dans Siegel, *Ṭûr 'abdîn*, § 80, p. 124).

En néosyriaque de la région d'Urmia et du Kurdistan, l'indicatif imparfait est ordinairement précédé d'une des deux particules suivantes, suivant les dialectes : *ke* (provenant de *qā*), ou *'i* qui provient de *'ū*, sur lequel voir § 48. Dans la région de Mossoul, la particule est *kĕ-*, *k-*, *ek-* (*k* pouvant être assimilé en *g* à une sonore suivante).

Pour le futur, on trouve généralement devant l'imparfait indicatif la particule *bid-* (*bit-*, *biṭ-*) quelquefois réduite à *b-*.

Dans un des parlers, au lieu de cette particule invariable, on trouve le verbe *bǎ'e* «vouloir», conjugué et suivi de l'élément relatif *d*. Cette combinaison semble donner l'étymologie de la particule abrégée des autres parlers (voir Maclean, *Grammar*, § 46, p. 121-122; comparer le verbe *bġy* et la particule *ba* en arabe, ci-dessous § 40).

D'autres parlers encore emploient comme exposant du futur le verbe *qāim* «se lever» ou le verbe *ṣlē(')* «descendre», conjugués. Enfin, en quelques endroits on n'emploie généralement pas de particule; on trouve seulement *d* devant certaines initiales vocaliques (Maclean, *Grammar*, § 31, p. 82).

L'imparfait-participe est quelquefois rejeté dans le passé, comme passé momentané, parfait-présent, plus-que-parfait (Sachau, *Mosul*, p. 46), par préposition d'une particule qui est, suivant les dialectes, *qadăm, qam, kim*. La forme la plus complète donne une étymologie satisfaisante par la racine *qdm* «précéder.», sans qu'on puisse décider exactement à quel terme dérivé de cette racine il faut remonter.

La préposition *bə* «dans» suivie d'un infinitif et d'un auxiliaire sert à former des temps duratifs situés (passé, présent, futur).

38. ARABE CLASSIQUE. — Une particule marquant le futur est *sawfa*, à côté duquel on trouve une forme *sa-* qui se joint dans l'écriture à la forme verbale (voir § 141). Les lexicographes citent aussi des formes *saf, saw, say, sā*.

Sawfa peut être séparé du verbe par d'autres mots; il peut être précédé de la particule affirmative *la* (Wright, *Ar. Gram.*, I, § 361, p. 282; II, § 8, p. 19).

Pour l'étymologie de *sawfa,* voir le mot hébreu correspondant, § 36; en arabe *sawfa* n'a d'existence que comme particule (sur un emploi isolé, voir *Grundriss,* II, § 78, p. 157, haut).

Les grammairiens arabes, et à leur suite des grammairiens européens, ont beaucoup discuté sur l'identité ou la non-identité du sens de *sawfa* et de *sa-*. Ceux qui tiennent pour l'identité expliquent *sa-* comme une abréviation de *sawfa* (pour la coexistence de formes abrégées avec une forme longue, voir *'ammāl,* § 37 et 40). Mais ceux qui tiennent pour des valeurs différentes cherchent aussi à détacher *sa-* de *sawfa* dans son origine. Une explication vraisemblable par le verbe *sa'ā* «se proposer de» a été donnée par Barthélemy, *Notes,* p. 44-45. Cette explication peut d'ailleurs être valable, même si *sawfa* et *sa-* ont la même valeur dans les textes les plus anciennement connus (sur ce point, voir à la IIIe partie, chap. VI).

Une particule *qad* se joint aux deux temps du verbe. Elle a aussi une existence indépendante, formant phrase avec un pronom suffixe (*qadnī*

»[c'est] assez pour moi *»*). Avec l'imparfait, *qad* a généralement une valeur adverbiale « il arrive que, plus d'une fois », mais il peut aussi dans certaines conditions lui donner une valeur de passé duratif. Avec le parfait, *qad* constitue un résultatif qui a valeur de parfait-présent ou de plus-queparfait.

L'étymologie par la racine *qdm,* qui a pour elle l'analogie du néosyriaque (ci-dessus, § 37, p. 61), a été lancée par de Lagarde (reproduite et acceptée dans *Grundriss,* II, § 325, p. 507); elle rend malaisément compte de l'emploi indépendant.

Une étymologie par *qdd* « couper » résulte du classement des dictionnaires dus aux savants arabes, voir Landberg, *Gloss. Dat.,* p. 144, haut. A ce propos on peut comparer l'usage de *qat,* issu de la racine parallèle *qtt* « couper » : son emploi avec les pronoms est le même que celui de *qad,* mais il n'est pas en usage comme particule du verbe. Le sens premier de « couper » justifie à la fois celui de « suffisance » (emploi indépendant avec les pronoms), et celui d'« événement » (avec l'imparfait); avec une nuance de sens « déjà, voici que... » on s'explique l'emploi de cette particule quand elle est jointe au parfait. Pour un rapprochement possible avec la racine *kwn* et pour l'usage moderne, voir § 40, fin.

L'arabe ancien avait une autre particule, *'in,* employée comme *qad* devant le parfait; l'usage s'en est perdu vers les débuts de l'histoire de l'arabe (Guidi, *Particelle,* p. 176).

39. Arabe moderne. — En arabe moderne, les particules qui se préfixent à l'imparfait sont nombreuses. Les usages locaux sont variés et ne remontent pas tous à un usage du seul dialecte ancien qui nous soit connu. L'enquête sur les emplois modernes est pour beaucoup d'endroits très insuffisante, et nos connaissances sur l'évolution de l'arabe parlé sont presque nulles. Dans ces conditions il est souvent difficile d'apprécier la valeur exacte des préfixes et d'en déterminer l'origine; comme ils sont souvent courts, on ne saurait s'étonner d'y rencontrer maints homonymes.

La valeur de ces particules est variée : expression de la concomitance, de la durée, de l'intention. Elle semble n'être jamais ou presque jamais purement temporelle.

40. *Domaine oriental.* — Les particules les plus répandues sont *b* et *ba* sur lesquels on a déjà beaucoup écrit (Kampffmeyer, *Verbalpartikel b;* Almachriq, *Enquête;* Glaser, *Préformante;* Nöldeke, *Einige arabische Verbalpräfixe,* dans *Beiträge,* p. 63-68; Landberg, *Gloss. Dat.,* p. 11 à 62).

Ba-, avec l'imparfait, indique l'intention dans la plupart des dialectes arabes connus de l'Arabie du Sud, et il y sert souvent à constituer un futur. *B-* tout court, avec l'imparfait au sens de futur, n'est pas attesté dans l'Arabie du Sud; les quelques exemples apparents de cet emploi sont des premières personnes du singulier où il y a contraction de *ba-* avec l'initiale *a-* (voir les exemples, avec diverses prononciations, dans Landberg, *Gloss. Dat.,* p. 32). Une variante *bi-* du préfixe intentionnel se rencontre dans certains parlers (Landberg, *Gloss. Dat.,* p. 35, l. 5).

Sur l'usage de la même particule à Tripoli et au Maroc, voir p. 72-73.

B- servant à marquer le «présent» se trouve en Yémen occidental, opposé à *ba-* du futur, d'après Glaser, *Préformante,* p. 8; des exemples pour une région plus orientale dans Landberg, *Gloss. Dat.,* p. 35; le fait est exposé dans Rhodokanakis, *Dofar,* II, p. 190; mais avec des exemples très douteux, pour une région située encore plus à l'Est (voir III° partie, § 139). Cet usage de l'arabe méridional n'est pas à séparer de celui qui va être exposé pour un domaine plus septentrional.

A partir du xıv° siècle, dans des textes égyptiens ou syriens, *bi-* se rencontre exprimant la concomitance dans le passé ou dans le présent.

Dans l'arabe actuel du Caire, *b-* de concomitance est employé au passé et au présent indicatifs; l'imparfait ainsi pourvu de *b-* s'oppose à l'imparfait nu qui seul sert pour le futur et quand il faut exprimer un mode : jussif, jussif subordonné, subjonctif (Spitta, *Gram.,* p. 346; Vollers, *Lehrbuch,* § 16, 3, p. 29).

Pour l'aspect de la particule, remarquer que le *b* s'assimile en *m* au préfixe *n-* de la première personne du pluriel.

Un emploi de *b-* avec l'imparfait, sans distinction temporelle, semble représenté au Soudan égyptien et dans la région du lac Tchad; pour les détails sur la forme, voir III° partie, § 139; pour la non-distinction du présent et du futur, voir l'alinéa suivant.

En Syrie-Palestine, dans les parlers des sédentaires, *b-* précède l'imparfait quand il est indicatif, par opposition au jussif indépendant ou subordonné ou au subjonctif proprement dit, et ceci que le temps suggéré par la phrase soit d'ailleurs le passé, le présent ou le futur.

Il n'y a aucune raison valable de chercher une étymologie commune à *ba-* et à *b(i)-* si on prend garde à leurs valeurs différentes de particule de l'intention d'une part, de particule de concomitance d'autre part. Les dénominations jusqu'ici adoptées de particule du futur ou particule du présent devaient amener des confusions qu'il faut dissiper.

Pour le *ba-* d'intention, l'origine est le verbe *'by* «vouloir», suivant l'étymologie qui a été défendue en dernier lieu, de manière convaincante, dans Landberg, *Gloss. Dat.*, p. 11-62. La forme du verbe qui s'est figée avant de se réduire à une syllabe simple a dû être le parfait (3ᵉ personne masculin singulier) ou le participe, et non la 1ʳᵉ personne singulier de l'imparfait, comme il est dit dans Landberg, *Gloss. Dat.*, p. 54.

Les autres origines vraisemblables qui ont été proposées sont les deux suivantes. Explication par la racine *bġy* «désirer, vouloir» (souvent donnée par les informateurs indigènes; voir surtout Rhodokanakis, *Dofar*, II, p. 189-190); la disparition de *ġ* à cause d'un emploi comme particule ne serait pas impossible, mais l'explication par *'by* est aussi bonne pour le sens et préférable pour la forme. La même objection permet d'écarter l'explication par *b-wudd* «par désir de»; cette expression (diversement vocalisée suivant les dates) fournit, on l'a vu, une particule de l'intention (§ 37 et IVᵉ partie, chap. III). Sur plusieurs points d'ailleurs, il a pu se produire des convergences d'emploi et des croisements de formes.

Pour le *b-* de concomitance, la seule explication valable est d'y voir un emploi conjonctionnel de *bi-*, qui est bien connu en arabe comme préposition «dans» (Kampffmeyer, *Verbalpartikel b*, p. 38, etc.; Nöldeke, *Beiträge*, p. 64; Rhodokanakis, *Dofar*, II, p. 190 *f; Grundriss*, II, § 348, p. 543 bas). En dehors de l'arabe, l'élément *b-* est employé devant le verbe en sudarabique, voir § 42; sur le domaine éthiopien c'est, en amharique, une conjonction très employée devant le parfait et l'imparfait, avec valeur temporelle («lorsque») ou hypothétique.

(Considérer aussi l'usage de *b-* dans la phrase nominale en hébreu, araméen et arabe, § 47, 48 et 49 fin.)

La distinction établie ici entre *ba-* et *b-* ne condamne pas forcément l'idée que, dans l'usage syrien, il y ait eu rencontre du *b-* de concomitance et d'une forme abrégée du *ba-* d'intention; mais rien non plus n'interdit de penser que cet usage syrien s'explique par une extension du *b-* de concomitance (voir § 41 à propos du *ka* marocain).

La discussion a été réduite ici au minimum. Les autres étymologies qui ont été proposées pour le *b-* sont rassemblées dans l'*Enquête* du Machriq.

À côté de *ba-* et *b*, les parlers orientaux montrent de nombreuses particules courtes, dont la valeur exacte n'est pas toujours facile à déterminer dans l'état actuel de l'information. D'une manière générale, il semble qu'on trouve d'un côté des particules de l'intention et, par ailleurs, des particules à diverses nuances modales; le temps ne joue qu'un rôle réduit, s'il en joue un, dans leur emploi.

Ḥa- s'emploie surtout en omanais. Il a à peu près le sens de «voici que»; il sert usuellement à désigner une action future (à côté de *ba-* qui n'est pas inconnu du même dialecte); mais il peut aussi servir à une description dans le présent, et même dans le passé (Reinhardt, *Oman*, § 427, p. 276; Nöldeke, *W. Z. K. M.*, 1895, p. 19; Landberg, *Gloss. Daṭ.*, p. 50).

L'accord est à peu près fait sur l'étymologie par la première syllabe de *ḥatta(y)* «jusqu'à (ce que)». Mais d'autres étymologies ont été proposées : participe du verbe *rāḥ* «aller» (sur son emploi dans l'expression du futur prochain, § 160); *ḥāl* «temps présent» et *ḥālā* (*ḥūlan*) «tout de suite», *ḥāwala* «désirer», *ḥabba* «vouloir», *ḥāǧa* «avoir besoin».

L'arabe d'Égypte a *ḥa-* exprimant l'imminence; il est douteux s'il doit être expliqué comme analogue au *ḥa-* omanais (Landberg, *Glossaire*, p. 51) ou s'il est (ce qui est moins probable) une variante de *raḥ-* qui a la même valeur (§ 166).

Ha- se rencontre à côté de *ḥa*, dans le même emploi, sur le domaine omanais; il s'emploie avec sens futur dans le Yemen (Landberg, *Glossaire*, p. 52). Des prononciations faibles de *ḥ*, amenant confusion à l'oreille avec *h*, ont été signalées en Arabie du Sud. Il n'est néanmoins pas établi que *ha* soit un affaiblissement de *ḥa*.

A est employé au lieu de *ḥa-* ou *ha-* dans certains parlers omanais, ainsi celui qui a été transporté en Afrique, à Zanzibar (sur le même préfixe *a-* au Maroc, § 41).

Šā- pour le futur est employé au Yemen; il s'explique par le verbe *šā'a* « vouloir ». D'après Glaser, également au Yemen, *ša-*, avec *a* bref, indique le présent (*Préformante*, p. 8) ou l'imminence (p. 15).

Sā- pour le futur se rencontre dans le Ḥogarieh, au nord-ouest d'Aden (Landberg, *Gloss. Daṯ.*, p. 50); il est employé aussi dans l'arabe parlé à Souakin, sur la côte occidentale de la mer Rouge (Watson, p. 13). Sur *sa-*, voir § 38, p. 61, et § 41 (maltais).

Ta-, déjà attesté au xᵉ siècle, se préfixe à l'imparfait dans la région à l'est du Yemen (Daṯinah, Ḥaḍramawt) et chez les bédouins de Syrie. Le sens est le souhait, l'exhortation (Landberg, *Gloss. Daṯ.*, p. 51 bas, 350); ce n'est donc pas une véritable particule temporelle. Toutefois elle se rattache au temps si l'étymologie généralement admise par la seconde syllabe de ₁*ḥatta(y)* « jusqu'à (ce que) » est exacte (voir ci-dessus *ḥa-*). On a aussi invoqué *tawwā* « maintenant », le persan *tā* « jusqu'à (ce que) » et la racine *t'y* « devancer ». Il faudrait peut-être ne pas oublier l'arabe classique *ta'āla* « viens, par ici », qu'on rattache à la racine *'ly* « être haut »; sous la forme abrégée *ta'a* il se rencontre en Mésopotamie; Socin, *Mōṣul Mārdīn*, p. 7, l. 15 : *ta'ᵃ šuf* « allons, vois ». Mais *ta* est peut-être un élément court inexplicable, indépendant de toutes ces origines : en effet, le mehri a *ta* « jusqu'à, lorsque » (Bittner, *Mehri*, IV, p. 9-10, 33-34); on a expliqué cette particule par *ḥatta(y)*, mais elle est peut-être à rapprocher de l'amharique méridional *ta* « à partir de, de, jusqu'à », dont rien ne permet de constituer une étymologie; d'ailleurs de son côté *ḥatta(y)* est particulier à l'arabe. Sur *ta-* au Maroc, voir § 41.

En résumé, toute cette série de particules montre des formes très réduites : l'étymologie est généralement difficile à établir; on peut supposer sans invraisemblance des convergences de formes originellement distinctes vers une forme unique; certains flottements d'emploi en deviennent plus explicables.

Les particules qui suivent expriment la durée.

La plus usuelle, *'ammāl*, nom d'« agent habituel » de la racine *'ml* « faire » est l'équivalent d'un participe; suivant sa forme plus ou moins complète, elle peut être presque une courte proposition nominale indépendante ou, au contraire, faire figure de particule agglutinée à l'imparfait. On rencontre : l'emploi de *'ammāl* avec flexion nominale (Syrie et Palestine, partiellement); *'ammāl* figé au masculin singulier, mais fléchi par les pronoms suffixes du nom (dans ce cas c'est presque un auxiliaire), à Jérusalem; abrégement en *'amma, 'amm,* etc. (Égypte et Syrie, partiellement). En Égypte, on entend la prononciation plus réduite encore *ma* (Spitta, *Grammatik,* p. 354-355); pour une telle forme, on ne trouverait pas d'étymologie sûre sans la coexistence de formes plus longues.

Au Liban, au moins en certains points, on entend *'an-* (*'am-* seulement devant *b-*), à côté duquel *man-* est employé aux mêmes usages. Dans ce cas on a pu chercher à expliquer la particule par les prépositions *'an* et *min* «de» (Féghali, *Kfar'abīda,* p. 78 et 138); il se peut qu'il se soit produit quelque croisement.

Des participes de verbes dont le sens se rattache nettement à une idée de durée servent à des usages analogues à celui de *'ammāl* dans divers parlers. Ainsi, en Palestine, chez les bédouins de Syrie et en Mésopotamie, le participe *qā'id, gā'ad* de la racine *q'd* «être assis, être en place»; de même au Lac Tchad *gā'ad, gā'id;* en Palestine, *bāqi* de la racine *bqy* «rester» (sur cette racine, voir § 63 et 64); en Oman, *gālis,* de la racine *ǧls* «être assis» (*wāquf* «debout» ne paraît pas avoir le même usage, malgré la rédaction du passage de Reinhardt, *Oman,* § 258, p. 143).

La particule *qad* examinée au paragraphe 38 est en usage en Arabie du Sud, où elle s'emploie comme en arabe classique devant le parfait (avec la forme *gid*); elle a aussi les autres emplois de *qad* ancien et même un usage plus étendu (*Grundriss,* II, § 325, p. 508, avec références, et surtout Rhodokanakis, *Dofar,* II, p. 138; ci-dessous, chap. II, § 49). En Arabie centrale, on a signalé *čid* (= *qad*) comme archaïsme poétique (Socin, *Diwan,* III, § 156, p. 190).

Rhodokanakis, *Dofâr,* II, p. 139 *a,* ne se résigne pas à séparer entièrement *qad* de la racine *kwn* «être ferme, être» (voir ci-dessous, § 62).

Il faut comparer ici l'usage de *ke-,* etc., en araméen moderne et notamment de *ke-* en ṭōrānī devant le parfait (ci-dessus, § 37, p. 60) et aussi l'usage de l'arabe parlé dans l'ancienne région araméenne de Haute-Mésopotamie. Les textes de Socin, *Mōṣul Mārdīn,* montrent une particule *kil* (dans l'ensemble devant voyelle) ou *kē* (dans l'ensemble devant consonne), voir Kampffmeyer, *Präfix ka,* p. 31-32, note; Siegel, *Tûr ʿabdîn,* § 87, p. 150. Cette particule se trouve comme *qad* devant le parfait et l'imparfait. Devant le parfait elle semble avoir une valeur résultative (voir § 84), devant l'imparfait une valeur durative (§ 137). Il y a peut-être là convergence d'éléments originairement différents [1].

41. *Domaine occidental.* — La particule la plus intéressante est le *ka-* de concomitance employé dans la plupart des parlers arabes du Maroc pour faire de l'imparfait un indicatif présent ou passé, l'imparfait simple étant au contraire un futur indicatif, un jussif ou jussif subordonné, ou un subjonctif [2].

Comme les préfixes *ka, kan, kann* (et certaines autres formes) apparaissent dans les documents andalous (arabe d'Espagne), on a essayé de rechercher dans les faits andalous l'origine du fait marocain; c'est en partie l'objet de l'opuscule de Kampffmeyer, *Präfix ka,* où la documentation est rassemblée. L'exposé ci-dessous tend à bien distinguer les faits andalous et les faits marocains tout en les comparant entre eux.

La particule en question ici est souvent un exposant du conditionnel dans les poèmes d'Ibn Guzman (xiiᵉ siècle) écrits en langue vulgaire. C'est cet usage qui est montré d'abord, avec plusieurs exemples, dans Kampffmeyer, *Präfix ka,* au paragraphe 5.

Mais ensuite, dans le paragraphe 7, M. Kampffmeyer expose que dans un grand nombre de phrases le *ka-* se trouve devant l'imparfait en fonction de présent, en dehors de toute idée de condition ou d'éventualité. Certains des exemples indiqués semblent en effet devoir se traduire comme des

---

[1] Sur *čann* en Arabie, voir § 41; pour l'usage de *ḥalāṣ, ya, tamma* dans la région du Tchad, voir références à l'index.

Une tournure propre à une partie de l'Arabie du Sud est mentionnée ici pour mémoire, n'étant pas temporelle, mais destinée à exprimer une obligation; il s'agit d'une particule (*i*)*bn, bdn,* avec ou sans suffixes personnels, suivie, avec ou sans pronom relatif, d'un parfait qui reste invariable à la 3ᵉ personne masculin singulier; le sens paraît être «il y a lieu que je (tu, etc.) sois celui qui aura fait telle chose», ainsi *ibĕnkin* (*min*) *širib gahwah* «il faut absolument que vous buviez du café». (Les faits ont été signalés par Landberg, *Arabica,* V, et longuement discutés dans Kampffmeyer, *Verbalpartikel b,* p. 42 et suiv.; voir aussi Rhodokanakis, *Doḍfar,* II, p. 140, *b.*)

[2] Voir toutefois § 141 et 158 et les notes ci-dessous.

phrases positives sans nuance spéciale; ainsi (feuillet 23 *a*, ligne 11) *ṭabʿ alinsān kanaḫtbar fəlḥīn* «la nature de l'homme, je la pénètre sur l'heure». Par conséquent l'usage du marocain moderne semble représenté.

Cependant cette question devrait être examinée de très près. Il faut observer d'abord que, contrairement à l'usage marocain, la plupart des imparfaits à valeur d'indicatif se présentent sans *ka* (toutefois il y a lieu de remarquer à ce sujet que les textes d'Ibn Guzman sont des poèmes, et qu'en poésie marocaine moderne le *ka-* fait normalement défaut, voir par exemple Marçais, *Tanger*, p. 73). Ensuite on voit aisément que beaucoup des exemples relevés par M. Kampffmeyer, sans doute la majorité, s'expliquent sans peine comme des éventuels; ainsi (pour ne pas citer les cas où un conditionnel précède), on trouve souvent *ka(n) narīd;* la bonne traduction n'est pas «je veux», mais «je voudrais» (voir ci-dessous au sujet de Pedro de Alcala)[1]. Il faudrait enfin examiner si certains exemples ne s'expliqueraient pas par un sens final, suivant l'usage de Pedro de Alcala dont il sera question ci-dessous. C'est peut-être le cas de l'exemple examiné au paragraphe 8 de *Präfix ka-* : *tubtum 'allah kan yakfīkum,* qui veut peut-être bien dire non, comme traduit M. Kampffmeyer : «vous vous êtes repentis, Allah vous suffit», mais : «vous vous êtes repentis de telle sorte qu'Allah vous suffise» (ou peut-être «vous vous êtes repentis : Allah vous suffirait-il»); le sens final est net dans l'exemple cité au paragraphe 5, p. 7 : *naštahī kan narāk* «je désire te voir».

Pedro de Alcala, observant, au début du xvie siècle, un dialecte qui a pu être assez différent de celui qu'écrivait Ibn Guzmān, dit expressément que *ka-* avec l'imparfait a pour équivalent en latin, soit un imparfait indicatif, soit un présent du subjonctif. Dans le premier emploi, il s'agit de

[1] Le *ka-* marocain fait normalement défaut dans les phrases hypothétiques; en réponse aux phrases conditionnelles (où *kān* peut paraître comme conjonction) on trouve des phrases sans *ka* (mais quelquefois avec *kān*); ainsi Marçais, *Tanger*, p. 63, l. 19 : *lūkān ṭloḃna... kān yaʿṭehanna* «si nous avions demandé... il nous aurait donné»; p. 53, l. 19-20 : *lūkā kuntʿi šuftʿi dĭk ši ma tsḫāši dzū^wül noḍrĕk* «si tu voyais (avais vu) cette chose, tu ne te résignerais pas à détourner ton regard» (on peut toutefois rencontrer *ka-* dans la proposition conditionnelle elle-même, mais dans le composé de *kān* avec l'imparfait, ainsi p. 53, l. 10-11 : *mṣ-ṣāb lūkā kuntʿi katʿĕḃqa lʿām umā-ṭāl* «ah si seulement tu restais l'année entière»). Exemple de phrase hypothétique sans *ka-* : p. 53, l. 13, *ūmā lbhĕma ma tslĕklękši* «et quant à une bête de somme, elle ne s'en tirerait pas»; voir encore p. 51, l. 22-23 (exemple avec *ila* «si»), p. 53, l. 6.

l'auxiliaire *kān* (voir chap. III, p. 117 et suiv.), avec une chute de *-n* qui est attestée clairement par divers exemples (voir § 120).

Pour le second emploi (subjonctif latin), il y a deux cas à distinguer.

Tout d'abord le subjonctif latin peut exprimer l'éventualité, et ici on rejoint l'usage habituel d'Ibn Guzman; ainsi, Pedro de Alcala, p. 16 : *ani qui niŭt* (c'est-à-dire, dans la transcription employée ici, sans toutefois marquer une fermeture aussi prononcée de *a* : *anä kä niŭd,* le *d* étant assourdi) «yo querria, je voudrais».

D'autre part le subjonctif latin peut être employé en proposition subordonnée, en particulier en proposition finale; c'est là l'usage habituel de Pedro de Alcala, chez qui l'imparfait avec *ka-* est précédé de *'anna* «que» (mais *'anna* n'est pas toujours suivi de *ka-,* voir Pedro de Alcala, p. 46, l. 4) ou de *fī ḥaqqat* «de sorte (que)»[1].

Enfin, et c'est ce qui importe le plus ici, l'imparfait indicatif chez Pedro de Alcala, contrairement à l'usage marocain, n'est pas précédé de *ka,* ainsi p. 32, l. 23, *niquerri* (c'est-à-dire *nĭqärri*) «je confesse».

Une conjugaison de l'imparfait avec *ka-* seulement à la 3ᵉ et à la 1ʳᵉ personne, et non à la 2ᵉ est donnée dans un document espagnol de date inconnue, sans indication sur l'emploi (Kampffmeyer, *Präfix ka,* p. 17); il est difficile d'en rien tirer[2].

Il est visible, d'après l'exposé ci-dessus, que l'usage des divers dialectes doit être considéré chacun pour son compte; de même il n'est pas nécessaire de trouver une étymologie unique correspondant aux différents emplois de *ka-*.

Les usages hypothétiques s'expliquent par l'emploi, habituel en arabe, du verbe *kāna,* figé ou non, comme particule du conditionnel (voir § 64) : la forme abrégée *ka-* elle-même, qui rappelle l'andalou, se rencontre au Maroc dans certains parlers (Lévi-Provençal, *Ouargha,* p. 42).

Pour le *ka-* de l'indicatif, l'explication doit être cherchée, au moins principalement, dans l'emploi d'une forme abrégée du verbe *kān-,* soit le participe *kāin* qui se prête normalement à l'expression du présent (voir

---

[1] Au Maroc, en principe, *ka-* fait défaut en proposition finale. Pour le détail de l'usage et les rapprochements possibles avec l'andalou, voir § 141.

[2] Pour l'usage de *ka-* au Kordofan, l'exemple unique cité dans Kampffmeyer, *Präfix ka,* p. 22, est trop douteux pour qu'on en fasse état.

chap. III, p. 118 et 121), soit le parfait *kān*. L'objection qui résulte de la chute de *n* est facile à écarter par l'apparition de *ka-* au lieu de *kan* dans l'expression du passé duratif en andalou (voir ci-dessus), et par la forme *yaku* pour *yakun* attestée en arabe classique (voir p. 117 n. et aussi p. 123 n.). En fait il semble qu'on peut écarter l'explication par le participe, et invoquer le parfait, malgré l'objection qui résulte de l'emploi habituel de *kān* comme passé. En effet, outre que des emplois présents de *kān* ne manquent pas par ailleurs (voir § 63 et 64), la conviction est emportée par la forme que M. W. Marçais a observée dans le parler de Taher près Djidjelli (Algérie orientale). Dans ce parler, l'exposant du présent est *ka-* à la 3ᵉ personne, c'est-à-dire *kān* abrégé, mais *ku* aux 2ᵉ et 1ʳᵉ personnes, c'est-à-dire *kunt* abrégé (voir *J. A.*, 1913, II, p. 390, et plus loin, IIIᵉ partie, § 141) : par conséquent le préfixe garde une trace de la conjugaison comme parfait.

Cette explication de *ka-* indicatif par le parfait *kān* n'exclut pas qu'il ait eu éventuellement convergence avec certains des éléments dont il reste à parler : emplois spéciaux, composés, élargissements — ou homonymes — du *ka-* qui sert en sémitique de conjonction « comme ».

Pour le sens final, il faut penser à l'arabe classique *kay* « afin que » ; à cette particule correspond en sudarabique ancien un *k-* de même valeur (Hommel, *Südar. Chrest.*, p. 50, 52 bas, 53) qu'on retrouve dans le tigrigna *kǝ-* (voir ci-dessous, § 43); le sudarabique avait aussi une forme allongée *bkn* et le guèze fournit, dans le même emploi final un composé *kama* (qui a aussi le sens « comme »)[1].

Pour le sens indicatif, comme pour le sens final, en présence des formes andalouses *kan, kann,* il y a lieu de retenir comme un des éléments de l'étymologie le *ka'anna* ou *ka'an* que M. Kampffmeyer donne comme l'origine essentielle du *ka-* andalou-marocain, en rapprochant de nombreux usages de cette particule comme présentatif (*Präfix ka-*, à partir de p. 24, avec une abondante documentation ; voir en outre ci-dessous, § 64, p. 121).

---

[1] L'équivalence *ka* « quand » donnée par Hommel, *Südar. Chrest.*, p. 50 bas, pour le sudarabique, et discutée dans Kampffmeyer, *Präfix ka*, § 50, p. 239, est corroborée par l'existence de *ke* « quand » en soqotri moderne (Bittner, *Soqoṭri*, II, p. 76).

Sur la valeur de *ka-* comme préposition et le parallélisme avec *ta-*, voir sous ce mot, p. 72 haut).

Dans les parlers marocains où *ka-* n'est pas employé, il se rencontre pour le même emploi des équivalents variés.

Le plus fréquent paraît être *ta-;* pour l'étymologie, voir p. 66, *ta* et *ḥatta(y)*; il peut être utile aussi de se souvenir qu'en amharique méridional *ta-* est équivalent à *ka* de l'amharique septentrional comme préposition et comme conjonction.

On rencontre aussi *'a* ou *ā* (voir *a*, § 40, p. 66; Colin, *Taza,* p. 38 et 98; Lévi-Provençal, *Ouargha,* p. 23, et ci-dessous, § 141), et enfin *lla* ou *la* (Marçais, *Tanger,* p. 435, l. 15; Colin, *Taza,* p. 98) qui est homonyme au verbe «être» du berbère, s'il n'est ce verbe lui-même.

D'après renseignement de M. W. Marçais, *'a* se rencontre à Tozer dans le Djerid, Tunisie du Sud; il est sans doute à expliquer par la racine *'ml* (*'ammāl* est employée à Tunis comme en Orient, voir § 40).

Qa (sans doute de *qā'id,* voir § 40; comparer *qa* araméen, § 37) est employé par les juifs de Tunis (d'après M. W. Marçais, en confirmation d'un renseignement inséré dans Kampffmeyer, *Präfix ka,* p. 245).

A Malte, des expressions duratives sont composées au moyen de formes de la racine *q'd : q̄ẹeʿd, q̄ẹʿet, q̄ẹt* (Vassalli, *Maltese,* p. 42; Nöldeke, *Z. D. M. G.,* 1904, p. 913).

Au Maroc, comme particule durative, on rencontre le participe *ḥəddām* «travaillant», Marçais, *Tanger,* p. 277; Colin, *Taza,* p. 98.

Pour le futur prochain, le maltais a un préfixe *sa-* (le même élément y sert de préposition et conjonction «jusque»); on l'a expliqué, sans tenir compte de *sa-* classique (voir § 38) par la racine *syr* «marcher», parce que *seyyer* (<*sā'ir*) existe dans le même parler avec le même emploi (explication de M. Stumme); mais M. Nöldeke, *Z. D. M. G.,* 1904, p. 913 interprète *sa-* par *ṣār-* «devenir». (Sur *sa* en Orient, p. 66; sur *ṣār,* p. 123-124; sur les verbes «aller» du futur prochain, IV° partie, chap. ii.)

A Tripoli, où le verbe *ba* «vouloir» est en usage à certaines personnes (avec une forme seconde *bba* qu'on a tenté d'expliquer par un croisement avec *bġy*), l'imparfait *yāba, yibbī* peut servir à former un futur prochain; mais il est souvent remplacé par une forme courte *bi, bu, be, b* (Stumme, *Tripoli,* § 56, p. 239; Kampffmeyer, *Verbalpartikel b,* p. 8; Landberg, *Glossaire,* p. 49; ci-dessus, p. 64, plus loin, IV° partie, chap. iii).

Au Maroc, chez les Houwara du Sous, le verbe *ba* existe aussi, au moins fragmentairement et avec des altérations, dans le sens de «vouloir»; mais il perd souvent son sens plein et tend à se réunir à l'imparfait en un préfixe *bw-* du futur prochain; ce complexe est souvent précédé et complété par la particule *ṛā-* avec pronom suffixe (exemples tirés de Socin-Stumme, *Houwara*, commodément rassemblés dans Landberg, *Gloss. Daṯ.*, p. 45), voir IVᵉ partie, chap. ɪɪɪ[1].

42. Sᴜᴅᴀʀᴀʙɪꞯᴜᴇ. — En sudarabique ancien, un *b* précède quelquefois l'imparfait. La valeur n'en est pas encore bien élucidée; voir les faits, avec discussion, dans Hommel, *Südar. Chrest.*, § 75, p. 50 (*b-* «pendant que»; le rapprochement avec *b-* de l'arabe moderne est indiqué), de plus, Kampffmeyer, *Verbalpartikel b*, p. 38-39, Landberg, *Gloss. Daṯ.*, p. 53; ci-dessus p. 64 bas. D'après un renseignement de M. Mayer Lambert, dans certains exemples en dialecte qatabanique, *b* paraît marquer le futur, sans nuance modale.

A époque moderne, un élément invariable *dhar* sert à exprimer le futur en šhauri; l'étymologie n'en est pas faite; voir les hypothèses dans Bittner, *Šhauri*, II, p. 19-20 et Landberg, *Gloss. Daṯ.*, p. 56; il y a hésitation surtout entre les sens originels «temps» et «vouloir».

Tous les dialectes sudarabiques ont une particule *ber* (*bar, bir*) de sens «déjà», employée seule ou avec pronoms suffixes. Avec le parfait elle joue le même rôle que *qad* en arabe. L'étymologie n'est pas faite avec certitude; on y a cherché des verbes divers, en particulier ʿbr «passer» (*Grundriss*, II, § 325, p. 508; Bittner, *Mehri*, IV, p. 28, *Šhauri*, II, p. 56; Landberg, *Gloss. Daṯ.*, p. 143).

Dans le même emploi, le soqoṭri a, à la 1ʳᵉ personne du singulier *bek*, à la 2ᵉ personne féminin singulier *beš*, c'est-à-dire un radical *be*, qui peut être *ber* avec chute de *r*, suivi des désinences de parfait : il y aurait soit reste soit reconstitution d'une conjugaison (Bittner, *Soqoṭri*, II, p. 36-37).

---

[1] L'exemple de *ba-* dans un texte algérien occidental, invoqué dans Lᴀɴᴅʙᴇʀɢ, *Gloss. Daṯ.*, p. 31, n'a rien à faire ici, même si le verbe *ba* y est effectivement contenu (contrairement à l'explication donnée dans *J. A.*, 1902, II, p. 217) : en effet il s'agit d'une expression hypothétique, non future.

43. Éthiopien. — Dans les langues éthiopiennes, le rôle des particules courtes jointes à l'imparfait est restreint.

Sur *la-*, *lə-*, *-le*, voir IVᵉ partie, chap. ii.

En tigrigna *kə-* «afin que» concourt à l'expression du futur; pour l'étymologie, voir *k(a)* au paragraphe 41, p. 71.

En tigré une particule *'əgəl* contribue à l'expression du futur; elle correspond à une conjonction arabe *'aǧl* (Landberg, *Gloss. Daṯ.*, p. 64; Bevan, *Contribution*, p. 53).

En gouragué un élément *-śa* sert à former un futur; sur son origine et sur son usage, voir à la IIIᵉ partie, chap. vi.

Sur l'usage de *-te* en gouragué, voir IVᵉ partie, chap. ii.

44. Il ressort de ce chapitre que les particules sont surtout développées en araméen et en arabe moderne, et sont employées plutôt avec l'imparfait qu'avec le parfait.

Certaines apparaissent constamment très courtes. D'autres ont une forme originelle longue qui tend à s'abréger de plus en plus, suivant une tendance connue de l'évolution des langues (voir Meillet, *B. S. L.*, n° 71, 1922, p. 33 : les mots accessoires doivent être courts; ils tendent à être monosyllabiques, et finalement à perdre toute voyelle propre).

Les valeurs des particules sont souvent délicates à fixer, à cause de l'incertitude de leur origine et de la complexité de leur emploi : au total presque aucune n'a pour usage ou au moins pour usage principal d'exprimer le temps situé.

CHAPITRE II.

EXPRESSIONS DE L'EXISTENCE ET COPULES D'ORIGINE NON VERBALE.

45. La phrase nominale à un ou deux termes qui a été définie § 14 tend à se compliquer (§ 15, p. 41).

Dans le présent chapitre il est question de cas où la phrase nominale se complète d'un élément d'origine non verbale, qui tend au caractère verbal.

Deux cas sont à distinguer : l'expression de l'existence d'une part, la liaison logique de l'autre.

L'existence peut être exprimée suffisamment par une phrase nominale à un terme : terme simple s'il s'agit de l'existence en général « [il y a] des hommes », terme complexe s'il s'agit d'une existence déterminée (présence) «[il y a] des hommes dans la maison ». Mais cette expression est rare : il intervient généralement un autre terme, qui joue le rôle de prédicat ; c'est un élément de sens « il y a, il existe ».

La liaison logique apparaît, dans des phrases nominales à deux termes, comme copule «(il) est », «je suis », etc.

On peut distinguer :

a. la copule d'identité ou de définition («le lion est un fauve », «c'est lui ton maître »);

b. la copule de qualité, la qualité étant plus ou moins temporaire («cet homme est beau, cet homme est malade »);

c. la copule de situation («cet homme est dans la maison »).

Dans certains parlers une copule peut paraître dans l'un de ces sens et non dans les autres.

Quand la phrase qui contient une de ces copules a pour sujet un nom, elle a au total trois termes; mais si un sujet pronominal est inclus dans une copule conjuguée il n'y a que deux termes. Ainsi, en amharique, *faras malkam nǎw* « le cheval (1) est (3) bon (2) » est à trois termes; mais *malkam näñ* « je suis (2) bon (1) », *malkam nät* (ou *näč*) « elle est (2) bonne (1) » est à deux termes seulement, tout comme l'arabe maghribin *huwa šbāb* « il [est] joli ». Ce n'est donc pas le nombre des termes à lui seul qui permet de juger si une phrase est ou non du type nominal simple.

Les phrases nominales à copule, tout comme celles qui n'ont pas de copule, sont en principe indifférentes au temps. Toutefois le simple exposé d'une situation tend à apparaître comme un présent, quand un autre temps n'est pas spécifié. Aussi la notion de présent s'infiltre-t-elle plus ou moins dans les particules de l'existence et dans les particules servant de copule, et elle peut arriver à s'établir de manière nette; il en résulte que ce chapitre est en partie une anticipation sur l'étude du présent.

Mais il faut se prémunir contre une erreur possible d'interprétation. Dans les parlers où une particule conjugable s'établit comme présent, on constate en fait l'existence parallèle de verbes « être » pour le passé et pour le futur (voir chap. III). On peut être tenté d'en conclure que c'est le parallélisme des trois temps qui a favorisé la constitution de la copule du présent. Le grand nombre de copules dont la valeur temporelle n'est pas déterminée, ou est mal déterminée, suffit à montrer que ce serait une erreur. Le fait initial de la complication de la phrase nominale est indépendant de l'idée de temps. Aussi les particules d'origine nominale devaient-elles être étudiées à part des verbes, et l'étude ne devait pas être basée sur l'idée de temps.

Quand une particule exprimant l'existence est nue, comme il arrive quelquefois, son équivalence avec un verbe peut ne se marquer que par des détails minimes (ainsi, usage de la négation, p. 88). Si la particule est munie de pronoms suffixes, elle a par cela même un des caractères verbaux, la marque des personnes : il y a forme verbale naissante plus ou moins nette. Il se peut que les pronoms suffixes cèdent la place à de véritables désinences verbales : il est né alors un nouveau verbe d'existence (§ 54, 57); pour certains de ces verbes l'origine non verbale peut d'ailleurs être difficile à reconnaître.

· Les radicaux des particules d'existence et des copules sont variés : prépositions, démonstratifs, etc. Les éléments sont divers suivant les langues ; aucun n'est général en sémitique, mais certains développements se retrouvent dans différentes langues [1].

Quelques-unes seulement des particules traitées ici servent à former des temps composés, à valeur temporelle plus ou moins claire. Suivant les langues, les particules servant d'auxiliaire dans les temps composés sont soit des expressions de l'existence, soit des copules.

L'énumération qui suit est faite pour donner des renseignements positifs ; la contre-partie négative a été sous-entendue en général ; donc, lorsque aucune indication n'est donnée, c'est que dans la langue ou l'emploi considérés la phrase nominale pure a subsisté.

Le sens accessoire d'obligation qui s'attache souvent aux expressions de «être» en sémitique a été relevé quand il y avait utilité à le faire pour déterminer certains emplois des expressions temporelles ailleurs (exemple : amharique *mahĕd năw* «il est à partir, il faut partir»).

46. ACCADIEN. — L'accadien a un verbe d'existence (infinitif *bašū*, avec génitif *baši*) qui a une forme de permansif *baši* (en phrase subordonnée *bašū*); outre ce permansif, la conjugaison comporte au thème simple un parfait *ibši* et un imparfait *ibašši*. L'emploi de ces temps ne paraît pas très régulier, l'imparfait s'employant pour le parfait dans certains textes (Lewy, *Verbum*, p. 66)[2]. En dehors du thème simple il existe un causatif *ušabši* «faire être» et un thème de réfléchi en *n*, de sens «devenir, se faire».

Or tous ces éléments de conjugaison proviennent non pas d'une ancienne racine verbale, mais de la préposition *b(a)* «dans» qui est inusitée par ailleurs en accadien, augmentée du pronom suffixe de 3ᵉ personne masculin singulier *-šu*; voir *Grundriss*, II, § 45, p. 90, Haupt, *Semitic verbs*, et comparer *bō*, § 55, *fī(h)*, § 50.

Vu cette origine, il n'est pas étonnant que *bašū* soit très souvent imper-

<hr>

[1] Les participes indiquant l'existence sont examinés au chapitre III.

Sur un certain nombre des particules traitées dans le présent chapitre, voir D. H. MÜLLER, *Substantivum verbale*.

[2] Pour ce thème, comme pour d'autres verbes accadiens, on trouve des formes munies à la fois des suffixes de permansif et des préfixes des autres temps dans les documents d'El-Amarna ; de plus, dans ces documents émanant de princes cananéens, le permansif est souvent rapproché dans sa conjugaison du parfait occidental (voir BÖHL, *Amarna*, § 27 *k* et suiv., et § 29; *Grundriss*, I, p. 583 et 584).

sonnel («il arrive que, il se trouve que»); d'ailleurs, même avec l'emploi personnel «il se trouve, il devient», seule la 3° personne est attestée de manière probante, avec une flexion en genre et en nombre [1].

L'accadien a aussi une particule *yš*, correspondant à *yš* de l'hébreu, *yt* de l'araméen, *ys* de l'arabe dont il sera question aux paragraphes suivants. La forme et le sens primitif ne sont pas clairs : s'agit-il d'un nom d'existence (Nöldeke, *Mand. Gr.*, p. 293, n. 5) ou d'une particule présentative?

Iši sert de particule d'existence sans détermination de temps; il peut être compris indifféremment comme une forme de parfait, d'imparfait ou de permansif (d'une racine qui serait **yš*).

Mais au positif, cette particule ne sert que pour l'expression de l'appartenance, comme forme personnelle; en dehors de *iši* «il a (avait, aura)», les formes attestées clairement sont : *išāku* «j'ai» (forme de permansif) et *tišu* «tu as» (forme de parfait ou imparfait subordonné). Ce verbe «avoir» se nie par *la*.

D'autre part *iši* impersonnel nié sert de négation à *bašū*; dans ce cas la négation peut être *ul : ul iši* «il n'y a (avait, aura) pas»; elle peut aussi être *la,* avec contraction en une forme *laššu,* qui a une finale de mode subordonné (pluriel *laššūni*).

Voir Delitzsch, *Ass. Gram.*, § 154, p. 321; *Grundriss*, I, § 253, p. 501, où sont citées des formes qui, avec raison, ne sont pas reprises dans *Grundriss,* II, § 54, p. 107; index de Ungnad, *Bab. Briefe,* etc. [2]

Pour la négation de l'existence, l'accadien a encore une particule *yānu* «il n'y a(vait) pas» qui est à rapprocher de l'élément analogue du cananéen (*Grundriss,* II, § 59, p. 115 bas).

Sur l'absence de copule et l'emploi du permansif, voir p. 44.

---

[1] Ainsi pluriel féminin de permansif *bašā;* pluriel masculin et féminin d'imparfait *ibaššū* et *ibaššia.*

Mais dans les textes d'El-Amarna on trouve d'autres personnes, ainsi *ibašati,* 1re pers. sing.; pour la forme, voir p. 77, n. 2.

[2] D'après des renseignements obligeamment fournis par M. Ch. Fossey, grâce aux informations de qui le résumé ci-dessus a été élaboré, il n'y a pas lieu dans l'état actuel des connaissances de tenir compte d'un intensif négatif qui est supposé dans Delitzsch, *Ass. Gram.,* p. 321; il n'y a pas lieu non plus d'admettre l'emploi de *la išu* comme copule négative qui est cité dans *Grundriss,* I, p. 107 : il est en effet appuyé sur un exemple qui admet une interprétation par le sens «avoir».

47. Cananéen. — *Particule positive.* — En hébreu, *yeš* impersonnel
exprime l'existence «il y a(vait)», ainsi Genèse, 44, 20 *yeš lånu(w) 'åb^h*
«il y a à nous un père, nous avons un père». Il peut être muni d'un pronom suffixe de verbe de la 3° personne, avec un élément *n* interposé. Deutéronome, 29, 14 : *ki(y) 'et^h 'ăšęr yęšno(w) poh 'immånu(w)... wə'et^h 'ăšęr
'e(y)nęnnu(w) po(h)...* «Car avec qui est présent ici parmi nous... et
avec qui n'est pas présent ici...». On peut penser que l'emploi de *yeš* est
dû ici à une insistance : il y a opposition appuyée de *yeš* «il y a» et
'e(y)n «il n'y a pas» (il n'y aurait pas eu d'impossibilité à joindre une
détermination de personne *hu(')* au relatif *'ăšęr*).

Des cas ont été signalés où *yeš*, notamment avec le pronom suffixe de
la 2° personne, paraît servir de copule. Mais cette construction ne se rencontre que dans des emplois bien déterminés : après *'im* «si» et après *hă-*
interrogatif. En réalité, il semble qu'il y a là trace d'une répugnance à
employer dans ces cas spéciaux une phrase nominale ordinaire à deux
termes; *yeš* insistant est alors l'équivalent de «c'est que (il existe que),
est-ce que (existe-t-il que)»; ce n'est pas franchement une copule : Deutéronome, 13, 4, *låd^h a'at hăyiš°k^h ęm 'ohăb^h i(y)m...* «pour savoir est-ce
que vous aimants (si vous aimez)...». Voir *Grundriss,* II, § 54, p. 105
bas; König, *Syntax,* § 338, p. 426; Gesenius-Kautzsch, § 116, p. 375;
sur l'usage analogue du verbe *håyå(h)*, voir p. 111 bas.

Particule négative. — En hébreu *'ayin* (avec un suffixe *'e(y)n-*) est une
négation parallèle à l'affirmation *yeš* «il n'y a(vait) pas, ne pas avoir» (voir
l'exemple ci-dessus de Deutéronome, 29, 14).

Cette particule peut être un simple adverbe négatif; par exemple elle
nie *yeš* dans Psaumes, 135, 17 : *'af 'e(y)n yęš ru(w)ăḥ bəp^h i(y)hęm* «aussi
ne pas il y a (il n'y a pas non plus) de souffle dans leur bouche».

Dans l'emploi adverbial, une forme abrégée *'i(y)* a une existence douteuse en hébreu biblique.

En hébreu talmudique, *'e(y)* est habituel dans tous les sens devant un
mot commençant par '; ailleurs on trouve *'e(y)n* (Albrecht, *Neuhebräisch,*
§ 15, p. 29).

En phénicien, *'y* est attesté, avec le sens «il n'y a pas»; ainsi *Grundriss,* II, § 59, p. 114, cite *C. I. S.,* I, 3, 5 : *ky 'y šm bn mnm* «car il n'y
a pas là chez nous(?) de récipients (?)» (le sens des deux derniers mots

n'est pas bien établi). On a la forme avec -*n* en punique dans le vers 1006 du *Poenulus* de Plaute, d'après Gray, *Punic passages,* p. 81.

Avec la même valeur «il n'y a pas» *'n* se lit en moabite dans l'inscription de Mesa, ligne 24.

Usage de bə *en hébreu biblique.* — Dans certains exemples *bə-,* apparaissant sans avoir un sens plein, paraît être une amorce de copule; Psaumes 68, 5 : *bəyâh šəmo(w)* «Yah [est] son nom» (*Grundriss,* II, § 45, p. 90; König, *Syntax,* § 338, p. 431; ci-dessous, § 48 et surtout § 49).

Sur *hinne(h),* p. 51 et § 51; sur *hăre(y),* § 51, p. 89.

48. ARAMÉEN. — La particule qui correspond à l'hébreu *yeš* a développé ses emplois en araméen.

Araméen biblique. — La forme isolée *'i(y)t^hay* est employée comme *yeš* sans suffixes en hébreu; Daniel, 5, 11 : *'i(y)t^hay gəb^har* «il y a un homme».

Il se trouve des emplois avec pronom suffixe du nom; l'usage en est restreint, comme pour la forme à suffixes en hébreu, mais moins : en effet, à l'emploi après particule interrogative et après *hen* «si» s'ajoute l'emploi après la négation *lâ(');* cette dernière combinaison remplace *'e(y)n,* qui n'a pas de correspondant.

Au moins dans les emplois avec la négation, il s'agit d'une simple copule (du présent, dans les exemples relevés). Daniel, 3, 14 : *lâ(') 'i(y)t^he(y)k^ho(w)n pâləhi(y)n* «vous n'êtes pas adorants (vous n'adorez pas)» (Gesenius-Buhl, p. 907, avec références; *Grundriss,* II, § 54, p. 106).

Araméen occidental plus récent. — Le positif *'yt* et le négatif contracté *l't* se rencontrent comme copule du présent soit avec des suffixes pronominaux du nom, soit avec des formes abrégées enclitiques des pronoms indépendants (Dalman, *Jüd. Pal.,* § 16, p. 77, et p. 302, 347; Nöldeke, *Z. D. M. G.,* XXII, p. 511).

Inscriptions nabatéennes. — *'yty* s'y rencontre comme copule. Euting, *Inschriften,* 9, 2 : *w-'yty qbr' dn' ḥrm* «et (1) ce (4) tombeau (3) est (2) un lieu sacré (5)»; mais il est plus souvent une particule d'existence, ainsi (*Inschr.*, 27, 11) *dy 'yṭy 'lwhy ḥṭy'h* «celui sur lequel (1-3) il y a (2) une dette (4)».

Araméen occidental moderne. — Une expression de «il y a» conjugué comme un verbe contient la particule *'yṭ*, croisée au moins partiellement avec le verbe *hwy* «être» de l'ancien araméen : une forme *ōṭ* signifie «il y a, il y avait», une forme *wōṭ* signifie seulement «il y avait» (Nöldeke, *Z. A.*, 31, p. 220); le négatif est *čūt* «il n'y a(vait) pas» (*ču* est la négation en usage dans le parler en question).

Dans Parisot, *Maʿlula*, p. 122, il est donné une conjugaison complète de *ōṭ*, avec préfixes, et d'autre part une autre conjugaison dite de «futur» dont la 3ᵉ personne masculin singulier est *(y)īṭe*. L'explication proposée là par la racine *'ṭy* «venir» employée sans adjonction de *l* est exacte sinon pour *ōṭ*, au moins pour *(y)īṭe* (dans le parler en question *'ṭy* s'est généralement agglutiné un *l*, ce qui fait une conjugaison compliquée, Bergsträsser, *Glossar*, p. 100). Exemples : (*Neuaram. Märchen*, p. 27, l. 1) *bzerpa ōṭ waḥma uōṭ furtʿanō uōṭ baqqa* «dans la prison il y a saleté, et puces et punaises»; (p. 55, l. 25) *ṭlubli itīli bnō* «prie pour moi qu'il me vienne un fils». — Ces indications succinctes sont à compléter au moyen du paragraphe 61.

Syriaque. — La forme de la particule isolée est *'i(y)tʰ*, devant suffixe pronominal du nom *'i(y)tʰay-*. La négation peut se fondre avec *'i(y)tʰ* en *laytʰ* (*laytʰay-*)[1].

Il existe un substantif abstrait *'i(y)tʰya(')* «l'existence, l'essence».

Le principal emploi de *'i(y)tʰ* soit seul, soit muni de pronoms suffixes du nom, soit accompagné de pronoms indépendants, est d'exprimer l'existence.

Il n'est pas situé dans le temps en principe. Toutefois le passé et le futur de l'existence sont normalement spécifiés, à côté de *'i(y)tʰ*, par une forme du verbe *hwy*, tandis que le présent est rarement marqué de la même manière (voir p. 114), de sorte qu'en fait *'i(y)tʰ* employé seul joue souvent le rôle de présent.

[1] Mais la négation peut aussi s'accoler à *'i(y)tʰ* avec la forme indépendante simple *lå(')*, ou le précéder (avec des mots interposés) sous une forme lourde *law* ou *lå('h)wå(')*, sur laquelle voir p. 114 bas.

Cette particule sert quelquefois de copule; dans ce cas elle est presque toujours munie de pronoms suffixes, ainsi *’i(y)t^hayn* « nous sommes ».

Voir Duval, *Grammaire*, p. 202 et 323; Nöldeke, *Syr. Gr.*, § 301-308; *Grundriss*, II, p. 106, rem. 2, et p. 115.

Talmud de Babylone. — La particule *’yt* est employée pour exprimer impersonnellement l'existence : « il y a »; elle peut aussi recevoir une conjugaison, au moyen de suffixes pronominaux du nom, de pronoms indépendants (construction plus rare) ou de pronoms régimes de verbe; quand le sujet logique est un nom, il peut être introduit par la préposition *l*, comme le complément d'un verbe ordinaire. Une forme fréquente est le renforcement par une particule *k’*, avec assimilation de *t* : *’yk’* (prononcé traditionnellement *’ikkâ*). La forme négative est *l’ ’yt* ou *lyt* et *lyk’*.

Exemple de l'usage impersonnel (avec la préposition *l* exprimant l'appartenance) : *’yt ln bgwykw ḥwlq’* « avons-nous avec vous une participation ? »

L'emploi comme copule est exceptionnel et, semble-t-il, ne se présente qu'avec la négation [1].

Sur tous ces faits, voir Margolis, *Talm.*, § 62-63.

Mandéen. — L'emploi de la particule d'existence, moins développé qu'en syriaque, est à peu près le même que dans le Talmud.

La forme est au positif *it, īt,* écrit *’yt* ou *‘yt;* elle s'agglutine avec la négation en *lāyīt,* écrit *l’yyt.* Dans la forme avec suffixes pronominaux, ceux-ci se présentent comme des suffixes attachés à un verbe, non pas à un nom. — Il existe une forme renforcée d'un *-ka* final, ayant une valeur d'insistance.

Le sujet logique, objet de « il y a », peut être introduit par la préposition *l* comme l'objet du verbe : *dwkt’ d-’ytynwn lmy’ ’pry’ hynwn* « le lieu que il y a à eaux poussières ces (féminins) = le lieu où se trouvent ces eaux en poudre ».

---

[1] La phrase nominale peut être dénuée de copule; mais elle est souvent compliquée d'une copule pronominale. Le pronom personnel copule de la 3ᵉ personne peut avoir dans ce rôle une forme spéciale, mal expliquée, qu'il vaut mieux ne pas omettre ici : elle consiste en un renforcement par un préfixe *ni, nin* : singulier masculin *nyhw, nynhw,* féminin *nyhy, nynhy.*

La particule ainsi définie exprime habituellement l'existence. Dans quelques exemples on peut la rendre par une copule, mais cette traduction ne s'impose pas. Le mandéen se passe souvent de copule; souvent il fait usage de la copule pronominale.

Le temps n'est pas déterminé; *ṯ* peut figurer dans une phrase exprimant le passé ou l'avenir. Cependant il s'agit de faits présents dans la presque totalité des exemples relevés, Nöldeke, *Mand. Gr.*, p. 293 et suiv., p. 401 et suiv. [1].

Araméen moderne oriental — Dialecte ṭōrāni. — Ce dialecte possède pour exprimer l'existence une particule *kīt* « il y a(vait) », où on peut reconnaître -ī*t* comme second élément composant (sur *k*, voir p. 60). Prym-Socin, p. 35, l. 19 : *kīt aḥdō bəmauṣâl* « il y a une [femme] à Mossoul »; p. 37, l. 34 : *kīt kōn rābǫ* « il y avait(1) une grande(3) tente(2) ».

La négation est *layt* (Parisot, *Contributions*, p. 194) qui s'abrège généralement en *lat-* quand des suffixes suivent; Prym-Socin, p. 68, l. 8 : *abne latle* « des enfants il n'y avait pas à lui (il n'avait pas d'enfants) ».

Les exemples ci-dessus montrent que *kīt* et *la(y)t* ne sont pas réservés au présent; cependant, chaque fois que le passé doit être exprimé clairement, -*vo* s'y ajoute (voir p. 116).

A côté de l'emploi impersonnel (avec ou sans pronoms médiats exprimant l'appartenance), Siegel, *Ṭûr ʿabdîn*, p. 202, donne deux conjugaisons qui font de la particule un verbe d'existence.

Dans l'une de ces conjugaisons, *kīt* ou *layt* est suivi (en dehors de la 3ᵉ personne masculin singulier) des pronoms personnels sujets abrégés et enclitiques. Dans l'autre (qui ne s'applique qu'au positif), un radical consistant en un simple *k*- est suivi de la préposition *l* avec pronoms suffixes (c'est-à-dire des pronoms médiats qui expriment par ailleurs l'appartenance avec *kīt*- ou *lat*-).

Dans l'emploi du verbe ainsi constitué, le sens d'existence ou de présence persiste au positif, au moins généralement; voir les exemples dont les références sont rassemblées dans Siegel, *Ṭûr ʿabdîn*, p. 202; ainsi, Prym-

---

[1] La préposition *b* est quelquefois employée en araméen devant le prédicat d'une phrase nominale à deux termes ou d'une phrase avec copule; cette construction, très rare en syriaque (Nöldeke, *Syr. gr.*, § 248, p. 171), est plus fréquente en mandéen (Nöldeke, *Mand. Gr.*, § 252, p. 362).

Socin, *Neuaram. Märchen,* p. 13, l. 11 : *hot kitno sāḥ* «tant que je serai en vie», c'est-à-dire «tant qu'il y a(ura) moi vivant»; p. 4, l. 26 : *klan ʿāme* «nous sommes avec lui», «il y a nous avec lui» (comparer l'usage analogue de *allá* en amharique, p. 98-99).

Mais avec la négation le sens semble être vraiment celui d'une copule; ainsi, *Neuaram. Märchen,* p. 38, l. 25 : *lätātū lāzim* «vous n'êtes pas [quelque chose de] nécessaire».

Le verbe «être», soit positif, soit négatif, qui est décrit ici ne sert pas d'auxiliaire.

Par ailleurs la phrase nominale est en usage en *tōrānī,* avec emploi habituel de la copule pronominale pour exprimer l'identité (Siegel, *Tûr ʿabdîn,* § 92 *h,* p. 159, et § 38 *c,* p. 67).

Dialectes du Kurdistan et des environs de Mossoul. —— Il n'est donné ici qu'un court résumé des faits; voir Nöldeke, *Neusyrisch,* p. 200 et suiv.; Maclean, *Vernacular,* p. 74 et suiv.; Sachau, *Mosul,* p. 56 et suiv.; Rhétoré, *Soureth,* p. 91 et suiv. et p. 165 et suiv.

ītʰ est employé au sens de «il y a»; il est nié en *laytʰ.* Il est nettement présent, peut être transporté dans le passé par adjonction de *wā,* mais ne concourt pas à exprimer le futur (voir p. 116).

D'autre part le néosyriaque a une copule bien constituée, qui ne manque presque jamais, la phrase nominale pure étant exceptionnelle, (Nöldeke, *Neusyrisch,* p. 337; Maclean, *Vernacular,* p. 24).

La forme est au présent (dans la plaine de Mossoul) : 1re personne, *īwin* (masculin), *īwan* (féminin); 3e personne, *īlē* (masculin), *īlā* (féminin), etc. Ces formes s'expliquent de la manière la plus satisfaisante, si on y reconnaît partout la présence de *īt* réduit à *ī;* à la 1re personne la terminaison comporte le verbe *hwh* «être», très réduit (de même à la 2e personne, d'aspect analogue); à la 3e personne il y a emploi de *l* et des pronoms suffixes (comparer ci-dessus l'usage mandéen et torāni).

L'usage habituel de la copule est l'emploi comme enclitique soit sur un pronom personnel indépendant (*anēwin* «moi je suis») soit sur un nom attribut (*nāšēle* «il est homme»)[1].

---

[1] Des formes insistées, du genre de «voici qu'il est», se forment soit de la particule d'existence soit de la copule, au moyen de différents préfixes qui sont en partie au moins des démonstratifs (MACLEAN, *Vernacular,* p. 78).

La même copule sert à l'usage négatif; devant elle la négation *lā* peut avoir son indépendance comme devant un autre verbe, ou se contracter avec son initiale; voir pour les détails de vocalisation, Maclean, *Vernacular*, p. 163; Rhétoré, *Soureth*, p. 101.

Au passé duratif, on trouve des composés du verbe *wā* avec des formes spéciales de la particule du présent définie ci-dessus : *w* y est l'élément essentiel, *ī* n'y paraît pas toujours, et *l* de la 3ᵉ personne n'y paraît jamais. Ainsi, la forme usuelle dans la plaine de Mossoul est *wīn-wā* «j'étais», *wēwā* «il était» (voir § 61).

Le verbe copule du présent se combine comme auxiliaire avec d'autres formes verbales pour exprimer le parfait-présent et le présent duratif.

49. ARABE CLASSIQUE. — En phrase positive il n'y a pas d'expression de l'existence d'origine nominale (pour l'emploi du participe de *kāna*, voir § 63, p. 118).

En phrase négative se rencontrent, à côté des négations invariables, les divers emplois de *laysa* (pour le sens, voir ci-dessous).

Ce mot est généralement expliqué comme un composé de la négation *lā* et du nom d'existence qui a été étudié ci-dessus en accadien, hébreu et araméen (en arabe *'ays* «l'être, ce qui est», d'emploi exceptionnel, paraît tiré secondairement de *laysa*). La seule difficulté est la correspondance phonétique : on attendrait une spirante interdentale (*ṯ*) au lieu d'une sifflante; l'irrégularité peut être due à des causes diverses : phonétique spéciale de mot accessoire, croisement, emprunt; l'explication sûre n'apparaît pas encore. En tout cas il n'y a pas de meilleure étymologie; celle de Barth (*Z. D. M. G.*, 68, p. 361-364) par des éléments démonstratifs n'est pas convaincante.

Laysa peut s'employer au sens de «excepté»; dans cet emploi, si le complément (sujet logique) est un pronom, il se suffixe à *laysa*; à la 1ʳᵉ personne, il peut avoir la forme du complément de nom, *laysī*, ou celle du complément de verbe, *laysanī* «moi excepté».

Par ailleurs *laysa* est conjugué comme un parfait, avec abrégement du radical à certaines personnes, ainsi *lastu* «je n'existe pas, je ne suis pas».

Laysa conjugué a divers emplois : négation de l'existence «il n'y a pas», copule négative «(il) n'est pas», négation renforcée «ce n'est pas [que]»

Il n'a pas une valeur temporelle absolue; mais par le fait que l'existence ou la copule en dehors du présent sont exprimées autrement, il se trouve normalement cantonné dans le présent, s'il est employé seul.

Laysa peut se subordonner, avec certaines limitations.

Employé en composition, comme négation renforcée, avec le parfait ou l'imparfait, *laysa* est par lui-même du domaine présent-futur; mais il est nettement situé dans le passé s'il est précédé de *kāna* (en emploi de passé, voir III⁰ partie, § 114 fin).

Le mot qui exprime la qualité niée par *laysa* peut être mis à l'accusatif, comme après *kāna* (et aussi comme la chose niée, en phrase purement nominale, par une négation simple *lā, mā*); mais il peut aussi être précédé de *bi-* et être au génitif : *lastu ʿāliman* ou *lastu bi-ʿālimin* «je ne suis pas sachant (je ne sais pas)».

Consulter Wright, *Ar. gram.*, II, p. 102, 302; Reckendorf, *Synt. Verh.*, p. 59, 84, 106, 789; *Grundriss*, II, § 57, p. 112, § 326, p. 510; Bergsträsser, *Verneinung*, chap. 4.

La négation *lāta* est comme *laysa* une négation longue, et elle ressemble à un parfait à la 3⁰ personne. Mais elle n'est pas conjuguée. Elle n'apparaît que dans un emploi : c'est devant un mot signifiant «temps». Elle fait figure de copule négative; c'est pourquoi elle est traitée ici : *lāta ḥīna naǧātihu* «ce n'est pas le temps de son salut».

On a cherché dans ce *lāta* un doublet de *laysa* (Wright, *Ar. gram.*, I, p. 96 bas) ou un composé de la négation *lā* et d'un démonstratif (Barth, *Z.D.M.G.*, vol. 67 et 68); voir Bergsträsser, *Verneinung*, chap. 5, où une variante *lāti* est signalée.

En considérant le parallélisme avec l'hébreu *lo(ʾ) ʿetʰ* «il n'est pas temps» (voir *Grundriss*, II, § 51, p. 102), on peut se demander si *lāta* n'est pas un équivalent altéré (avec chute irrégulière de ʿ) de ce *lo(ʾ) ʿetʰ*; n'étant plus compris comme exprimant le temps par lui-même, quoique toujours réservé à l'expression du temps, il se surajouterait en arabe un autre mot exprimant le moment.

On a vu ci-dessus que l'attribut après *laysa* peut être introduit par *bi-*; il en est de même après *kāna* nié. Mais *bi* peut aussi intervenir au début du second terme d'une phrase nominale sans copule; ainsi *ʾanna llāha biqādirın* «que Dieu [est] pouvant (a le pouvoir)...» Consulter Wright, *Ar. gram.*, II, p. 158; *Grundriss*, II, § 45, p. 90 et § 237, p. 368; Nöldeke, *Zur Grammatik*, p. 55; Reckendorf, *Syntax*, § 129, 3.

Il n'y a pas là véritable copule; il y a néanmoins complication de la phrase nominale, et *bi-* dans cet emploi n'apparaît pas comme une pure préposition. Il faut envisager cet emploi en arabe (voir encore § 50), en hébreu (§ 47), en araméen (§ 48), quand on cherche à comprendre l'emploi de *b-* devant l'imparfait en arabe moderne (voir § 40, p. 64-65)[1].

50. ARABE MODERNE. — *Particule d'existence.* — C'est surtout dans le domaine oriental que se rencontre une particule d'existence «il y a»; elle est généralement constituée au moyen de la préposition *fī* «dans», quelquefois par un équivalent de cette préposition.

La forme la plus ancienne est peut-être celle qu'on observe à côté du simple *fī* : *fīh*, où *h* est le pronom suffixe de 3ᵉ personne masculin singulier; c'est ainsi l'équivalent de *basū* de l'accadien (voir § 46) et de *bō* de l'éthiopien (voir § 53) : comme en éthiopien, cette particule est restée invariable en personne.

Les formes qui ont été signalées sont : en Haute-Mésopotamie *fī'u* (Socin, *Mōṣul Märdīn*, p. 29, l. 16); en Égypte *fīh*, Spitta *Gramm.*, p. 156; en Palestine *fīh*, Spoer Haddad, § 71, p. 18; en Syrie *fī*, Harfouch, *Drogman*, p. 183, l. 1, et aussi, chez les Bédouins, *bih*, Oestrup, *Contes*, § 23, p. 148 (*bi* signifie «dans» comme *fī*); dans la région du Tchad, *fī*, Derendinger, *Tchad*, p. 20; Lethem, *Shuwa*, p. 20.

Quand il n'y a pas détermination du passé ou du futur par un autre élément dans la même phrase, *fī(h)* est souvent présent; mais en réalité il n'est pas situé dans le temps par lui-même (pour la combinaison avec *kān*, voir § 64).

Le domaine de *fī* de l'existence s'étend à l'Ouest au moins jusqu'en Tripolitaine. Dans la même région on emploie comme synonyme *tämma* «là» (Stumme, *Tripoli*, p. 32, 281). Ce dernier mot est en usage aussi en Tunisie, sous la forme *təmmä* ou *fəmma*; ainsi Stumme, *Tün. Märchen*, p. 29, l. 10, *fəmma* «il y avait», exemple qui montre que cette expression de l'existence n'est pas toujours un présent.

---

[1] Sur *'inna*, voir § 51.

A propos de la négation de l'existence, il faut toucher brièvement à la syntaxe de la négation en arabe moderne, tant oriental qu'occidental[1]. En général les dialectes modernes ont d'une part une négation qui porte sur un verbe ou sur certains éléments nominaux tenant la place d'un verbe et nie ainsi l'ensemble d'une phrase, et d'autre part une négation qui ne porte que sur un élément nominal constituant une partie distincte de la phrase. Les faits, assez délicats, sont exposés pour l'arabe égyptien dans Spitta, *Gramm.*, § 198; l'opposition essentielle apparaît dans les exemples suivants : *mā a'raf-š* « je ne sais pas », *mā 'andināš ḥāga* « [il n'y a] pas près de nous de chose (nous n'avons rien) » (négation *mā—š*); mais *ĕddukkān muš kĕbīre* « la boutique [est] pas grande (la boutique n'est pas grande) » (négation *muš*).

Le second exemple ci-dessus montre comme quoi une préposition avec pronom suffixe est niée par la négation de phrase ou négation verbale. Ainsi est nié *fī(h)*, particule d'existence : Égypte, *mafīš* « il n'y a pas » (rarement *mafīhš*), Spitta, *Gramm.*, p. 156; Syrie, *mafī* (*mafī ta'ab* « il n'y a pas de dérangement », Harfouch, *Drogman*, p. 185) et aussi *mafīš*; chez les Bédouins *mamīš* (< *mabīš*) et *maqīš* (contaminé par *bāqi*, d'après M. W. Marçais), voir Oestrup, *Contes*, § 24, p. 149.

51. *Présentatifs conjugués, copules positives et négatives.* — Des particules présentatives nues ou avec pronom régime sont en usage dans les langues sémitiques anciennes (hébreu *hinnē*, *hēn*, arabe *'inna*, *'in*, etc.); voir l'expression de l'événement inopiné, page 51.

Les présentatifs ont reçu un assez grand développement, par places, en arabe moderne, et l'un d'eux est devenu une copule en arabe algérien.

Pour le domaine oriental les faits ont été étudiés dans Landberg, *Datīnah*, p. 485-501, et (en même temps que les faits occidentaux) dans Kampffmeyer, *Präfix ka*, p. 230 et suiv. Dans la région du Datīnah un radical *ra'-* est assez employé, soit avec pronoms suffixes, soit avec conjugaison d'impératif; ainsi (p. 485) *ra'ak fī arḍ 'ōleh* « c'est que tu [es] dans le pays des 'Olah ». M. de Landberg voit dans ce radical une variante de la racine *r'y* « voir » (voir ci-dessous à propos de *rā-* maghribin).

Les Bédouins du désert de Syrie ont *tarā-* (qui est difficilement explicable autrement que comme une forme figée «tu vois») et *atārī, tārī,* etc. (ces dernières formes sont en rapport avec *'ṯr* «trace»); *tarā-, těrā-* suivis de pronoms régimes se rencontrent en Arabie centrale et en Oman.

En Palestine (au sud) on trouve *harʿūto* (pour l'origine, voir ci-dessous).

Dans l'Arabie du Sud on rencontre aussi *šaʿ*, d'une racine de sens «voir», et en omanais *ṣā-*, dont l'étymologie n'est pas connue[1].

Pour des emplois en composition, voir § 86, 138, 184.

Les deux particules qui servent généralement au Maghrib sont l'élément démonstratif *hā-* (quelquefois *ā-*) et le radical *ṛā-*[2].

L'étymologie de celui-ci est controversé; on l'explique généralement comme un impératif figé du verbe *r'y* «voir» qui est peu employé au Maghrib, voir Marçais, *Tanger*, p. 305. Ce serait un reste de la 2ᵉ personne «tu vois», d'après Kampffmeyer, *Präfix ka*, p. 231-232 (où est signalé l'emploi en Tunisie et en Tripolitaine de *trā-* répondant aux formes orientales citées ci-dessus, avec références). Mais Barth, *Untersuchungen*, II, p. 27 et suiv., a mis en lumière l'histoire d'un présentatif sémitique *'aray, haray,* représenté en hébreu et en araméen, et auquel se rattache peut-être le palestinien *harʿuto* (pour le sudarabique voir § 52). Cet élément s'est peut-être croisé avec le verbe *r'y* sur certains points[3].

La flexion de *hā-* ou de *ṛā-* se fait souvent au moyen des pronoms suffixes du verbe; mais il se rencontre aussi des formes abrégées des pronoms indépendants, soit en série continue, soit entremêlés aux suffixes précédents (ce qui constitue une conjugaison originale); ainsi à la 1ʳᵉ personne du pluriel on trouve *ṛāna* et *ṛāḥna*. Enfin, sur certains points, *ṛā* s'emploie sans suffixes. Voir Stumme, *Tün. Gram.*, § 182, p. 144; Marçais, *Tlemcen*, p. 123, *Saïda*, p. 151; Cohen, *Alger juif*, p. 251, etc.[4].

L'emploi de *hā-* ou *ṛā-* au sens «voici» n'a rien de temporel et ne figurerait ici que pour mémoire si ces particules ne se combinaient pas quel-

---

[1] Sur *ka'anna*, etc., voir § 64, p. 121.

[2] Dans ce mot *r* emphatique (*ṛ*) n'a pas été noté par tous les auteurs, d'où certaines discordances dans les exemples ci-dessous.

[3] Sur les dérivés de la racine *'ṯr* au Maghrib, voir Marçais, *Saïda*, p. 190.

[4] Pour des formes démonstratives, contenant un élément *d* et qui n'ont que des formes de 3ᵉ personne sans suffixes pronominaux, voir Marçais, *Tlemcen*, p. 124; Cohen, *Alger juif*, p. 346, ici § 86 *wāda* et § 64 *hāda* de l'Arabie du Sud.

quefois avec des verbes en des espèces de temps composés : avec le parfait on obtient une expression du parfait-présent (§ 86); avec l'imparfait une expression de l'imminence (§ 184).

La phrase suivante de Stumme, *Tün. Märchen,* p. 21, l. 31, montre l'usage de *ṛā-* comme présentatif : *rāu ʿandna ʿammĕnā rāžl ĕkbīr umā ʿandūš ĕḍnā, rāu iḥabbna yāsir* «voici, nous avons notre oncle, un homme âgé qui n'a pas d'enfants, alors (*exprimé par* voici que) il nous aime beaucoup».

Dans l'ensemble des parlers algériens *ṛā-* est devenu une copule, indiquant la qualité ou la situation, mais non l'identité; ainsi *ṛāni mrīḍ* «je suis malade», *ṛāk fī dāṛǝk* «tu es dans ta maison». Cette copule peut servir d'auxiliaire : précédant un imparfait elle le situe dans le présent. Seule ou en composition, elle peut figurer dans les propositions subordonnées qui sont de mode indicatif, telles que relatives ou déclaratives.

Les exemples traduits ci-dessus et l'usage en composition montrent que *ṛā-* est généralement un présent. Mais ce n'est pas un fait sans exceptions, ainsi que le font voir les deux exemples suivants d'un même texte, dans un parler où l'emploi de *ṛā-* présent est d'ailleurs usuel: (Cohen, *Alger juif,* p. 486) *makānši ṛāhi ḥarma ʿalīya* «sinon, elle est (*c'est-à-dire* sera dorénavant) interdite pour moi»; *ḥīn smāʿ zūǧha ęlli mǝrtu ṛāhi bǝlǧūf* «lorsque (1) le mari (3) apprit (2) que (4) sa femme (5) était (6) enceinte (*mot à mot* avec le ventre)».

L'emploi de *ṛā-* est délicat; il demande à être étudié pour chaque parler. En général, il paraît surtout s'il est question d'une qualité ou d'une situation temporaires : *ṛāh mrīḍ* «il est malade»; si l'on veut au contraire parler d'une qualité permanente, on emploie plus volontiers la phrase nominale : *huwa šbāb* «il [est] beau, c'est un bel homme»; de même on n'emploie pas *ṛā-* devant une préposition avec pronom suffixe exprimant l'appartenance : *ʿandi ktāb* «j'ai un livre» (mot à mot «auprès de moi un livre»). Toutefois on trouve aussi *ṛā-* indiquant une situation au moins relativement prolongée, ainsi à Blida, Desparmet, *Arabe dialectal,* II, p. 8, l. 2 : *ṛāni ʿassās ʿalīk* «je veille (suis veillant) sur toi».

Dans les parlers où il est peu employé (comme les parlers marocains) *ṛā-* apparaît, semble-t-il, surtout quand il y a une idée d'insistance sur le moment présent; ainsi à Rabat, Brunot, *Yallah,* p. 63 : *ṛāni mĕmĕllĕk* «je suis (en ce moment) fiancé».

On voit par tout ce qui précède, tant pour les emplois comme présentatif que pour les emplois comme copule, combien il serait erroné de dire simplement que *ṛā-* est la copule du présent en algérien; il y a là une délicate question de syntaxe dont l'étude est à peine amorcée.

En arabe oriental il ne se rencontre pas de copule analogue au *ṛā-* algérien. On peut signaler toutefois qu'en Arabie du Sud *gid* augmenté des pronoms suffixes joue dans une certaine mesure le rôle d'une copule non située dans le temps (Rhodokanakis, *Ḍofâr*, p. 138-139): *ugidha ḥabilē* «et elle est (devenue) enceinte».

S'il n'existe pas dans la généralité des dialectes orientaux de copule positive d'origine non verbale, la négation de phrase combinée avec les pronoms personnels compose une copule négative. A défaut d'indication contraire dans la phrase, cette copule a la valeur d'un présent.

Dans une partie des dialectes, et notamment au Caire, les pronoms personnels ont dans cette combinaison leur forme indépendante, légèrement abrégée ou modifiée; ainsi, avec *enta, ente* «toi» : *mantāš* «tu n'es pas»; voir Spitta, *Gramm.*, p. 72 et 413; Nallino, *Egitto*, p. 89; Bauer, *Pal. Ar.*, p. 124; pour l'Arabie du Sud, Rhodokanakis, *Ḍofâr*, II, p. 129 et 130, 137 et 138.

Ailleurs la négation reçoit (comme font aussi d'autres particules, voir p. 89) les pronoms suffixes, ainsi dans le Liban *mānak šāṭər* «tu n'es pas adroit» (avec -*n*- entre la négation et le pronom; dans Barthélemy, *Naaman*, p. 264); de même à Alep, à Damas, à Jérusalem (Barthélemy, *J. A.*, 1906, II, p. 234-235, et renseignements fournis personnellement).

Au Maghrib la négation *mā-*, conjuguée comme *ṛā-*, est habituellement en usage, ainsi *māni* «je ne suis pas» (voir Marçais, *Saïda*, p. 151; Brunot, *Yallah*, p. 4).

Mais dans certains parlers cette conjugaison est inusitée et *ṛā-* est nié comme un verbe, ainsi (Cohen, *Alger juif*, p. 252) *ma ṛāniš* «je ne suis pas». C'est cette dernière construction qui sert en composition avec l'imparfait dans l'ensemble des parlers, voir § 138.

Laysa a laissé quelques traces en arabe moderne; ainsi *lās* invariable en Oman, Reinhardt, p. 282; au Maghrib, *las(s)* invariable était habituel en andalou; il se rencontre dans *las bədd* «il faut absolument», en Palestine (glossaire de Schmidt-Kahle, sous *bdd*), en Algérie orientale et en Tunisie (renseignement de M. W. Marçais); *tis* s'emploie dans la langue écrite à Alger juif (Cohen, p. 378, bas).

52. Sudarabique. — Dans les inscriptions anciennes on rencontre une particule *r'* (voir *rā-*, etc., au paragraphe précédent). Elle s'emploie nue. Il n'est pas exclu qu'elle ait pu servir de copule (Rhodokanakis, *G. G. A.*, 1914, p. 27).

Le sudarabique moderne emploie d'une manière générale la phrase nominale pure (sur l'usage de *kwn*, voir § 65).

Le mehri a seul une particule négative *leh-* qui s'emploie, avec les pronoms indépendants abrégés et agglutinés, comme une copule négative équivalente à *laysa* de l'arabe classique.

Le soqotri a, avec la même valeur, un *ḥe*, *ḥes* conjugué avec des pronoms suffixes du nom (le sens originel semble être «moins»). Le même parler a un impersonnel *biśi* et aussi, moins employé, un impersonnel *bal* «il n'y a pas». Sur ces faits, avec références et exemples, voir Müller, *Subst. verb.*, p. 783-784, et *Grundriss*, II, § 57, p. 113.

53. Éthiopien. — L'usage de la phrase nominale pure tend à s'éliminer dans le groupe éthiopien, tant par l'emploi étendu de la copule pronominale (p. 41) que grâce à l'usage des particules et verbes d'existence et des copules.

Le guèze possède une expression non conjuguée de l'existence. La particule *ba-* avec pronom suffixe de 3ᵉ personne masculin singulier simple (*bō*) ou allongée d'un élément *-tū* (*bōtū*) est l'équivalent habituel du français «il y a»; on peut presque toujours le traduire par le présent «il y a, c'est, est-ce», mais la phrase entière où il figure peut se rapporter à un temps quelconque, voir Dillmann, *Aeth. Gr.*, § 192; exemple (inscription 10 d'Axoum, l. 26, *D. A. E.*, IV, p. 29) : *la'əmma bōza naśatō* «si il y a [quelqu'un] qui le démolit (l'aura démoli)».

L'objet dont l'existence est affirmée peut être au nominatif comme sujet, ou à l'accusatif comme complément de verbe (voir les exemples ci-dessous pour *bō* conjugué indiquant l'appartenance).

Bō reçoit les suffixes interrogatifs *-nū* et *-hū*, et équivaut ainsi au français «est-ce que». Il peut être employé en proposition subordonnée, même finale.

Bō est nié en *'albō* «il n'y a pas», au moyen d'une négation *'al* qui est par ailleurs inusitée en guèze; exemple (Ruth, 2, 9) : *'azazkū ladaqq kama 'albō zayəlkəfkī* «j'ai ordonné aux serviteurs qu'il n'y ait [aucun] qui te touche» (on voit que *'albō* peut se subordonner)[1].

Quand *bō* est conjugué, ce qui se fait au moyen des pronoms suffixes de nom, il exprime l'existence en relation avec la personne que désigne le suffixe; c'est en fait un équivalent d'un verbe «avoir» (comparer le fait accadien, p. 78). La faculté qu'a la langue d'employer l'accusatif après cette particule conjuguée contribue à donner l'impression d'un verbe. La négation se forme avec *'al* comme pour *bō* invariable (Dillmann, *Aeth. Gr.*, § 167). Dans l'exemple suivant, il y a à la fois un sujet au nominatif et un complément à l'accusatif; le temps est celui du récit d'où la phrase est tirée : (Genèse, 29, 16) *wabōtū lābā kəl'ē 'awālda* «et (1) Laban (3) avait (2) deux filles».

Dans les langues modernes les restes de l'expression de l'existence par *b* sont restreints.

Le tigrigna a un *yālbōn* «il n'y a pas» (Bassano, *Voc.*, col. 747) où l'initiale *y* et la finale *-n* représentent une négation moderne qui se surajoute à la négation ancienne incomprise; d'après Schreiber, *Manuel*, II, p. 219, il y aurait aussi une forme *'albōn* plus proche du guèze; *'albō* même figure dans Coulbeaux-Schreiber, p. 3.

Dans la même langue, «ne pas avoir» a une forme conjuguée au moyen des pronoms suffixes (voir notamment Schreiber, *Manuel*, I, p. 59-60, Vito, *Voc.*, p. 99) : à la 1re personne singulier *yabəlläyn, 'abəlläyn, 'aybəlläyn;* à la 3° personne masculin singulier, *yabəllun;* à la 2° personne masculin singulier, *yäbəlkān.* On reconnaît dans cette forme la négation *'ay* (ou *y*) ...*n*, la préposition *l-* et sans doute *b-* «dans» (mais Praetorius, *Tña*, p. 230, préfère y retrouver *'āb* «chez, à»).

Le tigré emploie *bə-* conjugué comme équivalent d'un présent de verbe «avoir»; *bu* «il a», *bəka* «tu as», etc. La négation est *'alabu* «il n'a pas»,

---

[1] *b* précédé d'une autre négation exceptionnelle, *'ən-*, et suivi des pronoms suffixes signifie le refus; c'est une sorte de jussif de *bō* : *'ənbəka* «loin de toi».

'alabəka « tu n'as pas », etc. (Littmann, *Z. A.*, 1899, p. 101; Camperio, p. 19-20, p. 106; Littmann, *Princeton*, I, p. 43, l. 8 et 11). Comme impersonnel, *'alabu* exprime aussi la non-existence « il n'y a pas ».

54. A côté de *bō*, l'existence est exprimée en guèze par *hallō*. Conjugué comme un parfait, ce radical est pourvu, en outre, de toutes les formes verbales d'un thème simple, ainsi que d'un thème causatif *'ahallawa* avec sa conjugaison. Mais les langues modernes, au moins en dehors du tigrigna (sur lequel voir plus loin), n'ont pour le même radical qu'un temps, à apparence de parfait.

Un élément de cette espèce peut être interprété comme un verbe d'existence ou de durée devenu défectif à cause de ses emplois particuliers de verbe « être ». C'est l'interprétation courante jusqu'ici. Pour l'étymologie, on a tenté des rapprochements avec arabe *ḥwl* « changer », *ḥāl* « état » (Dillmann, *Lexicon,* col. 3), arabe *ḥlḥl* « attendre », *ḥll* « rester (en arrière) » (Praetorius, *B. A.,* I, p. 34); le rapprochement avec les deux verbes « être » du somali (eux-mêmes défectifs) *hay* et *al* a été indiqué par Reinisch, *Somali,* III, p. 17 bas et 84; il faudrait penser aussi au berbère *lla* « être ».

Mais, si l'on considère que la forme conjuguée comme parfait n'est pas un accompli (voir ci-dessous), si l'on retient son sens habituel de présence (et non d'existence en développement), en tenant compte de la défectivité de la conjugaison et de certaines irrégularités des formes en usage en guèze, ainsi que des discordances de forme dans les langues modernes, on est amené à penser que *hallō,* etc. est un élément nominal devenu secondairement conjugable. Ce point de vue a été adopté ici; c'est pourquoi *hallō* est traité dans ce chapitre et non dans le chapitre III.

La forme la plus habituelle en guèze est la 3ᵉ personne masculin singulier *hallō* : s'il s'agissait à l'origine d'un verbe *ḥlw,* il serait étonnant que ce verbe d'existence se présente avec une forme d'intensif (gémination de la 2ᵉ radicale); si les deux *ll* sont anciens (étymologie *ḥll*), l'addition de *w* (supposé par l'*ō*) paraît bizarre. Au contraire *ll* s'expliquerait bien si le radical était terminé par la particule *l* « à », le premier élément étant quelque démonstratif comme *h(a)n* (voir des éléments avec *h* et *n, § 51* et § 57); mais il faut tenir compte de la possibilité de croisements avec des éléments couchitiques, et ne pas pousser l'étymologie trop dans le détail (voir ci-dessous les formes des langues modernes, notamment harari et gouragué).

Dans l'hypothèse indiquée ici, la finale *ō*, irrégulière dans un verbe à finale *w*, s'expliquerait par le pronom suffixe de 3ᵉ personne comme dans *bō* (dans les langues modernes cet *ō* n'existe pas en tigré, amharique, harari). C'est à cette finale que se seraient surajoutées secondairement les désinences du parfait pour la constitution d'une conjugaison à toutes personnes. Le féminin peut être *hallōt*, irrégulier comme le masculin. Mais on trouve aussi dans les textes les troisièmes personnes *hallawa* (rare à bonne époque) et *hallawat* (habituel), refaites secondairement, à l'analogie des verbes réguliers à 3ᵉ radicale *w*. Les personnes à suffixes, ainsi 1ʳᵉ personne singulier *hallōkū*, rendaient l'action analogique facile, puisque les mêmes personnes des verbes à -*w* admettent la contraction (type *talawa* «il a jeté», *talawat* «elle a jeté», mais *talawkū* ou *talōkū* «j'ai jeté»; de même dans une forme intensive : *taṣaggōna* «nous avons reçu en don»).

Les emplois du guèze *hallō* sont multiples. Pour en juger la complication, il ne faut pas perdre de vue le caractère de langue savante qui est celui du guèze (voir p. 6).

Le sens général est celui d'existence, généralement avec une nuance de durée. A la différence de *bō*, *hallō* n'indique jamais l'appartenance. Il peut exprimer l'apparition (surtout l'imminence). Il est très rarement copule.

Avec *hallō* d'existence, la chose qui existe est mise au cas sujet (nominatif), et il est habituel que *hallō* s'accorde en personne.

Hallō peut se subordonner dans les cas où l'indicatif s'emploie en subordination; il est nié comme un autre verbe.

Le temps n'est pas déterminé; *hallō* est fréquent surtout comme présent ou comme descriptif dans des récits au passé.

Exemples : au présent (traduction de la Bible, Proverbes, 7, 19) : *'ihallō mattaya wasta bētū* «il n'y a pas mon mari dans sa maison (mon mari est absent)»; au passé, Inscription 14 d'Axoum (vers le xᵉ siècle, restitution, vocalisation et interprétation de Littmann, *D. A. E.*, IV, p. 46) : *wamaṣa nagūs wafatawa yangasni anza hallōkū ba'aksūm* «et vint un roi et il désira régner aussi tandis que je me trouvais à Axoum»; au futur, Genèse, 45, 6 : *wa'ādi hallō ḫamastū 'āmat* «et encore il y aura (il va y avoir) cinq ans».

L'imparfait *yəhēllū* avec *za-* relatif (*zayəhēllū*) traduit «l'avenir» par opposition à *zahallō* «ce qui est, le présent». Mais, par ailleurs, il est souvent employé pour le présent (comme un imparfait de verbe quelconque); Dillmann, *Chrest.*, p. 47 bas : *zaməslēhōmū təhēllū* «tu es (2) celui qui [est] avec eux (1)» [1]. L'usage principal de cet imparfait (ainsi que du jussif et de l'impératif) est d'exprimer la permanence, la vie qui se poursuit; ainsi Psaumes, 101, 27, dans Dillmann, *Lexicon*, col. 5, n° 4 : *wa'antassā təhēllū* «et toi certes tu dures».

On ne peut dénoncer un véritable usage comme copule que dans les cas rares où le mot exprimant la qualité affirmée par *hallō* est à l'accusatif; ainsi *laza hallawa dəhwa* «pour qui sera (est) prêt». Mais chaque fois que *hallō* est accompagné d'un nom au nominatif ou d'un adverbe, il faut comprendre «il y a, il existe, il se trouve» : *wa'əmūntūhī hallawū qewūmān* «et eux certes se trouvent là debout (*et non* sont debout)», voir Dillmann, *Lexicon*, col. 4; de même Dillmann, *Chrest.*, p. 40, n° 4 : *'əffō hallawat zaman* «comment se trouve le temps (quel temps avons-nous)?»

Hallō en combinaison avec un imparfait indicatif ou avec un subjonctif peut se traduire «il est imminent que». En combinaison avec un imparfait auquel il confère une idée de durée, *hallō* concourt à l'expression du passé duratif, du présent duratif et du futur. Vu cette multiplicité d'emplois, il ne peut pas être considéré comme une expression du temps situé. Pour un cas particulier, voir § 163, et d'une manière générale consulter Dillmann, *Äth. Gram.*, § 88-89 et § 194, p. 440.

En tigrigna, le verbe est *'allō*; il est conjugué comme un parfait, avec au moins une irrégularité importante : la 3e personne fém. sing., *'allā*, a une désinence nominale, au lieu du *-t* habituel du parfait [2]. Avec le relatif *z(ə)-*, il y a contraction en *zällō*.

Un imparfait *yəhəllī* est donné dans Schreiber, *Manuel,* I, p. 53, ce qui supposerait un radical terminé par *y*; mais le même auteur donne le jussif *yəhállū*. L'imparfait est *yəhəllū* dans Coulbeaux-Schreiber, p. 3, et Bassano,

---

[1] Il traduit le présent par opposition au passé exprimé par *hallō* dans un cas où le traducteur d'un passage grec était embarrassé, DILLMANN, *Lexicon*, col. 4, l. 15.

[2] Au masculin, d'après SCHREIBER, *Manuel,* § 66, la finale *-ō* ne constitue pas une irrégularité, tous les verbes à 3e radicale *w* pouvant prendre la même finale; mais ce point de vue n'est pas confirmé par VITO, *Gramm.*, p. 32, qui donne seulement *fätäwä* «il a aimé».

Voc., col. 473; dans Offeio, p. 54, avec préfixe *k(ə)-*, *kəhəllū*, négatif *kayə-hallū*. D'après Abba Jérôme, *yəhəllī* est dialectal (sud du domaine tigrigna), *yəhəllū* est la forme normale; mais elle ne serait vraiment employée qu'au sens de « peut-être »; ainsi *yəhəllu yəhawwən* « il se peut qu'il soit »; Vito, *Gram.*, p. 37, déclare que seul le parfait existe. La question serait à examiner en tenant compte des différents usages dialectaux.

Le sens exprimé par *'allō* est l'existence au présent (cependant Praetorius, *Tña*, p. 327, cite des exemples d'emploi de *'allō* pour le passé). Pour le futur, on peut trouver l'imparfait *yəhəllū* dont il vient d'être question (par ailleurs, voir § 67).

Avec les pronoms suffixes, *'allō* exprime l'appartenance; *'allōnī* « j'ai ». *'Allō* est aussi l'expression de « se trouver (bien ou mal) ». Enfin il peut servir comme copule de situation (à l'exclusion des autres copules), ainsi Schreiber, *Manuel*, I, p. 57 : *gwäytānā 'āb byet 'allaw* « Monsieur (1) est (*mot à mot :* sont) (4) à (2) la maison (3) ».

La négation conjuguée de *'allō* est *yällōn, 'ayällōn;* la négation impersonnelle « il n'y a pas, non » est *yällōn* ou *yällän* (Schreiber, *Manuel*, I, p. 58).

D'après Schreiber, *Manuel*, I, p. 60, une forme *-'allāt* avec négation s'emploierait pour nier l'appartenance au féminin singulier et au pluriel des deux genres, ainsi *'ayällātkän* « tu (masculin) n'as pas (un objet féminin ou pluriel) »; cette forme n'est pas employée par Abba Jérôme [1].

Joint à un imparfait de verbe, *'allō* le situe dans le présent: il peut se joindre au gérondif pour l'expression du parfait-présent.

Au total, en tigrigna, *'allō* apparaît comme situé dans le présent.

En tigré, le verbe d'existence est *hallā;* il n'a qu'un temps, conjugué comme un parfait de verbe à 3ᵉ radicale *y* : 3ᵉ personne féminin singulier *hallēt,* 2ᵉ personne masculin singulier *hallēkā,* etc.

Le sens est « il y a, il existe », au présent; Littmann, *Princeton*, p. 52, l. 18 : *'i-hallēt* « elle n'y est pas » (cet exemple montre que *hallā* se nie comme un verbe quelconque, mais au sens impersonnel la négation est *'alabu,* voir p. 94 haut); *hallā* signifie aussi « se trouver, se porter » dans *kēfō hallēka* « comment te portes-tu ? »

[1] Sur l'impersonnel *yalbōn* et sur la négation de l'appartenance par des formes en *-b* , voir p. 93.

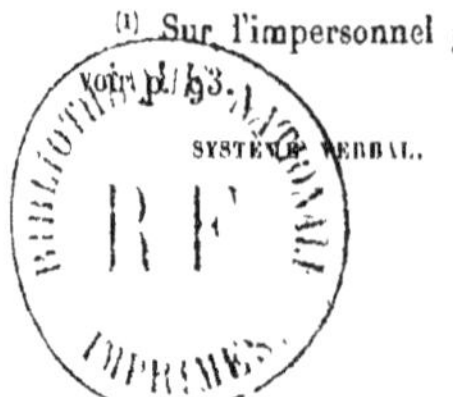

Hallā ne sert pas de copule d'identité ni de qualité, mais il peut exprimer la situation (Camperio, p. 59) : *bētye ət däbər hallēt* «ma maison (1) existe (4) sur (2) la montagne (3)», «ma maison est sur la montagne».

Il peut se subordonner.

Hallā sert à former des temps composés. Avec le participe, il forme un parfait-présent. L'ensemble qu'il compose avec l'imparfait se situe soit dans le présent, soit, beaucoup moins souvent, dans l'avenir. La tendance de *hallā* à se situer dans le présent n'est donc réalisée complètement qu'à l'état indépendant. Le fait notable est l'exclusion du sens de passé duratif dans les emplois en composition (contrairement au guèze, voir p. 96).

En amharique, *alla* est conjugué comme un parfait régulier de verbe à ancienne 3ᵉ radicale *w* ou *y* disparue, c'est-à-dire avec -*a* partout, ainsi *allah* «tu existes». Il n'existe pas d'autre temps.

Alla peut se combiner avec le pronom relatif (forme *yālla*); il peut, avec conjonction, se subordonner comme indicatif; ainsi avec *s(ə)-* : *sāllu* «s'il y a, quand il y a»; mais il ne figure pas en proposition finale.

Il est nié en *yālläm* «il n'y a pas», qui est conjugué de la même manière que le positif (c'est le seul mot amharique où soit conservée la négation *i-*; *m* final est le complément habituel de la négation en amharique). Le négatif subordonné est une forme -*lella* (-*lyella*), ainsi *yalyella* «qui n'existe pas», *kalyella* «puisqu'il n'existe pas», etc. [1].

Le sens principal de *alla* est «il y a, il existe»; avec les pronoms régimes, il est l'expression du verbe «avoir».

La valeur temporelle de présent est généralement nette quand *alla* est isolé : *allahu* «j'existe, je me trouve», *allañ* «j'ai».

Cependant *alla* s'insère parfois dans un récit d'événements passés, faisant figure de présent historique; ainsi dans Afevork, *Roman*, p. 11, l. 23. Il n'est pas exclus non plus qu'il se rapporte à l'avenir (voir un exemple, § 166). D'autre part, subordonné dans une phrase au passé, il peut indiquer la concomitance avec une action située en dehors du présent (Mittwoch, *Erzählungen*, n° XVII) : *ānd(ə) wuššā səgā yāllabbat āṭənt agaññā; yān bāfu yïzō sālla, hulatäñña wuššā maṭṭābbat* «un (1) chien (2) trouva (6) un

---

[1] Dans cette forme, le thème *alla* paraît s'être combiné avec la racine «distinguer» (en guèze, *lēlaya*); mais on ne peut pas dire que cette racine remplace *alla*, comme fait PRAETORIUS, *Amh.*, p. 131, § 98 *b*.

os (5) après lequel il y avait (4) de la viande (3); alors qu'il se trouvait (10) le (7) tenant (9) dans sa gueule (8), un second chien arriva sur lui » (de même Afevork, *Gram.*, p. 185, l. 15).

Alla ne peut pas servir comme copule de définition ou de qualité. Mais il sert concurremment avec *na-* (§ 57) de copule de situation. Il est difficile de discerner quelles circonstances commandent le choix entre ces deux expressions. Ainsi on dit *əndyēt allah* « comment te portes-tu ? »; mais *əndyēt nah* « comment es-tu ? » est aussi fréquent. On dit usuellement *babyetye allahu* « je me trouve dans ma maison, je suis dans ma maison », mais aussi *babyetye nåñ*; de même *yet alla* ou *yet nåw* « où est-il »; mais on dit de préférence *wadyēt nåw* « par où est-il, où donc est-il ? » (Praetorius, *Amh.*, p. 359); voir, en outre, dans la phrase citée plus haut « il se trouve avoir un os à la bouche ».

Le verbe *alla* sert comme auxiliaire à former des temps composés avec le gérondif (dialectalement avec le parfait) et avec l'imparfait; dans les deux cas, il prend à certaines personnes une forme invariable *-al* (*-āl*)[1]. La combinaison avec le gérondif (ou avec le parfait) donne un parfait-présent. La combinaison avec l'imparfait donne un présent-futur indicatif en phrase positive non subordonnée. *Alla* en combinaison n'a donc pas un sens exclusivement présent. Les détails sont à chercher à la III⁰ partie.

Le harari a une forme plus brève que les langues précédentes: *hala* ou *hal*, avec *l* simple, est conjugué comme un radical *hal* sans voyelle finale : *halḫu* « j'existe », *halna* « nous existons », etc. On trouve aussi *āla* et *wāla* dans les notations du voyageur Burton, voir Littmann, *Har. St.*, p. 80, 82.

La forme niée est *ēlum* conjugué, qui correspond à l'amharique *yälläm* (Praetorius, *Amh.*, p. 360).

Après relatif, le positif est *-al* : *zālana* « ce qui est à nous, ce que nous avons ». A la 3⁰ personne féminin singulier apparaît une désinence *-ī* (ou *-e*), Mondon, *Har. Gour.*, p. 32; Littmann, *Har. St.*, p. 82 : *zālī*. C'est une désinence nominale : la proposition relative est traitée ici comme un nom, et reçoit un féminin en conséquence; de même au pluriel : *zallāč* « ceux qui ont », Littmann, *Bem. Har.*, p. 25 (pour le même usage en amharique dialectal, Armbruster, *Gramm.*, p. 71).

---

[1] Pour l'abrégement analogue d'autres auxiliaires, voir à l'index *nabbara*, *gammara*; voir aussi § 70.

La négation avec relatif est *zalēla* (féminin *zalēlit*), à comparer à l'amharique *-lella*.

L'usage de *hal* à l'état isolé est d'une manière générale le même qu'en amharique, voir Mondon, *Har. Gour.*, p. 32. Pour des exemples où *ala; wala* paraît être copule de définition, voir Littmann, *Har. St.*, p. 80, vers 12.

Hal sert aussi d'auxiliaire : l'imparfait indicatif est toujours muni de *hal;* le moment indiqué par la phrase est présent ou futur. L'agglutination s'est même poursuivie plus loin qu'en amharique, car l'auxiliaire intervient en phrase négative et relative.

Ainsi employé comme auxiliaire (postposé), *hal(a)* a une forme très abrégée : la voyelle finale *a* de 3ᵉ personne n'apparaît qu'en poésie (Littmann, *Har. Stud.*, n° 321), *h-* manque, *-l* même ne paraît qu'à la 3ᵉ personne masculin singulier et à la 3ᵉ personne pluriel (Mondon, *Har. Gour.*, p. 36) : *yasagdāl* «il adore(ra)», mais *təsagdat* «elle adore(ra)», *təsagdaḥ* «tu adore(ra)s», etc.; négatif (Littmann, *Bem. Har.*, p. 29) *tuldumēt* «elle n'enfante pas».

Dans les dialectes gouragué, le correspondant du guèze *hallō* existe, mais il n'est pas employé aussi généralement que sur le reste du domaine éthiopien; il a subi des altérations, peut-être des croisements avec des éléments non sémitiques.

Dans le principal dialecte, le tchaha, le verbe d'existence au positif est *nāra,* voir § 71. La racine de *hallō* est, au contraire, en usage dans le dialecte walani (d'après Enquête personnelle), sous la forme *ālä,* conjuguée comme un parfait non intensif. Dans le dialecte aymälläl, le verbe d'existence est *ino* (Enquête personnelle) avec la conjugaison donnée dans Praetorius, *Amh.,* p. 519 bas (voir *iniw* «j'ai» dans le texte de Praetorius, *Amh.,* p. 507, l. 3). Dans le même texte, *al(l)a* est employé négativement sous la forme *yäl(l)a;* il est employé aussi après relatif (*yāl(l)a*) et après conjonction (*tāl(l)a*); or il est probable que ce texte est du aymälläl. *Ano* de Reinisch, *Somali,* p. 84, n. 1, sans référence, est une forme douteuse.

Il n'y a pas de difficulté trop forte à admettre que *ino* soit une altération de *ala;* en effet, les échanges de liquides sont fréquents en gouragué, ce qui justifierait *n;* *-o* se retrouve dans *nano,* sur lequel voir § 71, et d'autre part il est peut-être à rapprocher de l'*o* final du guèze et du tigrigna;

mais *i*- est bizarre. Il faudrait pouvoir comparer certains éléments des parlers couchitiques de la même région.

Le négatif correspondant à l'amharique *yälläm* est, en tchaha, *ənna* (Enquête personnelle), *əna* dans Mondon, *Har. Gour.*, p. 108, avec la même correspondance *l/n* que dans *ino*; en mouher, de même *yĕnna*; mais en aymāllāl, *ĕlla* (voir ci-dessus *yäla*) et en walani, *ĕla* (Enquête personnelle).

Sur -*al* en composition possible avec l'imparfait en walani, sous la forme -*ān*, voir § 149, et sur la composition avec le parfait, voir § 91.

55. Les particules qui restent à examiner pour l'éthiopien sont des copules.

En tigrigna, un radical *'əy-*, *'i-*, augmenté des pronoms suffixes du nom, fournit une copule conjuguée : *'əyyu* « il est » (' initial et la gémination de *y* sont légers), *'iḫa* « tu es », etc. On explique le radical par le guèze *lalī-* qui, avec les pronoms suffixes, a le sens de « lui-même », et qui sert quelquefois de copule solennelle : Esaïe, 43, 12, *lalīkəmu samāʿətəya* « c'est vous [qui êtes] mes témoins ». Cette particule guèze a été elle-même expliquée comme un redoublement d'un démonstratif *la* (Dillmann, *Äth. Gr.*, § 150, p. 305) ou comme une forme de la racine *lyly* « distinguer » (Praetorius, *Z. D. M. G.*, XXVII, p. 639); la première de ces étymologies est seule probable [1].

La particule *'əyyu* sert de copule de tous sens; elle manque très rarement, de sorte que la phrase nominale pure est exceptionnelle en tigrigna.

La valeur temporelle de présent est nette pour *'əyyu* indépendant; des emplois au passé ne peuvent se rencontrer que comme exceptions (voir des exemples douteux dans Praetorius, *Tña*, p. 299, 328). Les autres temps sont exprimés autrement. Sur *'əyyu* en composition, voir ci-dessous.

Exemples (Schreiber, *Manuel*, p. 129, dans une lettre) : *'əḫli qərūb 'əyyu* « le blé est peu abondant »; p. 156 : *məs qwansəl 'ab məṣwāʿ 'əyyä* « je suis (5) avec (1) le consul (2) à (3) Massouah (4) ».

Fréquemment *'əyyu* est impersonnel avec le sens « c'est » : Vito,

[1] Pour des formes analogues avec deux *l* en arabe maghribin, voir Marçais, *Saïda*, p. 169-170.

Gram., p. 82 bas, *məsa'u 'əyyu zinabbər* «c'est (2) avec lui (1) qu'il habite (3)».

La copule *'əyyu* ne pouvant être niée ne forme pas de copule négative (sur *'aykonän* et *'ayfall*, voir § 67).

Elle ne se subordonne pas non plus; notamment, elle ne reçoit pas le relatif. Mais elle peut être accompagnée de *'əmmō* qui est une particule coordonnante avec nuance de subordination «certes, et, de sorte que» (Kolmodin, *Traditions*, n° 127, 6) : *nafsi ḫa'a nafsi 'əyyā ('ə)mmō* «puisque (5) une âme (1) pourtant (2) est (4) une âme (3)» [1].

La composition de *'əyyu* avec l'imparfait en un présent-futur est très fréquente. Si *kə-* est interposé, cette combinaison de *'əyyu* avec l'imparfait exprime le futur. Avec le gérondif, *'əyyu* exprime le parfait-présent.

Sur *-u* en gouragué, voir § **57** fin.

56. Un élément *t-* sert de copule dans des conditions diverses en tigré, harari, gouragué.

En tigré, la forme n'est pas conjugable : *tu*, féminin *tā*, pluriel masculin *tōm*, féminin *tan*, pour toutes personnes. Il existe une variante à redoublement : *tətu*, moins employée; en subordination, dans certaines conditions, apparaît une forme *'əntu*.

Ce *t* est un élément pronominal qui constitue également la finale des pronoms indépendants de 3ᵉ personne. N'étant pas conjugué, il est à peine sorti de l'état d'une copule pronominale, dont il se distingue par des nuances peu sensibles. L'emploi en est habituel, mais non obligatoire; par là, comme par la forme même de la copule, le tigré montre son caractère archaïque ordinaire.

Exemples de phrases nominales sans *tu*; sans pronom : Littmann, *Princeton*, I, p. 200, l. 22, *kullu daḫan* «tout [est] sauf»; avec pronom sujet : p. 94, l. 7, *'anā yōsəf* «je [suis] Joseph»; avec pronom sujet et pronom copule : p. 91, l. 1-2, *ḥənā qayḥīt 'ət ḥənā* «puisque (3) nous (1) nous [sommes] (4) rouges (2)».

---

[1] Un sens accessoire est celui de «aller» : *nabáy 'iḥa* «où vas-tu» (Olfeio, p. 45). Avec un infinitif, *'əyyu* indique une obligation (en français «il y a à faire ceci») : *məḥab 'əyyu* «il faut donner» (Schreiber, *Manuel*, p. 121).

La définition, la qualité, la situation peuvent être exprimées par *tu*, etc. Le temps n'est pas plus déterminé que dans une phrase nominale en général. Toutefois, comme il existe des copules du passé et du futur, *tu* est souvent présent.

Exemples : Littmann, *Princeton*, I, p. 91, l. 3 : *walkā tu* «il est ton fils»; p. 254, l. 2 : *hətu šəhərtāy tu* «celui-là (1) est (3) un sorcier (2)»; p. 200, l. 16 : *'anā badĭr mən ʿaǧǧe tu* «moi (1) je suis (5) originairement (2) de (3) mon village (4)»; p. 53, l. 10-11 : (les deux Marie) *ḥawāt tan* «étaient sœurs»; Camperio, p. 23 : *'əllā bēt naia-tā* «cette maison est à nous»; Littmann, *Z.A.*, XII, p. 302 (où se trouve une bonne série d'exemples) : (mon péché) *'ətqadamye tu* «est (2) devant moi (1)»; *Princeton*, I, p. 5, l. 1 : *ḥarām 'abukā tā la 'əlla fadekā* «c'est (3) la faute (1) de ton père (2) pour laquelle (4-5) tu as payé (6)».

La copule *tu* ne sert pas pour la négation; en phrase négative on emploie *'ĭkōn* (voir § 68) ou plus rarement une phrase nominale, comme *Princeton*, p. 91, l. 4 : *'iwalye* «[il] n'[est] pas mon fils»; un pronom seul peut être nié par *'ĭ-*, ainsi *'ĭ 'antā* «tu n'[es] pas», d'après Littmann, *Z.A.*, 1899, p. 101.

Tu se subordonne au relatif *-lā* : *Princeton*, I, p. 17, l. 18 : *ʿabĭ lātu lənsa'* «que celui qui est (2) [le plus] grand (1) [le] prenne (3)».

La copule se subordonne aussi à *'ət* «lorsque, pendant que» (avec la forme *'əntu*) : Littmann, *Z.A.*, XII, p. 304 : *lāli 'ət 'entu* «alors qu'il faisait nuit»; mais *'əntu* seul peut aussi suffire à exprimer «lorsqu'il est» : *Princeton*, I, p. 7, l. 10-11 : *'ət məgəb bəzḫām 'əntu gale mən rakkəbbo* «dans le milieu de beaucoup lorsque est (*ou* étant) quelqu'un quelque chose lui arrive» (voir encore Littmann, *Z.A.*, XIV, p. 101; *Grundriss*, II, § 53, p. 104).

Pour *-tu* en composition dans une expression du futur, voir III⁰ partie, § 165.

En harari, la particule est *ta-*, *(ə)nta-*; à la 3⁰ personne : masculin *tā*, féminin *ti* (*te*); les autres personnes sont formées au moyen des pronoms suffixes du verbe : *tañ* «je suis» (Mondon, *Har. Gour.*, p. 32; Littmann, *Har. St.*, p. 40); il y a donc conjugaison personnelle.

Cette copule peut être niée : *tənāyom altī* «elle n'est pas petite»; elle peut se joindre au relatif (Mondon, p. 33) *zətā* «celui qui est, était» (cette dernière traduction indique qu'au moins dans ce cas il n'y a pas localisation absolue au présent).

En gouragué, Mondon, *Har. Gour.*, signale, p. 101, *ta, ənta* («c'est», impersonnel?) en tchaha; p. 110, en oulbara *ta* (avec 2ᵉ personne du pluriel *toy?*), et pour le walani, une conjugaison complète d'une forme *tan* «il est», avec les désinences de parfait (formes non retrouvées dans l'Enquête personnelle).

57. Les particules en *n*, dans leur relation avec les copules, ont déjà été touchées au paragraphe 51, p. 88.

Le guèze a *nāhū* (c'est-à-dire *nā-* avec le suffixe de 3ᵉ personne masculin singulier), qui reste une interjection : «voici, voici que»; aussi *nawā*, avec suffixe féminin, de même sens; enfin *nay-* qui reçoit les pronoms suffixes : *nayana* «nous voici» (Dillmann, *Lexicon,* col. 630).

Le tigrigna a *'ənniho* «voici» qui peut se conjuguer au moins partiellement avec les pronoms suffixes; à la 1ʳᵉ personne du singulier, *'ənnyeḥu,* il prend le suffixe *-ḥu* qui figure par ailleurs comme désinence de la même personne dans le parfait (comparer *-ku* dans l'accadien *anāku* «moi», et au permansif p. 44); le sens est présentatif «voici que je suis», etc. (Praetorius, *Tña,* p. 227; Bassano, col. 526). Il existe en outre, au moins dans un dialecte, une forme *'ənnihe,* qui, munie des pronoms suffixes, est une expression de l'appartenance : *'ənniheka (ənnyeka)* «voici que tu as», etc. (Vito, *Vocabolario,* p. 79).

Il est possible que ce soit le même *n* qui figure dans les formes *'əntu, əntu* du tigré et du harari (§ 56).

L'amharique a, au sens de «voici», *ənnäho* qui peut recevoir les pronoms suffixes de verbe : *ənnähoñ* «me voici».

Mais un simple radical *na-* muni des pronoms suffixes de verbe, tels qu'ils sont employés par ailleurs en amharique, a pris la valeur de copule : *näw* «il est», *näñ* «je suis», etc.

La copule *näw* manifeste nettement son caractère de verbe en prenant au féminin de la 3ᵉ personne singulier, à côté de la forme *nät* (avec pronom suffixe), une forme *näč*, avec désinence de parfait (l'usage est variable suivant les provinces). — Mais elle garde de son caractère de présentatif l'impossibilité de se nier (sur la copule négative *aydǫlläm*, voir § 69) et de se subordonner de quelque manière que ce soit. Elle n'entre pas non plus en composition avec des temps de verbe.

L'usage de cette copule supprime celui de la phrase nominale qui ne se rencontre plus qu'en poésie et dans les proverbes (pour les proverbes, voir p. 29 et comparer la situation du français; pour la poésie, voir M. Cohen, *Couplets,* nᵒˢ 12, 16, 17).

Le sens est celui d'une copule de toute espèce : définition, qualité, et même situation (pour cette dernière valeur, *näw* est en concurrence avec *alla,* voir p. 99); *säw näñ* «je suis (2) un homme (1)»; *farasu malkam näw* «le cheval (1) est (3) bon (2)», etc.

Très souvent, *näw* est impersonnel et répond exactement aux usages du français «c'est que, est-ce... que» : *bagǝr näw yǝmmǝnnǝhēd* «est-ce (2) à pied (1) que nous irons (3) ?» [1].

Presque toujours *näw* est situé dans le présent, d'autres verbes exprimant le passé et l'avenir.

Pourtant il figure quelquefois dans des développements au passé, voir Praetorius, *Amh.,* p. 359 bas; Mittwoch, *Erzählungen,* p. 4 : (dans une panique, tout le monde s'enfuit, deux hommes restèrent) *ǝrsäčǎwm ǝwurǝnna maṣāgu(ᶜ) nāčǎw* «et eux (1) étaient (4) un aveugle (2) et un paralytique (3)» (voir encore Afevork, *Roman,* p. 14, l. 2).

Dans les dialectes gouragué, la copule *n, na* est employée comme en amharique. Un dialecte mal déterminé semble avoir, au moins partiellement, une conjugaison avec les pronoms suffixes (Praetorius, *Amh.,* p. 513 haut); par ailleurs la conjugaison du type de parfait (voir amharique *näč*) s'est généralisée. Ainsi, en aymälläl, *näḫu* «je suis», Mondon, *Har. Gour.,* p. 101, 110, 115; confirmation par Enquête personnelle.

La 3ᵉ personne masculin singulier est sur certains points (*y*)*u*. Mondon, *Har. Gour.,* p. 101 bas, a suggéré un rapprochement avec le tigrigna *'ǝyyu*. Sur -*u* avec l'imparfait en mouher et en aymälläl, voir § 149.

---

[1] Sur l'idée d'obligation, voir p 77.

En tchaha, apparaît aussi, soit seul, soit comme renforcement de *n-*, un élément *qar,* qui semble exprimer l'existence (Mondon, *Har. Gour.,* p. 100 et Enquête personnelle).

Pour la négation, voir § 71.

58. Les éléments de vocabulaire étudiés dans ce chapitre se classent en trois catégories principales.

D'abord un élément *yš,* qui paraît être un substantif à l'origine, indique l'existence en accadien, hébreu, araméen, arabe.

Ensuite, des prépositions de sens « dans » *b-, fî,* avec suffixes pronominaux, servent à exprimer l'existence en accadien, en éthiopien, en arabe moderne.

Enfin, des éléments démonstratifs ou présentatifs sont employés avec suffixes pronominaux soit pour exprimer l'existence (éthiopien *hallō,* etc.), soit comme copules (arabe algérien *ṛā-,* dans les langues éthiopiennes *tu, 'əyyu, näw,* etc.).

Au total, les particules d'origine nominale qui équivalent à une expression de l'existence sont plus nombreuses que celles qui servent de copule, surtout dans les langues anciennes.

Au point de vue de la forme, on peut remarquer combien la comparaison des langues éclaire l'histoire des particules : le même élément peut rester nominal dans une langue et dans une autre langue revêtir l'aspect d'un verbe.

Pour l'emploi comme pour la forme, c'est sur l'ensemble seulement qu'on peut juger des grandes directions de l'évolution : l'aboutissement en est, dans des domaines modernes séparés comme l'araméen oriental, l'arabe algérien et les langues modernes de l'Abyssinie, la création de copules qui, dans l'ensemble, expriment le présent. Ainsi, parallèlement, s'observent la tendance à restreindre l'usage de la phrase nominale et la tendance à exprimer le temps situé.

CHAPITRE III.

VERBES D'EXISTENCE ET VERBES COPULES.

59. La phrase nominale, même augmentée des éléments semi-verbaux étudiés dans le chapitre précédent, est incapable d'exprimer la distinction de l'accompli et de l'inaccompli. Quand l'existence, l'identité, la qualité, la situation doivent être déterminées par l'expression d'un certain degré d'achèvement, il faut que le verbe proprement dit intervienne.

Or les langues sémitiques possèdent des verbes régulièrement munis du parfait et de l'imparfait, dont le sens plein est le devenir ou la permanence. Ces verbes sont aptes à différents rôles spéciaux. D'abord, il arrive qu'ils expriment à eux seuls l'existence et rien que l'existence. D'autres fois, vidés de sens propre, ils servent de copules. Comme tels ils peuvent soit se surajouter à une expression nominale de l'existence, soit introduire à eux seuls une définition ou bien l'indication d'une qualité ou d'une situation. Enfin ils peuvent être auxiliaires.

Les verbes-copules sont liés à l'expression du temps de deux manières.

En premier lieu, comme leur emploi n'est pas nécessaire à la compréhension, puisque la phrase nominale peut se suffire, ils n'apparaissent que pour indiquer l'accompli et l'inaccompli avec précision. En général, leur emploi exclut d'une part le temps vague, d'autre part le présent en tant qu'il se tient à la limite de l'achevé et de l'inachevé. Dans ces conditions, l'accompli se situe généralement dans le passé, l'inaccompli dans l'avenir. Ainsi, en arabe moderne, *'andi* « chez moi » est l'indication de l'existence en relation d'appartenance avec une première personne (et peut avoir le sens de « j'ai »); l'accompli *kān* « il a été, il était » s'y joint pour signifier qu'à un certain moment passé cette existence était un fait accompli : *kān 'andi* « il y avait à moi, j'avais »; l'inaccompli *ikūn* suppose, généralement, que l'existence n'a pas encore commencé : *ikūn ʿandi* «il y aura à moi, j'aurai».

A côté de cette confusion entre accompli/inaccompli d'une part, et entre passé/futur d'autre part, et en liaison avec elle, un autre fait intervient.

Les verbes touchant à l'existence sont souvent en relation, par leur sens premier, avec la durée; ce sont fréquemment des verbes «demeurer, être établi» qui affaiblissent leur sens jusqu'à n'exprimer que la simple existence. Leur forme d'accompli comporte une idée de permanence, ce qui lui imprime volontiers le sens d'un passé spécial, le passé duratif. Ainsi l'éthiopien *nabara* «j'ai demeuré» devient «j'ai été durablement, j'étais»; même des verbes qui signifient à l'origine «devenir» se montrent dans cet emploi.

Toutefois il ne faut pas toujours comprendre ces parfaits comme des duratifs : pour ces verbes comme pour des verbes d'autre sens, il ne faut pas oublier que le sémitique a souvent un passé momentané là où le français a un passé duratif; voir § 110 fin et § 60 et 63 (exemples).

Le fait qui vient d'être exposé a une importance pour l'emploi des verbes «être» comme auxiliaires. Ils se composent, en temps généralement duratifs, avec le parfait et l'imparfait d'autres verbes; dans ces combinaisons (ainsi le passé duratif de l'arabe moderne *kān yiktɔb* «il écrivait») l'auxiliaire exprime le temps et la durée, l'autre verbe définit le procès.

D'après ce qui précède, les anciens verbes à sens plein qui sont employés en fonction de verbe «être» ont rarement un présent : normalement, ils ne fournissent pas d'auxiliaires du présent.

L'histoire des verbes «être» et celle des expressions nominales de «être» sont constamment mélangées. Notamment dans les cas rares (ainsi pour certaines langues modernes de l'Abyssinie) où on peut parler, sans forcer les faits, d'une copule à trois temps (passé, présent et futur), il y a solidarité du passé et du futur fournis par des verbes anciens et du présent fourni par un élément nominal à usage verbal. C'est au moins en partie grâce à cette solidarité que des conjugaisons de type verbal en viennent à s'appliquer à d'anciennes particules (amharique *näč*, p. 104-105, gouragué *ta-* conjugué comme un parfait, p. 104)[1].

---

[1] L'expression du conditionnel ayant été écartée de la présente étude (p. 15), la relation spéciale du verbe «être» avec ce mode (ainsi, amharique *malkam nabbara*

60. Hébreu. — Le verbe « être » est *hǎyǎ(h)*, dont les formes supposent dans l'ensemble une racine *hyy;* quelques-unes, rares ou exceptionnelles, supposent une racine *hwy.* En araméen, les racines représentées sont *hwy* et *hw'.* Les autres langues sémitiques n'ont pas de verbe « être » analogue.

L'étymologie n'est pas faite de manière décisive (voir Gesenius-Buhl, sous *hwh*). A première vue, et à l'intérieur de l'hébreu même, on peut noter la ressemblance avec le tétragramme divin *yhwh* (expliqué par étymologie populaire comme « celui qui est », voir plus loin p. 1 1 2); la composition analogue du pronom indépendant de 3ᵉ personne masculin singulier *hu(w')*; le parallélisme dans la conjugaison et la ressemblance dans l'aspect phonétique et dans le sens avec *hyy* « vivre »; la composition de la racine en consonnes faibles.

L'étymologie par le pronom est tentante : le verbe « être » de l'hébreu serait issu d'un élément non verbal comme quelques-uns de ceux qui ont été étudiés au chapitre ıı. Une objection naît d'abord de l'emploi : *hǎyǎ(h)* est un véritable accompli, au contraire du guèze *hallō* (p. 95); mais on pourrait expliquer le fait par une évolution poursuivie plus loin dans le sens de l'assimilation complète à un verbe ordinaire. L'objection principale concerne le sens : le sens propre de *hyy* est le « devenir », l'existence en mouvement : c'est une valeur de verbe plein, qui n'est pas uniquement verbe d'existence. Il vaut mieux, si possible, adopter une étymologie par une racine verbale qui explique ce sens (pour tout ceci, il y a parallélisme avec *kwn,* voir § 62).

La meilleure étymologie jusqu'ici proposée est celle que donne le rapprochement avec l'arabe *hwy* « tomber »; l'idée de « tomber », avec des sens accessoires tels que « révolution d'un astre » est proche de l'idée d'« événement » (arabe *wqʿ* « tomber, avoir lieu »; en latin « accidere »); en hébreu même le sens de « disparaître » est représenté pour le réfléchi en *n,* seul thème dérivé de *hyy.* Le sens de « chute » est aussi attesté (notamment substantif *hww-* « chute, perte »). La même racine en arabe a aussi le sens de « souffle, désir » qui s'expliquerait par l'idée générale d'« inclinaison, inclination » d'après une suggestion de M. W. Marçais. Si au contraire il s'agissait d'une racine homonyme distincte à l'origine, on pourrait y cher-

<hr>

« ç'aurait été (c'était) (a) bien (1)»), a été laissée de côté autant que possible. Cependant il a fallu en tenir compte pour expliquer certaines constructions et certaines formes (ainsi, usage de *kǎn* «si» en arabe).

cher une autre origine possible du verbe hébreu. On a d'autre part rapproché l'arabe *hy'* « être beau, convenable, disposé à » (Barth, *Etym. St.*, p. 71). L'arabe a aussi un *hayya(t)* « chose » qui se rattache sans doute à une des racines précédentes.

Enfin il ne faudrait pas négliger les groupes parents au sémitique, qui fourniront peut-être une solution (égyptien *yw* « être », somali *hay* « être »). Et il y a lieu de ne pas exclure l'hypothèse qu'une ancienne expression nominale de l'existence en chamito-sémitique se soit rencontrée avec une racine verbale de sens plein.

Dans la plupart des cas où le verbe *hâyâ(h)* est employé, il a gardé son sens de « devenir » : il indique surtout l'apparition de l'existence, non un état. Ce fait est dissimulé pour beaucoup d'exemples par les traductions usuelles de l'hébreu dans les langues européennes.

Toutefois, il est vrai que quelquefois un des temps de *hâyâ(h)* sert à marquer la situation, dans l'accompli ou l'inaccompli. Alors vraiment il y a copule. Mais ce cas est relativement rare, la situation étant généralement exprimée par la phrase nominale pure ou par les particules d'existence, quel que soit le moment envisagé. Il est impossible, pour la langue morte qu'est l'hébreu de la Bible, de savoir exactement, dans chaque cas où il paraît y avoir copule, pourquoi le verbe « être » est employé. Le cas le plus net est l'emploi fréquent avec les participes : il s'agit de temps duratifs, où la phrase nominale ne suffisait pas parce qu'il y avait lieu d'exprimer un procès durable, non une simple situation. Ces espèces de temps composés seront étudiés dans la IIIᵉ partie, où les combinaisons rares de *hâyâ(h)* avec des formes conjuguées seront aussi mentionnées [1].

Les différents emplois apparaissent dans les exemples suivants, qui ont été répartis en accompli d'abord, inaccompli ensuite, de manière à montrer les relations éventuelles de ces formes avec le temps.

Le parfait simple *hâyâ(h)* et son équivalent *way°hi(y)* désignent généralement un passé, soit momentané, soit durable :

Josué, 9, 5 : (tout le pain qui était leur provision de route) *yâb^heš hâyâ(h)*

[1] L'emploi diffère suivant les parties de la Bible; ainsi la copule, rare dans les textes du rédacteur yahviste, est plus fréquente dans le *Deutéronome* et dans le *Code sacerdotal*, d'après ALBRECHT, *Zeitschr. f. Alttest. Wiss.*, 1888, p. 252, note.

niqqudi(y)m «avait séché, était devenu miettes» [verset 12, phrase analogue : (notre pain) a séché de sorte qu'il est devenu miettes]; Genèse, 1, 3 :
way°hi(y) 'o(w)r «et il se fit de la lumière»; I Samuel, 1, 1 : *way°hi(y) 'i(y)š
'ęḥåd* «il y eut (avait) un homme»: 1, 2 : *way°hi(y) lip^hᵉninnå(h) yȯlåd^hi(y)m
ul^ḥannå(h) 'e(y)n yȯlåd^hi(y)m* «et Peninna eut (plutôt que «avait») des enfants tandis qu'Anna n'avait pas d'enfants»; Genèse, 29, 17 : *wȯ ᶜe(y)ne(y)
le'åh rakko(w)t^h wȯråḥel håyȯt^hå(h) yȯp^hat^h to'ar* «Les yeux de Léa [étaient]
délicats, et (mais) Rachel était belle de formes» (exemple nettement
descriptif; voir même formule appliquée à Joseph, avec *way°hi(y)*, Genèse,
39, 6); I Chroniques, 11, 20 : *hu(w') håyå(h) ro(')š haššȯlo(w)šå(h)* «lui,
devint (plutôt que «était») chef des trois» [quelques versets avant, formule analogue, mais sans copule; dans ce cas, la traduction imposée est
le passé duratif : (déjà du vivant de Saül le roi) *'attå(h) hammo(w)ṣi(y')* «toi
[tu étais] le conduisant (faisant sortir)»]; *Genèse, 39, 20 : way°hi(y) šåm*
«et il fut (était) là».

Håyå(h) exprime ou paraît exprimer le présent dans certains exemples.
Ainsi, Genèse, 42, 31 : *lo(') håyi(y)nuw mȯraggȯli(y)m* «nous ne sommes
pas des espions» (en face de la phrase nominale, 42, 9, *mȯraggȯli(y)m
'attęm* «espions vous [êtes]»). Pour Genèse, 46, 34 : *'anȯše(y) miqnę(h)
håyu(w) ᶜăb^hådᵉ(y)k^hå minnȯᶜu(w)re(y)nu(w) wȯᶜad ᶜattå(h)*, le sens est bien
passé (avec valeur approximative de parfait-présent; voir à ce sujet § 63
à propos de *kāna*) : «hommes d'élevage ont été tes serviteurs depuis notre
jeunesse jusqu'à maintenant». Mais la même phrase amputée de sa terminaison temporelle, deux versets plus haut (Genèse, 46, 32) semble devoir
se traduire «car ils *sont* hommes d'élevage»; aussi certains exégètes
pensent-ils que ce dernier passage est interpolé ou altéré. D'autre part on
a régulièrement des phrases nominales au début de 46, 32, et au verset 47, 3. Pour l'exemple de Genèse, 42, 31, il faut peut-être aussi comprendre, avec un sens résultatif : «nous n'avons jamais été des espions».
Il y a peut-être lieu de remarquer aussi que l'emploi du verbe marque
une insistance, en faisant apparaître un ordre des mots différent de celui
qui est employé dans la phrase nominale. Enfin il ne faut peut-être pas
exclure l'idée que le rédacteur de l'histoire de Joseph, où se trouvent ces
exemples, usait du verbe *håyå(h)* d'une manière un peu spéciale.

En néohébreu, *håyå(h)* apparaît après *'im* «si» comme *yeš* dans les anciens textes (p. 79); il est aussi employé sans *'im* pour indiquer à lui seul

l'éventualité; mais il n'a pas la valeur de présent indicatif; voir Albrecht, *Neuhebr.*, §107, p. 120, où certaines traductions sont à rectifier.

L'imparfait *yihyẹ(h)* et son équivalent *wəhåyå(h)* marquent généralement un futur.

Genèse, 18, 18 : *wə'ab'råhåm håyo(w) yihyẹ(h) ləgʰo(w)y gådʰo(w)l* «et Abraham (être) deviendra un peuple grand»; Exode, 20, 3 : *lo' yihyẹ(h) ləkʰå 'ĕlohi(y)m 'ăḥeri(y)m* «tu n'auras pas de dieux autres»; Genèse, 46, 33 : *wəhåyå(h) ki(y) yiqrå' låkʰẹm par'o(h)* «et sera [= voici] (1) quand (2) Pharaon (5) vous (4) appellera (3)». (Cet exemple montre un usage fréquent du verbe «être» impersonnel en tête de phrase, voir p. 144 et 244).

L'exemple de Exode, 3, 14 : (Dieu dit à Moïse) *'ẹhyẹ(h) 'ăsẹr 'ẹhyẹ(h)* a donné lieu à des discussions; certains, vu la valeur habituelle de l'imparfait *yihyẹ(h)*, comprennent «je serai qui je serai [avec toi]», voir Driver, *Tenses*, § 38, p. 43 note; d'autres (parmi lesquels se range M. Ad. Lods, d'après une communication écrite) voient dans cette phrase un exemple de présent et acceptent le sens de «je suis celui qui suis (est)»; ce sens paraît bien voulu par un rédacteur cherchant à expliquer ou à paraphraser le nom divin traditionnel *yhwh*.

61. Araméen. — Au cours de l'histoire de l'araméen, le verbe *hwy* perd de plus en plus son indépendance et devient parfois simple particule.

Araméen occidental. — En araméen biblique, le verbe *hăwå(h)* est employé au parfait et à l'imparfait. Il exprime le devenir et l'existence, et peut aussi servir de copule. Daniel, 2, 28 : *di(y) lẹhĕwe' bə-'aḥări(y)tʰ yo(w)mayyå(')* «ce qui (1) arrivera (2) dans (3) les temps (5) suivants (4)»; voir *Grundriss*, II, §55, p. 109. Les usages sont dans l'ensemble les mêmes qu'en hébreu; sur la combinaison avec le participe, voir IIIᵉ partie, § 113.

Pour *hwy*, *hw'* dans l'araméen occidental postérieur, voir Dalman, *Jüd. Pal.*, § 73, Cook, *Gloss.*, p. 42; exemple en palmyrénien : *Tarif de Palmyre*, 2ᵉ col., l. 46, *kwt hww spwn* «selon qu'ils ont été d'accord».

En araméen moderne occidental, le verbe *hw'* apparaît sans autre addition que les pronoms suffixes dans une expression de «avoir» (relevée dans Parisot, *Ma'lula*, p. 125) : *ōḥ* «tu as» (masc.), féminin *ōš* (seules

personnes citées). Il apparaît d'autre part joint à l'ancien *'ît*, voir p. 81.
Enfin, il s'est aggluriné la préposition *b* et a dans cette combinaison une
conjugaison complète (d'après Parisot, *Ma'lula,* p. 123-124; voir aussi
Bergsträsser, *Glossar,* p. 9).

Parisot distingue un passé *wōb,* un présent *ōb,* un futur *yēb;* mais les
deux premiers temps ont même conjugaison en dehors de la 3ᵉ personne.
En réalité, il faut grouper les faits comme suit : l'ancien parfait est conservé sous un aspect altéré à la 3ᵉ personne, avec une double forme :
1° masc. sing. *ōb* ou *ōbi,* fém. sing. *aybā,* plur. *aybēn* (ou *aybān*); c'est
la forme généralement employée, elle sert pour le présent ou le passé;
2° *wōb,* fém. *waybā,* plur. *waybēn* (ou *waybān*); cette forme semble ne servir que pour le passé. — Aux autres personnes il n'y a qu'une série, qui
exprime le présent ou le passé; elle est conjuguée au moyen de préfixes
comme l'imparfait ou le présent-futur participial : 2ᵉ pers. sing. masc. *čōb.*
fém. *čāybā;* 1ʳᵉ pers. sing. masc. *nōb,* fém. *nēbā,* etc.

L'ancien imparfait est conservé et conjugué avec préfixes à toutes
les personnes : 3ᵉ pers. sing. masc. *yēb* (*yīb*), fém. *čēb;* 2ᵉ pers. sing.
čēb, etc. Cet imparfait, comme celui des autres verbes du même parler
en phrase non interrogative, est un temps subordonné, non un futur (voir
§ 131).

Le verbe *ōb* exprime souvent l'existence, «il y a(vait)» et, avec complément, l'appartenance. Mais l'emploi comme copule est usuel aussi; la copule
de situation semble la mieux représentée; toutefois, la copule de qualité
se rencontre également; par ailleurs, la phrase nominale sans copule est encore employée dans le parler. Le sens «devenir» ne semble pas se trouver.

Aram. Märchen, p. 26, l. 5 : *ōb naṭōrel ḥarmo* «il y avait [là] le gardien
de la vigne»; p. 40, l. 20 : *ōb psantūka* «il est dans le coffre»; p. 40, l. 23 :
nyīb-il ṣtiqo, nimrōḫ : ōbĭ ṣtīq ġappi? «Si j'avais un amoureux, te dirais-je :
un amoureux (2) est (1) près de moi (3)?»; p. 26, l. 33 : *batte yīb zerpa
mapseṭ* «la prison (3) veut-elle (1) être (2) réjouissante (4)» c'est-à-dire «la
prison serait-elle une réjouissance?».

Le «devenir» est exprimé par une autre racine : *ṭqn,* qui signifie à l'origine «s'établir»; le verbe est conjugué comme un verbe régulier; un réfléchi en -*n*- signifie «naître». Le sens est le devenir et l'existence, et, avec
complément prépositionnel, l'appartenance : *Aram. Märchen,* p. 3, l. 32 :

la ṭqil-l leppa « je n'ai pas eu le cœur »; voir Bergsträsser, *Glossar,* p. 102, avec références aux exemples et *Neue Texte,* p. 106, *ṭōqen* « a lieu »[1].

Le parfait est un passé; le présent-futur participial peut être présent ou futur (Parisot, *Ma'lula,* p. 125-126).

Précédant l'ancien imparfait, *ṭqn* au parfait signifie « être en sorte que, falloir »; avec le présent-futur participial il donne une expression du passé duratif; employé lui-même au présent-futur, il peut former avec un autre présent-futur un futur composé.

ARAMÉEN ORIENTAL. — *SYRIAQUE.* — Le verbe *hǝwâ(')* est encore employé avec le sens plein de « arriver, devenir », ainsi, Actes, 7, 40 : *mǎnǎ hǝwǎy* « que lui est-il arrivé ? ».

Il est très employé comme copule de tous sens. Chaque forme verbale a une valeur temporelle déterminée : le parfait exprime le passé momentané ou duratif, l'imparfait exprime le futur; le présent est exprimé par le participe. Mais la phrase nominale sans copule ou avec copule pronominale est normalement employée quand le temps n'intervient pas.

Exemple, au futur, Actes, 13, 11 : *tehwe(') sǝme(')* « tu seras aveugle »; pour le présent, Julien l'Apostat, 4, 7 (dans Duval, *Gram.,* p. 323) : *hu(w) qadʰmǎyâ(') hǎwe(') bu(w)kʰrâ(')* « lui le premier est le fils aîné » (voir ci-dessous un exemple du passé).

Dans de très nombreux exemples, le parfait *(h)wǎ(')* est postposé au prédicat, comme enclitique; dans ce cas *h* n'est pas prononcé; ainsi Genèse, 14, 18 : *hu(w) ku(w)mrâ(') (h)wǎ(')* « il (1) était (3) prêtre (2) ».

En phrase négative, les différentes formes de *hǝwâ(')* peuvent être niées comme un autre verbe.

D'autre part, le verbe « être » réduit à -*wǎ(')*, soit conjugué, soit invariable, peut se joindre à *lǎ(')* en une négation composée *lǎ('h)wǎ(')*. Celle-ci s'emploie concurremment avec une forme *law* où le second élément composant est le pronom de la 3ᵉ personne masculin singulier (Nöldeke, *Syr. Gram.,* § 328, p. 231). La négation composée, contrairement au parfait *hǝwǎ(')*, n'est pas située dans le temps. Elle porte souvent sur un seul mot d'une phrase, mais peut aussi nier une phrase entière [dont le verbe,

---

[1] Ce verbe, pareil à l'arabe *kāna* par le sens, est écrit *itk'ēn* et expliqué comme réfléchi de *kwn* dans PARISOT, *Ma'lula* p. 125).

occasionnellement, peut être *həwâ(')* lui-même], voir Duval, *Grammaire,* p. 319 et 369; *Grundriss,* II, § 59, p. 115.

Consulter *Grundriss,* II, § 55, p. 109, § 59, p. 115; Nöldeke, *Syr. Gr.,* § 184, p. 122; § 299, p. 209; § 304, p. 213; § 328, p. 230; Duval, *Gram.,* p. 318 et suiv. et p. 369.

Le parfait de *həwâ(')* se joint souvent à *'i(y)t*[h] (voir p. 81) pour le situer dans le passé. L'imparfait et le participe peuvent de même le situer dans l'avenir ou dans le présent (Nöldeke, *Syr. Gr.,* § 305, p. 214).

Le verbe *həwâ(')* en composition avec le participe, l'imparfait ou le parfait sera étudié plus loin à la IIIe partie. On verra que dans certaines de ces combinaisons *həwâ(')* se vide de plus en plus, non seulement de sens indépendant, mais même de valeur expressive; il passe quelquefois à l'état d'un auxiliaire purement formel.

Talmud de Babylone. — Le verbe *hwh* (racine *hwy*) a une conjugaison complète (Margolis, *Talm.,* § 39). Le principal usage en est la combinaison avec les participes pour former un passé duratif et un plus-que-parfait; dans cet emploi il est habituel que *hwh* soit invariable ou seulement fléchi en nombre (pluriel *hww*); il y a donc véritable forme composée (Margolis, *Talm.,* § 58, p. 81).

Hwh peut aussi se joindre à la particule d'existence pour la situer dans le passé : *hwh 'yk*[h] *hd mynn* «il y avait un de nous» (*Talm.,* § 62, p. 87).

Mandéen. — Le verbe *hw'* y a sa conjugaison complète, quelquefois avec perte de *w* (Nöldeke, *Mand. Gr.,* p. 267). Il conserve d'ailleurs un sens plein, la langue n'usant pas de copule verbale (*Mand. Gr.,* p. 405).

Araméen moderne oriental. — En ṭōrānī, le verbe *hwy* a des temps constitués par les formes modernes d'origine participiale (Siegel, *Ṭûr ʿabdin,* § 115, p. 197).

De plus l'ancien parfait a subsisté, avec valeur durative. Comme auxiliaire avec le parfait (pour former un plus-que-parfait) et avec l'imparfait (pour former un passé duratif), il est enclitique et a une forme généralement invariable *-vo* (Siegel, *Ṭûr ʿabdin,* § 91, p. 158, a relevé un seul exemple de *-va* pour le féminin singulier).

8.

Comme copule (postposée), Parisot, *Contribution*, p. 188, donne une conjugaison *wō* « il était », *wayt* « tu étais », *waynō* « j'étais », *wayna* « nous étions », etc. ; les suffixes sont en partie des désinences de l'ancien parfait, en partie des pronoms sujets agglutinés. Cette conjugaison ne se rencontre pas dans les textes de Prym-Socin, où il s'en trouve une autre qui est constituée au moyen des pronoms suffixes de nom, ainsi : 3ᵉ pers. masc. sing. *-ve*, 2ᵉ pers. masc. sing. *-voḥ*, 1ʳᵉ pers. sing. *-vi*, 3ᵉ pers. plur. *-vayna* (Siegel, *Ṭûr ʿabdîn*, § 91, p. 158; *Grundriss*, II, § 55, p. 109).

La copule, sous la forme *-vō*, sert à situer dans le passé la particule d'existence *kīt* (voir p. 83), ainsi : Prym-Socin, p. 60, l. 35 : *kitvō ḥams̓ aḥonōne, kitvole ḥòto* « il y avait cinq frères, ils avaient une sœur »; exemple négatif : p. 13, l. 17, *latvōle* « il n'avait pas ».

Dans les parlers du Kurdistan, de l'Azerbeidjan et de la plaine de Mossoul, le verbe *hwy* a une conjugaison complète, avec toute la complication qui caractérise le verbe sur ce domaine; il a donc, à l'indicatif, le parfait et l'imparfait issus de participes et leurs temps composés, etc. (Maclean, *Vernacular*, p. 76 et 123; Rhétoré, *Soureth*, § 326, p. 91 et suiv.). La négation se forme régulièrement par préposition de *lā* comme pour un autre verbe. Le sens est « devenir, se faire, naître, exister », enfin « être » (copule et auxiliaire); ainsi le futur est *bid-hāwē* « il sera » (Sachau, *Mosul*, p. 56). Dans l'emploi comme copule ou comme auxiliaire, le présent employé est la particule définie page 84. De plus, il existe un passé duratif, où se retrouve l'ancien parfait.

Celui-ci peut se présenter figé (soit *wa* seulement; soit *wa* et de plus *waw* pour la 3ᵉ personne du pluriel), en combinaison avec les temps simples du verbe (avec l'imparfait pour le passé duratif; avec le parfait pour le plus-que-parfait) ou avec la particule d'existence (voir p. 84).

Dans la copule du passé à l'état indépendant, *wa* invariable est précédé d'un autre élément, qui est la copule du présent avec des formes spéciales à cet usage; on trouve, suivant les dialectes, deux formes principales : d'une part, 3ᵉ pers. masc. sing. *i-wā*; 2ᵉ pers. masc. sing. *iwit-wa*, etc.; d'autre part, 3ᵉ pers. *wē-wā*; 2ᵉ pers. *wīt wa*, etc.

C'est cette copule qui se postpose au participe dans une des formes du plus-que-parfait (§ 95).

Pour les différents temps composés avec l'auxiliaire « être », voir III⁰ partie, chap. II, III, IV, V, VI, VII.

Le néosyriaque a de plus un verbe auxiliaire du passif : c'est *pyš* « rester », qui a une conjugaison complète comme un verbe ordinaire; il devient une copule passive s'il est accompagné du participe d'un autre verbe (lequel se met à l'état déterminé par *-ā* [voir § 82]) : *piš-le šqīlā* « il fut pris ».

Ate « venir » peut jouer un rôle analogue (Maclean, *Vernacular,* p. 89).

62. Phénicien. — Le phénicien a en commun avec les langues méridionales le verbe « être » *kwn.* Celui-ci n'a dans ces langues que les sens de « devenir, exister » (comparer aussi le syriaque *kyanā* « nature »). Mais des sens plus pleins de la même racine se trouvent dans le Nord : en accadien, *kānu* « se tenir ferme »; en hébreu (causatif) *hekʰi(y)n* « établir », etc. On a rapproché aussi *khn* « prêtre », commun à tout le sémitique occidental, et le sens de « réfléchir » ou « juger », qui est représenté sur le domaine araméen d'une part (racine *kwn*) et en éthiopien d'autre part (racine *kʷnn*).

Le verbe *k(w)n* en phénicien exprime l'existence.

Ainsi *C.I.S.,* inscription 3, l. 8 : *'l ykn lm bn wzrᶜ* « qu'il n'y ait pas à eux de fils ni de progéniture ».

Voir les références dans Bloch, *Glossar,* p. 34; sur *k(w)n* en composition, voir III⁰ partie, chap. III.

63. Arabe classique. — Dans cette langue écrite raffinée, l'usage du verbe *kwn* est multiple et délicat. Les grandes lignes du sujet sont seules indiquées ici.

Consulter Sacy, I, § 412, etc.; Wright, *Ar. Gram.,* II, § 41, 131, etc.; Nöldeke, *Zur Grammatik,* p. 37 et 73; Reckendorf, *Synt. Verh.,* p. 105, etc.; *Syntax,* p. 295 et suiv.; *Grundriss,* II, p. 101, 107 bas, 154.

Le verbe *kwn* est conjugué régulièrement [1].

Le verbe *kwn* peut avoir le sens plein de « advenir, avoir lieu » ou le sens moins précis de « exister »; il est dit alors « complet » par les grammairiens

---

[1] Toutefois la forme de jussif (imparfait abrégé) en fonction d'accompli après néga- tion est sujette à perdre *-n* final : *lam yaku* « il ne fut pas ».

arabes (Reckendorf, *Syntax*, § 57, p. 101). Ainsi (phrases usuelles dans les *Mille et une Nuits*) *lammā kānat* (*i*)*llaylatu ṯṯāniyatu* « lorsque fut (arriva) la seconde nuit »; *balaġanī 'annahu kāna fī zamāni* ... *raġulun* « il m'est revenu qu'il y avait (*ou* qu'il y eut) dans le temps de ... un homme »; (exemple du *Kitab al-Aġānī*, éd. de Boulaq, XVIII, 15, communiqué par M. W. Marçais) *wa mā huwa kā'inun fayakūnu* « et ce qui existe certes existera » (on voit que dans le premier membre de la phrase le présent est exprimé par le participe de *kwn* jouant le rôle de second terme de phrase nominale).

Mais souvent le verbe *kwn* est une copule (les grammairiens arabes le considèrent alors comme « incomplet »). Toutefois, le terme qui suit est à l'accusatif comme un complément de verbe ordinaire, et non au nominatif comme le second terme d'une phrase nominale.

Il y a quelques observations à faire sur la valeur du parfait et de l'imparfait de *kwn*.

Le parfait peut, comme celui d'un verbe quelconque, se rapporter au passé, sans être un duratif; ainsi (exemple de Ṭabarī, dans Reckendorf, *Synt. Verh.*, p. 105) *wakayfa kāna btidā'u* ... « et comment fut le commencement de ... ». Très souvent pourtant on doit en français traduire *kāna* par un passé duratif; ainsi, même *kāna* indépendant se traduit volontiers par « il y avait » et il y a description dans des phrases comme celle-ci (des *Mille et une Nuits*) : (il y avait un homme) *wa kāna raġulan faqīran* « et il était homme pauvre ». Cependant il faut se souvenir de la discordance entre l'usage sémitique et l'usage français mentionné p. 108. En fait les auteurs arabes ont la sensation que *kāna* (quand il n'est pas auxiliaire) n'est pas essentiellement duratif; aussi, lorsque le passé duratif doit être nettement exprimé, ils emploient le temps composé réservé à cet usage, où l'imparfait de *kwn* se compose avec son propre parfait servant d'auxiliaire duratif : *kāna yakūnu* « il était ».

D'autre part, *kāna*, prenant comme un parfait quelconque une valeur de parfait-présent, peut quelquefois rompre tout lien avec le passé et apparaître comme présent. En phrase positive, cet emploi se rencontre dans le Coran; ainsi Sourate, 110, 3 : *'innahu kāna tawwāban* « certes lui est pardonnant ». Mais dans les cas particuliers de l'interrogation ou de la négation, cet emploi se rencontre usuellement même en dehors du Coran, ainsi (Wright, II, p. 266) : (le Coran) *mā kāna ḥadīṯan . . .* «n'est pas une histoire . . . »[1].

L'imparfait de *kwn* semble n'avoir pas la liberté de se situer dans le passé comme celui d'un verbe ordinaire (voir p. 107 et III° partie, chap. IV); il apparaît comme un présent-futur par opposition au passé *kāna*.

L'emploi comme présent est fréquent dans les définitions; il faut peut-être voir dans cette fréquence un résultat de l'usage scolastique de l'arabe.

(Fin de la phrase de Ṭabarī citée p. 118) : *. . .wa kayfa yakūnu fanā-'uhu* «et comment sera sa fin»; exemple de Ibn Muyassar, communiqué par M. W. Marçais : *hakaḏā takūnu rriǧālu* «ainsi sont les hommes»; Ṭabarī, éd. de Leyde, III, 1150, l. 8, communiqué par M. W. Marçais : *man takūnu* «qui es-tu?».

L'usage littéraire de l'arabe classique a favorisé l'extension de la copule : on y remarque en effet la longueur des phrases et l'abondance des subordonnées; or la phrase nominale se prête malaisément à la subordination (voir Reckendorf, *Syntax*, § 57, p. 104); ainsi : *Kitab al-Aǧānī*, choix de Beyrouth, I, p. 64, l. 10 : *'illā 'an takūna ḫālidan* «à moins que tu ne sois Khalid», en face de *fa'innī ḫālidun* «or précisément moi [je suis] Khalid».

Le verbe *kwn* a un rôle étendu en arabe classique comme auxiliaire.

Il peut être auxiliaire de temps, se composant avec d'autres formes verbales dans l'expression du passé duratif, du plus-que-parfait, du futur antérieur, du passé subordonné.

Le parfait *kāna* peut aussi, mis en tête de phrase, projeter toute une phrase suivante dans le passé (voir p. 144).

[1] On observera que les conditions de l'emploi présent de *kāna* sont de celles qui favorisent en hébreu l'apparition de *yeš* copule (p. 79); voir aussi p. 111 en ce qui concerne *hāyā(h)* et voir *laysa* copule, p. 85 bas; pour l'éthiopien, voir § 66, 67, 69.

Il faut mettre bien à part tous les cas où *kāna* est employé comme éventuel et est traduit en français soit par le conditionnel, soit par l'indicatif présent (cette dernière équivalence peut donner le change sur le rôle d'éventuel); voir par exemple la phrase de *Buḫārī*, II, 101, 19, citée dans *Grundriss*, II, p. 666 : *'arba'un man kunna fīhi kāna munāfiqan* «quatre (1) [qualités] celui en qui (2-4) elles sont (3) est (5) un douteur (6)»; *kunna* et *kāna* sont des éventuels, non des présents indicatifs. Mais cet emploi n'est pas réservé au verbe *kwn* et il n'est cité ici que pour écarter expressément les confusions (voir sur le conditionnel en sémitique, p. 15).

Sur le parfait employé comme présent dans d'autres verbes, voir § 64 et § 127.

Le verbe *kwn* peut enfin, dépourvu de tout sens ainsi que de toute valeur temporelle, apparaître comme auxiliaire pur, jouant, pour des raisons de style, le rôle d'un support grammatical. Ainsi l'impératif de *kwn* peut former avec un imparfait suivant un impératif composé (Reckendorf, *Synt. Verh.*, p. 295-296; Nöldeke, *Zur Grammatik*, p. 73 bas), par exemple : *fakun 'anta tadbaḥu* «alors sois toi tu frapperas» : il ne paraît pas possible d'expliquer cet impératif décomposé en deux termes par une idée de temps ou de durée; l'emploi en est amené par le besoin d'exprimer en tête l'idée d'impératif, puis un sujet insisté, puis seulement ensuite l'action commandée : ce qui domine, c'est l'insistance sur le sujet; pour l'exprimer, un artifice d'ordre des mots se combine avec l'emploi d'un verbe auxiliaire qui est le support d'une abstraction grammaticale.

Il faut penser à ces subtilités de langue littéraire quand il s'agit de juger dans le détail les composés temporels avec *kwn*.

Quelques verbes, que les grammairiens arabes appellent «les sœurs de *kāna*», ressemblent à ce verbe par certains affaiblissements de leurs sens, qui peuvent aller jusqu'à en faire de simples copules; ainsi *baqiya* «rester», *zāla* «cesser», *'aṣbaḥa* «être au matin», etc. Ils peuvent comme auxiliaires entrer en composition. La plupart d'entre eux se retrouvent en arabe moderne comme copules, auxiliaires et adverbes. Voir Wright, *Ar. Gram.*, II, p. 401-402, *Grundriss*, II, § 327, p. 511; Reckendorf, *Synt. Verh.*, p. 103, et différents passages du présent ouvrage, en particulier IV° partie, chap. 1ᵉʳ.

64. ARABE MODERNE. — Chacun des nombreux parlers modernes se comporte d'une manière différente à l'égard des copules et des auxiliaires : le verbe *kwn* entre autres y a des fortunes variées. Dans l'état encore fragmentaire des études, on ne peut indiquer ici que les directions principales de l'évolution.

Dans l'ensemble, l'usage complexe, en nuances délicates, de l'arabe classique ne se retrouve nulle part : on constate soit l'effondrement de *kwn*, soit sa consolidation dans quelques emplois bien déterminés. *Kwn* copule et auxiliaire manque ou est rare, là où la phrase nominale a prévalu et où le parfait et l'imparfait ayant conservé leur valeur ancienne se meuvent dans les différents moments du temps situé : telle est dans l'ensemble la situation de l'Arabie du Sud. Au contraire, là où les anciens temps paraissent tendre à se fixer l'un dans le passé, l'autre dans le présent-futur, en même temps que des copules du présent se font jour, *kwn* tend à fournir des copules du passé et du futur et des auxiliaires temporels : c'est la situation des dialectes orientaux en général, et des dialectes maghribins.

Un peu partout se rencontrent des emplois de *kwn* figé comme conjonction, surtout au sens de «si», emplois qui ont déjà des analogues en arabe classique (voir entre autres Reckendorf, *Synt. Verh.*, p. 106 bas, et ci-dessus § 41, p. 68).

Sur de nombreux points, des verbes «devenir», «demeurer» suppléent *kwn* comme verbe de sens plein «se produire, exister» et même se combinent avec lui dans l'emploi comme copule et dans la constitution de temps composés.

Quelques faits empruntés à divers parlers illustreront ce tableau d'ensemble.

Comme verbe à sens plein «advenir», *kwn* est généralement conservé. En Arabie du Sud, son emploi est sensiblement restreint par l'usage du démonstratif *hāda* au début d'un récit et de *ka'anna* avec ou sans pronom ; Rhodokanakis, *Ḍofar*, I, p. 5, l. 18 : *hādā wāḥed raǧǧāl ʿandah ommah* «il y avait (voici) un homme, [qui avait] près de lui sa mère»; Reinhardt, *Oman*, p. 297, l. 1 : *keenno yōm woḫde* «[il arriva] qu'un (3) jour (2)»; voir en outre § 41, p. 71 et Socin, *Diwan*, III, p. 83, sur *činn*.

Là où fonctionne une particule d'existence, *kwn* (s'il est usité) sert à la situer dans un moment déterminé; ainsi en Palestine : Bauer, *Pal. Ar.*, p. 162 : *kān fīh wāḥad* «il y avait un [homme]»; Spoer-Haddad, § 71, p. 18 : *kān fī* «il y avait».

Au Maghrib, l'existence au présent est exprimée par le participe *kā(y)in*, fléchi en genre et en nombre, signifiant «il y a»; l'emploi dans le même sens de *kān* figé se rencontre en phrase positive dans de rares parlers (renseignement de M. W. Marçais). En négation, au contraire, *ma-kain-š* est rare (Cohen, *Alger juif*, p. 252); dans cet emploi, ainsi qu'en phrase interrogative, c'est *kān* qui est employé (en concordance avec l'arabe classique, p. 118 bas), ainsi à Constantine (d'après M. W. Marçais) : *aš kān aš makān* «qu'y a-t-il? que n'y a-t-il pas? (quelles sont les nouvelles?)»; généralement dans les parlers maghribins *makanš* «il n'y a pas (*français argotique* : macache)»[1].

Le parfait, dans l'ensemble, sert de passé, et l'imparfait de futur, ainsi qu'il apparaît dans les exemples suivants (où *kwn* suivi d'une préposition exprime l'appartenance).

En Égypte (Nallino, *Egitto*, § 86, p. 91) : *abūnā kān lu wilād kitīr* «mon père eut (avait) beaucoup d'enfants»; *ma yikūnši lo ginēne abadan* «il n'aura (1) jamais (3) un jardin (2)». En Algérie (Cohen, *Alger juif*, p. 486) : *u'amru ma kānu 'andu esṣġār* «et jamais il n'avait eu d'enfants». \ Rabat (Brunot, *Yallah*, p. 29) : *tkūn 'andi dār* «j'aurai une maison» (sur *ṣār* en Syrie-Palestine, voir plus bas).

L'emploi de *kwn* comme copule est en général largement représenté. Le présent étant ordinairement exprimé par la phrase nominale ou par une copule spéciale, le parfait de *kwn* est généralement passé et l'imparfait futur. En Arabie du Sud (où *kwn* copule est relativement rare) : Rhodokanakis, *Dofar*, I, p. 5, l. 22 : *ḫāf yikūnūn miṯilak* «[il y a] crainte qu'ils ne soient tes égaux» (l'emploi de la copule est sans doute amené par la nuance modale); Reinhardt, *Oman*, p. 298 bas : *kān dik l'ān ġarīze* «[or] était cette source profonde». Au Maghrib (Cohen, *Alger juif*, p. 252) : *ikūn šbāb* «il sera beau»; *ikūn fi dāru* «il sera dans sa maison» (au présent *rā-*, p. 90). Au Maroc, le temps formé au moyen de la particule *ka-* ou de ses équivalents avec l'imparfait fonctionne comme présent de la copule; son emploi est très libre, notamment en subordonnée à l'indicatif (Marçais, *Tanger*, p. 27, l. 4-5) *lli katkūn qŏddāmo-* «qui est (féminin) devant lui».

L'imparfait est employé au Maghrib avec sens de présent dans quelques cas spéciaux où il n'y a pas réellement copule, mais un sens plus plein de la racine *kwn*, ou bien quand une nuance modale intervient : *aš tkūn* «quelle sorte d'homme es-tu?» (Cohen, *Alger juif*, p. 252, note; de même en Mauritanie, Reynier, *Méthode*, p. 78, alors que cet imparfait est inusité

---

[1] L'emploi présent en phrase positive, en composition, a donné (peut-être avec croisement d'autres éléments) la particule du Maghrib occidental *ka-* (p. 70-71) : dans ce cas, le parfait, qui était sorti de son emploi ordinaire, s'est figé et ne fonctionne plus comme verbe.

par ailleurs dans le même parler, voir ci-dessous *ʿwd*); à Rabat (Maroc) : *ṣlat laʿṣar tkūn ʿal lerbaʿ llãrob* «la prière de l'après-midi est (c'est-à-dire «a lieu») à quatre heures moins le quart» (Brunot, *Yallah*, p. 6 1); à Miliana, département d'Alger : *ḫūd mūs ikūn gāṭaʿ* «prends un couteau qui soit coupant» (voir en outre plusieurs exemples dans Beaussier, p. 6 o 4); de même en Orient, Arabie centrale, Socin, *Diwan*, I, p. 1 3 1 , n° 1 3 : *ĕš tĕkūn hadannãge* «qu'arrive-t-il à cette chamelle?».

Avec un participe, l'imparfait peut se composer en une espèce de présent périphrastique; ainsi (Cohen, *Alger juif*, p. 4 9 8) : *kif ikūnu dāḫlīn əlǧāŝi* «quand le monde est en train d'entrer» (probablement à cause d'une répugnance à subordonner un présent avec *rā-*, à la conjonction *kif*); p. 5 o o : *əlli ikūnu mḫalləṣin mən ʿand əlqāhǎl* «qui sont rétribués aux frais de la communauté» (légère nuance : «qui doivent être. . . »).

Les exemples d'emploi de la copule en arabe classique doivent être quelquefois examinés à la lumière de ces faits modernes.

Le verbe *kwn* forme avec le parfait et l'imparfait (aussi le participe) d'autres verbes différents temps composés : plus-que-parfait, futur antérieur, passé duratif; voir aussi au présent et au futur [1].

Les principaux verbes d'existence ou copules en dehors de *kwn* sont les suivants.

Ṣyr «devenir» est employé en Arabie centrale (Socin, *Diwan*, I,

---

[1] Au cours de l'évolution de l'arabe *kwn* a parfois perdu sa flexion et même son -*n*.

En particulier, dans les phrases hypothétiques, si *kān* conjugué peut parfois renforcer une conjonction (ainsi à Rabat, Brunot, *Yallah*, p. 7 5 : *ila kānu imŝiu fəlqāila* «s'ils marchent au soleil»), il se présente plus souvent à l'état figé, soit avec conjonction : *inkān, lūkān*, soit seul : *kān* «si». Voir p. 7 0 pour l'andalou. En outre consulter sur ce point l'étude de Rhodokanakis, *Ḏofar*, II, § 3 o, p. 1 1 8 et § 4 1, p. 1 3 6, où l'on voit qu'en Arabie du Sud *enkān* «si» a repris secondairement une flexion par adjonction de pronoms sujets abrégés : *enkānt* «si toi», etc.; de même en Arabie centrale, Socin, *Diwan*, III, p. 8 8 et au Liban, Barthélemy, *Naaman*, p. 2 6 4. Ce fait est important à rapprocher des faits du sudarabique moderne.

Kān peut être aussi figé dans d'autres sens : *ellā kān* «excepté» *Ḏofar*, II, p. 1 3 o; *makĕn* (ou *makān ?*) «en ce qui concerne», *Ḏofar*, II, p. 5 2 et références; *kān* «quand». dans la région du Tchad, Carbou, *Tchad*, p. 1 8 3; sur *maku* «il n'y a pas», *aku* «il y a», en Mésopotamie, *Grundriss*, I, p. 2 9 1; *kān* «seulement» en Tunisie (observé par M. W. Marçais), *kānŝi* et plus souvent *kaŝi* «quelque (chose)» à Blida en Algérie (textes de Desparmet, II, notamment p. 1 9, l. 4; p. 4 2, l. 9, etc.); *kǎŝimä* «y a-t-il quelque chose que?», à Alger juif, Cohen, p. 3 5 o.

n° 109, 1) : *la tĕ̇ṣīr bĕnātĕkun munāza'a* « qu'il n'y ait (n'arrive) pas entre vous de discorde ». Il est usuel en Syrie-Palestine : Harfouch, *Drogman*, p. 23 et suiv., donne pour « être » et « avoir » des conjugaisons mélangées de *kān* et de *ṣār*. Le fait principal est celui-ci : au passé *kān* a généralement le sens de passé duratif « il était », *ṣār* a celui de parfait-présent ou présent « il est devenu, il est »; la combinaison des deux fournit un plus-que-parfait : *kān ṣār* « il avait été »; en combinaison avec la préposition *l*, Spoer-Haddad, § 219, p. 83, donne : *ṣār lak šuġl* « as-tu du travail ? », *ṣār li šahr rāyiḥ* « il y a un mois que je suis parti » (mais « il avait » est *kan-lo* avec un abrégement de *ā* en *ă* qui montre la cohérence de la forme); comme présent, le participe *ṣāyir* peut remplacer le parfait *ṣār* (même endroit de Spoer-Haddad, voir Harfouch, *Drogman*, p. 227 : *ṣāyĕr li dauḫa* « j'ai le vertige »)[1].

Bqy « rester ». En Égypte, le parfait peut servir de verbe d'existence et de copule du présent : *mabaqā-š* « il n'y a pas »; *'inte beqĕt ibni* « tu es mon fils » (Spitta, *Grammaire*, p. 339. *Grundriss*, II, p. 107 bas); mais en combinaison avec un imparfait, il forme un passé duratif; il concourt aussi à l'expression du plus-que-parfait. En Syrie, le parler noté dans Schmidt-Kahle a le participe *bāqi* fléchi exprimant l'existence ou servant de copule sans limitation de temps; le parfait *baqa* y exprime aussi l'existence. Dans la région du Tchad, *bagi* est employé comme copule; il peut servir de parfait-présent avec sens de présent (Lethem, *Shuwa*, p. 20) : *hu bagi kabīr* « il est (devenu) grand ». A Constantine, *ma bqā-li* « il ne m'est pas [possible] », dans Mejdoub ben Kalafat, *Fables*, p. 21, l. 4 [2].

'wd « devenir, retourner » (qui fournit des adverbes « encore, de nouveau ») a aussi des emplois comme copule; en Mauritanie (Reynier, *Méthode*, p. 78) il remplace l'imparfait de *kwn* : *i'ūd 'andi* « j'aurai » (voir un autre exemple, § 184). En Oman, il concourt à l'expression du plus-que-parfait.

De nombreux autres verbes analogues, suivant les parlers, se trouvent à la limite des sens « devenir, commencer », etc. et souvent la franchissent; notamment pour l'Arabie du Sud (Rhodokanakis, *Ḍofar*, II, p. 65) *wq'* « devenir, être », etc., de même en Oman (Reinhardt, p. 311, l. 3) : *'an bū waqa' 'alīyi* « de ce qui est tombé sur moi » et à la ligne suivante : *mhū*

____

[1] Voir en outre au parfait-présent, et *ṣār* en maltais, à la IV⁰ partie.

[2] Dans de nombreux dialectes *bqy* soit sous forme de parfait figé, soit sous forme de participe, fournit des expressions adverbiales de sens « continuellement, encore », etc. (*Grundriss*, II, § 327, p. 512).

bede 'alīk « que t'est-il arrivé? » avec un autre verbe [1]. Pour le maltais, voir Vassalli, *Maltese,* p. 43.

65. SUDARABIQUE. — Le verbe *kwn* « devenir, être » se trouve dans les inscriptions anciennes (Hommel, *Chrest.,* p. 33).

Il est employé dans les langues modernes, comme verbe d'existence et comme copule, mais· d'une manière assez restreinte, vu l'usage étendu de la phrase nominale.

Il a une conjugaison régulière au parfait et à l'imparfait (Bittner, *Mehri,* II, p. 87-89, 152; *Šḫauri,* II, p. 35; Jahn, *Mehrisprache,* p. 202, col. 2, où est cité *yĕkūn* au sens de « vraisemblablement »); la vocalisation interne du parfait est flottante dans les documents publiés.

Mehri (Bittner, *Mehri,* V, 2, p. 11, n° 11) : *wa-tkūn ḫas(s) di dwĕl* « et tu es le pire des sultans »; (*ibid.,* p. 22, n° 2 fin) *yikūn lā* « pas possible »; (Müller, *Mehri Soq.,* I, p. 12, l. 1) *wakēn ḫalauk* « et il y avait là-bas ».

Šḫauri (Bittner, *Šḫauri,* III, p. 64, n° 21) : *be kunut 'aq ḫodret* « et elle était dans le trou ».

Soqoṭri (Bittner, *Soqoṭri,* II, p. 24, n° 9) : *al kan inhi may* « n'était pas à moi d'ennui » [2].

En mehri seul, le parfait *kēn* peut recevoir, au lieu de la conjugaison régulière, des désinences formées par les pronoms suffixes (communs au verbe et au nom); voir Müller, *Subst. Verb.,* p. 782; *Grundriss,* II, § 55, p. 107-108; Rhodokanakis, *Ḏofar,* II, § 41, p. 136 *a,* bas. Le sens de *kēn* ainsi fléchi est soit « exister », soit « être » (copule).

Müller, *Mehri Soq.,* I, p. 31, l. 21 : *wa-kēneh ġaiġ* « il y avait un homme »; p. 44, l. 6-8 : *wa-kēns bēt de melūt ġayūġ waġaġizōn wakēnim* (parfait régulier) *ḫalakeme ġēma ḏe ḥeri* « et (1) la (4) maison (3) était (2) pleine d'hommes et de femmes et étaient là tous les nobles ».

Il y a donc conjugaison nominale de *kān* : le verbe copule s'apparie aux particules copules.

Pour bien juger ce phénomène, il conviendrait d'en connaître exactement les conditions. Il y a lieu d'observer que dans tous les exemples relevés *kān* est précédé de *wa* (même au début d'un récit comme dans le premier exemple).

---

[1] Sur une série de « verbes d'achèvement » en Oman, Reinhardt, § 273, p. 151.

[2] Remarquer dans ces exemples la valeur durative du parfait.

L'évolution a pu être la suivante : *wakān* figé au sens de « et voici », en-suite adjonction des pronoms comme à une particule (voir ci-dessus pour *enkān* en arabe du Sud, p. 123, note). Bittner, *Mehri,* V, 3, p. 38, a remarqué que cette construction ne se rencontre que dans des morceaux de la Bible traduits sur le texte arabe. Les exemples relevés ne donnent que des 3es personnes ; les 2es personnes sont ambiguës, vu que les dési-nences du parfait sont semblables aux pronoms suffixes ; de même à la 1re personne du pluriel ; la 1re personne singulier *kēni* est donnée par D. H. Müller, *Subst. verb.,* p. 782, sans doute recueillie à part de la bouche d'un informateur, mais sans qu'il soit fourni d'exemple.

Kān peut se composer avec l'imparfait en un passé duratif, au moins en soqotri [1].

66. ÉTHIOPIEN. — GUÈZE. — Le verbe *kwn* est fréquent en guèze ; toute-fois il n'a sa pleine indépendance que dans les emplois où *bō* et *hallō* n'ap-paraissent pas ; en particulier l'emploi de *hallō,* varié en sens, se mouvant dans les différents moments du temps, entrant en composition avec l'im-parfait, restreint d'autant l'usage de *kwn.* Celui-ci est donc surtout le verbe du devenir, de l'existence non durable, et, dans certaines conditions, une copule ; enfin il peut entrer en composition avec le parfait, dans le sens d'accompli qui manque à *hallō.* Mais il se produit aussi des synonymies, parce que *kwn* se trouve souvent, malgré tout, dans le domaine de *hallō.* Au total, la situation est compliquée, sans qu'on parvienne à la clarifier toujours par des distinctions de sens nettes : il faut se souvenir que le guèze que nous connaissons est langue littéraire, et souvent langue de traduction.

Le terme qui suit *kwn,* soit dans le sens de « devenir », soit dans l'emploi comme copule, se met à l'accusatif comme en arabe. *Kwn* peut être nié par *'ī-* comme un verbe quelconque à tous les temps (voir en outre ci-dessous pour la valeur spéciale de présent).

Le sens de « devenir, se produire » est très fréquent à côté de celui d'« existence ».

Inscription 10 d'Axoum, l. 17-18 (*D.A.E.,* IV, p. 29) : *wakōna qaila ʿad*

____

[1] Sur *ber* conjugué, servant d'auxiliaire, voir p. 73.

za'a[fā]n 5. 100. 3 *wa'anest* 2. 100. 2 *wakōna* 7. 100. 5 « et il y eut massacre des mâles d'Afan, 503, et des femmes, 202, de sorte que [le total] fut (ou « était ») 705 »; Genèse, 1, 3 : (Dieu dit :) *layəkūn bərhāna wakōna bərhāna* « qu'il se fasse de la lumière; et il se fit de la lumière »; Ésaïe, 14, 24 : *bakama nababku kamāhu yəkawwən* « suivant que j'ai dit, ainsi il adviendra ». L'exemple suivant montre *kōna* avec les pronoms régimes : Genèse, 41, 13 : *kōnana kama fakara* « il nous arriva comme il avait dit »[1].

Pour l'expression de l'existence, *kwn* intervient le plus librement là où *hallō* ne peut pas être employé : afin d'indiquer un passé momentané, ou un futur également momentané et spécialement au jussif et à l'impératif de pur sens « être » (*hallō* pouvant servir à exprimer « demeurer, vivre », voir p. 96). Cependant *kōna* peut aussi servir de descriptif : Dillmann, *Chrest.*, p. 18, l. 3 : *kōna ḥaba 'anqaṣa hagar 1 bə'si safāyi* « il y avait près de la porte de la ville un homme cordonnier (couseur) ».

L'usage de *kwn* comme copule est assez restreint : la définition est généralement exprimée par une phrase nominale, souvent avec copule pronominale; la situation est exprimée normalement par *hallō*. Reste la copule de qualité.

C'est le rôle que joue *kwn*, avec toutefois une réserve importante. Quand le parfait *kōna* a le sens de passé, il est rare qu'on ne puisse pas le traduire par « devenir »; il n'est donc pas pure copule; ainsi Ézéchiel, 36, 35, cité dans Dillmann, *Lex.*, col. 863 : *mədr kama gannata təfšəḥt kōnat* « la terre (1) devint (*plutôt que* fut) (5) comme (2) un jardin (3) de joie (4) ».

Comme en arabe, le parfait peut se situer dans le présent (Office du matin, dans Dillmann, *Chrest.*, p. 49, l. 2-3) : *la bahāmān kōnōmū qāla* « aux muets il leur est une voix ». Cet emploi n'est pas fréquent en phrase positive, mais il est normal avec la négation; ainsi, Genèse, 27, 11, après : *nāhū 'əḫūya ʿēsāw ṣaggwār wə'ətū* « voici, mon frère Ésaü poilu lui

---

[1] Comme expression de l'appartenance *kwn*, suivi de la préposition *la* avec pronoms suffixes ou avec un nom, remplace *bō* (voir p. 93) quand un moment doit être précisé; ainsi (exemple cité par Dillmann, *Lexicon*, col. 863) *kwəllū nəwāyū əmdəḫra mənkwesnāhū yəkawwən lamənĕt* « tout son bien après sa profession sera à la communauté ».

(est poilu)», une partie des manuscrits ajoute : *wa'anəssā 'īkōnkū ṣaggwārə* «et quant à moi, je ne suis pas poilu».

'īkōna comme copule négative, soit au sens de présent, soit au sens plus rare de passé, peut être suivi de l'accusatif comme *kōna* en général; mais souvent l'attribut est au nominatif. Exemple : dans Genèse, 2, 18, une partie des manuscrits donne *'īkōna šannāy,* une autre partie *'īkōna šannāya* «ce n'est pas bon» [1].

L'imparfait *yəkawwən* ne semble pas pouvoir se situer dans le passé. Il apparaît comme un présent-futur et même plus spécialement comme un futur; ainsi Sirach, XII, 11, cité dans Dillmann, *Lexicon,* col. 863 : *watə-kawwənō kama maṣḥēt zəḥəlt* «et tu seras pour lui comme un miroir terni par la rouille» [2].

Le verbe *kwn* sert aussi comme auxiliaire à former divers temps composés; ainsi *kōna* avec l'imparfait forme un passé duratif, avec le parfait il exprime le plus-que-parfait; il peut aussi contribuer à exprimer l'idée d'imminence dans le passé; sur la combinaison de l'imparfait *yəkawwən* et du subjonctif *yəkūn* avec un imparfait, voir § 163.

La racine *nbr* «être assis, demeurer, rester», particulière à l'éthiopien, y a eu un grand développement. En guèze, ce verbe a une conjugaison complète. Le sens est souvent «rester, vivre»; il est rarement réduit tout à fait à celui de «être». *Sirach,* 46, 9 : *wanabara məslēhu 'əska 'ama yələhəq* «et il [Dieu] resta (ou «fut») avec lui jusqu'à ce qu'il vieillît»; dans le texte 1 Rois (= 1 Samuel de l'hébreu), 6, 1 : *wa-nabarat tābōt wəsta gədām sabə'atta 'awrāḫa,* le verbe *nabara* correspond à «elle fut» dans les

---

[1] Si cet usage du nominatif est apparu, c'est sans doute que des phrases de cette espèce faisaient l'impression d'une phrase nominale (voir pour l'arabe p. 123, note, et pour le sudarabique p. 125). Ainsi s'expliquerait la négation invariable *'īkōn* du tigré, et peut-être aussi la négation *'akkō* du guèze, si l'on admet avec PRAETORIUS, *Äth. Gr.,* § 155, p. 143, qu'elle est composée de l'ancienne négation *'al* et d'une forme abrégée de la racine *kwn* (au contraire DILLMANN, *Lexicon,* col. 782 y cherche un élément adverbial *kō* «ainsi»); sur *akko* et *ənkwān* de l'amharique, voir plus loin.

[2] Un usage scolastique de *yəkawwən* comme présent (avec un emploi proche de la copule) se rencontre dans un ouvrage grammatical d'ABBA TAKLA MARYAM, *Kəfla sawāsəw šāləs,* p. 10, l. 9 du bas : *wa-yəkawwən qadāmī ba'aqdəmō səḥūb* «et (1) le premier (3) [procédé] consiste (2) dans l'anticipation (4) du complément (5)».

textes hébreu et grec, mais au point de vue du guèze on peut traduire
« et (1) l'arche (3) resta (2) dans le désert sept mois ».

Le parfait *nabara* peut servir comme auxiliaire, à côté de *kōna* et de
hallō, pour composer un passé duratif[1].

67. Langues modernes. — Les langues modernes ont de nombreuses
copules et de nombreux auxiliaires. En général, chacun de ces éléments a
un sens spécial ou un emploi temporel déterminé; il se crée notamment
des copules réservées à l'emploi de passé duratif.

Tigrigna. — *Kwn*[2] est un verbe « être » : il remplit comme tel toutes les
places laissées libres par les autres expressions de l'existence et copules
(*'allō, 'əyyu, nabara*).

Le parfait *kōnä* est le verbe « devenir, être » du passé momentané (comme
verbe « avoir » il prend les pronoms suffixes) : *təmāli baʿāl kōnä* « hier ce
fut (3) fête (2) ». Au passé duratif, c'est *nabara* qui est en usage; toutefois
le gérondif *kwǎynu* ou *koynu* de *kwn* peut le remplacer en composition.

Au présent, *kōnä* remplit les emplois dont la particule *'əyyu* est incapable; ainsi la copule négative est *'aykōnän* « il n'est pas », etc.; comme
impersonnel ce terme est une négation « ce n'est pas », etc. De plus, *kōnä*
est employé avec le pronom relatif, au positif et au négatif, position dans
laquelle *'əyyu* ne peut pas se trouver : *zəḫōnä ḫoynu* « étant (2) ce qui est
(1) = quoi qu'il en soit »; Kolmodin, *Traditions*, n° 125, 3 : *käntibā täsfu
'əntä zäykōnä ḫwǎynu...* « le Cantiba Tasfou si ce qui n'est pas étant
(= « si ce n'est le Cantiba Tasfou) ». Comparer l'usage de l'amharique
p. 133. — L'emploi de *kōnä* au sens de présent en proposition positive
indépendante « c'est » peut se rencontrer exceptionnellement d'après un
exemple cité dans Praetorius, *Tña*, p. 327 [3].

L'imparfait *yəkawwən* (accompagné de *'əyyu* ou non, dans les mêmes
conditions qu'un autre imparfait) est futur dans tous les emplois. Il est,
d'une manière générale, exclu du présent, vu l'emploi de *'allō, 'əyyu* et
kōnä; cependant avec le sens plein de « être à suffisance » il peut aussi être

---

[1] Sur l'expression du parfait-présent
avec emploi du verbe *waddə'a* « achever »,
voir § 88.

[2] *k* passe généralement à *ḫ* entre voyelles.

[3] Figé, *kōnä* fournit des adverbes :
'əntəḫōnä « si c'est ainsi, cependant »; *kōn*
« peut-être »; *kōnä... kōnä* « soit... soit ».
Voir en outre § 164.

présent. Donc : *yəhawwən* «il deviendra, il sera» et «il y aura»; *yəhonannu* «sera pour moi, j'aurai»; *'ayyəhawwənən* «il ne sera pas»[1].

Sur la composition de *yəkawwən* avec l'imparfait, voir § 164; avec le gérondif, § 173.

Le verbe *nbr* a une conjugaison complète au sens de «se tenir, habiter»; mais au sens de «être» il n'a normalement que le parfait et le gérondif (pour un usage exceptionnel de l'imparfait, Praetorius, *Tña*, p. 327 note).

Le verbe «être» de tous sens est donc au passé duratif *nabara*, qui peut être remplacé par le gérondif *nabiru* ou *nayru*, jouant le rôle de parfait-présent (Bassano, *Vocabolario*, col. 446) : *kəltä qərśi nabirunni* «j'avais (3) deux (1) thalers (2)».

Nabara (nabiru) entre en composition avec l'imparfait pour exprimer le passé duratif; avec le gérondif ou le parfait, *nabara* forme un plus-que-parfait.

Il est possible que certains dialectes tigrigna évitent l'emploi de *nabara*, en usant d'autres copules pour la composition du passé duratif (Praetorius, *Tña*, p. 326; les faits cités à cet endroit sont douteux en ce qui concerne la langue parlée).

Certains dialectes au moins usent du verbe *ṣanḥa* «attendre» (sur lequel voir encore ci-dessous, § 68; consulter Praetorius, *Z.D.M.G.*, 28, p. 443 bas); il peut s'employer au parfait ou au gérondif avec la valeur d'un parfait-présent de sens «être»; ainsi, d'après Abba Jérôme : *'abəy ṣanaḥkä* ou *ṣaniḥkä* «où étais-tu?» Ce verbe peut entrer en composition avec le gérondif (parfait-présent) et avec l'imparfait (passé duratif).

Un radical *fal* n'est représenté qu'en négation (signalé par Praetorius, *Tña*, p. 245; Bassano, *Vocabolario*, col. 562; voir encore § 68); formes, d'après Abba Jérôme : impersonnel *'ayfäll, 'ayfälu* «ce n'est pas»; conjugué avec les pronoms suffixes : *'ayfälay(n)* «ce n'est pas moi», etc.

68. Tigré. — Le tigré a suivi une voie à part. En effet, le verbe *kwn* n'y subsiste que dans la négation invariable *'ikōn, 'ikōne* qui sert comme

---

[1] Le jussif intervient de même dans tous les sens.

négation impersonnelle de l'existence «ce n'est pas» ou comme copule négative inconjugable; Littmann, *Princeton*, I, p. 43, l. 8 : (les nobles) *ḥawnā 'ıkōne* «ne sont pas (2) nos frères (1)»; p. 90, l. 1 du bas : *walǝye 'ıkōn* «il n'est pas (2) mon fils (1)».

Le verbe-copule le plus répandu est *'alā;* la valeur première en est durative, car il s'explique par *wǝ'lā* «passer la journée» (qui existe par ailleurs dans la langue avec sa conjugaison complète), voir Littmann, *Z.A.*, 1899, p. 76.

'alā n'existe que comme parfait; comme tel il fournit une copule du passé duratif. Littmann, *Princeton*, I, p. 53, l. 8 : (sur le haut de la grotte) *la 'ǝttā 'alayā* «où elles étaient»; suivi de la préposition *'ǝl-* avec les suffixes exprimant l'appartenance, *Princeton*, I, p. 75, l. 3 : *wahǝtā wal 'alā 'ǝlā* «et elle un fils était à elle (elle avait un fils)».

'alā est très employé en composition, avec l'imparfait pour exprimer le passé duratif; avec le participe, pour former un plus-que-parfait.

Dans l'emploi en composition avec l'imparfait, *nabrā* se rencontre aussi; mais il est rare, au moins dans la plupart des dialectes (Littmann, *Z.A.*, 1899, p. 100-101).

Dans le même emploi se rencontre aussi, dans certains dialectes au moins, *ṣanḥā* qui existe par ailleurs dans la langue, avec conjugaison complète, semble-t-il, au sens de «attendre, rester, y être» (voir ci-dessus pour le tigrigna; Munzinger, *Vocabulaire tigré*, col. 50; Littmann, *Z.A.*, 1898, p. 155; 1899, p. 100; ci-dessous III⁰ partié, § 123, où on trouvera des exemples).

Le verbe *'amsā* «être au soir» (voir *masā* «faire soir», *Princeton*, I, p. 4, l. 16) peut se composer avec un imparfait en un passé duratif où subsiste l'idée de «soirée» (voir § 123).

Les temps manquants des verbes précédents (passé momentané, futur antérieur, futur) peuvent être suppléés par un verbe «venir, entrer» dont le sens s'affaiblit en «devenir»; l'imparfait en est *gabbǝ'*; le parfait est *ga'ā* ou *gab'ā* (Littmann, *Z.A.*, 1899, p. 73 et 101; Watson, p. 12 et 13; *Grundriss*, II, p. 108-109); l'origine est la racine *gb'*, connue en guèze avec le sens de «retourner» (en amharique «entrer, commencer à»); mais il n'est pas impossible qu'il y ait mélange au parfait avec une racine *gy'* (arabe *ğā'a*) « venir »[1].

Littmann, *Princeton*, I, p. 53, l. 24 : *wa'aze gadām ga'at* « maintenant (1) il s'[y] est fait (3) un couvent (2) » ; l. 17 : *'əbən 'əndo ga'aki* « cependant que (2) tu seras devenue (3) pierre (1) » ; p. 91, l. 1 : *mən beᶜd waladkəyo gabbə' kahəbru ṣallim ga'ā* « tu l'as enfanté (3) sans doute (4) d'un (1) autre (2), ainsi sa couleur (5) est devenue (7) foncée (6).

Princeton, I, p. 49, l. 18 : *təgabbu' kəməsalhu* « vous deviendrez comme lui » ; *'əgabbə'* (écrit *akabi*) « je serai » dans Watson, p. 13 (au jussif : *Princeton,* I, p. 114, l. 1 du bas : *'əssitu təgbā'* « doit-elle être (2) sa femme (1) ? »).

Le radical *fāl* (est-ce celui de *fāl* « présage » ?) ne se rencontre qu'avec négation : *'ifāl* « ce n'est pas » ; ce terme se conjugue avec les pronoms suffixes : *'ifālna* « nous ne sommes pas » (Munzinger, *Tigré*, col. 50 ; Littmann, *Z.A.*, 1899, p. 102 ; ci-dessus § 67).

69. AMHARIQUE. — La racine *kwn* est représentée par un verbe complet : parfait *hōna*, imparfait simple *yəhōn*, etc. ; ce verbe a de nombreux usages.

Tout d'abord il a souvent le sens plein de « devenir » : *təlləq yəhōnal* « il deviendra grand ».

Mais il est usuel aussi comme verbe d'existence et comme copule de tout sens ; on l'emploie partout où *năw* et *alla* ne sont pas possibles et où la place n'est pas prise par *aydəllăm* et *nabbara* (voir ci-dessous).

Hōna est surtout employé en dehors du présent, soit pour exprimer le passé (passé momentané *hōna*, parfait-présent *hunwal*), soit pour exprimer le futur (*yəhōnal* en proposition principale positive, *yəhōn* en proposition négative principale et en proposition subordonnée) ; consulter entre autres Praetorius, *Amh.*, p. 357–358, *Grundriss*, II, § 55, p. 108 ; ainsi : *amnā hullu malkam hōna* « l'année dernière (1) tout (2) fut (4) bien (3) » ; *naga babyetu yəhōnal* « demain (1) il sera (3) dans sa maison (2) » ; *yammihōnañ byēt* « la maison que j'aurai ».

Hōna est aussi employé au présent. Il remplace parfois *năw* dans des phrases où celui-ci serait possible : *ləkk hōna* « c'est (2) juste (1) » ; Mitt-

---

[1] La 3ᵉ personne masculin singulier de l'imparfait avec ou sans *mən* « quoi » a le sens de « peut-être, sans doute » (voir l'exemple cité ici même à la ligne 6).

woch, *Erzählungen*, n° XIV : *yəh yaqəbye hōna* « cet [argent] (1) est (3) pour le beurre (2) ». Il joue régulièrement le rôle de présent dans les subordonnées où *năw* ne peut pas pénétrer : ainsi *yaduro aynät yahōna byēt* « une maison (4) qui est (3) de l'espèce (2) précédente (1) », *əndih kahōna* « puisqu'il en est ainsi »; *kəfu əndahōnh* « puisque tu es mauvais ». De même en phrase relative négative : *malkam yālhōna* « qui n'est pas bon » (dans ce dernier cas on peut aussi employer *yāydəlla*). Voir les faits p. 129 et p. 213.

Hōna copule est suivi du nominatif; des exemples exceptionnels et d'interprétation ambiguë avec l'accusatif amharique (-*n* final) ont été relevés dans Praetorius, *Amh.*, § 320 c, p. 420; voir Cohen, *Couplets*, n° 17.

Hōna n'est généralement pas auxiliaire, cet emploi étant tenu par *alla*; pour son usage dans un passé duratif, voir § 124 [1].

La négation de la copule *năw* est un verbe à temps unique *aydəlläm*, qui est conjugué comme un parfait (-*m*, partie suffixée de la négation, peut manquer; la terminaison -*la* peut manquer à la 3ᵉ personne masculin singulier); ainsi *əbd aydəllahum* « je ne suis pas fou »; *yanye aydəl(läm)* « ce n'est pas à moi » (Armbruster, *Grammar*, § 40, p. 123); dans la prononciation *ə* est généralement remplacé par *a*, *ā*; au sens de simple négation « ce n'est pas, non » on entend souvent *ādalläm*, sans *y*.

Il se rencontre des exemples, dans les textes dépouillés par Praetorius, *Amh.*, § 208, p. 256-257, de conjugaison de ce thème négatif au moyen de pronoms suffixes; notamment *aydəllātəm* « elle n'est pas ».

Il y a 'des emplois subordonnés de *aydəl(la)*, notamment avec le relatif : *yāydälläw* « qui n'est pas à lui »; aussi après *ənda-*, pris au sens de « si » : *əndaydäl* « s'il n'est pas ». Après la préposition *ba* « dans », *aydəlla*

---

[1] Le mot composé *əndahōna*, mot à mot « comme (quoi) il est », soit conjugué, soit figé sous la forme abrégée *əndahōn*, est une expression de « si » qui se compose avec un verbe; ainsi *maṭṭä əndahōn(a)* « s'il vient, au cas où il viendrait » (sur la composition avec le gérondif, voir § 90).

Yəhōnal « ce sera » a souvent le sens de « peut-être » : *yəmaṭä yəhōnal* « peut-être (2) qu'il viendra (1) ».

Une négation invariable *ənkwän*, où se reconnaît le radical *kwn* avec la négation inusitée 'ən-, déjà exceptionnelle en guèze, signifie « non » dans certaines régions du centre de l'Abyssinie. En amharique commun *ənkwā(n)*, *sənkwā(n)* a suivant les phrases le sens de « encore bien moins » et de « au moins » (pour d'autres nuances encore, GUIDI, *Vocabolario*, col. 466, AFEVORK, *Gram.*, p. 204, et M. COHEN, *Couplets*, n° 11). — On peut se demander s'il n'y a pas aussi un reste de *kwn* dans l'enclitique -*əkko* « certes » (voir la négation guèze *akkō*, p. 128, note).

peut remplacer *lyella* « il n'y a pas » (Armbruster, *Grammar*, p. 123-124); la même valeur se rencontre avec le relatif d'après Guidi, *Voc.*, col. 644.

Pour l'usage négatif, comparer *-fal-* en tigrigna et en tigré.

Comme étymologie, Praetorius, *Amh.*, p. 256, a proposé de voir dans *aydolla-* un composé de *alla* avec un gérondif archaïque de la racine *hyd* « aller », qui serait **haydō* (le gérondif régulier est *hidō* ou *hẹdo* suivant les dialectes); le sens serait donc « il est parti, il n'y en a pas »; *h* initial serait tombé par confusion avec la négation *al-* (qui est *ay-* devant un préfixe *y* de 3ᵉ personne), une fois que le sentiment de l'étymologie véritable aurait été perdu. Cette explication (reproduite dans *Grundriss*, I, p. 291) est compliquée, elle est peu satisfaisante pour le sens, et elle ne s'applique pas à la négation *adabəl* du gouragué (voir § 71).

Une racine verbale de l'éthiopien donne une meilleure solution pour le sens et pour l'aspect général du radical, sinon pour le détail de la forme : guèze *dalawa* « être égal, commode, utile, convenir », tigré *dāle* « convenir, réussir », tigrigna *dalawa* « être robuste », *tadalawa* « se donner du bon temps »; en amharique même on trouve *dallā*, conjugué comme impersonnel : *dallaw* « les choses vont bien pour lui, il se la coule douce » (d'après enquête personnelle en 1910 dans le Choa); Abba Jérôme donne *dʷollāñ* « je suis confortablement » c'est-à-dire le même sens avec une voyelle différente dans le radical; comparer dans Guidi, *Vocabolario*, col. 643, *dallā* « aller », seulement au parfait et dans les provinces du Nord.

Le sens de « il ne convient pas » donne une explication plausible pour *aydọlläm* « il n'est pas » : si on considère la formule liturgique guèze *ratūʿ yədallū* « juste, il convient », on conçoit qu'avec négation elle deviendrait aisément « ce n'est pas juste ».

Mais *dlw* ne suffit pas à expliquer l'*o* (d'ailleurs non généralisé, voir ci-dessus) de *aydọllām* et le *b* de la forme du gouragué. Il a peut-être existé une forme **dbl*, **dwl* parallèle à *dlw*. Peut-être y a-t-il un rapport avec *dbl* « lancer, réunir, mettre », d'où guèze *tadābala* « se rassembler », tigrigna *dabbala* « lancer le javelot », amharique *dōla* « joindre, mélanger, mettre » et *mən dọlah* « que t'importe » (cette expression d'après Abba Jérôme). Praetorius, *Amh.*, p. 257, explique *dōla* comme fait après coup sur *aydọllām*, mais cette explication ne tient pas compte des autres langues.

Il reste à expliquer la forme de *aydọllām* : un parfait nié serait **aldallām*;

ay- est une initiale d'imparfait; il y a donc mélange apparent des deux temps; on peut penser à un imparfait (le guèze *yədallū* serait en amharique **yədal*) contaminé par *alla* « il y a »[1].

Le parfait *nabbara*, qui peut s'abréger en *nabbar* à la 3ᵉ personne masculin singulier, est un passé duratif de « être », tant comme verbe d'existence que comme copule.

Il peut être nié et subordonné comme un parfait ordinaire : *malkam kālnabbaru* « comme ils n'étaient pas (2) bons (1) »; *malkam baqlo nabbarä-čäñ* « j'avais (3) un bon (1) mulet (2) ».

Le sens duratif est toujours net bien que la traduction par l'imparfait français ne s'impose pas toujours : Afevork, *Gramm.*, p. 102 : *yazzıh waradā gažu yanye ayāt nabbar* « de cette (1) province (2) mon aïeul (4-5) a été (6) le gouverneur (3) ». On entend aussi, comme affirmation atténuée, *nabbarhu* « je l'ai été (par exemple : gouverneur) » au sens de « je l'ai été, et je le suis encore ».

Nabbara s'emploie comme auxiliaire avec l'imparfait pour former un passé duratif et avec le gérondif (partiellement avec le parfait) pour former un plus-que-parfait. Joint comme auxiliaire à l'imparfait ou au gérondif, il est normalement figé sous la forme abrégée non conjugable *nabbar* ou *nabbara*, voir p. 178 et 205.

La même racine *nbr* « demeurer » est représentée, avec une conjugaison complète, sous une forme altérée : parfait *nōra*, imparfait simple *yənōr*, etc. Ce verbe a le sens plein de « vivre, demeurer »; mais il double aussi partiellement *hōna* comme verbe « être »; c'est ce parallélisme qui explique le passage exceptionnel de *b* à *w* dans cette racine. *Nōra* est presque toujours employé avec une légère nuance de durée qui manque à *hōna*. Comme auxiliaire, il peut quelquefois remplacer *nabbara* (voir § 107).

70. Harari. — Le verbe *kwn* joue le même rôle qu'en amharique; ainsi Littmann, *Har. St.*, n° 73 : *ḥəsūf ḫāna ʿir* « le soleil (3) a été (2) éclipsé (1) ».

---

[1] Se souvenir que la gémination de la 2ᵉ radicale est régulière à l'imparfait dans les langues du Nord; elle est au contraire absente en amharique à l'imparfait, en dehors des intensifs anciens. Elle s'est d'autre part généralisée au parfait dans la même langue.

Le verbe a une conjugaison complète (Mondon, *Har. Gour.*, p. 49); le parfait est *ḫāna*, l'imparfait simple *yəḫun*.

Dans la même langue les autres verbes à 2ᵉ radicale *w* ont un parfait en *ō* comme en amharique, de même que les verbes à 2ᵉ radicale *y* ont un parfait en *ē; ā* ne se trouve (parmi les mots connus jusqu'à présent) que dans *ḫāna*, dans *ḫāra* « aller », et *nāra* (voir ci-dessous). L'explication de Littmann, *Har. Texte*, p. 27 bas, par une influence de l'arabe *kān* (l'arabe étant très parlé à Harar) est douteuse; le point de départ pour les trois verbes exceptionnels est peut-être un traitement indépendant de *nbr* avec chute de *b* dans son emploi comme auxiliaire (voir tigrigna *nayru*, p. 130). Si c'est *nāra* (< *nabara*) qui a influé sur la voyelle de *ḫāna*, il y aurait un phénomène inverse de celui que présente la forme de *nōra* en amharique (voir encore ci-dessous au Gouragué).

Contrairement à ce qui se passe en amharique, *nbr* trilitère subsiste en harari avec le sens de « demeurer » et avec une conjugaison complète (Mondon, *Har. Gour.*, p. 34).

Comme verbe « être » au passé duratif, c'est la forme réduite *nāra* qui est employée (parfait seulement).

Comme auxiliaire, *nāra* forme un passé duratif et un plus-que-parfait; dans ce rôle il se fige usuellement en *nār*.

71. Gouragué. — Le verbe *kwn* est représenté en gouragué tchaha par *ḫāra;* il y a donc *ā* comme en harari, sans influence possible de l'arabe, mais avec parallélisme d'une forme *nāra* comme en harari (voir ci-dessous): c'est cette dernière forme qui doit expliquer, à la fois, la voyelle *ā* et la liquide finale *r*. La voyelle *a* subsiste en dehors du parfait (ainsi jussif *iḫar*); voir Mondon, *Har. Gour.*, confirmé par Enquête personnelle. Cette enquête a de plus révélé dans les dialectes mouher, aymälläl et walani la présence de *ḫōna*, *hōna*, avec *n* et *w* conservés.

Le verbe *ḫāra, ḫōna* paraît avoir les mêmes emplois que *hōna* en amharique; de plus il fournit, au moins en tchaha, la négation de la copule au présent : *anḫāra* « il n'est pas » (Mondon, *Har. Gour.*, p. 108).

Par ailleurs, les textes étudiés par Praetorius, *Amh. Spr.*, p. 507 et 508, donnent comme copule négative un correspondant de l'amharique *aydəlläm*: c'est *ədabəl* (*adabal, dabəl*); pour l'origine, voir § 69.

Au passé duratif, comme correspondant de l'amharique *nabbara,* les dialectes gouragué ont deux verbes différents.

En aymälläl *nabbara* (Praetorius, *Amh.,* p. 508, dans Évangile de Jean, 2, 25, en composition avec l'imparfait, voir § 125; confirmé par Enquête personnelle); en walani, *nabara.*

Mais le tchaha a *bānna,* conjugué comme parfait (seul temps noté dans Enquête personnelle), dans Mondon, *Har. Gour.,* p. 102, *bāna;* de même le mouher a *banno,* avec une particularité de la finale de 3ᵉ personne masculin singulier (voir ci-dessous *nano*); l'origine de ce mot reste à trouver. La cause de son emploi est l'utilisation de *nāra* pour un usage différent (voir ci-dessous). Sur la composition du plus-que-parfait, voir § 109.

En tchaha, *nāra* (Mondon, *Har. Gour.,* p. 102; confirmé par Enquête personnelle), représentant de *nbr* pareil à celui du harari, a le sens non d'un passé, mais d'un présent, et la valeur de verbe d'existence (non de copule); il remplace *alla* absent dans le même dialecte. Le mouher a *nano* (Enquête personnelle) : étant donné le parallélisme des deux dialectes pour la forme de passé (voir ci-dessus *bānna* et *banno*) et l'instabilité des liquides en gouragué, on est amené à identifier ce *nano* à *nāra;* le second *n* au lieu de *r* peut s'expliquer par une assimilation à *n* initial; si l'*-o* est ancien dans *ino* (voir p. 100) et qu'il soit à rapprocher de celui de guèze *hallō,* c'est peut-être lui qui a influencé la finale de *nano* et de *banno* (par ailleurs, dans le même dialecte, le parfait a toujours une finale -*a* à la 3ᵉ personne masculin singulier).

72. Si nous résumons les faits passés en revue dans ce chapitre, nous voyons que le sémitique oriental n'a pas de verbe «être» d'origine verbale. Le sémitique occidental a utilisé deux racines différentes : au Nord, *hyy, hwy;* au Sud (et en phénicien), *kwn.* En outre, d'autres verbes se rencontrent sur des domaines limités; le principal est *nbr* en éthiopien.

Tous ces verbes présentent le trait commun que, ayant à l'origine un sens concret précis, ils ont tendu, plus ou moins vite et plus ou moins complètement, à l'abandonner : ils sont devenus, comme copules ou comme auxiliaires, de simples outils grammaticaux. Dans le rôle d'auxiliaire de temps composés (où le second terme est presque toujours une forme conjuguée), on voit quelquefois un verbe «être» perdre, outre son sens indépendant, l'intégrité de sa forme, et abandonner sa flexion.

La dégradation dernière est représentée par des mots invariables qui sont des formes figées et altérées de verbes «être» : c'est une contre-partie à l'histoire des particules invariables qui tendent à devenir verbes.

Quant aux relations avec l'étude du temps, on a vu que les copules verbales tendent à comporter une expression du temps situé. Le cas le plus net est celui où (comme en amharique, par exemple) il existe une copule du présent d'origine nominale et des copules verbales pour les autres temps. Même en laissant de côté un système aussi évolué, on peut affirmer que dans l'ensemble le développement des copules verbales va généra-lement de pair avec la tendance à créer des formes temporelles.

TROISIÈME PARTIE.

LES FORMES VERBALES TEMPORELLES.

PRÉAMBULE.

73. La suite de chapitres qui commence ici et qui est le fond même de l'étude entreprise, est une revue de tous les cas où des formes verbales des langues sémitiques ont d'une manière et à un degré quelconque la fonction d'exprimer le temps situé.

Comme il a été dit aux paragraphes 31 et 32, on rencontre dans cette fonction les anciennes formes simples et des formes composées, plus récentes. Il est rare que soit les unes, soit les autres, servent uniquement à l'expression du temps situé. En particulier, l'idée de durée y est très souvent mélangée. Il est très rare aussi que l'emploi d'une des formes soit absolument obligatoire pour un temps donné. L'étude détaillée devra prendre presque partout l'aspect d'une suite de restrictions.

L'ordre suivi pour la succession des chapitres de cette partie est commandé par les divisions du temps situé, qui ont été imposées comme cadre à la recherche : passé, présent, futur. Mais l'ordre adopté pour les chapitres qui sont consacrés aux différentes sortes de passé est tel qu'on peut y marquer grossièrement la limite qui sépare les domaines des deux formes essentielles du sémitique : le passé momentané, le parfait-présent, le plus-que-parfait appartiennent essentiellement à l'accompli; à partir du passé duratif, au contraire, l'inaccompli est au premier plan (dans l'expression du passé duratif, il est en partie combiné avec l'accompli; cette combinaison, avec un ordre inverse, se retrouve tout à la fin, dans l'étude du futur antérieur). Toutefois les faits sont tels qu'il doit être souvent question de l'inaccompli dès les premiers chapitres et que l'accompli joue aussi un rôle dans les derniers (voir au présent et au futur).

Les chapitres de cette partie, englobant des faits qui, disparates dans la forme, sont joints par le seul lien de l'idée temporelle inscrite dans le titre, ne comportent pas de résumés individuels ni de conclusions partielles. Ils convergent vers le tableau résumé qui introduit la conclusion générale de l'ouvrage.

CHAPITRE PREMIER.

PASSÉ MOMENTANÉ.

74. Le passé momentané n'a pas d'expression propre en sémitique. Il est habituellement rendu par les formes verbales qui expriment l'action accomplie : en effet celle-ci appartient le plus souvent au domaine du passé. La confusion entre accompli et passé est normale, même dans la conscience des gens qui parlent sémitique (voir p. 53).

Mais il faut se garder de généraliser : la forme de l'accompli a d'autres rôles que d'exprimer le passé momentané et même le passé en général; on la retrouvera presque à chacun des chapitres suivants. D'autre part, la forme d'inaccompli (imparfait) a aussi dans plusieurs langues des usages comme passé momentané.

Au reste, comme il est brièvement exposé ci-dessous, la situation est très différente suivant les langues.

75. Accadien. — Le parfait à préfixes de l'accadien est loin d'avoir une liberté aussi grande que le parfait occidental à suffixes. Exclu des emplois duratifs par l'usage du permansif, il n'a pas, d'autre part, d'emplois dans le domaine du présent et du futur (voir § 169). Au point de l'indicatif le parfait peut donc être considéré comme un passé momentané (pour l'emploi de la même forme comme jussif, voir p. 33).

Prisme hexagonal de Sanḫerib, col. II, l. 3₂ : *mandatašunu kabittu amḫur* « je levai (3) un tribut sur eux (1) considérable (2).

76. Sémitique occidental en général. — Exemples du parfait et de l'imparfait en fonction de passé momentané (voir commentaire p. 143 bas).

Hébreu biblique. — (L'imparfait avec *wa-,* équivalent du parfait, peut comme lui servir de passé momentané.) 2 Rois, 24, 1 : *bəyåmå(y)w ʿålå(h) nəbʰukʰadʰnę(ʾ)ṣṣar* « de son temps se mit en campagne (parfait) Nabuchodonosor »; Genèse, 3, 10 : *ʾętʰ-qoləkʰå såmaʿti(y) baggån wåʾi(y)råʾ(ʾ) ki(y)ʿe(y)rom ʾånokʰi(y) wåʾeḥåbʰe(ʾ)* « j'ai entendu (2) [parfait] ta voix (1) dans le jardin (3) et j'ai vu (4) [imparfait après *wa-*] que (5) j'étais [*mot à mot* moi (7)] nu (6) et je me suis caché (8) [imparfait après *wa-*] ».

L'imparfait peut aussi servir de passé momentané s'il est accompagné d'un adverbe « alors », König, *Syntax*, § 137 et suiv., p. 49 : Josué, 10, 12, *ʾåz yədʰabber yəho(w)šu(a)ʿ* « alors (1) Josué (3) dit (2) »; même sans adverbe précédent il sert quelquefois de passé momentané, ceci presque exclusivement en poésie (Driver, *Tenses*, § 27, 1 α, p. 31).

Aʀᴀᴍᴇ́ᴇɴ ʙɪʙʟɪQᴜᴇ. — Daniel, 5, 5 : *bah šaʿåtʰå(ʾ) nəpʰåqå(w) ʾęsbəʿån di(y) yadʰ ʾĕnåš* « à ce moment parurent (parfait) les doigts d'une main d'homme ».

Usage de l'imparfait après un adverbe « alors » : Daniel, 6, 20 : *be(ʾ)dʰayin malkå(ʾ)... yəqu(w)m* « alors le roi se leva ».
Sur la forme en -*ī*-, voir p. 46.

SʏʀɪᴀQᴜᴇ. — Marc, 14, 20 : (pendant qu'ils mangeaient) *nəsabʰ yešu(w)ʿ laḥmå(ʾ)* « Jésus (2) prit (1) [parfait] un pain (3) ».

Nᴇ́ᴏ-ᴀʀᴀᴍᴇ́ᴇɴ ᴏʀɪᴇɴᴛᴀʟ. — L'ancien parfait ayant disparu, son remplaçant, d'origine participiale, n'est pas un accompli, mais un vrai passé; mais il n'est pas uniquement passé momentané. Duval, *Salamas*, p. 92, l. 8 : *ḥĕzele əlka špirta* « il trouva (1) une belle (3) ville (2) ».

D'autre part, le présent-futur précédé de *qam* (*kim*) peut remplacer la forme de passé; Nöldeke, *Neusyr. Gr.*, p. 298 bas, cite Genèse, 1, 27 : *qam bārē lēh* « il le créa ».

Aʀᴀʙᴇ ᴄʟᴀssɪQᴜᴇ. — Coran, 72, 16 : *faʿaṣā(y) firʿawnu rrasūla* « Or (1) Pharaon (3) fut rebelle (2) [parfait] au prophète (4) ».
L'imparfait (court) après la négation *lam* équivaut au parfait; Coran, 60, 8 : *lā yanhākumu llahu ʿani lladīna lam yuqātilūkum fī ddīni* « Dieu (3) ne vous interdit pas (1-2) de [fréquenter] ceux qui (4-5) ne vous ont pas combattus (6-7) [imparfait] dans la foi (8-9) ». Il est exceptionnel que l'imparfait employé seul serve au récit d'un fait momentané (voir § 114).

Arabe moderne. — Stumme, *Tripoli*, p. 9, l. 28 : *lgū ĕlbāb mkaṣṣar duḫᵒlu līwaṣt ĕlgāsər* «ils trouvèrent [parfait] la porte brisée, ils entrèrent [parfait] dans le château».

L'emploi de l'imparfait pour le récit d'un fait momentané est assez fréquent dans certains dialectes de l'Arabie et de l'Égypte et se rencontre aussi dans d'autres (voir § 115 et suiv.).

Sudarabique moderne. — Mehri (Bittner, *Mehri*, V, 2, p. 26, n° 14) : *ū-ftōḥ hīs haulī uǧirūt* «et (1) le premier (4) lui (3) ouvrit (2) [parfait] et elle passa (5) [parfait]».

L'imparfait s'emploie aussi quelquefois dans des récits de faits momentanés, voir Jahn, *Grammatik*, p. 134.

Guèze. — Genèse, 27, 1 : *wakōna 'emdəḫra ləḥqa yəsḥāq ras'a wataḥamga 'a'yəntīhū* «et ce fut, lorsque Isaac eut pris de l'âge, il vieillit et ses yeux (7) se troublèrent (6)» (tous les verbes au parfait).

L'accompli du verbe «dire» (racine *bhl*) a une forme d'imparfait *yəbē* «il dit» (avec *l* devant suffixe : *yəbēlū* «il lui dit»); un parfait régulier *bəhla* est refait à basse époque.

Tigrigna. – Amharique. — Dans ces langues il s'est créé des formes spéciales pour les différentes nuances du passé, en dehors du simple passé momentané; il en résulte que le parfait est nettement un passé momentané. Exemple en amharique (Mittwoch, *Erzählungen*, n° 9) : *bānd agar naggādŏč wada nəgəd sihēdu ba-maššabbāčäw səfrā saffaru* «dans un certain pays (1-2) des négociants (3) alors qu'ils faisaient route (6) pour commercer [vers (4) commerce (5)] campèrent (10) [parfait] dans (7) l'endroit (9) où (7) ils se trouvèrent au soir, *c'est-à-dire mot à mot :* il fit soir contre eux (8) [parfait]».

La liste d'exemples ci-dessus, avec les emplois normaux de parfaits et les emplois plus ou moins exceptionnels d'imparfaits, donne une impression d'incohérence qui appelle un court commentaire.

En fait, les emplois de l'imparfait comme passé momentané sont dans l'ensemble à interpréter historiquement comme des survivances (voir § 8, p. 17).

Mais on sait que même dans les langues où les temps sont rigoureusement distincts d'une manière générale (comme le français par exemple), un récit d'événements passés peut être mis au temps qui exprime habituellement le présent, même s'il s'agit de faits momentanés; c'est ce qu'on appelle le phénomène du présent historique. Il faut tenir compte du fait que les langues sémitiques connaissent aussi ce phénomène. Ainsi s'explique que l'emploi de l'imparfait comme passé momentané puisse être généralisé dans certains verbes de sens déterminé, comme le verbe «dire» en guèze. D'une manière générale, ce sont les verbes de ce sens qui se prêtent le plus volontiers, dans diverses langues, à l'emploi de présent historique; voir *Grundriss,* II, § 77, p. 152 bas, § 78, p. 155; § 84, p. 163, et pour l'arabe en particulier, Wright, *Ar. Gr.,* II, § 86; Reckendorf, *Synt. Verh.,* p. 58, Nöldeke, *Zur Gramm.,* p. 67.

Toutefois il est bien entendu que ceci ne concerne que les emplois de l'imparfait comme passé momentané; dès qu'il s'agit de descriptions de faits qui durent, l'imparfait est dans son rôle normal d'inaccompli, que l'époque soit passée ou non (chap. IV)[1].

77. Rarement le passé momentané est exprimé par une forme composée. Les faits sont exceptionnels, délicats, et doivent être jugés au point de vue de chaque langue.

Il peut arriver qu'un développement commence par un verbe impersonnel, situant l'ensemble de ce qui suit dans le passé. Il n'y a pas là véritable composition au sens morphologique; il y a toutefois expression complexe du passé.

Cette tournure est fréquente en hébreu. L'impersonnel passé est suivi à quelques mots de distance par un autre verbe, lui-même au passé; ainsi Genèse, 40, 1 : *way'hi(y) 'aḥar haddəbʰări(y)m hǎ'ellę(h) ḥǎṭə'u(w)*... «et ce fut (1) après (2) ces (4) choses (3), commirent une faute (l'échanson et le panetier du roi d'Égypte)».

Pour le guèze, voir ci-dessus, § 76, un exemple avec *kōna* en tête; pour l'arabe, voir § 63 et § 96, p. 168 (comparer pour le futur § 152).

[1] Pour les cas où il y a discordance entre l'usage sémitique et l'usage français de sorte qu'un passé momentané a pour répondant dans une traduction un passé duratif, voir au paragraphe 110.

En hébreu tardif, influencé plus ou moins par l'araméen, et dans la plupart, au moins des dialectes araméens, le participe est devenu de plus en plus usité à mesure que le parfait perdait de sa vitalité. Les stades de transition montrent des faits souvent difficiles à interpréter.

En hébreu biblique, il est normal que le verbe *håyå(h)* soit joint à un participe pour exprimer le passé duratif (voir § 112). Dans les derniers livres de la Bible, cette construction, de plus en plus abondante, exprime fréquemment non un état durable ou une action habituelle, mais une action qui prend un certain temps à s'exécuter ou qui peut se décomposer en plusieurs actes répétés : or, dans ce cas, le parfait seul est employé à bonne époque. C'est donc à titre de substitut du parfait que cette expression composée est traitée brièvement ici.

Dans Néhémie, 2, 14-15, entre deux phrases où le passé est exprimé par des imparfaits précédés de *wa-*, les actes essentiels sont expliqués au moyen du verbe «être» avec participe : *wå'ĕhi(y) 'olę(h) b^hannaḥal laylå(h) wå'ĕhi(y) śob^her baḥo(w)må(h) wå'åśu(w)b^h* «et je montai (fus montant) dans le torrent, de nuit, et j'explorai (fus explorant dans) la muraille, et je revins (imparfait avec *wa-*)» (même construction au verset 13); la construction s'explique par une idée de durée, l'ascension et l'exploration prenant du temps; mais des actions tout aussi prolongées sont exprimées normalement en hébreu classique sans le secours de la périphrase. Le texte de Néhémie est tardif (vers 300 av. J.-C.). La même tournure se trouve peut-être dans Genèse, 4, 17 : (la femme de Caïn, devenue enceinte, enfanta Hénoch) *way^ehi(y) bonę(h) 'i(y)r wayyiqrå(') šem hå'i(y)r...* «et il [Caïn] construisit (fut construisant) une ville, et il donna comme nom à la ville (le nom de son fils Hénoch)». L'action de construire est prolongée; cependant c'est le parfait qui serait l'expression normale, si du moins le rédacteur a bien voulu énoncer des actions successives, ainsi qu'on le comprend généralement. Mais il y a peut-être ici un passé duratif descriptif (voir § 112) : «et il était en train de construire une ville [au moment de la naissance d'Hénoch]» (voir Joüon, *Gram.*, § 121 *f*, p. 340). Enfin certains proposent de prendre ici le participe comme l'équivalent d'un substantif et de traduire : «fut (parfait simple) le constructeur d'une ville».

En hébreu talmudique les composés de participe et *håyå(h)* se multiplient

(Geiger, p. 39 bas; toutefois Albrecht, *Neuhebr.*, § 107, p. 119, ne cite que des exemples duratifs).

La même construction existe aussi en syriaque; voir Nöldeke, *Syr. Gr.*, p. 191, où elle est donnée comme exprimant « l'entrée subite dans un état (qui doit se prolonger) » [1].

78. La composition du parfait de « être » non avec un participe, mais avec un parfait, au sens de passé momentané, se rencontre quelquefois en araméen palestinien (Dalman, *Jud. Pal.*, § 60, 3, p. 205), ainsi *hwh 'y'll* « il entra ».

En syriaque, cette combinaison est fréquente, avec *hʰwa(')* abrégé en *wā* et enclitique sur le parfait. Historiquement, elle est une des marques de la décadence du parfait, qui tend ainsi à perdre son indépendance. Il s'agit ici de savoir si, dans le moment de l'évolution qui est représenté par le syriaque littéraire, la forme composée a une valeur expressive. La combinaison pourrait, comportant deux passés accumulés, signifier un plus-que-parfait; ce sens se présente, en effet, mais pas plus que pour le parfait simple, et il n'est pas général. Y a-t-il alors relation avec la durée? Burkitt, cité dans *Grundriss*, II, § 328, p. 516, a observé que, dans la plus ancienne traduction de l'Évangile, la marche du récit est exprimée par le parfait, tandis que les circonstances accessoires prennent le parfait suivi de *-wā;* mais cette distinction n'a pas subsisté. Duval, *Grammaire*, § 335, p. 320, définit le complexe en question comme « passé défini »; Nöldeke, *Syr. Gr.*, § 263, p. 182, marque la fréquence de son emploi dans le récit d'événements momentanés, ainsi *qâm (h)wå(') dabreh* « il se leva, l'emmena ». En fait, le complexe parfait suivi de *-wā* se distingue du parfait simple en ce qu'il ne peut être qu'un passé : il y a donc amorce d'une distinction formelle de l'accompli et du passé; mais cette distinction ne s'est pas pleinement réalisée, puisque l'emploi du parfait simple est toujours possible.

En araméen oriental moderne aussi, au moins dans certains parlers, avec le nouveau parfait issu d'un participe, *wā* peut exprimer un passé momentané (et non, comme généralement un plus-que-parfait, voir § 95), Rhétoré, *Soureth*, p. 257, n° 10, *qtil (h)wā leh* « elle le tua » [2].

---

[1] La tendance analytique examinée ici pour le passé s'est révélée aussi dans l'expression du futur, voir au paragraphe 152, p. 245 haut, et au paragraphe 155, p. 246 bas.

[2] Sur un autre composé, voir § 82, p. 150.

79. L'emploi d'une forme composée du parfait a une utilité définie dans une subordonnée où le parfait simple ne peut pas figurer, mais où le moment passé doit être marqué. Des emplois de cette sorte sont réalisés en syriaque, en néoaraméen oriental et en arabe classique.

En syriaque, il est habituel que dans une proposition finale ou temporelle subordonnée à un parfait, le verbe à l'imparfait soit suivi du parfait -(*h*)*wā* ; mais cette construction n'est pas obligatoire pour exprimer le passé subordonné, et d'autre part, elle a aussi d'autres valeurs (emploi en subordination n'exprimant pas le passé, voir Nöldeke, *Syr. Gr.*, § 261, p. 181 et un usage en proposition hypothétique). Voir *Grundriss*, II, § 328, p. 516 bas; Brockelmann, *Syr. Gr.*, § 220. Exemple dans Nöldeke, *Syr. Gr.*, § 268, p. 185 : *'aḥḥi(y) 'enne(y)n dənettəzi(y)'ăn (h)way* « il les anima (2-1) afin qu'elles se remuassent (3-4) ».

La même construction est fréquente en néoaraméen oriental, avec le participe ancien en fonction d'imparfait (Nöldeke, *Neusyr.*, § 147, p. 298).

En arabe classique, la même possibilité s'est réalisée; mais, au contraire du syriaque, l'auxiliaire se met au subjonctif, le verbe principal restant au parfait. Cet usage se rencontre après la conjonction *'an* qui est suivie du subjonctif, que la proposition introduite par elle soit ou non de sens final; ainsi, dans Ewald, *Gr. Ar.*, I, p. 126-127 : *'ankara 'an yakūna qadima* « il nie (parfait à valeur de présent) qu'il soit arrivé »; dans Reckendorf, *Synt. Verh.*, p. 294 : *'innamā yanbaġī 'an yakūna daḫala* « en vérité il faut qu'il soit entré »; voir encore Nöldeke, *Zur Gram.*, p. 73.

La même construction peut avoir d'autres valeurs : elle sert à mettre en subordination un parfait-présent, un plus-que-parfait, un futur antérieur. Elle est donc ambiguë. De plus, elle n'est pas obligatoire. En effet, un parfait peut figurer après *'an* sans auxiliaire (Wright, *Ar. Gram.*, II, § 15, p. 25 bas) et c'est régulièrement le parfait simple qui est employé si *'an* est remplacé par *'anna* (*Ar. Gram.*, II, § 36, p. 79 bas) : (nous savons) *'anna raġulan qāla* « qu'un homme a dit ».

CHAPITRE II

PARFAIT-PRÉSENT.

80. Une action exécutée dans le passé peut être envisagée dans son résultat présent : il y a combinaison de l'idée de temps passé avec celle de durée présente. Cette notion de «parfait» (voir Meillet, *Linguistique,* p. 141 et suiv., p. 188) est celle qui est exprimée par le parfait en grec, et en français antérieur à l'époque contemporaine par le «passé indéfini» (j'ai fait) par opposition au «passé défini» (je fis); elle est dans beaucoup de langues exprimée par la même forme que le passé momentané, ainsi en latin, et en français parlé actuel de la région de Paris («j'ai fait» ayant éliminé «je fis» et restant forme unique). Le terme de parfait-présent est adopté ici pour éviter toute confusion avec le «parfait» sémi-tique.

En sémitique le temps de l'accompli est apte à exprimer aussi bien le parfait-présent que le passé momentané; ainsi en arabe algérien *klīt* signifie aussi bien «j'ai mangé, j'ai fini de manger» que «je mangeai». La valeur de parfait-présent est particulièrement fréquente pour certaines racines dont le sens s'y prête, ainsi arabe classique *māta* «il est mort» à côté de «il mourut» (sur *kāna,* voir p. 118; sur des cas où la valeur de présent existe seule, chap. v).

D'ailleurs, il a été admis (p. 18) que le parfait du sémitique occidental a pour origine une forme durative, plus proche du parfait-présent que du passé momentané. A époque historique, là où le parfait a disparu ou est en voie de disparition, il cède la place à d'autres formes nominales indi-quant à l'origine un état; on en verra des exemples au cours de ce chapitre. La valeur de parfait-présent n'est donc pas pour le parfait sémitique occi-dental une valeur dérivée secondairement; elle est ancienne.

Des exemples du parfait simple en emploi de parfait-présent se trouveront dans certains des paragraphes suivants.

Certaines langues, secondairement, ont créé une distinction entre passé momentané et parfait-présent.

L'expression propre du parfait-présent peut être obtenue de différentes manières. La plus fréquente est l'emploi de formes nominales du verbe (ainsi le gérondif en éthiopien). Une autre solution est l'adjonction au parfait de particules ou d'auxiliaires.

Il faut ici distinguer deux cas. Ou bien l'élément ajouté comporte une idée de présent (ainsi *rā-* en arabe algérien); la forme composée est alors proprement un parfait-présent. Ou bien l'élément ajouté indique par lui-même le résultat : il est alors aussi propre à exprimer un résultat dans le passé (passé antérieur duratif) qu'un parfait-présent; c'est ce qui arrive pour l'emploi de *qad* en arabe.

Pour désigner les formes qui sont aptes à exprimer aussi bien le passé antérieur que le parfait-présent, il sera fait usage ici du terme de «résultatif».

81. PERMANSIF ACCADIEN. — Le permansif, dont l'emploi propre est l'expression de la durée (p. 43), exprime souvent le parfait-présent par opposition au passé momentané signifié par le parfait (Ungnad, «*Haben*», p. 277; Lewy, *Untersuchungen*, p. 62-63). Exemple (communiqué par M. C. Fossey), *Cuneiform Texts*, VI, 29, 12-13 : *ellita abbutlāka gullubat* «tu es libre, ton esclavage est rompu».

Le permansif, ainsi employé comme résultatif, peut aussi exprimer le plus-que-parfait (Ungnad, *Gram.*, § 30).

82. TEMPS PARTICIPIAUX EN ARAMÉEN ORIENTAL. — En syriaque, le parfait peut exprimer le parfait-présent (Nöldeke, *Syr. Gr.*, § 256, p. 178); mais, à côté de lui, le participe passif en -*i*- employé comme verbe exprime toujours ce même parfait-présent; il peut, comme tel, être nié et subordonné (Nöldeke, *Syr. Gr.*, § 278-278, p. 192-193); employé sans pronoms, ce participe est passif : *walâ(') katʰi(y)bʰ d. . .* «et il n'est pas écrit (n'a pas été écrit) que»; avec les pronoms médiats il sert de verbe actif : *qəre(y)n-lâk katʰâbʰe(')* «as-tu lu les livres?» (comparer

Margolis, *Talmud*, § 56, 58, II *i*; Nöldeke, *Mand.*, § 262-263, p. 379 et suiv.).

En araméen moderne oriental cette forme, ayant éliminé le parfait, exprime normalement le passé momentané (p. 47 et p. 142), plus rarement le parfait-présent (Nöldeke, *Neusyr.*, § 152, p. 310).

Mais le parfait-présent a retrouvé une autre expression dans les dialectes orientaux : c'est le même participe en -*ī*-, mais à l'état déterminé (forme « emphatique » à *ā* final) et suivi de la copule du présent; Nöldeke, *Neusyr.*, § 150, p. 307 : *qīmā (i)le* « il est ressuscité »; cette forme est rarement un passé momentané (Maclean, *Vernacular*, § 55, p. 144).

Le ṭōrānī, qui n'a pas la même forme composée, utilise peut-être quelquefois le préfixe *k-* devant le parfait pour marquer le sens résultatif. Voir certains des exemples rassemblés dans Siegel, *Ṭūr ʿabdīn*, § 88, p. 151; ainsi (Prym-Socin, *Neuaram. Märchen*, p. 249, l. 22) : *kimsikli* « j'ai pris ». Mais tous les exemples ne paraissent pas aussi favorables à cette interprétation.

La tendance à distinguer par une forme propre le parfait-présent a donc dans l'ensemble continué à produire ses effets.

La combinaison du présent-futur (ancien participe actif) avec *qam, kim* signalée p. 142 pour le néosyriaque, peut exprimer le parfait-présent aussi bien que le passé momentané ou le plus-que-parfait.

83. ARABE. — *Usage de la particule* qad (*et de la particule* 'in). — La particule *qad,* entre autres usages, a celui de marquer l'accomplissement quand elle est jointe au parfait. A ce titre, elle peut indiquer seulement une nuance de proximité dans l'action accomplie; exemple de Ibn Hišām, dans Reckendorf, *Synt. Verh.*, p. 297, bas : *'innī qad ra'aytu raǧulan ḫaraǧa min ʿindika* « certes moi j'ai justement vu (je viens de voir) un homme qui est sorti de chez toi ». Si l'action dont *qad* marque l'entier accomplissement est située dans le passé par l'ensemble de la phrase, ce qui est un cas fréquent, la combinaison *qad* et parfait équivaut à un plus-que-parfait (voir chapitre III). Mais très souvent, lorsque le contexte n'impose pas l'idée de passé, le parfait avec *qad* exprime le parfait-présent. Exemples nets dans Reckendorf, *Synt. Verh.*, p. 298-299, entre autres, de Ibn Hišām : *'inna bna 'aḫī qad balaǧa* « certes le fils de mon frère (mon neveu) est adulte (a achevé sa croissance) ». Un usage de cette tournure

est celui après *wa* «et» explicatif, Wright, *Ar. Gr.*, II, § 183, p. 332 : *hādā ǧinā'uhā waqad 'asannat* «tel est son chant, maintenant que (et, puisque) elle a vieilli». Un autre usage se rencontre dans les serments : si la phrase qui suit la formule d'invocation est au parfait, ce parfait est précédé de la particule d'affirmation *la-* suivie de *qad*; Wright, *Ar. Gr.*, II, § 62, p. 176, haut : *wallāhi la-qad halaka 'abū ǧahlin* «par Dieu (1) certes (2) Abu Djahl (5-6) est mort (3-4)».

Mais, d'une manière générale, l'emploi de *qad* n'est pas nécessaire pour donner au parfait la valeur de parfait-présent. Cette absence d'obligation (sans parler de la multiplicité des valeurs de *qad*) fait qu'il n'y a nullement en ce cas un véritable temps de verbe.

Le complexe *qad* et parfait peut se subordonner à *'an* «que» avec auxiliaire interposé, tout comme le parfait simple; Coran, 7, 184 : *'asā(y) 'an yakūna qad iqtaraba 'aǧaluhum* «peut-être que s'est approchée (est proche) leur fin».

En arabe ancien *'in* était employé dans le même sens que *qad*, d'après Guidi, *Particelle*, p. 176 : *'in qāma zaydun* «Zayd s'est levé».

A la période moderne *qad* se survit en Arabie centrale comme archaïsme poétique. En Arabie du Sud, il est encore vivant sous la forme *ǧid*, avec divers emplois; celui dont il est question ici est représenté; Rhodokanakis, *Ḍofar*, II, p. 138 *b*, haut : *ū-būhā ǧid māt* «et son (forme féminine) père est mort».

En Mésopotamie septentrionale, *kil, kē* est employé comme *qad* en arabe classique : Socin, *Mōṣul Mārdīn, Z. D. M. G.*, 36, p. 7, l. 12 : *ahna aiš kil 'amilnā* «nous qu'avons-nous fait?»; p. 7, l. 13 : *elbēr°ha ke ǧina* «nous sommes juste arrivés (2-3) hier (1)».

En arabe classique, une phrase avec *qad* peut être compliquée d'un verbe équivalant à *kāna* «être» dépouillé de son sens plein, d'après les exemples de Reckendorf, *Synt. Verh.*, § 112, p. 202; ainsi (phrase d'Imroulqaïs) : *'amsa(y) ḥabluhā qad tabattara* «(a été au soir) son (forme féminine) lien a été rompu».

84. ARABE. — *Emploi du participe.* — En arabe classique un participe suivi d'un complément peut être situé par sa construction, soit dans la sphère de l'accompli, soit dans celle de l'inaccompli. Le participe ne peut appartenir à l'accompli que s'il est sans article et a son complément au génitif, comme un autre nom : *qātilu nnāsi* «le meurtrier des hommes (celui qui a tué des hommes)». Cependant le participe construit ainsi peut être aussi situé dans l'inaccompli (celui qui tue ou tuera des hommes), de sorte que la valeur de cette construction est ambiguë. Au contraire, si le participe avec un complément au génitif reçoit l'article (*al-qātilu nnāsi*), ou si (avec ou sans article) il a un complément à l'accusatif comme un verbe : *alqātilu* (ou *qātilun*) *nnāsa*, il est forcément inaccompli (Wright, *Ar. Gr.*, II, § 30, *Grundriss*, p. 64; II, p. 331).

En arabe moderne, la perte de la déclinaison rend ces distinctions caduques en ce qui concerne les finales. D'une manière générale, le participe, employé comme centre de phrase, peut se situer dans l'accompli et dans l'inaccompli, comme il a été vu p. 48. Cependant, dans certains dialectes au moins, et dans ceux-ci pour certaines constructions ou pour les verbes de certains sens, le participe peut servir de substitut au parfait dans l'emploi de parfait-présent. Cette question mériterait une étude qui n'est ici qu'amorcée au moyen de quelques exemples.

En Oman, le participe avec complément (quand le complément est un suffixe pronominal, il est attaché au moyen de -(*n*)*n*, voir p. 48) peut se situer dans différents temps (Reinhardt, *Oman*, § 256, 423, 424), mais il est souvent parfait-présent; *Oman*, § 250 : *ḍārbinno* «(un sujet au masculin) l'a frappé», *ḍārbitno* «(un sujet au féminin) l'a frappé».

En Syrie-Palestine, l'emploi du participe comme parfait-présent semble surtout fréquent en phrase interrogative; dans certains parlers et au moins à certaines personnes, quand il reçoit un complément pronominal, il peut prendre la désinence de parfait; Barthélemy, *J. A.*, 1906, II, p. 251, à Alep : *lawēn 'eḥədāyon*, à Jérusalem : *wēn māḥədūhom* «où les as-tu (fém.) emmenés?»; Harfouch, *Drogman*, p. 157 (participe indéterminé avec complément) : *min kābəb elḥibr 'ala ṭṭāwle* «qui a renversé l'encre sur la table?». Dans une phrase non interrogative, Bauer, *Pal.*, § 83, p. 109 : *iftaḥ eššubbāk; ana fātḥo* «ouvre la fenêtre — je l'ai ouverte». Mais le sens de parfait-présent n'est nettement marqué que si le verbe auxiliaire *ṣār* (voir p. 124) précède le participe; Bauer, *Pal.*, § 83 : *isqi šškūl; ṣirt sāqīha*

«arrose les fleurs — je les ai arrosées»; Spoer Haddad, § 219, p. 83 :
ṣār maqdūḥ «il est percé»[1].

Au Maghrib, certains participes servent de parfait-présent : (Beaussier,
Dict., p. 6) *ḥādi bənt ʿammu* «il a pris (pour femme) sa cousine»; (d'après
M. W. Marçais) *kābər* «il a été élevé (dans telles conditions)», etc.

85. ARABE DE LA RÉGION DU TCHAD. — *Usage de ḥəlāṣ, etc.* — En arabe de
la région du Tchad, les particules *ḥəlāṣ* «fin, fini», *tamma* «être complet»,
ya «déjà» se postposent au parfait pour en marquer la valeur d'accompli
duratif. D'après Lethem, *Shuwa*, p. 175, *ya, ḥəlāṣ, ya ḥəlāṣ, tamma,*
s'emploieraient indifféremment pour l'accomplissement présent (parfait-
présent) ou passé (plus-que-parfait); mais Carbou, *Méthode,* p. 123, ne
donne que *ḥəlāṣ* pour le parfait-présent : *hu ǧa ḥəlāṣ* «il est arrivé, il vient
d'arriver», *ana sətah ḥəlāṣ* «je l'ai fait»; *ya ḥəlāṣ* serait plus-que-parfait
(voir chap. III, § 101). Dans ce cas, on pourrait donc parler d'expression
spéciale du parfait-présent. Il peut y avoir des différences d'usage entre
les parlers de la région (voir encore au futur antérieur, chap. VII).

86. ARABE OCCIDENTAL (ET ARABE D'ARABIE). — *Particules présentatives.* —
Ces particules (voir p. 89), se joignant au parfait, peuvent servir à
marquer l'achèvement actuel de l'action passée. Ainsi, dans la plupart des
parlers, *hā-* avec les pronoms régimes; à Alger juif, le démonstratif *hāda*
précédé de *w* (c'est-à-dire sans doute *huwa* «lui» réduit); Cohen, *Alger
juif*, p. 346 : *wāda ǧa* «(voici qu')il est venu». Mais la particule essentielle pour cet usage est *ṛā-* avec les pronoms. *Alger juif*, p. 258 : *ṛāni
ṛbaḥt* «j'ai gagné»; à Constantine, Mejdoub ben Kalafat, *Fables*, p. 21,
l. 3 : *sāʿătı ṛāhi wuṣlət* «voici qu'est arrivée (2-3) mon heure (1)»; à Rabat,
Brunot, *Yallah*, p. 86 : *ṛākum klātīwuh* «vous l'avez mangé»; l'exemple
suivant (même endroit) montre que cette particule peut former un parfait-
présent avec un passé duratif : *ṛāna kunt nqōl lkum kūlu* «je vous ai dit
(voici que je vous disais) : mangez».

Mais l'emploi de cette forme spéciale de parfait-présent est relativement
rare et comporte une insistance[2].

____

[1] Voir encore *ṣāyir*, p. 124.

[2] Le parfait simple est normalement parfait-présent; ainsi le très fréquent *fhəmt* «j'ai
compris» (Marçais, *Tanger,* p. 63, l. 18)

ēwa allah ʿaṭāna ʿalā qŏdd qŏlbna «eh bien
Dieu nous a donné à la mesure de notre
cœur (désir)».

Le même emploi a été signalé en Arabie du Sud; Landberg, *Daṯînah*, p. 485 : *elyōm raʿna raqaʃna min em-bard* « aujourd'hui (voilà que) nous avons tremblé de froid ».

87. Sudarabique moderne. — La particule *ber* qui est, par ses emplois, analogue au *qad* arabe, sert entre autres usages à marquer l'achèvement, en combinaison avec le parfait. Cette construction ne distingue pas formellement le parfait-présent du plus-que-parfait : c'est un résultatif. Les exemples suivants contiennent des parfaits-présents : (Müller, *Mehri Soq.*, III, p. 46, n° 9), mehri : *ber kenḥe ḥelmek* « j'ai rêvé (1-3) encore (2) », šhauri : *ber ḥelmek* « j'ai rêvé », soqotri : *bek šodimk* « j'ai rêvé » (même endroit, n° 7), soqotri : *wubiroh diho ḥameleh ʿešoh* « et déjà de moi la gerbe se dressa » (« et ma gerbe s'est dressée »); Bittner, *Mehri*, V, 2, p. 9, n° 6, mehri : (tu n'es pas un mendiant) *bar ġiribk tūk* « j'ai [bien] compris toi ».

Mais ce ne sont que des exemples de *ber* entre autres; il n'y a pas là une expression fixe; en effet, *ber* peut se trouver dans une phrase au passé momentané : (Müller, *Mehri Soq.*, II, p. 8, l. 8), soqotri : *ber nešor* « il s'avança », ou au passé duratif : (même endroit, l. 5) *ber biroh kānoh teraʿa* « car elle faisait paître » (*ber* invariable, puis conjugué, ensuite l'auxiliaire *kān* et un imparfait de verbe). D'autre part, le parfait simple peut avoir le sens de parfait-présent, Müller, *Mehri Soq.*, III, p. 45, l. 2 : *iʃol iṭa šegaʾš* « pourquoi (1) as-tu fait (3) ainsi (2) ? »

Le sudarabique moderne a, d'autre part, une construction durative qui consiste dans l'adjonction du relatif à un des temps principaux du verbe. Quand le parfait est ainsi précédé du relatif et que l'ensemble de la phrase ne comporte pas l'idée de passé, il y a expression du parfait-présent. Voir Jahn, *Gramm.*, p. 133-134; Bittner, *Mehri*, III, p. 66-68; *Šhauri*, II, p. 48; ainsi : *hēt dä katirik* « tu t'es caché ».

88. Guèze. — Le verbe *waddəʾa* « achever » est assez souvent employé pour donner au parfait le sens de parfait-présent. Il est conjugué, peut précéder ou suivre le parfait du verbe principal; celui-ci (quand *waddəʾa* précède) peut être, en outre, précédé de *wa-* « et ». Épîtres aux Romains, 6, 2 : *waddāʾna mōtna* « nous sommes morts (au péché) »; Osée, 12, 8 : *waddāʾku wabəʿalku* « je me suis enrichi ».

Mais l'expression normale du parfait-présent est le parfait simple: Chaîne, *Gramm.*, p. 136 : *maṣā'na kama nəsgad lōtū* «nous sommes venus (1) pour (2) l'(4)adorer (3)».

88 *bis*. TIGRIGNA. — Le gérondif est employé pour exprimer le parfait-présent, et remplace normalement le parfait dans cet emploi, en phrase positive; mais le parfait seul s'emploie en phrase négative (Offeio, p. 62, etc.; à propos de ce fait, voir les faits amhariques, § 90).

Le gérondif peut être seul ou accompagné d'un auxiliaire du présent, soit *'allō*, soit *'əyyu*, sans qu'il y ait de différence de sens; il arrive que les deux auxiliaires soient cumulés.

Kolmodin, *Traditions*, n° 186, 9 : *ṭaləmōmunā* «il (pluriel de politesse) nous a trompés»; Vito, *Gramm.*, p. 64 : *wəḥəǧ mali'u raḥibəwwo ḥamisu tasāgiru* «ayant trouvé (3) le fleuve (1) plein (2) il a passé (5) en nageant (4)»; Schreiber, *Manuel*, p. 126 : *baṣīḥnā 'allōnā* «nous sommes arrivés»; p. 124 : *qwəsāy baliꜥä 'əyyä* «j'ai mangé (2-3) quelque chose (1)». Exemples de subordination lâche par *'əmmō*; Schreiber, p. 126 : *daḥīmä 'allaḥu 'əyyä 'əmmō* «puisque (4) je suis fatigué (1-2-3)»; Kolmodin, *Traditions*, n° 119, 7 : *'əzā ꜥadday . . . gwalgwal kwăynu 'əyyu 'əmmō* «puisque ce village est devenu une campagne». Exemple d'emploi en proposition relative, Offeio, p. 154 : *ꜥālām faṭīru zallō 'əgzi'abəher 'əyyu* «(celui) qui a (3) créé (2) le monde (1) c'est (5) Dieu (4)». En proposition temporelle avec *dəhri, dəhrə, 'əndəhrə* «après que» : *dəhri šamgilu* «après qu'il a vieilli».

On peut considérer que le parfait-présent est exprimé par l'imparfait suivi du gérondif *kwăynu* «étant, ayant été, il a été» dans une phrase telle que la suivante; Vito, *Gram.*, p. 66 : *may yəwaqqəꜥ kwăynu 'əyyä qalṭifä zaymaṣā'ku* «de l'eau — tombe — ayant été — je suis — me pressant — que je ne suis pas venu» («c'est parce qu'il a plu que je ne suis pas venu vite»).

Le parfait simple remplace rarement le parfait-présent; Schreiber, *Manuel*, p. 155, dans une lettre : *baṣḥanni taqabalku* «(ce que vous m'avez envoyé) m'est arrivé, je [l']ai reçu)».

89. TIGRÉ. — L'expression normale du parfait-présent est le parfait simple; Littmann, *Princeton*, I, p. 31, l. 20 : *nargusfən samdənni* «Nar-

gousfèn m'a trompé»; p. 41, l. 10 : *zammatnā karāyi maṣʾat* « nous sommes razziés, une armée est venue (arrive)!»; p. 105, l. 8 : *wagnāy təwalladā* « un monstre est né ».

Cependant, il peut arriver que le parfait-présent soit exprimé par un complexe : participe actif ou passif avec *hallā* conjugué. Étant donné que *hallā* n'est pas employé par ailleurs comme copule, on ne peut considérer ici le participe comme un adjectif verbal attribut; il y a bien une forme composée.

Pour le participe actif, deux exemples, pris dans des traductions des Évangiles faites sur l'amharique, sont cités dans Littmann, *Z. A.*, 1897, p. 202 : *māṣəʾ hallēkō* « je suis venu »; *qārbat hallēt* « elle s'est approchée » (les deux verbes sont de sens neutre); des sondages dans les textes de *Princeton* n'ont pas donné de nouvel exemple [1].

Pour le participe passif, exemples dans Littmann, *Z. A.*, 1899, p. 99; de même dans *Princeton*, I, p. 29, l. 13 : *ʾəttā ʿad zəmūt hallā* « cette tribu a été pillée ».

90. AMHARIQUE. — Le parfait-présent (en phrase positive) y est constitué par la réunion étroite du gérondif, régulièrement conjugué, et de l'auxiliaire *alla*.

Celui-ci ne prend de désinences qu'à certaines personnes (3ᵉ pers. fém. sing.; 1ʳᵉ pers. sing.; au XVIIᵉ siècle, d'après le témoignage de Ludolf, il en était de même à la 3ᵉ pers. plur.); partout ailleurs, il a la forme abrégée invariable *-al* (Praetorius, *Amh.*, § 207, p. 254; Armbruster, *Gramm.*, § 32, p. 103). Une telle réduction de la flexion d'un des termes composants suffit à marquer la cohésion de la forme. Elle est écrite en un seul mot. Les pronoms régimes sont attachés au gérondif, par conséquent insérés au milieu de la forme composée : *laqmwāl* (< *laqmo* + *alla*) « il a ramassé », *laqmāllāč* « elle a ramassé », *laqmwāččawāl* « il les a ramassés », etc. Un enclitique *-m(m)* de sens « et » peut s'infixer comme les pronoms : *laqmommāl* « et il a ramassé », mais il peut également se suffixer au complexe : *laqmwāləm*.

---

[1] D'après une communication écrite de M. E. Littmann, les exemples qu'il avait recueillis dans l'évangile tigré ont été éliminés dans une édition ultérieure. Le composé du participe avec *hallā* s'entend dans la conversation; mais on emploie plutôt dans le même sens une combinaison du parfait avec *hallā*.

Dialectalement, dans la province de Godjam (Armbruster, *Gram.*, p. 1 o 4) la forme est différente : la première composante est le parfait régulièrement conjugué, et augmenté de *-(ə)nn;* l'auxiliaire est *-āl;* à toutes les personnes insertion des pronoms ou de *-m-* comme ci-dessus : *laqqamannāl* « il a ramassé », *laqqamaunnāl* « il l'a ramassé ». L'explication de l'élément *-nn-* est à chercher dans un rapprochement avec les éléments de sens « et, puisque » : *-(ə)nnā* en amharique, *-(ʾə)mmō* en tigrigna, *-ma* en harari (pour le harari et le gouragué, voir § 91).

Le parfait-présent composé est employé chaque fois qu'il y a insistance sur le résultat d'une action. Mais le parfait simple est employé si l'on veut simplement énoncer une action passée, si proche d'ailleurs que soit le moment passé. L'usage peut se comparer à celui du français de Molière. Dans bien des cas, suivant une nuance à peine sensible, on peut employer indifféremment l'une ou l'autre forme.

Exemples du parfait composé : Afevork, *Guide,* p. 88 : *qay kafay amṭəččāllahu* « j'ai apporté (3) du velours (2) rouge (1) »; Mittwoch, *Erzählungen,* n° X, p. 3 o : *ləbs alqobaččawāl* « le vêtement est épuisé à leur détriment (ils n'ont plus de vêtements) »; mais avec le parfait simple, même endroit, p. 3 1 : *yəhən wǎrye kamān sammāš* « de qui (3) as-tu (féminin) entendu (4) cette (1) nouvelle (2)? »; p. 36 : *bamato bərr gazzāhūt* « je l'ai acheté (3) pour cent (1) thalers (2) ». Dans la phrase suivante, au cours d'un récit, un parfait est précédé d'un parfait-présent en fonction de présent historique exprimant l'achèvement (ici l'auxiliaire à la 3° personne masculin singulier a la forme pleine *alla* et est détaché du gérondif dans l'écriture) : *Chronique de Théodoros,* éd. Mondon, p. 5, l. 1 2 : *bazih gizye əgziabəhẹr ladağǎč kāsā radto alla-nnā hullum dəl hōna* « à ce moment (1-2) Dieu (3) a (7) aidé (6) le dédjazmatch (4) Kasa (5) et (de sorte que) (8) tous (9) [ses ennemis] furent vaincus (1 1-1 o) » (Dieu ayant aidé... Kasa, il eut la victoire).

En phrase négative, d'une manière générale, seul le parfait simple est employé. Il est facile de trouver une raison logique à ce fait : un acte qui n'a pas eu lieu ne peut pas être considéré dans son résultat. Le même fait s'observe en tigrigna (§ 88 *bis,* p. 1 5 5). Mais la logique ne gouverne pas le langage; l'analogie est plus puissante; aussi bien le gérondif s'emploiet-il comme parfait-présent négatif dans certains parlers locaux (voir ci-dessous).

L'objection à l'emploi de la négation est sans valeur si la négation n'est qu'apparente; aussi l'emploi du gérondif suivi de l'auxiliaire négatif *yälläm* régulièrement conjugué est-il fréquent dans les interrogations : *laqmo yälläm* « n'a-t-il pas ramassé? » (comparer les faits concernant le plus-que-parfait, § 107).

Ce qui précède concerne les propositions principales. En subordonnée, le parfait composé n'est pas normal.

En particulier, en proposition relative, le parfait simple seul est généralement employé; ainsi, Afevork, *Guide,* p. 88 : *tāgarăwō yāmaṭṭūt kuſăy* « le velours (3) que vous avez apporté (2) de votre pays (1) ».

Cependant, un gérondif peut être suivi de *alla* subordonné par le relatif ou par *s-* (voir p. 98); mais dans ce cas chaque élément a son indépendance, il n'y a pas terme composé (*alla* se conjugue entièrement et n'a pas forcément la valeur d'un présent). Voir par exemple, *Chronique de Théodoros,* éd. Mondon, p. 2 bas : *yadaḡāč kāsā său-nnā yadaḡāč gwăššu săw banaft tamattaw wadqaw s-āllu* « alors que (11) les hommes (3) du dédjazmatch (1) Kasa (2) et (4) les hommes (7) du dédjazmatch (5) Gochou (6) sont là (étaient là) (12) tombés (10) frappés (9) par les balles (par fusil) (8) »; on peut traduire : « alors que les hommes... étaient tombés frappés par les balles ».

Dans des cas particuliers, le gérondif peut être employé sans auxiliaire au sens de parfait-présent (voir le tigrigna, p. 155). Cette construction est surtout possible s'il y a interrogation; Afevork, *Roman,* p. 7, l. 17 : *gwaradamān əndih nuro* « un domestique (1) a-t-il [jamais] été (3) ainsi (2)? » Des phrases comme celles que cite Armbruster, *Gramm.,* § 65, p. 174 : *wāštan* « nous mentions », *bačəkkola hunän* « nous étions pressés », ne s'emploient pas de manière tout à fait indépendante, mais plutôt dominées par une question précédente « (Pourquoi disiez-vous ceci?) — [C'était] en mentant », « (Pourquoi ne vous êtes-vous pas arrêtés?) — Étant pressés (c'est que nous étions pressés) »; voir encore au chapitre III, § 107 fin.

Ce qui précède concerne la prose. Mais en poésie l'emploi du gérondif seul est beaucoup plus libre et se rencontre pour la simple énonciation, voir M. Cohen, *Couplets,* nᵒˢ 8, 9, 10, ainsi *ta-rās walye ḡārā zaməčče maslōñ* « il m'a semblé (6) [en rêve] que j'étais en campagne (5) avec (1-4) le Ras (2) Olié (3) ».

Il se trouve, dans certains parlers locaux, des emplois différents du gérondif seul; Guidi, *Z. A.,* VIII, p. 259, a signalé d'après son informateur Kefla Giyorgis, en quelques points d'Abyssinie (notamment dans la partie montagneuse du Choa occidental), des emplois en phrase négative et relative : *albaltōm* « il n'a pas mangé », *yatalabsō-tu labs* « l'(2) habit (3) qui a été revêtu (1) ». Il n'y a pas d'exemple cité en phrase positive indépendante. Il n'est sans doute pas téméraire de supposer que c'est parce que, dans les mêmes parlers, la forme de l'amharique commun avec *alla* est en usage dans ce cas. La particularité dialectale est que le gérondif se soit étendu aux phrases négatives ou relatives; comme en amharique commun, l'auxiliaire reste exclu de ces phrases (comparer au paragraphe 147 les composés d'imparfait et d'*alla*)[1].

91. Harari. — Le gérondif absent est suppléé par l'emploi de *-ma* enclitique sur une forme de verbe quelconque (parfait, imparfait, impératif), avec valeur : « de sorte que, en conséquence » (Littmann, *Z. A.,* XXXIII, p. 103 et suiv.); ainsi, Mondon, *Har. Gour.,* p. 71 bas : *seadi-mā saṭañ* « partage en conséquence donne-moi (ayant partagé donne-moi) ». Il ne semble pas qu'une forme munie de *-ma* puisse se combiner avec un auxiliaire pour jouer le rôle de parfait-présent en proposition principale : la place est donc laissée libre pour le parfait simple. (Sur le plus-que-parfait, voir § 108.)

Gouragué. — Un *-m* est très souvent joint au parfait dans des conditions qui restent à déterminer exactement (Mondon, *Har. Gour.,* Enquête personnelle); en tout cas, il est employé normalement en proposition principale au passé momentané; Mondon, *Har. Gour.,* p. 118 milieu : *tarassam abāta bēl čānam* « il se leva (1) [et] alla (4) à la maison (3) de son père (2) ». Les conditions sont donc différentes de celle du harari; mais il n'y a pas, ici non plus, expression du parfait-présent.

Le parfait avec *-m* se présente en composition avec *yalla* (au lieu de *yālla,* voir § 47, p. 100) « qui existe », dans la traduction de l'Évangile de Jean, 2, 17, citée par Praetorius, *Amh.,* p. 508 : *fošāšămu katamūn taṭā-*

---

[1] Pour un emploi du parfait-présent au lieu du plus-que-parfait, voir § 107.

Le gérondif peut se composer avec *hōna* au lieu de *alla*; mais ce n'est qu'avec *anda-* interposé, en phrase conditionnelle : *laqammye andahonhu* (ou *andahōn*) « si j'ai (j'avais) ramassé » (ci-dessus, § 69, p. 133 n.; Praetorius.*Amh.,* § 360, p. 484).

faṃ yallähōm «ses disciples (1) se souvinrent (2) comme (5) quoi il a été écrit (4-3)». L'absence de textes assez étendus et d'étude assez poussée ne permet pas de dire si un parfait-présent composé de cette espèce est régulier en gouragué.

Dans le dialecte walani, le parfait, au lieu de -$(\bar{a})m$, a une finale -$(\bar{a})n$. On peut se demander s'il ne s'y cache pas l'auxiliaire *al-* (voir p. 101 et § 149).

CHAPITRE III.

PLUS-QUE-PARFAIT (PASSÉ ANTÉRIEUR).

92. La notion exprimée par le verbe peut être située dans un moment
antérieur à un moment situé dans le passé; ce temps relatif est un passé
du deuxième degré.

La plupart des langues se dispensent d'exprimer spécialement ce passé
quand il s'agit d'actions momentanées successives. Ainsi le français peut
employer des suites de passés ordinaires, juxtaposés ou subordonnés («il
est arrivé; il a ouvert la fenêtre»; «lorsqu'il arriva, il ouvrit la fenêtre»).
De même, en sémitique, l'accompli suffit habituellement à exprimer le
passé du deuxième degré.

Mais on peut s'arrêter à un moment du passé pour y considérer le
résultat d'une action antérieure : il y a alors un correspondant passé du
parfait-présent, avec mélange de l'idée de temps et de celle de durée (en
français, plus-que-parfait et passé antérieur : «il eut terminé avant qu'on
arrivât», «il avait fini d'écrire lorsqu'on l'a découvert»).

Comme expression correspondant à cette notion, on trouve quelquefois
en sémitique, au lieu de l'accompli, les mêmes résultatifs qui expriment
le parfait-présent (ainsi le permansif en accadien, voir p. 149).

Souvent aussi, il se rencontre de véritables plus-que-parfaits, composés
d'un passé de «être» et d'un parfait, d'un participe ou d'un gérondif du
verbe principal.

Ces temps composés sont généralement duratifs; mais il peut arriver
que l'usage s'en étende et qu'ils expriment même un passé du deuxième
degré momentané (ainsi qu'il arrive aussi en français : «la parole qu'il
avait prononcée fut mal comprise», «il n'était jamais venu jusqu'ici»). La

limite entre le passé momentané de deuxième degré et le résultatif passé
est partout difficile à tracer.

On verra que, dans certains parlers qui peuvent à l'occasion exprimer
le plus-que-parfait par une forme spéciale, l'usage de cette forme est restreint. Dans d'autres, au contraire, le parfait simple n'est presque pas
employé comme passé de deuxième degré et il cède régulièrement la place
à des formes nouvelles propres à cet usage.

93. *Exemples de l'emploi de l'accompli sémitique en fonction de passé
du deuxième degré.* — *Accadien.* — Prisme d'Asurbanipal, col. III, 22,
dans Delitzsch, *Ass. Gr.*, p. 9*, l. 5 du bas : *mada(at)tašu maḫritu ša ina tirṣi
šarrāni abeya ušabṭilu iššu(u)ni adi maḫriya* «son tribut antérieur que du
temps des rois mes pères ils avaient aboli, ils [l']apportèrent devant moi».

Hébreu. — Genèse, 2, 5 : *ki(y) lo(') himṭi(y)r⸢yhwh 'ĕlohi(y)m 'al hā'ārĕṣ*
«(aucune herbe des champs n'avait encore poussé) car (1) le seigneur (5)
Dieu (4) n'avait pas fait pleuvoir (2-3) sur la terre (6-7) (et il n'y avait
pas d'homme pour cultiver le sol)».

Il semble, d'après la longue discussion de König, *Syntax*, § 114-122,
p. 40-43, et § 142-143, p. 51-52 (au sujet de laquelle voir encore
Bauer, *Tempora*, p. 27), que l'hébreu évite l'emploi de l'imparfait précédé
de *wa-* «et» comme passé quand le passé du deuxième degré doit être
exprimé. Ainsi, dans la suite d'un récit, au lieu d'employer la construction
«*wa-*+imparfait+sujet», on emploie la suite : «*wa-*+sujet+parfait».
1 Samuel, 7, 10 : *way°hi(y) šəmu(w)'el ma'ălĕ(h) hā'o(w)lå(h) u-pʰlišti(y)m
niggəšu(w) lammilḥåmå(h) bəyiśrå'el wayyar'em yhwh* «et (ce) fut Samuel
faisait (faisant) le sacrifice, et les Philistins s'étaient approchés pour combattre Israel, et [alors] fit tonner Dieu...».

D'autre part, l'imparfait peut exprimer le plus-que-parfait quand il est
accompagné de *ṭĕrĕm* «pas encore», *bəṭĕrĕm* «avant que»; Genèse, 24,
45 : *'åni(y) ṭĕrĕm 'ăkʰallĕ(h) lədʰabber 'ĕl libbi(y)* «moi (1) je n'avais pas
encore fini (2-3) de parler dans mon cœur (et voici que Rébecca est sor-
tie)» (Gesenius-Kautzsch, § 107, p. 325; König, *Syntax*, § 135, p. 49).

Syriaque. — Actes des Martyrs, I, 124, 9 (dans Nöldeke, *Syr. Gr.*,
§ 257): *wa'°bʰadʰ leh ṣebʰyånå(') bəkʰulmedʰem dapʰqadʰ leh* «et il accomplit (1)

pour lui (2) de bonne volonté (3) tout ce (4) qu'il lui avait commandé (5-6) ». Voir par ailleurs, § 95.

Arabe classique. — Le passé du deuxième degré a des expressions habituelles qui seront examinées au paragraphe 96.

Dans les propositions temporelles et relatives dépendant d'une proposition principale au parfait, le parfait suffit à exprimer l'antériorité (Wright, *Ar. Gr.,* II, § 3, p. 4). Ainsi Coran, 14, 26 (cité par Reckendorf, *Synt. Verh.,* p. 56 bas) : *qāla ššayṭānu lammā quḍiya l'amru* « Satan (2) dit (1) lorsque (3) la chose (5) eut été décidée (4) ». (Sur le temps relatif exprimé au moyen de diverses conjonctions, comme *lammā* de l'exemple ci-dessus, voir Freund, *Zeitsätze,* p. 74 et suivantes).

Guèze. — Le parfait exprime le passé antérieur aussi bien en proposition principale que dans une proposition subordonnée en relation avec une principale au passé.

Jean, 11, 30, cité par Chaîne, *Gramm.,* § 200, p. 140 : *wa'ādīhū 'ī-bō'a 'īyasūs wəsta hagar* « et jusque-là (1) Jésus (4) n'était pas venu (2-3) dans (5) le village (6) »; *Vie de Lalibala,* p. 29, l. 5 : *wa'əmdəḫrazəni nabara bawəsta wə'ətū gadām ḫaba rakabattō* « et après cela certes il demeura dans ce désert où elle l'avait trouvé ».

D'autres exemples de l'usage du parfait simple comme passé du deuxième degré, notamment dans les langues modernes, sont encore cités dans la suite de ce chapitre.

94. *Expressions particulières du passé du deuxième degré.* — Phénicien. — Les inscriptions phéniciennes jusqu'à présent connues ont livré un exemple d'emploi du verbe *k(w)n* dans une phrase exprimant le plus-que-parfait; mais il est douteux qu'il y ait vraiment dans cette phrase un temps composé.

C. I. S., Ire partie, n° 93, p. 109; inscription d'Idalie (Chypre), du milieu du IIIe siècle avant J.-C.; ligne 5 : *hndr 'š kn ndr 'bnm* « (ce monument a été érigé...) [étant] l'ex-voto qu'avait voué (promis par vœu) leur père (... de son vivant) ».

Le sens n'est pas douteux, mais *kn ndr* laisse place à trois interprétations, qui ont été toutes trois proposées : 1° *ndr* est un parfait; il y a plus-que-parfait composé, comme en arabe classique (§ 96); 2° *ndr* est un participe; il y a peut-être une sorte de plus-que-parfait composé, comme dans certains dialectes arabes modernes (§ 98 et suiv.); mais on peut aussi traduire par un parfait suivi de participe attribut : «que fut (avait été) vouant», le plus-que-parfait étant suffisamment exprimé par le parfait *kn*; 3° *ndr* est le substantif «vœu» : «qui avait été le vœu de...»; dans ce cas, non le moins vraisemblable, c'est sûrement *kn* qui à lui seul a force de plus-que-parfait [1].

95. ARAMÉEN ANCIEN. — Le participe passif, qui fournit dans certains dialectes un parfait-présent (§ 149, p. 82), exprime le plus-que-parfait s'il est joint à *h(ă)wâ(')* «il était» (sur le participe actif, voir § 113).

Araméen occidental ancien. — Esdras, 5, 11 : *bayᵉtʰâ' di(y) hăwâ(') bᵉᵊne(h)* «(nous rebâtissons) la maison qui avait été construite (il y a des années)»; dans les Papyrus d'Éléphantine, 1, 25 (cité par *Grundriss*, II, § 327, p. 517) : *lqbl zy bnh hwh qdmyn* «(bâtir le temple...) de la manière qu'il avait été bâti avant nous».

Araméen oriental. — En syriaque (Nöldeke, *Syr. Gram.*, § 278, p. 193 haut), *həši(y)li(y)n (h)waw* «ils avaient été achevés». En mandéen (Nöldeke, *Mand.*, p. 384), le verbe *hw'* est invariable; *dyw'n dhw' ktyb'* «un Diwan (substantif féminin) qui avait été écrit».

Toutefois, dans la plupart au moins des exemples de ce genre, il n'est pas sûr que les sujets parlants aient eu l'impression d'un passé antérieur : ce pouvait être un passé duratif (ainsi : «le temple comme il était construit autrefois», «ils étaient en état d'achèvement», etc.).

La forme est plus nette dans la construction syriaque du participe passif avec les pronoms médiats (sur l'usage comme parfait-présent actif, voir p. 149 bas) : en.effet l'auxiliaire du passé s'insère entre participe et désinences de manière que le complexe semble bien un temps composé (*Grundriss*, I, § 264, p. 582) : *šəmi(y)ᶜ (h)wâ(') lan* «nous avions entendu». Pourtant la cohérence formelle est moins grande si le sujet logique est un nom et la traduction par un verbe actif ne s'impose pas : (Nöldeke,

---

[1] Comparer *C. I. S.*, n° 175, l. 1, un passage analogue où le contexte n'invite pas à traduire par un plus-que-parfait.

Syr. Gram., p. 193 bas) *da-bᵊne(y)n (h)waw ləpʰu(w)rsåye(')* « que les Perses (1-4) avaient (3) bâtis (2) », « qui avaient été bâtis par les Perses ».

Malgré l'existence de cette forme, le parfait simple exprime normalement le passé du deuxième degré en syriaque même; ainsi Marc, 15, 10 · *yådʰaᶜ (h)wå(') gʰe(y)r Pe(y)laṭu(w)s dəmen kəsåmå(') 'ašləmu(wh)y rabbay kåhne(')* « car (3) Pilate (4) savait (était [2] sachant [1]) que [c'était] par (5) jalousie (6) [que] les chefs (8) des prêtres (9) l'avaient livré (7) [parfait simple] ».

Il a déjà été observé, § 78, p. 146, que la combinaison d'un parfait et de *(h)wå* en syriaque n'est pas une expression particulière du plus-que-parfait; mais elle peut exprimer ce temps ni plus ni moins que ne le fait un parfait simple. De même pour l'araméen palestinien, où cette construction est plus rare.

Araméen oriental moderne. — En ṭōrānī, d'après Siegel, *Ṭûr ᶜabdin*, § 88 *e*, p. 154, le plus-que-parfait est formé par un parfait immédiatement suivi de -*vo* invariable.

D'après Sachau, *Mosul*, p. 50, le plus-que-parfait est exprimé dans la plaine de Mossoul comme en syriaque classique (sur *wā* en araméen moderne, § 61, p. 116) : *drē wā lē* « il avait posé ».

Rhétoré, *Soureth*, p. 76, 80 et 88, donne cette même forme de plus-que-parfait; mais il donne aussi une autre forme (voir ci-dessous); Maclean, *Vernacular*, § 31, p. 83, cite cette forme comme usitée dans la plaine de Mossoul et dans les montagnes du Kurdistan, rare dans la région d'Ourmia; mais il la traduit comme un passé momentané ou une expression d'imminence dans le passé, non comme un plus-que-parfait (voir § 78, p. 146).

Le plus-que-parfait le plus habituel (d'après Nöldeke, *Neusyr*, § 151, p. 308; Maclean, *Vernacular*, § 31, p. 83-84; Rhétoré, *Soureth*, § 332, p. 103) consiste en combinaisons du participe passif (à l'état déterminé, à finale -*å*) avec le passé duratif du verbe-copule qui lui est postposé; l'auxiliaire peut être de forme pleine, mais peut aussi être contracté avec le participe et diversement abrégé dans son initiale (à la 3ᵉ personne, il peut être un simple *wå*). D'après *Soureth*, p. 103, on peut même employer comme auxiliaire un passé duratif composé du verbe « être », *khawīn-wā* « j'étais »; dans ce cas le participe suit.

Le plus-que-parfait ici défini est parallèle dans sa formation au parfait-présent (§ 82 , p. 150). Il peut se nier et se subordonner : *le win-wa ḫsība* «je n'avais pas pensé» (ici l'auxiliaire précède le participe); *būqirūn... m-aiḫa (')tye wa(w)* «ils s'inform(èr)ent d'où ils étaient venus».

L'emploi de ce plus-que-parfait semble être normal pour l'expression du passé du deuxième degré (voir notamment les textes de Rhétoré; *Soureth,* p. 243, n° 6; p. 251, n° 21, etc.)[1].

96. Arabe classique. — En arabe, le parfait exprimant le plus-que-parfait n'est pas employé seul (en dehors du cas vu au paragraphe 93, p. 163) : il est soit précédé de *qad* qui lui donne une valeur de «résultatif», soit composé avec l'auxiliaire *kāna;* les deux systèmes se cumulent souvent. Il y a donc expression diverse, mais générale, du passé de deuxième degré.

Comme il a été vu au paragraphe 83, p. 150, un des usages de *qad* avec le parfait est d'indiquer qu'un résultat est acquis. Chaque fois que l'ensemble de la phrase marque que ce résultat était acquis dans le passé, il y a expression d'un plus-que-parfait. C'est le cas lorsque le parfait accompagné de *qad* dépend d'un autre parfait (l'emploi de *kāna* qui sera étudié ci-dessous est une variété de ce cas général); ainsi (Wright, *Ar. Gr.,* II, p. 5) : *bakara 'ilā(y) lfaḍli fawağadahu qad bakara 'ilā(y) dāri rrašidi* «il alla de bonne heure chez Fadl et il (le) trouva [qu']il était allé de bonne heure (de meilleure heure) à la maison de Rachid».

Il y a aussi plus-que-parfait quand une proposition est jointe par *wa-* «et, or» à une proposition qui exprime le passé (Ṭabarī, cité dans Reckendorf, *Synt. Verh.,* p. 298) : *nazala wa-qad tağayyara lūnuhu* «il descendit (1) et (2) sa couleur (5) avait changé (3-4) [lorsqu'il descendit, sa couleur avait changé]».

Le plus-que-parfait indiquant une circonstance accessoire peut précéder le parfait, qui est le centre du récit, et se trouver en tête de phrase; il est alors au moins habituel que *qad* soit renforcé par *la-* (Hamadānī, cité dans *Synt. Verh.,* p. 298) : *laqad 'amarat bi-lbuḫli 'ummu muḥammadin faqultu lahā* «la mère (4) de Mohammed (5) [m']avait enjoint (1-2) l'avarice (3) [d'être avare]; alors je lui dis».

---

[1] Le plus-que-parfait peut aussi être exprimé par le présent-futur précédé de *qam (kim)*. Sur cette combinaison comme passé momentané, voir p. 142; comme parfait-présent, voir p. 150.

Il semble qu'il y ait subordination du plus-que-parfait «*qad* + parfait»,
au moyen d'un auxiliaire, dans une phrase telle que la suivante (Ṭabarī, cité
dans Reckendorf, *Synt. Verh.*, p. 294) : *laqad raǧawnā 'an nakūna qad
'azurnāka 'ummaka* «nous avions espéré que nous t'avions poussé à visiter ta
mère». Mais on peut croire aussi à une nuance conditionnelle «que nous
t'aurions incité»; comparer p. 147, 151 et p. 168 haut.

Le plus-que-parfait est exprimé sans ambiguïté quand le parfait *kāna*
«il était, il fut» est préposé au parfait du verbe principal.

La cohésion morphologique de ce plus-que-parfait composé se marque
seulement à l'impossibilité de donner à *kāna* un sens par lui-même. L'auxiliaire autonome est, comme le verbe principal, entièrement conjugué;
il peut être séparé par un ou plusieurs mots du verbe principal. Enfin, il
peut être à une autre personne que ce verbe (voir § 98, Arabie centrale).
Souvent il se rapporte plutôt à l'ensemble de la phrase qu'au verbe seul
(voir à ce propos p. 144 et p. 168). Il n'est d'ailleurs pas répété s'il y a
plusieurs verbes coordonnés. L'idée d'achèvement est très souvent renforcée par *qad* joint soit à *kāna,* soit au verbe principal (sur un cas particulier, voir ci-dessous, p. 168). Consulter *Grundriss,* II, § 326 *a* et *c,*
p. 509; Sacy, *Gramm.,* I, § 430, p. 213; Wright, II, *Ar. Gr.,* § 3, p. 5.

Belāḏori, dans Reckendorf, *Synt. Verh.,* p. 293 : *kāna nnabiyyu...
waǧǧahahu 'ila(y) lyamani* «le Prophète (2) l'avait envoyé (1-3) au Yémen»;
Kitāb al-Aǧānī, choix de Beyrout, I, p. 63 bas : *waqad kāna ḥalafa* «or il
avait juré»; exemple en phrase relative, de Ṭabarī, dans *Synt. Verh.,*
p. 293 : ... *alladīna kānū 'aqbalū ma'a mālikin* «qui étaient arrivés avec
Malik»; Sacy, *Gram.,* I, p. 214 : *kunnā qad qīla lana*̄ «nous étions, il
nous a(vait) été dit (on nous avait dit)»; Wright, *Ar. Gr.,* II, p. 5 : *kuntu
qad rabbaytu ǧāriyatan wa'allamtuhā* «j'avais élevé une femme esclave et
je l'avais instruite».

La négation appliquée à l'auxiliaire nie l'ensemble de la forme (les
Hudail, dans *Synt. Verh.,* p. 293): ... *walam 'akun salaltu 'alayhi* « ... or
je n'avais pas dégainé contre lui» [1].

---

[1] Il peut arriver que, l'idée de durée pré-
dominant sur celle d'antériorité, des passés
duratifs se rencontrent dans des phrases où
on aurait attendu un passé antérieur; voir
Reckendorf, *Syntax*, § 155 *c;* ci-dessous des
exemples arabes, p. 174 et 223; pour le
gouragué, p. 181; pour le tigrigna, p. 201.
note.

Le plus-que-parfait composé peut se subordonner en proposition finale, avec préposition de *yakūna;* ainsi Ǧāḥiḏ, *Ḥayawān,* I, p. 179, l. 1 (communiqué par M. W. Marçais) *wamā zāla yahǧuhu min ǧayri 'an yakūna kāna ra'āhu* « du fait qu'il ne cessait pas de le satiriser sans qu'il l'eût (eu) vu ».

Quelquefois, le choix du plus-que-parfait composé avec *kāna* semble dû au souci de marquer l'antériorité dès le début de la phrase; d'autres fois, la mise en tête de phrase de l'auxiliaire conjugué met surtout en valeur la personne sujet. Le plus souvent, le choix entre toutes les constructions possibles (*qad* seul; *kāna* seul; *qad* avec *kāna; kāna* suivi d'un verbe avec *qad*) tient à des nuances de style peu ou pas sensibles.

Le jeu de ces diverses expressions peut amener l'expression nette d'un passé du troisième degré. Ainsi dans une suite de propositions principales où un plus-que-parfait « *kāna* + parfait » est suivi d'un plus-que-parfait « *kāna* + *qad* + parfait » (Sacy, *Gram.,* I, p. 160) : *kāna ḫaraǧa* ... *limuḫārabati rāfi'i bni llayṯi wakānu hādā rrāfi'u qad ḫaraǧa* ... « il s'était mis en campagne ... pour combattre Rafi', fils de Layth; or ce Rafi' s'était (auparavant) mis en campagne ». En subordonnée, il y a expression du même degré de passé si une phrase temporelle avec un parfait équivalant à un plus-que-parfait dépend d'un plus-que-parfait (Sacy, *Gramm.,* p. 161) : *kāna lammā balaǧa ṣalāḥa ddīni ḫabaru l'aduwwi...* *ǧama'a l'umarā'a* « était au moment où était parvenue à Salaheddin la nouvelle concernant l'ennemi... il rassembla les émirs »; de Sacy traduit justement : « lorsque S. avait eu appris la nouvelle ... il avait rassemblé les émirs ». Noter l'usage de *kāna* séparé de son verbe principal par toute une proposition et dont le sujet logique se trouve dans cette proposition subordonnée; c'est un exposant du passé mis en tête de phrase [1].

Dans l'expression du plus-que-parfait, le verbe *kāna* peut être remplacé par un verbe équivalent. Ainsi (*Kitāb al-Aǧānī* cité dans *Grundriss,* II,

---

[1] L'auxiliaire ainsi mis en tête n'est pas figé; il pourrait ne pas être à la troisième personne masculin singulier.

Dans un cas analogue, si l'incise est introduite par une particule signifiant « chaque fois que, lorsque », le parfait qui suit est tout à fait indépendant de *kāna* et il n'y a pas plus que-parfait (*Grundriss,* II, § 459, p. 667; FREUND, *Zeitsätze,* p. 60).

La complication du sujet serait encore plus grande si on considérait les emplois conditionnels (WRIGHT, *Ar. Gram.,* II, § 6, p. 15-16).

§ 327, p. 511) : *'amsa(y) llāhu 'ahlakahum* «Dieu (2) les avait anéan-tis (1-3)». Mais le sens d'une telle construction peut être celui d'un parfait-présent, au moins avec *qad* interposé (§ 83, p. 151).

L'usage du participe pour exprimer le plus-que-parfait, fréquent dans certains dialectes modernes, n'est pas habituel en arabe classique. Cependant, il ne faut pas négliger le cas d'un participe dans une phrase nominale coordonnée à une phrase verbale au passé, ainsi (Wright, *Ar. Gr.*, II, § 183, p. 330) : *'āda 'ilayya wahuwa maṣqū'un* «il revint vers moi, et lui battu» est l'équivalent de «il revint vers moi, après qu'il eut été battu».

97. Arabe moderne. — L'expression du plus-que-parfait au moyen de *qad* manque presque partout. La composition avec *kān* n'est pas sensible-ment plus fréquente, en général, qu'en arabe classique. Aussi le parfait simple est-il généralement une expression normale du passé du deuxième degré.

Sur les domaines orientaux où le participe est employé volontiers dans le récit et dans l'expression du résultat, ce participe se compose souvent avec *kān* au lieu du parfait pour exprimer le plus-que-parfait; et il est aussi employé seul comme plus-que-parfait. Mais le domaine occidental connaît aussi une grande partie de ces emplois.

Les faits seraient à étudier à part pour chaque région. La revue rapide qui suit est destinée à faire apparaître jusqu'à quel point l'emploi du plus-que-parfait composé est habituel dans des cas déterminés. Il est instructif de voir la variété des emplois suivant les dialectes. On peut en retenir qu'il ne suffit pas de déterminer la forme d'un plus-que-parfait composé : il faut aussi, ce qui manque souvent dans les ouvrages descriptifs, déter-miner soigneusement l'extension de son usage.

98. Quelques parlers d'Arabie et de Mésopotamie. — *Arabie du Sud, centre de la côte de l'océan Indien.* — Rhodokanakis, *Dofār,* II, § 87, p. 198, ne mentionne pas d'emploi de plus-que-parfait composé avec *kān* seul; mais un exemple de «*gid* (représentant *qad*) + *kān* + parfait» résul-terait d'une correction dans un passage (§ 41, p. 138, *b,* haut). Un des usages de *gid* est, comme en arabe classique, d'exprimer le plus-que-parfait; ainsi *Dofār,* I, p. 27, l. 7 : *elgēh gid tġaddā elġadē* «il le trouva [qui] avait mangé le repas»; *gid* peut même s'employer après une conjonc-

tion de temps : (p. 23, l. 1) *yem ġit-tġaddū* «après qu'ils eurent mangé»
(à côté de nombreux exemples de parfait simple dans le même passage).

L'expression d'un état passé au moyen d'un participe suffit habituellement à suggérer l'idée de l'accomplissement dans le passé; cet emploi est
fréquent; ainsi p. 25, l. 34 : *mdellhum kullhum menadderāt ša'ar elḥāhom*
«voici qu'eux tous [étaient] tombés les poils de leurs barbes».

Exemple du parfait simple : (p. 4, l. 29) *ġē min bəlād sultān tānïyu
ḥallēh šeḥ fīha* «il vint (1) d'(2) une autre (5) ville (3) de Sultan (4) [qui]
l'avait fait (6) chef (7) là (8)», c'est-à-dire «où le sultan l'avait nommé
chef».

Oman. — Le participe est d'emploi très étendu dans les parlers de cette
région (§ 22, p. 48), spécialement pour indiquer le résultat (§ 84,
p. 152); il sert fréquemment à l'expression du plus-que-parfait.

A cet effet, il peut être employé seul. Reinhardt, *Oman*, § 429, p. 278 :
nsīne bū māḍi 'aline «nous oubliâmes ce qui s'était passé pour nous». Mais
souvent aussi il est composé avec *kān* (même endroit) : *ene mā kint muf-
tohmillo* «moi je ne l'avais pas compris». Plus souvent que *kān,* dans ce
cas, l'auxiliaire est *'ād*; voir *Oman*, § 272, p. 150 : *aḫūi 'ād kātub lbarwe*
«mon frère avait écrit la lettre».

Enfin très souvent le passé du deuxième degré est exprimé de manière très
pleine par un verbe de sens «terminer, achever», suivi du participe.
Oman, § 273, p. 151 : *yōm nĕggĕz šārub* «lorsqu'il eut fini de boire».

L'emploi du parfait avec *kān* comme plus-que-parfait n'est représenté
dans la grammaire de Reinhardt que par un exemple d'interprétation douteuse (*Oman*, p. 278) *kint bġīt* qui est «je voulais», «j'aurais voulu»,
plutôt que «j'avais voulu».

Exemple de parfait sans auxiliaire en proposition subordonnée temporelle (même endroit) : *yōm lād rā'i lfaras 'anno* «lorsque (1) le maître (3)
du cheval (4) fut parti (2) de là (5)».

Arabie centrale. — Dans les textes de Socin, *Diwan,* la composition de
kān (prononcé *čān*) avec le parfait n'est pas fréquente; *kān* y est figé à la
3ᵉ personne masculin singulier, d'après *Diwan*, III, p. 83; mais le seul
exemple relevé n'est pas probant : I, n° 70, 18 (dans un texte en vers) :
min ba'dəmā čān ankerōhū ma'ārifeh «après que (1-2) ses connaissances (5)

l'avaient renié (3-4)». D'après une remarque de M. W. Marçais, on observe dans cette phrase l'indépendance de *kān* suivant l'usage de l'arabe classique (§ 96); l'auxiliaire peut n'être pas à la même personne que le verbe principal; ici il s'accorde avec le complément de ce verbe[1].

Le parfait seul peut être employé aussi. Mais l'expression la plus fréquente, au moins en prose, est le participe; voir des exemples dans *Diwan*, III, p. 332; en outre, *Diwan*, I, n° 25 : *'ala bintin šāifah wumtĕhāwīn hū wīyah uba'dēn rāḥat uḫalletuh* «(un homme envoya à un de ses amis un poème) sur une fille qu'il avait vue (participe) et ils s'étaient aimés (participe) lui et elle, et ensuite elle était partie (parfait) et l'avait abandonné (parfait)».

Mésopotamie. — D'après Meissner, *Iraq*, § 52, le plus-que-parfait est exprimé par *čān* et le parfait : *čān māt* «il était mort»; mais les textes donnent surtout le parfait simple et le participe; p. 38, l. 15 : *lumman šāfĕt nĕfshā tĕmmĕt sĕne* «lorsque elle vit elle-même [que] s'était achevée (parfait) une année»; p. 72, l. 34 : *šāf (ĕ)frusah magsūṣ dĕlha* «(le calife) vit (1) la queue (4) de sa jument (2) coupée (3) [que la queue de sa jument était (avait été) coupée]».

99. SYRIE. — **PALESTINE.** — La composition de *kān* avec le parfait est usuelle. Harfouch, *Drogman*, p. 29 : *kānu kasaru* «ils avaient cassé»; Bauer, *Pal.*, p. 106 : *mā kunnāš 'irifna ĕš waqa'* «nous n'avions pas su ce qui était arrivé» (la négation est jointe à l'auxiliaire; remarquer l'emploi du parfait simple en subordonnée); *'umro mā kān rāḥ 'al emdīne* «jamais il n'était allé à la ville».

Mais il peut y avoir aussi composition de *kān* ou de l'équivalent *baqā* avec le participe; ainsi (Bauer, *Pal.*, p. 106, langage campagnard) : *mā baqēnāš 'ārifīn* «nous n'avions pas su»; Spoer, *Haddad*, § 205, p. 79 : *kānu fātḥīn ĕlbāb lamma kunna nāimīn* «ils avaient ouvert la porte pendant que nous dormions». Ce dernier exemple montre que la construction est amphibologique puisque la même combinaison

<hr>

[1] Il faut interpréter de même un exemple de *kān* soi-disant invariable, tiré de Vies de Saints écrites avec quelque teinte de langage vulgaire oriental, qui est cité dans *Grundriss*, II, § 326, p. 509 : *'ahd kān qad qarrartuh* «une alliance que j'avais conclue»; *kān* est accordé avec *'ahd*.

« parfait + participe » exprime normalement le passé duratif du premier degré.

Enfin l'auxiliaire lui-même peut être un participe au lieu d'un parfait; Bauer, *Pal.*, p. 109 : *lamma daḫalt kāyin məklo* «lorsque j'entrai, il l'avait mangé »; *kāyin muš qādir* « il avait été pas bien portant (il avait été indisposé) ».

Dans *bāqi mrīḍ* « il avait été malade », l'attribut étant un adjectif, c'est *bāqi* seul qui constitue le plus-que-parfait; de même, Bauer, *Pal.*, p. 164, l. 23 : *hāda ǧāi yiḍḥak ʿaleiyi* « celui-ci était (est) venu pour rire de moi (mais c'est moi qui me suis moqué de lui) ».

A côté du participe seul, le parfait simple est possible dans bien des cas; Mattson, *Monde oriental*, 1912, p. 212 haut : *marra kān fī šabb ḫaṭab bint* « il y avait (2-3) une fois (1) un jeune homme (4) [qui] s'était fiancé à une jeune fille ».

100. ÉGYPTE. — Dans le parler du Caire, le plus-que-parfait composé soit avec parfait, soit avec participe a un emploi très étendu. L'expression du passé du deuxième degré par un parfait ou un participe simple semble restreint aux subordonnées dépendant d'une principale au passé et le plus-que-parfait composé se trouve même dans ce cas (voir Spitta, *Grammatik*, § 61 et 166).

Usage de *kān* et parfait en proposition principale (Spitta, p. 338) : *mā kunnāš šibiʿna min baʿḍina* « nous ne nous étions pas rassasiés l'un de l'autre ».

Exemple de parfait simple en proposition relative (Spitta, p. 335) : *ištakētū lilbāša min ĕlli ḥaṣallukum* «vous vous plaignîtes (êtes plaints) au pacha de ce qui vous était (est) arrivé ».

Exemple de plus-que-parfait composé de *kān* et parfait en proposition relative (Spitta, p. 338) : *wədannuhum mašyīn lamma nazzilhā min ĕssikke ĕlli kānĕt nizlĕt minha* « et ils continuèrent à marcher jusqu'au moment où il la fit descendre par la rue par où (*ĕlli-minha*) elle était descendue [auparavant] ».

Exemples de participe avec *kān* en proposition principale (Selden-Wilmore, p. 383) : *kānu mhaḍḍarīn ilakl* « ils avaient préparé le manger »; en proposition relative (seul cas où cette construction est citée par Spitta, p. 358) : *lammā gēt ləhadd ĕddikke ĕlli kuntə qāʿide ʿalēha* « jusqu'au moment où j'arrivai à un banc sur lequel (*ĕlli-ʿalēha*) je m'étais assise [auparavant] ».

Exemple de participe seul (Spitta, p. 357) *wagadtoh . . mā fīš ḥāga illa wāḥid bani ādam ṣalbīnoh . . .* «je n'y trouvai rien (je le trouvai . . ., il n'y avait rien) si ce n'est un homme (fils d'Adam) [qu']on avait crucifié...».

101. Région du Tchad. — La question a été exposée au paragraphe 85, p. 153. Les exemples de plus-que-parfait composé de «parfait + *ya ḥalāṣ*» sont les suivants, dans Carbou, *Tchad,* p. 123 : *ana šuftha ya ḥalāṣ waqt intū ğitū hine* «je l'avais déjà vue quand vous êtes venus ici»; *huma sārū ya ḥalāṣ kān niḥna daḥalna falḥille* «ils étaient partis quand (exprimé par *kān* invariable) nous entrâmes dans le village».

102. Maghrib. — La situation paraît sensiblement la même d'un bout du domaine maghribin à l'autre. La composition de *kān* avec le parfait est la seule forme qui exprime spécialement le plus-que-parfait. Mais elle ne s'emploie, en général, qu'avec une idée de particulière insistance sur le résultat, ou en tête de récit, place où *kān* «il y avait» figure usuellement. Elle paraît très rare en proposition subordonnée. Le parfait simple est donc usuel avec le sens de plus-que-parfait.

D'autre part le participe subordonné ou coordonné à un passé (en particulier avec *kān*) équivaut assez souvent à un passé du deuxième degré.

Malte. — Nöldeke, *Z. D. M. G.,* 1904, p. 913 : *kienět sārět šěbba* «elle était devenue une jeune fille»; Vassalli, p. 42-43 : *kānu qaʿdu ḥadmu maʿhom* «ils étaient restés à travailler avec eux» (deux parfaits suivent l'auxiliaire).

Tripoli. — Emploi fréquent du parfait seul dans des cas où il y a idée de passé antérieur : Stumme, *Tripoli,* p. 31, l. 32 : *ānę mā guttelhāš* «(ce n'est pas ma faute si elle est morte) je ne lui avais pas dit (d'y monter); p. 32, l. 12 : *ʿaṭuhālah, yibbi (i)zzouwuzha* «(il y avait un jeune homme et sa cousine) on la lui avait promise (donnée), il voulait l'épouser».

Tunis. — La composition avec *kān* est signalée par Stumme, *Tunis,* § 200, p. 155. Mais voir dans Stumme, *Tunisische Märchen,* p. 9, l. 6 : *qʿad idūr filbīr, hūa nsā ezzūzat li ʿaṭauhumlu ěnnsā* «il resta à tourner dans le puits, (lui) il avait oublié les noix que lui avaient données les femmes».

Alger juif. — Cohen, *Alger juif*, p. 258 : *kān ǧa wāḥăd ĕlḥaḥām* «il était venu (temps composé) un rabbin» (début d'une historiette); p. 514 : *kunt ʿalləmtək bĕlli furnarī̆t* «je t'avais [bien] informé (temps composé) que j'avais tiré (fourni) [une traite sur toi]» (ici emploi du parfait simple en subordonnée pour un passé du troisième degré); p. 486 : *u-zādət qwat ʿalih mḥabbətha mn ĕlli wuldətlu* «et (1) son amour pour elle (5) lui (4) avait encore crû (2-3) du fait que (6-7) elle avait enfanté pour lui (parfait simple)»; le verbe *zād* est ici un auxiliaire teinté de l'idée «encore».

Tlemcen. — Exemple de parfait simple, Marçais, *Tlemcen*, p. 256, l. 34-35 : *uqoṣṣĕlhum ĕddaʿw ĕddi ǧᵊrātlu* «et il leur raconta l'affaire qui lui était arrivée».

Exemple de participe avec *kān*, *Tlemcen*, p. 266, l. 16 : *moḍrĕb kān mᶜayyenĕlhum* «un endroit [qui] leur avait été assigné».

Tanger. — Marçais, *Tanger*, p. 107 : *kāno džamᶜo* «s'étaient réunis» (forme composée dans le préambule d'un récit); mais le parfait simple prédomine (p. 109, l. 12) : *qtĕr ᵣāṣo* «(il était mort) il s'était tué (il avait tué lui-même)»; (p. 79, l. 2) : *wāna kī̆f šrit waḥă ṭṭromba* «moi justement j'avais acheté (je venais d'acheter) une toupie». Pour exprimer une situation passée et durable qui est antérieure au temps du récit, on trouve le passé duratif, p. 83, l. 13 : *wuld ḫālti kān kᵉilᶜeb bⁱha* «(la chose se découvrit) mon cousin (le fils de ma tante) avait joué avec» (voir p. 167, note).

Rabat. — Brunot, *Yallah*, § 25, p. 30 bas : *kān ža lākin ma bqā ši* «il était venu, mais il n'est pas resté».

Exemple de participe, *Yallah*, p. 85 : (c'était un jour de fête) *w-unnās kullha lābsin əlḥwāiž ləmzyānin* «et (1) tous (3) les gens (2) avaient revêtu (*ou* étaient habillés) (4) de belles (6) affaires (5)».

103. SUDARABIQUE MODERNE. — La particule *ber*, qui exprime le résultat comme *qad* en arabe classique (voir § 87, p. 154), fait du parfait qu'elle précède un plus-que-parfait quand l'ensemble de la phrase suppose deux degrés du passé; ainsi, en mehri, *nkōt ǧaǧĕnōt bar ḥĕḥĕrōt* «la jeune femme (2) vint (1), elle s'était ornée (3-4)» (dans Jahn, *Grammatik*, p. 133, où sont cités plusieurs autres exemples; voir aussi *Grundriss*, II, § 325, p. 508 bas).

Le parfait avec relatif (voir § 87, p. 154) exprime le plus-que-parfait quand le contexte fait dominer l'idée de passé, ainsi : *ū ġaġēn dä-ayġeb* « et le jeune homme était tombé amoureux ».

104. Guèze. — L'expression habituelle du plus-que-parfait est le parfait simple (voir les exemples au paragraphe 93, p. 163).

Cependant on trouve aussi *kōna* avec le parfait (comme *kāna* en arabe classique, § 96); il semble que c'est une tournure de basse époque, peut-être influencée par l'arabe; Dillmann, *Lexicon*, col. 863, observe qu'elle se rencontre surtout dans des traductions de l'arabe. Synaxaire, *Sanē*, p. 61 : *wa-kōna qǝddūs 'anbaba maṣāḥǝfta bǝzūḫāta* « et (1) le saint (3) avait lu (2-4) beaucoup de (6) livres (5) » (*kōna* est en tête, séparé du parfait); en phrase relative (Combat d'Adam, 147, 20, cité dans Dillmann, *Äth. Gr.*, § 88, p. 152) : *zakōna 'aqamō* « qu'il avait dressé »; voir encore ci-dessous, § 121, p. 199, note. Pour le gérondif, voir § 105.

105. Tigrigna. — Le plus-que-parfait est généralement composé du gérondif et de l'auxiliaire *nabara* « il était » conjugué; voir *Grundriss*, I, § 264, p. 581; Praetorius, *Tigriña*, p. 332; Schreiber, *Manuel*, p. 55; Vito, *Gramm.*, p. 65-66; Offeio, p. 46, 50, 53, 72.

Toutefois en proposition principale négative le parfait remplace le gérondif dans la forme composée.

L'usage du plus-que-parfait composé est habituel, sensiblement aussi étendu que celui du français. Il est pourtant restreint en proposition subordonnée : l'emploi du gérondif simple, lequel exprime aussi bien une circonstance antérieure qu'une circonstance concomitante à l'action principale, est en effet fréquent (voir un exemple ci-dessous); de plus ce gérondif peut servir de résultatif passé avec une conjonction « après que », voir p. 155; en outre le parfait simple s'emploie dans certaines propositions temporelles et aussi quelquefois en proposition relative.

Proposition principale positive. — Offeio, p. 53 : *nabīru nabara* « il avait été »; p. 46 : *koyñkā nabarkā* « tu étais devenu, tu avais été »; Kolmodin, *Traditions*, n° 111, 1 : *bāḥǝr-naǧāš farihōm kāb ṣaʻazzaga hadǝmōm nabaru* « le baher-nagach (chef de la mer)(1) ayant eü peur(2) (= comme il avait pris peur) s'était enfui (5-6) à (3) Sazzega » (voir aussi l'exemple suivant, où *'əmmō* marque plutôt une coordination forte qu'une vraie subordination).

Proposition subordonnée positive. — *Traditions,* n° 47 : *'ətā sarīrəwwā zənabara bāzrā ḫa'a məḫīrā nāb ʿaddi q̈wanṣi ta'asīrā wə'īlā nabarat 'əmmō* « mais (5) cette (1) jument (3) qu'il avait montée (2-3), comme (1 3) son poulain (6) avait passé la journée (1 1-1 2) attaché (1 0) à Addi-Qonsi. . . ». Remarquer l'enchaînement de deux gérondifs avant l'auxiliaire *nabarat;* le relatif est attaché à l'auxiliaire (*zənabara*), les pronoms régimes sont attachés au verbe principal (*sarīrəwwā*).

Proposition relative négative. — Offeio, p. 72 : *qatīlä kamzaynabarku* « comme quoi je n'avais pas tué » (la conjonction, le relatif et la négation sont attachés à l'auxiliaire).

Proposition principale négative. — Vito, *Gram,* p. 65 : *nāy ʿāddā.sab'āt . . . 'ayfalaṭəwwān nabaru* « les gens (3) de (1) son pays (2) . . . ne l'avaient pas reconnue » (Le parfait est nié; l'auxiliaire s'y ajoute).

Usage du parfait simple en proposition subordonnée. — Kolmodin, *Traditions,* n° 39, 10 (« il fut enterré dans l'enceinte de l'église ») *zəsarḫö* « qu'il avait fait bâtir »; n° 38, 8 : *'əzi məs samʿu* « lorsqu' (2) il (pluriel de politesse) apprit » ou « eut appris (3) cela (1) ».

L'auxiliaire *nabara* peut rester impersonnel et s'augmenter de la copule *'əyyu,* conjuguée (Schreiber, *Manuel,* p. 124) : *lōmi məggwəḫāt 'aṣabbīq̈ä ṭarrīfäyo nabara 'əyyä-mmo* « aujourd'hui dès le matin moi bien disposant moi le préparant c'était je suis comme », « comme il se trouve que j'avais tout préparé avec soin dès ce matin ».

Le gérondif *koynu* (§ 67, p. 129) peut remplacer *nabara* au moins pour exprimer le plus-que-parfait du verbe « être », Offeio, p. 46 : *'aynabarkun koynä* « je n'avais pas été ».

Quelquefois le passé duratif composé de l'imparfait et de *nabara* peut être traduit par un plus-que-parfait; des exemples sont étudiés au paragraphe 122, p. 201, note.

Au même endroit, discussion sur la possibilité pour le plus-que-parfait ici défini d'exprimer un passé duratif.

L'auxiliaire *ṣanḥa*, au moins au gérondif, peut remplacer *nabara*, soit dans certains dialectes, soit dans certaines conditions de sens, ce qui resterait à déterminer; Schreiber, *Manuel*, p. 168, l. 5 du bas : *'alitānā tazamitu ṣaniḥūnā* « Alitena avait été pillé (à ce que nous vîmes) » mot à mot : « Alitena ayant été pillé nous attendait ».

106. Tigré. — Pour exprimer un passé du deuxième degré l'emploi du parfait simple est fréquent. Néanmoins, sans même qu'il y ait une forte insistance sur le résultat passé, le tigré fait souvent usage de plus-que-parfaits composés.

Le composé le plus fréquent est celui d'un participe avec le verbe *'alā* « il était ». Cette combinaison a la valeur de passé duratif si le participe est considéré comme adjectif ou substantif attribut (voir § 123); mais c'est un cas rare. La valeur de plus-que-parfait est bien attestée par de nombreux exemples; elle est parallèle à celle de parfait-présent que peut avoir l'ensemble « participe + verbe *hallā* »'(§ 89, p. 156). Ce fait tigré est semblable à certains faits arabes examinés aux paragraphes 98 et suivants. Voir Littmann, *Z. A.*, 1897, p. 202-203; *Z. A.*, 1899, p. 100; *Grundriss*, II, § 327 *bis*, p. 516).

Les compléments pronominaux se joignent au participe.

Il peut y avoir subordination, au moins par *'əndō* « après que ». Littmann, *Princeton*, I, p. 45, l. 19 : *'əndō gāy(ə)s 'alā 'ət 'addu kəm maṣ'ā* « lorsque (6) il revint (7) à (4) son village (5) après que (1) il avait (*ou* eut) circulé (3-2) ».

Une autre construction est celle du parfait suivi de l'auxiliaire *ṣanḥat* (celui-ci n'exprime pas le plus-que-parfait avec le participe). Des exemples de ce composé ont été donnés d'abord par Reinisch, *Bilin*, p. 635, reproduits par Littmann, *Z. A.*, 1899, p. 100. Le sens paraît être celui d'un plus-que-parfait, avec une telle insistance sur le résultat acquis que la traduction par un passé duratif du français paraît justifiée. Ainsi *walatt ḥammat ṣanḥat yamata mōtat* peut être traduit : « la fille était malade, aujourd'hui elle est morte » plutôt que : « la fille était tombée malade... ». De même *Princeton*, I, p. 45, l. 5 : *dəqlā 'əndō 'amsat ṣanḥat* « (on s'aperçut) qu' (2) elle était enceinte (4-3) d'un bâtard (1) » plutôt que « elle avait conçu un bâtard »; pourtant « elle était enceinte », exprimé

sans aucune considération des événements antérieurs est à la ligne suivante
«participe + *ṣanḥā*» : *əssīt waldū ʿamsāt ṣanḥat* «(lorsqu'il apprit que) la
femme (1) de son fils (2) était (4) enceinte (3)». Cette forme, qui est insérée
ici à cause de sa composition «parfait + auxiliaire» (comme en arabe
§ 96, etc.) demanderait à être étudiée sur un plus grand nombre
d'exemples.

Exemples d'emploi du parfait simple pour le passé du deuxième degré :
Princeton, I, p. 36, l. 4 : *lawalattu ʿəmsən(ə)hā ʾət laʾammər ʾathadayā*
«alors qu' (3) il savait (4) (quoiqu'il sût) la grossesse (2) de sa fille (1) il
l'avait mariée (5)»; *Princeton,* I, p. 52, l. 20 : *laʾaqəššatan badīr. .*
məslan maṣʾaw «leurs prêtres (1) étaient venus (4) auparavant (2) avec
elles (3)».

107. Amharique. — Un plus-que-parfait composé est dans cette langue
employé sensiblement avec une extension égale à celle qu'on observe en
tigrigna.

En proposition principale positive (indépendante ou en subordination
lâche avec -*(ə)nnā*), le plus-que-parfait est formé du gérondif et de l'auxiliaire *nabbara* (§ 69, p. 135); cette forme composée est parallèle au
parfait-présent défini au paragraphe 90, p. 156.

L'auxiliaire *nabbara* n'est toutefois pas lié de si près que -*āl* au gérondif
précédent : il n'est pas joint dans l'écriture et il ne semble pas qu'il se
répète lorsque plusieurs plus-que-parfaits sont coordonnés. L'auxiliaire est
souvent entièrement conjugué; mais il peut aussi se figer soit sous la forme
abrégée *nabbar,* soit sous la forme complète de 3ᵉ personné masculin singulier *nabbara.* Les pronoms régimes s'attachent au gérondif.

On peut faire usage de cette forme composée en proposition relative,
en adjoignant le relatif à l'auxiliaire. Elle s'emploie régulièrement en proposition interrogative, et peut s'employer en proposition interrogative négative (comparer § 90, p. 158).

Consulter Praetorius, *Amh.,* § 285, p. 379; Armbruster, *Gramm.,*
§ 33, p. 105.

Afevork, *Guide,* p. 89 : . . .*sīlu saməččä nabbar* «j'avais entendu (3-2)
dire (qu'ils disaient) (1) (que ces étoffes sont recherchées en Abyssinie)»;
p. 96 : *and aynät bəča massarāt taǧamməro nabbara* «une (1) espèce (2) scu-

lement (3) avait été commencée (6-5) à être fabriquée (4) (on avait commencé seulement à en fabriquer une espèce)», Afevork, *Gramm.*, p. 126 : *əmmnabyetāčənənnā māryām maqdalāwīt hazan baztobbāčăw wadgăw nabbar* «Notre Dame et Marie-Madeleine, le chagrin ayant été excessif pour elles étaient tombées (étaient tombées accablées de chagrin)»; remarquer l'emploi du gérondif avant le plus-que-parfait pour exprimer le passé du troisième degré; Praetorius, *Amh.*, p. 380 : *zärtah alnabbarhəmənə* «est-ce que tu n'avais pas semé?» *lamasgarraf qumo lanabbaraw* «au [chef] qui s'était levé (3-2) pour faire fustiger (1)».

En proposition principale négative (non interrogative), indépendante ou liée par *-ənnā,* le plus-que-parfait est composé d'un parfait nié suivi de *nabbar(a). Allaqqamāčhum nabbaračhu* (ou *nabbar*) «vous n'aviez pas ramassé». (Sur un emploi de gérondif composé en phrase négative, voir ci-dessous, p. 180.)

Comme l'a montré un exemple ci-dessus, le gérondif simple exprime souvent l'antériorité par rapport à un passé suivant (§ 26, p. 50; § 105, p. 175 pour le tigrigna).

En proposition relative, soit positive soit négative, le parfait simple est habituel au lieu du plus-que-parfait. Il est seul employé en proposition temporelle. Mittwoch, *Erzählungen,* n° VIII : *and āmat katāssara buhālā...* «une (1) année (2) après (4) qu'il avait été enchaîné (3)»; (même passage, quelques lignes plus loin) : *kamaṭṭūt sawōč gārā tamallasa* «il retourna (4) avec (3) les gens (2) qui étaient venus (1)»; de même avec *ənda* «comme»; Mittwoch, *Erzählungen,* n° XVIII, p. 50, l. 19 : *nəsəru ənda makkarāt* «comme (2) l'aigle (1) lui (féminin) avait conseillé (3)» [1].

A *nabbara* peuvent se substituer, en composition avec le gérondif, le parfait-présent composé *nurwāl* et sans doute aussi le parfait *nōra.* Ainsi, Praetorius, *Amh.,* p. 380, exemple de la *Chronique de Théodoros* : *faras*

---

[1] Il peut arriver qu'un gérondif soit suivi de *nabbara* sans que le sens soit celui du plus-que-parfait : (*Chron. Théod.*, éd. Mondon, p. 2, l. 17) *taqamṭaw nabbaru* «ils

étaient (2) campés (1)». Sur l'emploi des composés du gérondif et de *nabbara* comme conditionnel, ARMBRUSTER, *Gramm.*, § 33, p. 105 et § 81, p. 192.

saṭṭōt nurwāl « il lui avait donné (3-2) un cheval (1) » ; p. 356, extrait de l'*Histoire des Galla* : *aṣye mināṣ rōm tašaṭaw nōru* « l'empereur (1) Minas (2) avait été vendu (5-4) à Rome (3) » Peut-être y a-t-il une nuance : « ayant été vendu à Rome y vécut ».

La tournure avec *nurwāl* n'est usuelle que comme explication répondant à une question exprimée ou supposée, ou au contraire dans une interrogation ; dans ce cas il faut comprendre *nurwāl* comme un impersonnel « c'était que, était-ce que ? » (comparer pour le futur § 166) : Afevork, *Roman*, p. 7, l. 1 : *samtahäñ nurwāl ?* « était-ce que tu m'avais entendu [dire telle chose] ? » (*nurwāl* n'est pas accordé en personne) ; d'Abbadie, *Dict.*, col. 424 : *maṭṭo nurwāl* « il sera venu », c'est-à-dire « c'était qu'il était venu » (futur antérieur hypothétique du français, voir chap. VII).

Dans cette tournure, si la phrase est négative, le gérondif est nié ; Afevork, *Gramm.*, p. 129 : (comment le voleur est-il entré ?) *barru baṭām altazagtōm nurwāl* « c'était que (4) la porte (1) n'avait pas été fermée (3) complètement (2) ». Pour ces faits, comparer § 90, p. 158.

Il peut arriver qu'un parfait-présent remplace un plus-que-parfait, comme un présent peut remplacer un passé (présent historique) ; ainsi Praetorius, *Amh.*, p. 370-371 : *agarāčən ragmawtāl-ənnā* « (il y eut famine) car (3) [le chef des moines] a(vait) maudit (2) notre pays (1) » (comparer l'usage de *alla* isolé p. 98).

108. HARARI. — Le harari n'a pas de gérondif : Le plus-que-parfait en proposition principale est composé du parfait et de l'auxiliaire *nār* figé. Mondon, *Har. gour.*, p. 37 : *sagadḫu nār* « j'avais adoré » ; Conti Rossini, *Testi*, p. 13, l. 7, *gāz ḫāra nār* « il était allé en expédition ».

La forme négative est obtenue par application au parfait de la négation composée, le second terme de cette négation étant *-mi* au lieu de la forme habituelle *m* (d'après Mondon, *Har. gour.*, p. 41) : *alsagadḫumi nār* « je n'avais pas adoré ».

Très souvent le parfait avec *-ma* (voir § 91), lorsqu'il est suivi d'un autre parfait, supplée un plus-que-parfait subordonné. *Testi*, p. 16, l. 11 : *sədisti talyāniyāč bāde diǧuma gadalḫuyo* « six Italiens dans mon pays étant venus (étaient venus, et) je les ai tués ».

En phrase relative ou temporelle, c'est le parfait simple qui est em-

ployé : *Testi*, p. 12, l. 8 : *ərāz zəsaṭēw* «les vêtements qu'il leur avait
donnés»; p. 16, l. 10 : *əs-gadaluyo beherle* «après que (1-3) ils l'eurent
tué (2)».

109. *Gouragué*. — Mondon, *Har. gour.*, p. 105, donne pour le tchaha
un temps composé : parfait + *m* + auxiliaire figé, *bāna* ou *ban : noṯhum
bān(a)* «j'avais couru» (Mondon donne aussi la traduction «j'ai couru»,
peu probable étant donné le sens de l'auxiliaire *bāna*); voir § 71, p. 137
et § 79, p. 164 sur le parfait-présent; l'Enquête personnelle confirme
l'existence de la forme composée, sans détails sur le sens; dans un texte
de Mondon (p. 119) : *ṭafām bana* «il était (avait été) perdu».

Dans le texte (aymälläl) publié par Praetorius, *Amh.*, p. 507-508, la
même composition apparaît, avec auxiliaire *nabbar* : (verset 3) *ṭağ allaqam
nabbar* «le vin avait été épuisé»; (verset 6) *səddəst yamāya ganāna tōna-
mum nabbarəm* «six (1) cruches (3) d'eau (2) avaient été (5) posées (4)». La
finale (ə)m de *nabbarəm* paraît être une forme abrégée de la désinence de
3ᵉ personne masculin pluriel (voir Praetorius, *Amh.*, § 41, p. 518); l'auxiliaire serait donc fléchi dans cette phrase.

Au verset 22 du même morceau, deux plus-que-parfaits du texte évan-
gélique se trouvent traduits par «imparfait + *nabbar(a)*»; c'est la forme
habituelle du passé duratif (§ 149); il est peu probable que le traducteur
gouragué ait eu le dessein de composer ainsi des plus-que-parfaits; il y a
plutôt là de véritables passés duratifs, à traduire comme suit : *kattu zi
yəblam ya-nabbar-kōm* «ils se rappelèrent (1) comme quoi (4-6) il leur disait (3-5) [habituellement] ceci (2)» (non «qu'il leur avait dit ceci»);
ammanmun banagar iyasūs yāwar' yanabbara «ils crurent dans la parole de
Jésus, qu'il avait coutume d'annoncer» (et non «qu'il avait annoncée»).
Voir à ce propos la note de la page 167.

CHAPITRE IV.

PASSÉ DURATIF.

110. Le passé duratif est une notion complexe : il peut être le simple
énoncé d'un fait prolongé ou répété; il peut aussi *décrire* un procès en
cours d'accomplissement dans le passé ou une situation, et enfin exprimer
une habitude [1].

Le sémitique dispose de deux manières de rendre le passé duratif. S'il
s'agit de situation, la phrase nominale est dans son rôle. S'il s'agit d'énoncer un procès qui dure, ou de décrire, d'exposer à loisir un procès même
bref en cours d'accomplissement, la forme de l'inaccompli y est propre.
Des exemples en seront donnés pour les diverses langues au cours de ce
chapitre.

Mais la phrase nominale (et en particulier le participe qui en est souvent le prédicat) ainsi que l'imparfait du verbe peuvent être aussi bien
situés dans le présent ou dans l'avenir que dans le passé; ils sont des
expressions possibles, mais non expresses du passé duratif. Ils n'appartiennent sans ambiguïté au passé que si d'autres éléments de la phrase
les y situent.

[1] Dans le premier ordre d'idées le français emploie le même temps que pour le
passé momentané : «il fut longtemps en
marche; il a recommencé souvent la même
histoire». Dans les autres cas il emploie
l'«imparfait» : «il maigrissait, il était couché
sur un lit, il dormait quand l'événement
s'est produit, il aimait la boisson, il se levait
quand on venait le voir».

En grec ancien, l'«imparfait» correspond
à toutes les catégories de passé duratif.

Pour le sémitique, qui se rapproche ainsi
du grec, il arrive qu'une forme durative unique doive être traduite en français
tantôt par l'imparfait, tantôt par le passé
momentané (ainsi p. 187, l. 14). La situation est différente suivant les langues et même
chaque exemple doit être examiné à part.

La question se complique encore par le
fait que souvent une forme non durative du
sémitique doit être traduite par un duratif
en français (voir à la fin du paragraphe).

Il arrive souvent en sémitique que la localisation du participe ou de l'imparfait dans le passé soit réalisée au moyen d'un auxiliaire (mis lui-même au parfait). Il se constitue ainsi des passés duratifs composés.

Ces formes sont diversement cohérentes. Aucune n'est l'équivalent exact d'une forme indécomposable comme l'imparfait grec, latin ou français. L'emploi n'en est à peu près obligatoire que dans certaines langues modernes (araméen oriental, tigrigna, amharique) [1].

Au contraire des auxiliaires, les particules qui sont fréquemment jointes à l'imparfait servent rarement à marquer une localisation exacte dans le temps. Quelques notions sur l'emploi de la plupart de ces particules seront indiquées au préambule et dans le cours du chapitre suivant. On y verra que souvent elles servent à exprimer soit une idée assez vague de concomitance, soit une idée de durée prolongée. Mais dès le cours du présent chapitre divers exemples montrent comment elles s'emploient avec des imparfaits situés dans le passé pour exprimer un passé duratif insisté.

Il arrive quelquefois qu'on rencontre dans une phrase sémitique un accompli, en fonction de passé momentané, là où un lecteur français attendrait un passé duratif; ainsi un traducteur est parfois obligé de mettre un imparfait français en face d'un parfait d'une langue sémitique. Mais il n'y a pas lieu d'en conclure que l'accompli sémitique soit dans un tel cas un passé duratif. L'interprétation à donner est autre; elle est d'ordre stylistique : c'est que dans de pareilles conjonctures la description (avec l'élément duratif qu'elle comporte) paraît obligatoire pour le français, là où la langue sémitique préfère l'énoncé momentané. Ainsi, voir en hébreu une phrase comme 2 Rois, 16, 4 : (et il marcha dans la voie [mauvaise] des rois d'Israel) *way°zabbe°ḥ . . . babbǎmo(w)t*ʰ; on est amené à traduire en français l'imparfait hébreu avec *wa-* (équivalent d'un parfait) par un passé duratif : «et il égorgeait [des victimes]. . . sur les hauts-lieux»; mais au point de vue hébreu c'est une action faite une fois pour toutes : «[il se montra tel qu'il] sacrifia» (action représentée d'une façon

[1] On peut considérer aussi comme des expressions du passé duratif certains composés avec un auxiliaire : «se mettre à» (au passé); ils seront examinés brièvement dans la IVᵉ partie, chap. 1ᵉʳ. — Sur passé duratif et plus-que-parfait, voir p. 167, note.

globale, Joüon, *Gram.*, § 1 1 1 *e*). Il est probable qu'il faut interpréter de même 1 Samuel, 1, 5 (et il donnait [action répétée, exprimée par l'imparfait] à Anna une part plus grande) *ki(y) 'et^h hannâ(h) 'âheb^h* « car (1) il aima (parfait) (4) Anna (2-3) ». L'amour accordé serait un fait accompli une fois pour toutes (voir toutefois ce qui est dit des verbes d'« état » et de « sentiment » § 127, p. 2 1 1 ; *'âheb^h* est cité comme pouvant signifier « il aimait » dans Joüon, *Gram.*, p. 296). En arabe (voir Reckendorf, *Syntax*, § 7, p. 1 2), dans Belādori, p. 87, l. 2-3 : *fa'aslama waqara'a sūrata lbaqarati*... « puis il se fit musulman et il récita(it) (c.-à-d. fut capable de réciter) la sourate de la vache. . . . ». Voir ci-dessous des exemples éthiopiens p. 200, 202, 204-205. Pour le verbe « être », voir p. 108.

111. ACCADIEN. — L'imparfait de l'accadien comme l'imparfait du sémitique occidental est un inaccompli, qui peut se situer à un moment quelconque du temps. Il est donc abusif de le nommer présent, comme font les grammaires usuelles de l'accadien ; et il n'y a pas lieu d'interpréter comme exemples de présents historiques les phrases où l'imparfait est un passé duratif (contrairement à Ungnad, *Gramm.*, § 30). Voir l'étude de cette question dans Bauer, *Tempora*, p. 2 1-2 2, *Grundriss*, II, § 75, p. 146 ; voir aussi Sarauw, *Tempussystem*, p. 64.

Ainsi, inscription prismatique de Sanḫerib (Taylor, VI, 19, citée dans Bauer, p. 2 2) : (comme une tourterelle prise) *itarraku libbušun* « tremblait leur cœur ». Les exemples, assez rares au total, sont surtout fréquents à la suite d'un parfait (accompagné ou non de la particule de coordination *-ma* pour exprimer la concomitance) : Code de Hammurapi, § 118 (cité dans Ungnad, § 30) *tamqarum wardam ušētiq, ana kaspim inaddin* « le marchand (1) a vendu [parfait] (3) l'esclave (2), il le donnait [imparfait] (6) [*c'est-à-dire* en le donnant] pour (4) de l'argent (5) » ; exemple d'épopée (*Enuma eliš*, IV, 1 35, cité par Bauer, p. 2 1 : *inūḫ-ma bēlum šalamtuš ibarri* « Bel (3) se reposa [parfait] (1) et (2) contemplait [imparfait] (5) son (féminin) cadavre (4) ». Voir d'autres exemples après un passé dans Delitzsch, *Ass. gr.*, § 195.

L'imparfait n'est jamais composé avec un auxiliaire. Il n'y a donc pas de forme propre du passé duratif.

D'autre part, le permansif, qui est un duratif non situé, sert souvent à exprimer la durée dans le passé (voir p. 43).

112. Hébreu. — L'imparfait (ou le parfait avec *wə-*) peut exprimer le passé duratif. Il sert surtout à exprimer la répétition, ainsi 1 Samuel, 1, 7 : *wə-kʰen yaʿaśę(h) šǎnǎ(h) bʰəšǎnǎ(h)* « et (1) il faisait (3) ainsi (2) d'année en année (4-5) » (voir Driver, *Tenses*, § 30 et § 113, 4 β., p. 128). Il n'est jamais joint à un auxiliaire passé [1].

C'est le participe qui exprime la situation passée : 1 Samuel, 1, 9 : *wəʿeli(y) hakkohen yošebʰ ʿal hakkisse(')* « et Éli le prêtre [était] assis sur un siège » (voir un autre exemple ci-dessous).

Mais quand, au lieu d'une situation, c'est un procès durable dans le passé qui doit être exprimé, le verbe *hǎyǎ(h)* (*wayʰhi*) s'adjoint au participe. Rien dans la forme ne dénonce que cette combinaison soit un temps composé : on pourrait y voir une copule et un attribut indépendants. Mais le sens invite à une autre interprétation. En effet *hǎyǎ(h)* est rarement une pure copule sans aucune nuance de devenir; or, dans la combinaison avec un participe, ce sens de « devenir » est absent; inversement le participe perd dans cette combinaison sa valeur propre de descriptif statique pour entrer dans le monde du changement : les deux éléments réunis forment un ensemble légèrement différent de la somme de chacun d'eux pris à part. Cette vue subtile et difficile à formuler est justifiée par l'histoire de l'hébreu : on y voit, au cours de l'évolution, le passé duratif participial remplacer de plus en plus souvent le parfait quand le procès passé s'étend sur une certaine durée. Les cas rares où cette substitution se fait à cause d'une nuance faible ont été examinés au paragraphe 77, p. 145. Voir les références de König, *Syntax*, § 239, p. 132; Driver, *Tenses*, § 135, 5, p. 170.

Le passé duratif qui vient d'être défini sert plutôt au récit d'un fait prolongé qu'à une description; Samuel, II, 3, 6 : *wə'abʰner hǎyǎ(h) mitʰhazzeq bəbʰe(y)tʰ šǎ'u(w)l* « (ce fut pendant la guerre entre partisans de David et de Saül) et Abner tint (*ou* tenait) ferme pour (*suivant une autre interprétation* : était puissant dans) la maison de Saül »; Juges, 1, 7 : *šibʰʿi(y)m məlǎkʰi(y)m . . . hǎyu(w) məlaqqəti(y)m taḥatʰ šulḥǎni(y)* « soixante-dix rois . . . ramassaient (*ou* ont ramassé un certain temps) [leur nourriture] sous ma table ».

Le sens descriptif à la manière de l'imparfait français n'est net que dans

[1] Sur l'imparfait comme passé momentané, voir p. 142.

le cas rare où une action subite s'oppose au procès durable; Job, 1, 14-15 : *habbāqăr hăyu(w) ḥorəšo(w)tʰ . . . waṭṭipol šəbʰă(') watthiqqăhem* « les vaches paissaient... alors se sont précipités des gens de Cheba (*ou* Sabéens) et ils les ont prises ». D'ailleurs dans ce cas le participe peut être employé sans auxiliaire; Job, 1, 16 : *ʿo(w)d zę(h) mədʰabber wəzę(h) bă(') wayyo(')mar* « celui-ci (2) parlait (3) encore (1) et celui-là vint et dit ».

La description d'une circonstance accessoire peut être exprimée par l'infinitif de *hăyă(h)* et un participe; Genèse, 34, 25 : *bihⁱyo(w)tʰăm ko'ăbʰⁱ(y)m* « pendant qu'ils étaient (leur être) souffrants ».

La périphrase avec *hăyă(h),* de plus en plus fréquente dans les livres récents de la Bible, est très usuelle en hébreu talmudique. Quelquefois l'auxiliaire y est postposé suivant l'usage araméen. Ce composé exprime souvent la description et même l'habitude, restreignant dans ce cas l'emploi de l'imparfait. Albrecht, *Neuhebr.,* § 107, p. 119-120 : *hăyu(w) no(w)tʰəni(y)n* « ils avaient l'habitude de donner ».

L'existence au passé duratif est quelquefois exprimée par *yęš;* plus souvent la non-existence passée est exprimée par *'e(y)n,* voir p. 79.

113. ARAMÉEN. — La combinaison de *hăwă(')* avec le participe actif est habituelle dans la plupart des dialectes pour exprimer le passé duratif; le domaine de l'imparfait en est restreint d'autant. Le verbe *hăwă'* peut être fléchi, mais souvent aussi il est figé : le participe porte l'essentiel de l'idée verbale descriptive, l'auxiliaire est un simple exposant du passé. Sur l'usage pour le plus-que-parfait avec le participe passif, voir p. 164.

Araméen occidental ancien. — Le composé « participe actif + auxiliaire » exprime normalement la durée ou la répétition; Daniel, 5, 19 : *di(y) hăwă(') şăbʰe(') hăwă(h) qăṭel* « celui qu'il voulait, il [le] tuait » (même temps dans la principale et la subordonnée); Papyrus d'Éléphantine, 1, 15 : *šqqn lbšn hwyn wşymyn* « nous étions vêtus (3-2) de deuil (1) et jeûnions (4) » (remarquer que l'auxiliaire n'est pas répété).

Araméen occidental moderne. — Le verbe *hw'* ne subsiste que comme restes; on a vu p. 113 que, à la 3° personne masculin singulier, *wōb* exprime spécialement le passé, comme verbe d'existence ou comme copule; de même *wōṭ* (§ 48, p. 81), seulement comme verbe d'existence; d'autre part *ōb* et *ōṭ* conjugués expriment indifféremment le présent et le passé duratif.

Le passé duratif d'un verbe quelconque peut s'exprimer au moyen du participe servant d'imparfait (§ 21, p. 46, et § 131), précédé de *wōb*; ainsi (Parisot, *Maʿlula*, p. 99) : *nōb naḥfēn* «j'étais affamé».

L'auxiliaire peut aussi être *ṭqn*, qui d'après les exemples relevés paraît invariable à la forme de 3° personne masculin singulier du parfait. L'extension du sens est la même que dans la tournure analogue de l'hébreu (§ 112).

Aram. Märchen, p. 43, l. 4 : *iṭqen dōmiḫ bā ʿaliṭri ṭlōṭa yūmi; iṭqän šaqlille ṭidōye ḫola* «il dormit (passé duratif) là deux à trois jours; les siens (3) lui envoyaient (1-2) [passé de répétition] de la nourriture» (4).

L'expression durative composée au moyen de *ʿammā(l)* et du participe, souvent employée en fonction de présent (voir § 131), est aussi une expression du passé duratif, si l'ensemble de la phrase suggère l'idée de passé.

Aram. Märchen, p. 26, l. 5 : *ʿamma malḫin ʿalanna tarba, iḫin aḫad mboʿēda ʿamma mēʿanni* «[tandis qu'] ils marchaient sur le chemin, ils virent un [homme] de loin [qui] chantait».

Syriaque. — L'existence et sa négation sont exprimées au passé duratif par la combinaison de *hawā(')* avec *'i(y)tʰ* (voir p. 115).

Pour un verbe quelconque, le passé duratif peut être exprimé par le participe actif suivi de *wā(')* enclitique; *hawā(')* préposé se rencontre aussi quelquefois (Duval, *Gramm.*, p. 321; Nöldeke, *Syr. Gr.*, § 277, p. 190). L'auxiliaire peut être ou n'être pas répété si plusieurs verbes se suivent.

Ce temps composé peut se subordonner; Nöldeke, *Syr. Gr.*, p. 191 : *ʿadʰ hu(w). . . mapʰi(y)s (h)wā(') leh* «tandis que lui. . . cherchait à le persuader».

Mais en subordonnée indiquant une circonstance accessoire, il est usuel que le participe soit employé au même sens sans auxiliaire (Nöldeke, *Syr. gr.*, § 275, p. 190).

En subordonnée également, et suivant la même tendance, l'auxiliaire peut être, au lieu du parfait, le participe de *haıwå(')*, fléchi en genre et en nombre (Brockelmann, *Syr. Gr.*, § 223, rem., p. 91) : *kad^h håwe(y)n məšam-məši(y)n* « tandis qu'ils servaient » [1].

Talmud de Babylone — Le passé duratif est exprimé par *hıvh* avec le participe, accompagné ou non de *q(a)*. L'auxiliaire est souvent invariable; mais il peut être fléchi, et il l'est généralement pour la 3ᵉ personne du pluriel; Margolis, *Talmud*, § 58, p. 81 : *hıvw ytby* « ils étaient assis ».

Mais le participe peut aussi s'employer seul.

Mandéen. — Mêmes conditions que dans le Talmud, voir Nöldeke, *Mand.*, § 264, p. 383.

Araméen oriental moderne. — Sur l'expression du passé duratif dans le verbe d'existence ou dans la copule, voir § 61, p. 115.

En ṭōrānī, le passé duratif s'exprime au moyen du participe-imparfait (sans particule préfixée), suivi de *-vo;* voir Siegel, *Ṭûr ʿabdîn*, § 88 *c*, p. 154; 88 *a*, 3, p. 153. Exemple, Prym-Socin, p. 101, l. 16 : *rəham-vo an-abne* « il aimait ses fils ». — Siegel, § 86 *a*, p. 148, et § 88 *b*, p. 153, note l'emploi dans le même sens du participe-imparfait sans *-vo* suffixé et avec préfixe *k-* (sur cette forme, voir ci-dessous § 133); mais (p. 154) il interprète, sans doute avec raison, les deux exemples qu'il cite comme des présents historiques; en somme le participe-imparfait ne se situe normale-ment dans le passé qu'avec un auxiliaire passé.

Dans les dialectes orientaux, le passé duratif s'exprime au moyen du participe-imparfait (précédé ou non de *k(e)* ou de *ī*) et de *wā* post-posé invariable; plaine de Mossoul (Sachau, *Mosul*, p. 46) : *lā k-īdē-wā gāway* « il ne savait [rien] à leur sujet ». Cet exemple montre que l'emploi du composé en question est possible avec négation. Il est également pos-sible en subordination; *Mosul*, p. 46 : *ukađ dārē-wā lā lsūsē* « et chaque fois qu'il posait elle (qu'il la posait) sur le cheval »; voir Nöldeke, *Neusyr.*, § 147, p. 297; Maclean, *Vernacular*, § 51, p. 140; Rhétoré, *Soureth*,

---

§ 3o5, p. 86 (sur l'usage de la même construction en subordination sans qu'il y ait expression du passé duratif, voir § 78, p. 147).

L'auxiliaire ne figure qu'une fois, semble-t-il, si deux participes-imparfaits sont coordonnés (exemple dans Nöldeke, *Neusyr.*, § 147, p. 3o4).

Le participe-imparfait, au sens de passé duratif, peut se passer de -*wā* dans de courtes propositions temporelles (Nöldeke, *Neusyr.*, § 167, p. 337); il y a aussi des emplois comme « présent historique » (Maclean, *Vernacular,* § 51, 3).

Les dialectes orientaux du néo-araméen possèdent encore une autre expression nette du passé duratif : elle est composée de « *b*(dans)+infinitif + *wā*»; ce dernier élément manque quelquefois à la 3ᵉ personne dans des subordonnées courtes dépendant d'un verbe au passé (Nöldeke, *Neusyr.*, § 149, p. 3o6; Maclean, *Vernacular,* § 51, 4, p. 140); Sachau, *Mosul,* p. 51, ne connaît cette expression qu'avec la copule, sous sa forme passée complète, précédant l'infinitif : *ukaḏ wēwā bīzālā* « et comme il allait (il était en aller) ».

114. **Arabe classique.** — Les faits concernant l'expression du passé duratif sont assez compliqués. C'est la combinaison du parfait *kāna* du verbe *kwn* « être » avec un imparfait qui doit surtout être étudiée ici. Mais il faut d'abord examiner brièvement les autres expressions possibles du même temps.

Un participe tout seul peut, par l'usage de la phrase nominale, exprimer une description non située dans le temps. Si une circonstance quelconque localise la phrase nominale avec participe dans le passé, il y a expression du passé duratif. C'est ce qui se produit en particulier chaque fois qu'une phrase de cette espèce est coordonnée à une phrase verbale au passé, ce qui est très fréquent : Wright, *Ar. Gr.*, II, § 183, p. 33o, *ḏahaba zaydun waʿamrun bāqin* « Zayd partit, tandis que Amr restait (et Amr restant) ». Cet usage restreint sensiblement la fréquence des expressions proprement verbales du passé duratif dont il va être question maintenant.

Le parfait *kāna,* comme il a été vu p. 118, tend, quand il a le sens affaibli de « être », à exprimer le passé duratif; il est donc souvent l'équivalent de « il y avait, il était ». S'il est employé comme copule et si l'attribut qui suit est un participe (indiquant une action ou un état en devenir), l'ensemble forme une expression du passé duratif, du type qui a été étudié ci-dessus pour l'hébreu (§ 112); ainsi, Wright, *Ar. Gr.*, II, § 74, p. 197-198 : *kāna nāzilan* «il descendait».

L'imparfait est une expression normale du passé duratif. Pour qu'il joue ce rôle, il suffit qu'il se trouve dans une phrase où le contexte indique qu'il s'agit d'événements passés.

Le cas le plus habituel est celui où un parfait précède (Wright, *Ar. Gr.*, II, § 8, p. 20; Reckendorf, *Synt. Verh.*, p. 57); ainsi *Kitāb al-Aġānī*, Choix de Beyrout, I, p. 31, l. 12 : *fa'akalnā faġalasnā našrabu ḥatta(y) qariba l'aṣru* «alors nous mangeâmes, puis nous restâmes assis à boire (nous buvions) jusqu'au moment où fut proche la fin de l'après-midi».

Mais, dans des cas il est vrai rares, la même construction peut exprimer le passé momentané, et ce fait paraît assez troublant. L'explication n'en est sans doute pas unique; il faut, en se souvenant de l'état préhistorique probable d'indistinction des aspects (voir p. 17) tenir compte des emplois de présent historique (voir p. 144) et peut-être d'autres subtilités de style. Des exemples ont été rassemblés dans Nöldeke, *Zur Gramm.*; ainsi, p. 68, un exemple de Ibn Hišām : *wadarabahā... wayaqūlu* «et il la frappa (parfait)... et [lui] dit (imparfait)», c'est-à-dire «en lui disant»; p. 74, note 2, un exemple d'imparfait à côté d'un parfait, au même sens, et, semble-t-il, pour une simple raison de rythme [1].

Il n'y a donc pas toujours expression nette de la durée par l'imparfait simple, s'il suit un parfait autre qu'un auxiliaire. Cette expression nette est au contraire atteinte dans certaines autres constructions particulières. L'une d'elles est relevée dans Nöldeke, *Zur Gram.*, p. 68 : un imparfait précédé de plusieurs particules d'affirmation sert de point de départ, par l'exposé d'une situation, à un récit qui continue ensuite par un parfait; exemple de Ibn Hišām : *wāllāhi 'innā la-nataraḥḥalu 'ilā(y) 'ardi lḥaba-šati... 'id 'aqbala ʿumaru* «par Dieu certes nous étions en préparatifs de départ pour l'Abyssinie... lorsque survint Omar».

Une autre tournure, moins compliquée, et qui est peut-être un essai

---

[1] Pour l'arabe moderne, voir § 116, 118 et 120; voir de plus le chapitre 1er, p. 141-143 pour l'arabe et pour l'hébreu.

avorté d'expression nette du passé duratif, est l'emploi de *qad* (*waqad,
walaqad, falaqad*); des exemples sont réunis dans Nöldeke, *Zur Gram.*,
p. 70; ainsi, de Ṭabarī : *falaqad tašuddu wataqtulu l'abṭālā* «ainsi tu courais
sus et tu tuais les braves». Cet emploi est poétique. (Sur *qad*, voir § 38,
p. 61 et références.)

Ce qui précède ayant suffisamment montré que la combinaison de *kāna*
avec l'imparfait n'est pas la seule expression possible du passé duratif,
il est temps de montrer que c'en est l'expression nette et habituelle.

Toutefois, il ne faut pas imaginer dans cette réunion (pas plus que pour
le plus-que-parfait composé avec *kāna*, p. 167), un temps composé à la
manière de ceux du français. *Kāna* joue pour situer l'imparfait dans le
passé un rôle analogue à celui de tout autre parfait; la différence est qu'il
contient par lui-même une nuance de durée; il faut aussi considérer que
kāna en composition est assez souvent vidé du sens propre de «être» et
réduit à l'état d'«exposant passé». Dans la construction en question les
deux termes sont autonomes : *kāna* est souvent séparé, même éloigné, de
l'imparfait qui suit; il n'est pas répété si deux imparfaits suivent; et il
peut être à une autre personne que le verbe principal.

Le caractère duratif est accentué si *kāna* est précédé de *qad*.

Le composé de l'imparfait avec *kāna* peut se nier et se subordonner
comme un parfait.

Le passé duratif ainsi constitué exprime la continuité et l'habitude, ainsi
qu'il appert des exemples qui suivent.

Proposition positive principale ou subordonnée. — Wright, *Ar. Gr.*,
II, § 9, p. 21 : *kāna yarkabu fī kulli yawmin ʿiddata mirārin* «il montait
à cheval tous les jours un certain nombre de fois» (sens d'habitude);
Reckendorf, *Synt. Verh.*, p. 295, exemple de poésie antéislamique : *fana-
ġna(y) kamā kunnā nakūnu waʾantumu qarībun* «nous serions satisfaits comme
nous l'étions quand vous étiez proches» (on voit ici que l'auxiliaire est
assez réduit au rôle d'exposant grammatical pour se composer avec le
même verbe *kwn* au sens de «être là, être»); *Synt. Verh.*, p. 293, exemple
de Buḫārī : *kaḏālika kāna bašīrun yuḥaddiṭu ʿan ʾabīhi* «Bachir (3) racon-
tait (2-4) ainsi (1) au nom de son père (5-6)» (insertion du sujet entre
l'auxiliaire et le verbe principal; l'idée est décomposée : «ainsi était Bachir

à raconter... »); Coran, sourate 21, 103 : *'alladī kuntum tū'adūna* « ce dont vous avez été (plus d'une fois) menacés ».

Phrase négative. — Wright, *Ar. Gr.*, § 12, p. 23 : *lam yakun yuḥibbu šši'ra* « il n'aimait pas la poésie » (l'auxiliaire est nié); *Grundriss*, II, § 326, p. 510, exemple du *Kitāb al-Aḡānī* : *laqad kuntu lā 'arḍa(y) bi-'adna(y) maʿīšatin* « certes je ne me satisfaisais pas (1—2-3-4) avec (5) la vie (7) la plus humble (6) » (l'auxiliaire est augmenté de *qad*, la négation est jointe au verbe principal); même endroit, même source : *'a-lasta kunta tuḡannī kisrā* « n'avais-tu pas l'habitude de chanter pour Kisra ? »; combinaison avec *laysa* (où celui-ci peut aussi avoir la seconde place), même endroit, exemple de Šammaḫ : *iḏ kuntu lastu 'ufīqu* « puisque je ne me remettais pas ».

Sujets différents de l'auxiliaire et du verbe principal. — *Grundriss*, II, § 326, exemple de Ṭabarī : *wakunnā lā yurāmu lanā ḥarīmun* « et nos femmes n'étaient jamais recherchées », mot à mot « nous étions, n'était pas recherché pour nous un interdit ».

115. ARABE MODERNE. — Dans la plupart des dialectes, comme en arabe classique, le passé duratif a plus d'une expression. Les détails diffèrent suivant les parlers.

D'une manière générale, l'imparfait simple conserve la possibilité de figurer dans une phrase se rapportant à un moment passé; aussi une forme composée est-elle rarement d'emploi nécessaire. La revue rapide qui suit est surtout destinée à signaler dans quelle mesure il existe de ces formes composées.

Des exemples de l'imparfait employé pour le récit d'un fait momentané sont indiqués au passage.

Sur *kān*, passé (non toujours duratif) de « être », voir p. 122.

116. ARABIE ET MÉSOPOTAMIE. — *Centre du domaine côtier de l'océan Indien.* — Quand l'imparfait est employé dans un récit, il exprime le plus souvent, mais non toujours, le passé duratif; d'autres fois, il est l'équivalent d'un parfait, voir Rhodokanakis, *Ḏofār*, II, p. 194-195 et ci-dessus, p. 17. — Le participe est souvent employé pour la description dans le passé (*Ḏofār*, II, p.197 *b*). — Il n'y a pas d'expression composée spéciale du passé duratif.

Oman. — L'imparfait et le participe peuvent exprimer le passé duratif. La forme composée de *kān* et imparfait est en usage pour exprimer l'habitude (Reinhardt, *Oman*, § 420, p. 272).

Arabie centrale. — L'imparfait est très employé pour exprimer le passé duratif (Socin, *Diwan*, III, p. 231, avec exemples). Le participe paraît moins en usage.

Le parfait de la racine *kwn* est usité comme expression du passé duratif, seul pour exprimer le verbe être, et pour les autres verbes en composition avec l'imparfait.

Socin, *Diwan*, n° 109, n° 1 : *učal-lū weledēn* «et il avait deux fils» (sur le non-accord d'un verbe avec un sujet suivant, Socin, *Diwan*, III, p. 236 haut); n° 2 : *wačān waqt ĕrrabīᶜ* «et c'était le printemps».

N° 4 : *wačān ălᶜanēsi fāḍil yismaᶜ* «et Anesi Fadil entendait»; *Diwan*, III, p. 190 : *čān yĕḥamdūnuh* «ils le louaient». Dans ce dernier exemple il y a accord de l'auxiliaire avec le complément du verbe principal; voir le dernier exemple cité § 114 et la discussion, § 98, p. 170.

Mésopotamie. — Meissner, *Iraq*, § 52, signale, à côté de l'emploi du participe et de l'imparfait seuls, la jonction de *čān* avec participe ou imparfait : p. 14, l. 16 : *miṯl mā čint ašūfak* «comme je te voyais» ou «comme je t'ai vu (un certain temps)».

117. SYRIE-PALESTINE. — Les formes sans auxiliaire peuvent s'employer. Ainsi, Oestrup, *Contes*, p. 66, l. 1 : *küll yōm yiḥsar ḫams līrāt* «tous les jours il dépensait cinq livres»; voir encore un exemple (avec préfixe *b-*) ci-dessous, p. 226, l. 2. Dans l'exemple suivant, on voit la combinaison de *ᶜammal* (qui est une sorte de participe employé comme particule) avec l'imparfait; Barthélemy, *Naaman*, p. 284 : *ho ᶜammal idallĕl ᶜaleyh bissūq, šāfo wāḥĕd*... «il était en train de le mettre en vente au marché [quand] le vit un...». Exemple de participe, Oestrup, *Contes*, p. 112, X : (il but le remède) *ubāqı ila ḥadd eṣṣubḥ wemāt* «et subsista (participe exprimant une action prolongée) jusqu'à un matin [encore], puis mourut».

Mais le passé composé est habituel dans les parlers de cette région.

La combinaison «*kān* + participe» au sens de passé duratif est possible, mais relativement rare, d'autant plus qu'elle est amphibologique, puisqu'elle peut exprimer le plus-que-parfait (voir p. 171-172, et un exemple ci-dessous comme passé duratif).

La combinaison habituelle est celle de *kān* conjugué et de l'imparfait. Mais l'imparfait est lui-même d'aspects divers. Il peut être simple et joint directement à l'auxiliaire; c'est sans doute le cas le plus fréquent. Il peut être précédé du *b-* de l'indicatif (voir p. 63 et § 139). Il peut enfin être précédé d'une particule insistante de la durée (*ʿammāl,* ou une forme équivalente); dans ce cas, il y a passé duratif avec insistance sur la continuité de l'action (voir § 137).

Harfouch, *Drogman*, p. 273 : «combien vous donnait-il de salaire» a pour équivalent soit *qaddaiš kān ḥāsib lak* (avec participe), soit *qaddaiš kān yaʿṭīk* (avec imparfait); même endroit : *kān ĕššuǧl kulloh ʿalaɩye ḥais ma kān yĕrḍa yuqaiyʿĕd sāyis* «toute (3) la besogne (2) m'incombait [était (1) sur moi (4)] parce que (5) il ne voulait pas (6-7-8) engager (9) un palefrenier (10)»; on voit dans cette phrase le fonctionnement de *kān* isolé, puis l'imparfait composé nié et en subordination, et enfin un autre verbe à l'imparfait qui dépend lui-même de l'imparfait précédent); Féghali, *Kfarʿabĭda,* p. 139 : *künt bḫāf mönnu* «je le craignais»; Bauer, *Pal.,* p. 108 : *kunt ʿammāl(i) abḫaš* «j'étais en train de piocher»; Féghali, *Kfarʿabĭda,* p. 139 : *kan-ʿan-yektọb* «il était en train d'écrire» (le complexe étant senti comme un seul mot, l'*ā* de *kān* est abrégé).

118. Égypte. — L'imparfait et le participe sont libres d'exprimer à eux seuls la description dans le passé (quelquefois même le récit d'événements momentanés); nombreux exemples dans Spitta, *Grammatik,* p. 341 et 356-357, ainsi : *wəkulli di yiǧrā wĕlbintə šāʾifāhum* «et tout ceci arriva(it) [imparfait] tandis que la fille les regardait [participe]».

Mais le participe et l'imparfait sont aussi très souvent, dans l'emploi de passé duratif, accompagnés d'un auxiliaire (*kān* avec participe ou imparfait, *baqā* avec imparfait seulement).

La combinaison avec le participe insiste plus sur le résultat acquis, d'où la possibilité pour elle d'exprimer quelquefois le plus-que-parfait, voir p. 172; Spitta, *Gramm.,* p. 358 : *wə-kān fāḍil məʿāh bēḍa waḥde* «et (1) il lui (3) restait (1-2) un (5) œuf (4)».

Dans la combinaison avec l'imparfait, celui-ci peut être nu; Spitta, p. 344-345 : *kuntə tiṣrif ē wətākul ē* «que dépensais-tu et que mangeais-tu?»

($\bar{e}$ = « quoi ? »); on voit que l'auxiliaire n'est pas répété; même endroit, *baqū yidūloh ălugar liquddam* « ils lui versaient le prix d'avance ». L'imparfait peut être aussi précédé de *b,* comme d'ailleurs après un autre verbe quelconque au passé (voir un exemple dans Spitta, *Gram.,* p. 449, l. 5); ainsi, Spitta, p. 348 : *kuntə bākul lamma gi* « je mangeais lorsqu'il vint ». (Voir en outre au paragraphe 139, sur *bi-.*) L'imparfait renforcé de ʿ*ammāl* et insistant sur la durée peut être situé dans le passé par un parfait quelconque; Spitta, p. 355 : *iltaqāhā ʿammāle titnaṭṭaṭ* « il la trouva [qui était] en train de sautiller »; exemple avec *kān* : Selden-Wilmore, § 146, p. 126, *kuntᵉ ʿammal baḍrab* « j'étais en train de frapper ».

120. **RÉGION DU TCHAD.** — La manière d'exprimer expressément le passé duratif consiste à employer un parfait précédé du participe de *qʿd* « être assis »; Carbou, *Tchad,* p. 133 : *ana gāʿad ḥasobt ălǧimāl* « j'étais en train de compter les chameaux »; Lethem, *Shuwa,* p. 175 : *hu gāʿid katab* « il écrivait ».

Au même endroit, le participe du verbe principal est donné au lieu du parfait dans la même phrase : *hu gāʿid kātib;* mais cette dernière tournure est aussi bien un présent qu'un passé (voir § 137).

120. **MAGHRIB.** — Le participe seul peut être employé comme temps descriptif. L'imparfait seul est, comme ailleurs en arabe, employé normalement dans une phrase se rapportant au passé. Les formes composées sont donc rarement nécessaires. Elles existent pourtant dans les différents dialectes, en partie avec des formes spéciales suivant certaines particularités locales.

Malte. — *Kān* et participe, Vassalli, p. 42 : *hwa kün qēᵉd* « il était assis »; *kān* et imparfait, Nöldeke, *Z. D. M. G.,* 1904, p. 913 : *mā kinš yūre ḥzūnītu* « il ne montrait pas sa méchanceté »; cumul de *kān* et du participe de *qʿd,* exposant de durée, Vassalli, p. 43 : *kīn qēᵉed yaqra* « il lisait », Nöldeke, *Z. D. M. G.,* 1904, p. 914 : *kien qēᵉẗ ıstennīya* « il restait à l'attendre ».

Tripoli. — Exemple d'une suite d'imparfaits, dont le premier dépend directement d'un parfait à valeur inchoative et dont les suivants sont sous l'influence lointaine du même parfait, Stumme, *Tripoli*, p. 22, l. 19 : *gaʿădĕt ĕlʿăzūz tĭžri... wuššōk idugg fĭ rĭžlēha uhĭya tĭbki watĕgūl* « la vieille (2) se mit à (1) courir (3). . . et les épines piquaient ses pieds et elle pleurait et disait ».

Emploi de *kān* et imparfait, exemple négatif, *Tripoli*, p. 22, l. 31-32 : *kān mā yākulš kān ĕlfaḍla mtăʿ alʿazūz; baʿadma tĭšbaʿ ĕlʿazuz, yākul hūwa* « il ne mangeait pas, si ce n'est (exprimé par *kān* invariable) les restes de la vieille; après que (1) la vieille (3) était rassasiée (2) lui (5) mangeait (4) [deux imparfaits simples] ».

Exemple de participe simple; *Tripoli*, p. 87, l. 35 : *hūwa māši ušăf* « il marchait lorsqu'il vit (chemin faisant il vit) ».

Tunis. — Stumme, *Tun. Gr.*, § 200, p. 155; l'imparfait simple est plus employé que *kān* et imparfait.

Algérie. — Le passé duratif composé de *kān* avec l'imparfait est habituel; il est parallèle au présent composé avec *rā-* (voir chap. v, § 138).

Ainsi, Marçais, *Tlemcen*, p. 258, l. 3 : *ukānu yähhadru ʿalĭh* « et ils s'entretenaient de lui ».

Mais d'autres tournures sont usuelles; ainsi participe et imparfait simple, dans le même passage, l. 6 : *kān ʿārĕfhum ġĭr yĕtmeshru ʿălĭh* « il savait [il était (1) sachant eux (2)] qu'ils plaisantaient (4) [imparfait] seulement (3) sur lui (5) »; Cohen, *Alger juif*, p. 488, l. 7 : (le rabbin le retint à coucher) *lāyĭn əlqăid mä inəğğəmš yithəl ləlḍăru* « parce que le caïd ne pouvait pas (imparfait) rentrer à sa maison ».

Dans le même ouvrage, p. 257 bas, un exemple de passé momentané rendu par un imparfait à la suite d'un parfait : *ṭŏlʿăt ləstăh utṣĭb* « elle monta à la terrasse et trouva ».

Andalou. — Imparfait simple et imparfait avec *kān*; Pedro de Alcala, p. 47, l. 26-27 (la notation de l'auteur est accommodée approximativement avec le système adopté ici) : (as-tu vendu [parfait] quelque chose plus cher) *min alledĭ kēn yaswĭ băhāl alledĭ yaswĭ itney tĭbĭʿ bi ḥamse* « que cela ne valait, par exemple ce qui valait deux tu le vendais (l'as vendu) pour cinq »; avec *kān* sans *n* (voir p. 70), même passage, phrase parallèle, l. 30 : *min alledĭ ke yaswĭ* « que cela ne valait ».

Maroc. — Le participe et l'imparfait soit nu, soit avec préfixe *ka* (voir § 141) peuvent exprimer le passé duratif; ainsi dans Marçais, *Tanger,* p. 81, au milieu d'un récit d'événements passés, des passages descriptifs se trouvent au passé duratif (et on a quelquefois l'impression de présents historiques); par exemple, l. 20, *āna ġāiz . . . unṣĕb ľ ăwāwŭl . . . kẹila'bo ṭṭrambe* «je passais (moi passant) [sur la place] et je trouve (voici que je trouvais) [imparfait] des enfants. . . [qui] jouaient [imparfait avec *ka-*] à la toupie»; de même, p. 79, l. 18, à la suite de deux parfaits : (il enleva la pointe, la mit dans le feu) *ulmt'allĕm kẹiṣoṭ ḅlkĭr mĕllawṛa* «et l'apprenti soufflait (imparfait avec *ka-*) avec le soufflet»; Brunot, *Yallah,* p. 75 bas : *lli kānu sāknin fiha feṣṣbāḥ . . . kaiṣibu iddihum mḥanniyĭn* «et ceux qui y habitaient (étaient habitants dedans), le matin. . . trouvaient (imparfait avec *ka-*) leurs mains teintes au henné».

Le début de la première phrase citée montre un participe descriptif employé seul; celui de la dernière phrase citée montre l'emploi d'un participe précédé de l'auxiliaire *kān*.

La combinaison de *kān* et de l'imparfait est fréquente; l'imparfait peut être nu ou précédé de *ka-* sans qu'on aperçoive de différence de sens. Brunot, *Yallah,* p. 30 : *kunt na'iš ma'iša mzyāna* «je vivais une vie heureuse»; Marçais, *Tanger,* p. 7, l. 8 : *dĭk lbnāt lli kāno kẹidĕlko m'āhum* «ces filles qui étaient à pétrir avec elles». Si donc on a admis l'étymologie de *ka-* par *kān* (voir p. 70-71), la même racine figure deux fois à la suite, la forme pleine indiquant le passé, et la forme réduite indiquant la concomitance [1].

120 *bis.* Sudarabique moderne. — L'imparfait peut s'employer seul comme passé duratif (et d'ailleurs aussi comme temps du récit momentané, ci-dessus, p. 143; Jahn, *Gram.,* p. 134), ainsi Bittner, *Šḫauri,* III, p. 60, n° 3 : *embera yilġum* «le garçon tétait».

La construction durative avec le relatif qui a été étudiée ci-dessus (p. 154 et p. 175) pour le parfait est fréquente avec l'imparfait; quand elle se rencontre dans une phrase se rapportant au passé, elle fournit une expression du passé duratif. Ainsi, Bittner, *Mehri,* III, p. 67, *ksīum teh d-imzūz* «ils le trouvèrent qui fumait».

---

[1] L'imparfait avec *ka-* de sens passé peut se trouver après d'autres parfaits que *kān;* ainsi Stumme, *Houwara,* p. 48, l. 3 : *bga kaigouwut* «il se mit à pleurer». Pour l'emploi de *ka-* en général, voir chap. v, § 141.

D'autre part, le verbe *kwn* au parfait peut avoir le sens de passé duratif « il était »; ainsi en soqotri, Müller, *Mehri Soq.,* II, p. 5, l. 14 : *wukāno k(y)ala feṭaʿi* « et ils étaient tous deux nus ».

Or, au moins en soqotri (peut-être d'ailleurs seulement dans les traductions de l'arabe), il peut y avoir alliance de *kān* et d'un imparfait, comme en arabe, au sens de passé duratif, *Mehri Soq.,* II, p. 8, l. 5 : *ber biroh kānoh teraʿa* « car (1) elle faisait paître (2-3-4) » (*kān* est ici composé avec *ber,* voir p. 154).

L'imparfait peut être, dans la forme composée, augmenté du pronom relatif, *Mehri Soq.,* II, p. 32, l. 20 : *konk di-tśoni* « tu regardais ».

121. Guèze. — L'imparfait simple peut s'employer dans une phrase se rapportant au passé, du moment qu'il s'agit d'une action prolongée; ainsi Matthieu, 26, 55 : *wazalfa 'ənabbər məslēkəmū baməkwərāb wa'əmēh(h)ər wa'i'aḥazkəmūnī* « or constamment j'étais avec vous dans le temple et j'enseignais, et vous ne m'avez pas pris »: voir Dillmann, *Gram.,* § 89, p. 155.

Une circonstance concomitante, dans le passé comme dans le présent (voir p. 232), s'exprime volontiers par *'ənza* « tandis que » avec l'imparfait; ainsi : Vie de l'Évangéliste Marc, extraite du Synaxaire, dans Dillmann, *Chrest.,* p. 19, l. 10 : (ils le traînèrent dans toute la ville) *wa'əmūntū 'ənza yəblū* « et eux [étaient] tandis qu'ils disaient », « et eux disaient », « en disant [constamment] ».

Toutefois, le domaine de l'imparfait est très restreint en subordination, à cause de l'usage étendu du gérondif, Dillmann, *Gram.,* § 180 et suiv., et ci-dessus, p. 50 [1].

La durée passée peut être exprimée plus pleinement au moyen de termes composés d'un auxiliaire et de l'imparfait (avec ou sans *'ənza*).

Les auxiliaires qui peuvent se composer avec l'imparfait sont au nombre de trois : *hallō*, *kōna* et *nabara.*

Dans la situation confuse de la langue savante qu'est le guèze, il est difficile de démêler si les divers composés ont des usages nettement différents; les distinctions principales sont indiquées ci-dessous.

---

[1] Le participe actif habituel du sémitique (à voyelle longue après la première radicale) n'est pas en usage en guèze, et n'est pas en question ici; la forme nominale qui le remplace comme participe n'est jamais centre de proposition; quand elle suit un verbe « être », elle conserve sa valeur propre d'adjectif ou de substantif (voir un exemple ci-dessous).

Cette observation s'applique aussi au tigrigna et à l'amharique.

Le verbe *hallō* a le sens de «exister»; il n'est pas situé dans le temps,
même en composition avec l'imparfait, puisqu'un tel composé au lieu d'être
un passé duratif peut être présent (voir § 144) ou futur (voir § 163). L'imparfait qui suit *hallō* peut être introduit par la conjonction *'ənza* «tandis
que». L'auxiliaire peut être séparé du verbe principal.

Exode, 26, 35 : *kama hallawkəmū tənabbərū wəstēta* «tandis que vous l'habi-
tiez»; Marc, 1, 4 : *wahallō yōḥannəs yāṭamməq bagadām* «et il y avait Jean
[qui] baptisait dans le désert» (plutôt que : «Jean baptisait»; l'auxiliaire
a unē certaine indépendance de sens»); Livre des Jubilés, dans Dillmann,
Lexicon, col. 4 : *bakwəllū mawāʿəl ḥəywatəya hallawkū 'ənza 'ezzəkkarō la'əgzī-
'abəḥēr* «tous les jours de ma vie je me souvenais de Dieu».

La combinaison fréquente de *kōna* avec l'imparfait (sans *'ənza*) ne prête
à aucune amphibologie : elle ne peut être qu'un passé duratif. *Kōna* y est
dénué de valeur propre. Genèse, 4, 22 : *kōna yəgabbər gəbra bərt waḥaṣīn*
«il faisait le travail du bronze et du fer», variante de la phrase à participe *kōna nahābē warq waḥaṣīn* «il était forgeur d'or et de fer», qui se
trouve dans d'autres manuscrits pour le même passage [1].

L'auxiliaire *nabara* peut se composer avec l'imparfait avec ou sans interposition de *'ənza*.

L'ensemble a souvent la valeur d'un passé duratif du verbe principal.

Vie de Takla Haymānōt, extraite du *Synaxaire*, dans Dillmann, *Chrest.*,
p. 36, l. 3 du bas : *wa-nabarū kwəllōmū makwānənta hagar 'ənza yəhūbəvwō
lōtū bə'sītōmū baba'əbrētōmū* «et (1) tous (3) les nobles (4) du pays (5)

---

[1] Dillmann, *Grammaire*, § 89, p. 155 bas,
'cite un exemple de *kōna* suivi de parfait
qu'il traduit par un imparfait latin; l'examen de la phrase complète invite à interpréter autrement : *Combat d'Adam*, édition
Trumpp, p. 103, l. 9 : *wakōnū sēt wawəludū
ḥadarū lāʿla dabr... 'iyəzarrə'ū wa'īya'ar-
rərū...* «et furent Seth et ses enfants [dans
la situation suivante :] ils habitèrent sur une
montagne... et ils ne semaient ni ne récol-
taient»; le rédacteur a rejeté dans le passé
antérieur le choix de l'habitation fait par la
famille de Seth; c'est un exemple de plus-
que-parfait composé (voir § 104), dont la
seule particularité gênante est que le sens du
verbe principal empêche de traduire par un
plus-que-parfait du français, du latin ou de
l'allemand : «ils avaient habité» n'est pas
possible; mais la difficulté serait levée si on
traduisait, en détournant un peu le sens de
ḥadarū : «ils avaient élu domicile».

Dans la suite de la phrase, les circonstances décrites comme durables sont exprimées par l'imparfait. D'ailleurs les composés
de *kōna* avec imparfait abondent dans le
même passage.

lui (8) donnaient (2-6-7) leurs femmes (9) à tour de rôle (10)»; Vie de Abba Salāmā, extraite du *Synaxaire,* dans Dillmann, *Chrest.,* p. 33, l. 8 du bas : *wa-nabarū ʾadəsyōs wafərēmnāṭōs ʾənza yahaddənəwwō lahədān* «et (1) Adesios (3) et Frumence (4) élevèrent [restèrent (2) à élever (5-6)] l'enfant (7)». (Voir un exemple sans *ʾənza* dans *Grundriss,* II, § 327 *bis*).

Mais il peut arriver que *nabara* composé avec l'imparfait conserve néanmoins sa valeur de «rester», ainsi : Judith, 7, 5 : *ʾandadū ʾəsāta wəsta mahāfdhōmū wanabarū yaʿaqqəbū kwəllā yəʾəta lēḱta* «ils allumèrent du feu sur leurs tours et restèrent à veiller toute cette nuit».

122. TIGRIGNA. — L'état du guèze ne se retrouve aucunement en tigrigna : l'usage de l'imparfait sans auxiliaire s'y est restreint au présent-futur d'une manière générale (voir § 145). De très rares exemples de l'imparfait employé comme en guèze ont été relevés dans la langue d'un seul traducteur de l'Évangile (Praetorius, *Tigrigna,* p. 333). L'imparfait ne conserve son ancienne indépendance par rapport au temps que dans certaines propositions subordonnées introduites par conjonction (voir à la fin de ce paragraphe, et la même situation exposée avec plus de détail, pour l'amharique, § 124).

Le passé duratif est donc exprimé obligatoirement dans les propositions principales par des composés de l'imparfait et d'un auxiliaire (ou par une copule durative quand il s'agit du verbe «être»); les auxiliaires-copules de la durée sont *nabara* (*nabīru*) et *ṣanha.*

Toutefois le passé duratif a un usage restreint en tigrigna. Il ne s'emploie que lorsqu'il y a nettement description insistée. Ailleurs on préfère le récit, même s'il s'agit d'un fait prolongé (voir § 110 fin); on emploie donc le parfait (pour le verbe «être» : *kōnä* et non *nabara*). Ainsi Kolmodin, *Traditions,* n° 38, 1-2 : *sayti hantibā gafāʿit ...hōnät* «la femme (1) du kantiba [sorte de fonctionnaire] (2) était (fut) (4) mauvaise (3)...» (quand les vassaux apportaient des denrées en tribut) *...ṣāhli... nāb byetan ʾakkabəʾo* «elle gardait (parfait, pluriel de politesse)(4) la vaisselle (1) dans (2) sa maison (3)». De même après un relatif, Marc, 2, 4, dans Praetorius, *Tigrigna,* p. 354 : (le lit) *zə-harrasä* «[sur] lequel était couché (parfait) [le paralytique]». De même encore après conjonction, Kolmodin, *Traditions,* n° 18, 2 : *gazāʾti səla zə-hayya-ləwwōm* «parce que (2-3) les gouverneurs (1) les opprimaient (4) (parfait)».

Dans le passé duratif composé, l'auxiliaire est conjugué comme s'il était indépendant. Il est généralement au parfait, mais il peut être aussi au gérondif. (Praetorius, *Tigrigna*, p. 331, note).

Kolmodin, *Traditions*, n° 50, 2 : *ḥaṣīr nabarä 'əmmo kam 'uf kwằynu yəššalālab nabarä* «il était (2) petit (1) de sorte que (3) il voltigeait (7-8) étant (6) comme (4) un oiseau (5)». Avec l'auxiliaire dialectal *ṣanḥä*, *Z. D. M. G.*, 28, p. 444 : *ṣanḥe yohannəs-əwən yaṭəmməq* «et (3) Jean (2) baptisait (1-4)».

Qand il s'agit d'insister sur la durée, la forme composée peut s'employer en proposition relative (information d'Abba Jérôme) : *zəgwayyi* (ou *yəgwayyi*) *zənäbärä sab rä'ěḥu* «j'ai vu (4) un homme (3) qui était en train de courir (2-1)».

Pour nier le passé duratif la négation s'applique à l'imparfait : (Praetorius, *Tigrigna*, p. 331) *'ayfalləṭōn nabarku* «je ne le connaissais pas».

Cet exemple montre en outre que les suffixes pronominaux s'attachent à l'imparfait, non à l'auxiliaire.

En général l'auxiliaire n'est pas répété s'il y a deux verbes coordonnés; il peut l'être cependant, par manière d'insistance.

En proposition subordonnée temporelle impliquant un procès prolongé, l'imparfait simple s'emploie, après la conjonction *'əntə-*; ainsi dans Bassano, *Vocabolario*, col. 530 : *nāb gäzā'u 'əntiḥayyəd* «tandis qu'il allait (3) à (1) sa maison (2)»; mais cette construction exprime aussi bien la concomitance présente ou future (voir Vito, *Gram.*, p. 83-84) [1].

---

[1] La limite entre le passé duratif et le plus-que-parfait n'est pas toujours nette (voir p. 167 n. et p. 176 bas); ainsi la phrase suivante (Vito, *Gram.*, p. 66) : *'ana bərru 'aragit yəmassəlanni nabiru* peut se traduire soit : «moi (1), il me semblait (4-5) [que] Berrou (2) [était] vieux (3)», soit «...il m'avait semblé...». De même dans un exemple cité par Praetorius, *Tigrigna*, p. 331 : *yəfattu nabara* «il désirait» ou «avait désiré»; un autre exemple cité au même endroit, où le même composé serait un passé antérieur momentané, paraît douteux.

Il ne semble pas qu'il faille admettre avec Praetorius, *Tigrigna*, p. 332 bas, que la forme composée du plus-que-parfait puisse exprimer le passé duratif : l'exemple *ḥarrisu nabara* n'est pas bien traduit par «il dormait», il faut comprendre «il s'était endormi»; dans l'autre exemple donné au même endroit, *nabarä*, en tête de phrase, a un sens plein «il se tenait là» (si toutefois la phrase est correcte).

Dans l'exemple de composition de l'imparfait avec le gérondif *kwằynu* cité p. 155 comme parfait-présent, on pourrait comprendre aussi un passé duratif : «c'est parce qu'il pleuvait...».

123. Tigré. — La situation est loin d'être la même qu'en tigrigna. Un passé duratif composé d'imparfait avec auxiliaire est normalement employé quand on veut décrire, et aussi quelquefois quand on énonce une action prolongée. Mais l'emploi de l'imparfait simple dans le passé est encore normal lui aussi (ce qui est conforme au caractère archaïque du tigré en général). Ainsi dans Littmann, *Princeton,* I, p. 83, n° 73, une description commencée par un passé duratif composé (cité ci-dessous) se continue par une suite de copules *tu* (non situées dans le temps) et d'imparfaits simples, par exemple (ligne 11) : *wa-ḥatte wa'at ḥarrəd 'ət kəl 'ukatu* «et (1) il égorgeait (imparfait) (4) une (2) vache (3) à chaque repas».

L'imparfait est employé régulièrement en proposition temporelle introduite par *'ət* (comparer le même fait en tigrigna, § 122 fin) : *Princeton,* I, p. 48, l. 6 : *wa-məsəl 'ət ləgaysō kāməl lišin 'awallaṭā* «et (1) tandis qu' (2) ils allaient (imparfait) (4) ensemble (2), Kamil (5) se détourna (7) pour ·pisser (6)» (même tournure pour le présent, I, p. 122, l. 9).

Comme pour le tigrigna, quoique moins souvent, semble-t-il, un passé momentané peut être employé pour exprimer un fait prolongé, là où en français un imparfait s'impose. Ainsi *Princeton,* I, p. 43, l. 22 : (toujours ils étaient (exprimé par la copule *t-*) une proie pour les armes tranchantes) *'ət kəl 'akān ḥəd ḥatḥō* «à tout endroit ils s'entr'égorgeaient (parfait)».

Les verbes «être» du passé duratif ont été étudiés p. 131; voir en outre la copule *tu* p. 102 [1].

L'auxiliaire le plus fréquent du passé duratif est *'alā*. Ainsi *Princeton,* I, p. 83, n° 73 début : *qōm 'arwām 'əb nəwāyu 'ət kəl 'akān nabbər 'alā* «le peuple (1) des Rom (2) avec (3) ses troupeaux (4) séjournait (8-9) à (5) tous les (6) endroits (7)».

Assez souvent le composé avec *'alā* exprime la durée là où le français

---

emploierait un passé non duratif : *Princeton*, I, p. 53, l. 13 : *ʿattənnā ʿalā* «il l'encensait (tous les jours)»; on voit dans cet exemple que les suffixes pronominaux s'attachent à l'imparfait, non à l'auxiliaire; p. 53, l. 6 : (quand ils ne les trouvèrent pas, ils furent très émus) *waḥazzəwan ʿalaw* «et ils les cherchèrent (longuement)»; p. 53, l. 19-20 : (pendant 40 jours) *kərəntu təssammāʿ ʿalat* «sa voix fut entendue» (ensuite il mourut).

L'auxiliaire *nabrā* est employé dans les mêmes textes; il est moins fréquent que *ʿalā*. *Princeton*, I, p. 52, l. 9 : (à chaque fête) *dagāgəm nabrā* «il récitait» (ce qu'il avait appris par cœur); voir aussi Littmann, *Z. A.*, 1899, p. 100.

Le verbe *ṣanḥā* paraît rare dans le même emploi; Littmann, *Z. A.*, 1899, p. 100 : *gays ṣanḥā* «il allait çà et là»[1].

Le verbe *'amsā* employé avec la même construction que les auxiliaires précédents a préservé son sens propre «arriver au soir»; *Princeton*, I, p. 83, l. 25 : *kəllā la'aḫāhu ḥalləb 'amsā* se traduit «il passa le temps jusqu'au soir (4) à traire (3) toutes (1) ses vaches (2)».

Le passé duratif composé peut être employé en phrase relative, le relatif s'attachant à l'auxiliaire, d'après un exemple cité par Littmann, *Z. A.*, 1897, p. 308.

124. Amharique. — La situation de l'amharique est simple : un temps composé de : imparfait + *nabbara* «il était» est la seule expression normale du passé duratif en proposition principale.

L'imparfait simple ne peut pas le remplacer; en effet il n'existe plus en amharique (en dehors de certains archaïsmes) en proposition principale positive : pour le présent ou le futur il est composé avec *alla*, comme pour le passé il est composé avec *nabbara*. Et si en proposition principale négative l'imparfait simple est employé, c'est comme présent ou futur (sur ces faits, voir § 147).

En proposition subordonnée seulement, l'imparfait échappe à cette localisation de présent-futur, et il conserve encore la liberté de se situer dans le passé comme en sémitique ancien. Toutefois c'est dans des conditions limitées. En effet l'imparfait ne peut pas accompagner sans con-

[1] Pour *ṣanḥā* avec le parfait, voir au plus-que-parfait p. 177.

jonction un verbe quelconque au parfait : il ne suit sans intermédiaire (en dehors des auxiliaires «être» du présent et du passé) que les demi-auxiliaires de sens «commencer» et «pouvoir»; voir Praetorius *Amh.*, p. 365 et 367; ci-dessous IVe partie, chap. 1er, et un exemple ci-après. En dehors de ces cas il doit être précédé de relatif ou de conjonction.

Exemples avec le relatif; Aleqa Taye, p. 10, l. 18 : *hullum yammibalu əndahōnu aytăw* «(eux) ayant vu (4) comme quoi c'étaient (3) [des gens] qui mangeaient (2) de tout (1)»; Afevork, *Roman,* p. 11, l. 12 : *yāw yammimmaññŭt... sawăčăw hōna* «il se trouva que c'était (4) cet (1) homme à eux (3) qu'ils désiraient (2)». Avec *bə-, sə,* «lorsque, comme», dans une phrase entièrement au passé, l'imparfait exprime le passé duratif (par opposition au passé momentané exprimé par *ba +* parfait). Ainsi dans un exemple cité par Praetorius, *Amh.,* p. 365, où on voit aussi un imparfait simple dépendant directement d'un verbe «ne pas pouvoir» : *tādarg bissānāt* «alors qu'il lui était impossible (2) de faire (qu'elle fît) (1)»; Aleqa Taje, p. 12, l. 13 : *ərsabarsăčăw bĭṭṭayāyyaqu...* «alors qu'ils s'interrogeaient (2) les uns les autres (1)» (on leur répondit...)[1].

Le passé composé avec *nabbara* s'emploie à peu près dans le même sens que l'imparfait du français, pour indiquer un état durable ou une habitude. Toutefois, pour exprimer une action prolongée passée lorsqu'il n'y a pas description, mais simple énonciation, c'est le parfait qui sert au récit (sur des usages de *hōna* «il fut» en composition, voir ci-dessous, p. 206).

Les deux usages apparaissent dans le passage suivant : Aleqa Taye, p. 7, l. 10 : *sərā a(y)āwqum nabbaru* «ils ne connaissaient pas (2-3) (passé duratif composé) d'industrie (1)» ... (quand ils ne trouvaient pas de grotte pour s'abriter) *yaqəṭal goǧo adərgăw taqammaṭu* «faisant (3) une

---

[1] Deux exemples de type rare (proposition subordonnée finale sans conjonction) sont cités dans Praetorius, *Amh.,* p. 367 milieu.

Tout ce qui vient d'être exposé se rapporte en réalité autant à une étude du subjonctif qu'à celle du passé duratif (voir § 13, p. 39).

D'autre part, pour alléger l'exposé, il n'a pas été tenu compte de deux constructions qui expriment couramment (mais non spécialement) le passé duratif subordonné, à savoir l'emploi du gérondif (voir § 26, p. 50) et celui du parfait avec la conjonction *əyya* (voir § 24, p. 49).

Enfin sur l'emploi possible de l'imparfait composé ou non avec *-alla* pour exprimer le passé duratif (présent historique), voir § 147.

cabane (2) de branchages (1), ils s'[y] établissaient (4)»; ce dernier verbe
est au parfait; le sens est à peu près : «leur coutume fut de s'y établir».

La forme du passé duratif composé est la suivante : le verbe *nabbara,*
passé duratif du verbe «être», est employé comme auxiliaire; il peut être
conjugué, mais il peut aussi être invariable sous la forme *nabbar,* plus
rarement *nabbara* (Armbruster, *Gramm.,* p. 105; Praetorius, *Amh.,*
p. 377). La forme est donc celle d'un composé net. Toutefois *nabbara*
reste indépendant dans l'écriture; et il ne se répète pas s'il y a plusieurs
imparfaits qui se suivent. La négation et les suffixes pronominaux s'attachent à l'imparfait. Mais s'il y a subordination de la forme entière, ce
qui est possible dans les mêmes conditions que pour un parfait, la conjonction ou le relatif s'attache à l'auxiliaire. Les différents cas sont représentés dans les exemples qui suivent.

Afevork, *Roman,* p. 4, l. 16 : *wăndu wāhəd syetitu ṭobbyā yəbbālu nabbar* «ils s'appelaient (5-6), le garçon (1) Wahd (2) la fille (3) Tobbya
(4)».

Praetorius, *Amh.,* p. 378, l. 7 : *yəfarunnā yənqaṭaqqaṭu nabbaru* «ils
avaient peur et tremblaient».

Afevork, *Gram.,* p. 129 milieu : *aysamām nabbar* «il n'entendait pas»;
attāyəm nabbara «est-ce que tu ne voyais pas?».

Afevork, *Roman,* p. 6, l. 25 : *yagyetāwnə-m čāñ māṭāt yāwq səla-nabbara*
«et (2) parce qu' (6) il savait (5-7) le fait que son maître ne trouvait
pas (1-3) de muletier chargeur (2)».

Praetorius, *Amh.,* p. 378 c : *əlliya yəsadbuš yanabbarūt* «ceux-là qui
t' (féminin) insultaient».

En dehors du temps composé qui vient d'être défini, *nabbara* peut se
joindre d'autre manière à des formes verbales pour exprimer le passé
duratif.

L'imparfait précédant *nabbara* peut être accompagné d'une conjonction;
Afevork, *Gram.,* p. 125 haut : *hullu săw sisəqəbbāt nabbara;* la traduction
peut faire ressortir la nuance «tout le monde était à rire d'elle» plutôt
que «riait d'elle».

Un autre passé peut précéder *nabbara,* qui fonctionne alors comme
impersonnel; ainsi (dans un exemple où le verbe conjugué est *nabbara* lui-

même), Afevork, *Gram.*, p. 129 milieu : *alnabbarhum nabbar* «c'était (2) [que] je n'[y] étais pas (1)»; de même avec *hōna* : (même endroit) *ganā əkkul qan alhōna nabbar* «encore midi il ne fut pas c'était (il n'était pas encore midi sonné)».

Praetorius, *Amh.*, p. 379 a relevé un exemple isolé (dans une chronique indigène) d'un imparfait composé avec *alla* suivi de *nabbar* : *təlāčawallač nabbar-ənna* «car (3) elle leur disait (1-2)» ou plutôt «c'était qu'elle leur disait»; cette tournure encore exceptionnelle a peut-être de l'avenir; elle marquerait une étape dans l'élimination totale de l'imparfait simple, même comme élément de composition, l'imparfait composé avec *alla* servant à son tour d'élément principal du composé à sens passé. (Voir ci-dessous la tournure avec *hōna*.)

Dans le passé duratif, *hōna* «il fut» peut remplacer *nabbara*, s'il y a récit d'action prolongée plutôt que description. C'est sans doute la nuance qu'exprime un exemple isolé recueilli par Juste d'Urbin, inséré dans d'Abbadie, *Dict.*, col. 404 : *ayyəččāl hōna* «ce fut [durablement] impossible» («ce fut impossible momentanément» est *altačālam;* «c'était constamment impossible» est *ayyəččāl nabbar*).

La même nuance de sens se trouve dans six exemples rassemblés par Praetorius, *Amh.*, § 288, p. 381; mais là, comme dans l'exemple cité ci-dessus avec *nabbar,* c'est une proposition dont le verbe est un imparfait composé avec *alla* qui se trouve reportée dans le passé. Cette tournure est exceptionnelle; les Abyssins n'ont pas conscience de son existence et on ne peut pas obtenir à volonté des exemples analogues. Voici un des exemples de Praetorius, cité d'après le texte, publié postérieurement, de la *Chronique de Teodros* (éd. Littmann, p. 27 *a*, l. 15) : *əgziabəhēr tāllāq maqsaft saddada sawm hullu kagōmabbat kataqammaṭabbat kataññābbat yəggaññāl hōna* «Dieu (1) envoya (4) (parfait) une grande (2) peste (3), et tous les hommes (6-5), là où ils avaient été debout, là où ils avaient été assis, là où ils avaient couché, furent continuellement trouvés [morts] (*mot à mot* ce fut : on trouve)».

125. HARARI. — Le passé duratif du verbe «être», *nāra* (voir p. 136), conjugué ou figé sous la forme *nār,* se compose avec l'imparfait pour exprimer un passé duratif.

La valeur peut être celle de l'imparfait du français (description), mais aussi, semble-t-il, celle de récit d'un événement prolongé.

Mondon, *Har. Gour.*, p. 37 : *əsagdi nārḫu* «j'ai adoré, j'adorais»; Burton, *First footsteeps*, II, p. 163 : *huwa iḫani nāra* «he became, il devint»; Conti Rossini, *Testi*, p. 12, l. 7, et Littmann, *Partikel* ma, n° 34 : *məy yəmalō nār* «il les faisait puiser (2-3) de l'eau (1)»; *Testi*, p. 15, une série d'exemples à partir de la ligne 7, en particulier : *ǧumaǧumayā masgid yəḫor nār* «tous les vendredis (1) il allait (3-4) à la mosquée (2)».

D'après Mondon, *Har. Gour.*, p. 41, la négation composée s'applique à l'ensemble de la forme, l'imparfait recevant le second élément de négation -*m* et l'auxiliaire la négation *al-* préfixée : *təsagdim alnārḫi* «tu n'adorais pas, tu n'as pas adoré»[1].

Gouragué. — Pour le verbe «être», voir p. 136. Dans le texte édité par Praetorius, *Amh.*, p. 507-508, la composition de l'imparfait avec *nabbara* pour exprimer le passé duratif se trouve avec la même valeur que l'imparfait français dans le verset Jean, 2, 25; ainsi *yəšəl nabbar* «il savait».

Sur les deux exemples où le gouragué a le même composé, alors qu'on attendrait un plus-que-parfait, voir p. 181.

[1] Tous les exemples cités sont en proposition principale. L'état des connaissances sur le harari ne permet pas une étude plus complète.

CHAPITRE V.

PRÉSENT-FUTUR. PRÉSENT.

126. Pour l'étude qui commence dans ce chapitre et se poursuivra au suivant, étude pleine de complications, il faut considérer certains emplois de l'imparfait, du parfait, du participe, et en outre la phrase nominale et les copules du présent.

Usage de l'imparfait. — L'inaccompli, comme l'a montré le précédent chapitre, se situe volontiers dans le passé. Il n'est donc nullement possible de considérer l'imparfait du sémitique comme un présent-futur. Le présent-futur, le présent seul, le futur seul sont, tout comme le passé duratif, des tranches découpées dans le domaine continu de l'inaccompli. Étudier leurs expressions, c'est très souvent étudier divers usages de l'imparfait.

On peut concevoir diverses manières de diviser l'inaccompli. Certaines sont réalisées sur divers points du sémitique, mais rarement avec un caractère d'obligation.

La distinction des temps est complète si le passé, le présent et le futur ont chacun une marque spéciale (c'est partiellement le cas du tigrigna).

Mais au lieu de cette division tripartite on peut rencontrer une répartition en deux groupes.

Par exemple il existe un auxiliaire du passé, un autre auxiliaire pour le présent-futur (c'est le cas de l'amharique en proposition principale positive [1]) : présent et futur ne font qu'un et s'opposent au passé.

Ailleurs une particule peut figurer au présent et au passé alors qu'elle

[1] Avec la réserve que la présence de l'auxiliaire a une valeur modale en même temps que temporelle; voir ci-dessous ce qui est exposé à propos des particules.

ne figure pas au futur (emploi de *ka-* en arabe marocain, où toutefois le passé est souvent accompagné d'un auxiliaire qui le différencie du présent); alors c'est le passé et le présent qui semblent groupés, le futur étant isolé.

Concomitance. — Le dernier exemple invoqué, réunissant le passé et le présent d'une manière étonnante pour qui est habitué à l'opposition du passé et du non-passé, met en lumière une notion autre que celle du temps situé. On peut la qualifier sans trop d'inexactitude au moyen du terme de *notion de concomitance.*

Il se trouve qu'en arabe marocain (presque toujours), partiellement aussi en arabe égyptien (emploi de *bi-*), le futur est exclu de la concomitance en question, de sorte que la présence ou l'absence de la particule de concomitance équivaut à une distinction de temps.

Mais si une particule analogue se trouve aux trois temps (ainsi *b-* en arabe de Syrie-Palestine), il est clair qu'il n'y a plus aucune distinction temporelle et que la particule doit avoir un autre rôle : en réalité son rôle est modal (la présence de *b-* étant une marque de l'indicatif).

On devrait donc, théoriquement, écarter cette question d'un développement consacré aux distinctions temporelles. Mais comme la présence des particules peut dans certains cas et dans certains parlers avoir une valeur temporelle, comme la distinction stricte des questions de temps et des questions de mode est difficile à maintenir, comme enfin les faits ont été souvent mal interprétés à la faveur de ces causes de confusion, il a paru nécessaire ici non d'écarter la question, mais au contraire d'y consacrer plusieurs paragraphes.

Les particules de la durée sont traitées à côté des particules de concomitance, en vertu de considérations analogues.

Si ces développements sont insérés dans un chapitre intitulé présent-futur et présent (avec les renvois nécessaires au chapitre précédent et au chapitre suivant), c'est que dans ce livre consacré aux questions de temps il était difficile d'isoler du présent la concomitance et la durée, et qu'il valait mieux porter la discussion au centre même de l'erreur (voir par ailleurs § 176).

Mais il est à souhaiter que les futures descriptions de parlers arabes — et autres — mettent nettement à part les notions autres que celle du temps situé, et que des expressions comme : *b-* du présent, *ka-* du présent, *'ammāl* du présent insisté ou actuel (voir § 137 et suiv.) disparaissent de la linguistique sémitique.

Usage du parfait. — Un présent nettement momentané est à la limite exacte qui sépare l'accompli de l'inaccompli. Le parfait peut quelquefois servir à exprimer un tel présent. Déjà au chapitre ɪɪ on a touché, à propos du parfait-présent, aux relations entre l'accompli, la durée et le présent. Ici, au paragraphe 127, sont examinés des cas particuliers où le parfait a un sens net de présent momentané. (Pour le futur, voir § 151.)

La phrase nominale. — Quand il n'y entre pas d'expression nette du passé ou du futur, ou quand le contexte ne suggère pas l'idée de l'un ou de l'autre, la phrase nominale est naturellement une expression soit du présent soit du fait général. En réalité, dans les langues où aucun présent ne s'est développé dans le verbe, si la phrase nominale est en usage, elle exprime normalement le moment présent.

Les copules du présent. — Dans les langues où la phrase nominale n'est pas ou est moins employée, il s'est généralement développé des copules et des verbes d'existence ; or, dans quelques langues, certains de ces éléments sont une expression du présent. Ainsi en amharique, où le verbe en général a un présent-futur et pas de présent distinct, la copule *näw* et le verbe d'existence *alla* représentent franchement l'idée de présent.

Usage du participe. — Le participe, élément nominal, quand il est employé comme prédicat, est en principe indifférent au temps. Mais, de même qu'on l'a vu localisé parfois dans le passé, surtout quand il est passif et comme tel accompli (p. 164, 169) et même quand il est actif (p. 152), il arrive qu'il se situe dans le présent ou dans le présent-futur. La première éventualité s'est réalisée en néo-hébreu, la seconde dans des dialectes araméens modernes ; sur ces domaines le participe, plus ou moins complètement conjugué, est une forme à valeur temporelle.

Dans le développement qui suit, l'emploi du parfait comme présent est tout d'abord traité pour l'ensemble du domaine.

Ensuite les manifestations du présent-futur et du présent sont examinées dans l'ordre des langues, avec toute leur variété et dans toute leur précarité. On verra qu'au total seuls l'araméen moderne oriental et une partie des langues éthiopiennes modernes établissent une séparation quelque peu nette entre le domaine du passé et celui du présent-futur.

127. *Le parfait comme présent.*

Le parfait sémitique occidental peut être employé avec un sens présent pour un nombre limité de verbes dans chaque langue.

Il n'est pas juste d'expliquer ces emplois comme des survivances de l'époque où la forme du parfait n'était pas encore fixée dans son emploi d'accompli; en effet, il se comprendrait mal alors que l'emploi soit réservé à des verbes de certains sens. Il faut donc expliquer cet usage par une nuance spéciale qui s'attache à l'accompli quand il s'agit de certains procès.

Il y a lieu de mettre à part tout d'abord un certain nombre de verbes de «qualité» ou d'«état» qui sont en réalité des adjectifs conjugués (voir p. 45 et, pour l'hébreu, *Grundriss*, II, § 76, p. 149). Le parfait (en hébreu aussi l'imparfait avec *wa-*) a volontiers le sens de présent; ainsi Genèse, 32, 11 : *qåṭonti(y) mikkol haḥăsådi(y)m* «je suis petit pour toutes les grâces» (que tu m'as accordées); Samuel, II, 7, 19 : *wattiqṭan ʿo(w)d zo(ʾ)tʰ bəʿe(y)nę(y)kʰå* «et (1) ceci (3) est (1) encore (2) petit (1) à tes yeux (4)»; de même, en arabe, *qaduma* «il précède». En hébreu au moins, le parfait de ces verbes, ainsi que celui de certains verbes de sentiment (p. 212) pourrait avoir, s'il se rapporte au passé, la valeur de passé duratif (Joüon, *Gram.*, § 112 *b*); mais il vaut peut-être mieux interpréter les exemples invoqués à cet égard suivant ce qui a été exposé p. 183-184. Les mêmes verbes ont d'ailleurs aussi les valeurs ordinaires d'accompli pour le parfait, d'inaccompli pour l'imparfait.

Pour les autres verbes des langues sémitiques occidentales où le parfait peut avoir le sens de présent, les faits peuvent se formuler comme suit. L'accompli coïncide avec le présent, soit parce que le simple énoncé de l'action présente équivaut à un accomplissement, soit parce que l'action n'est énoncée qu'au moment même où elle est déjà accomplie.

Cette confusion instantanée, dans le présent, de l'énoncé et de l'accompli se rencontre plus souvent avec la première et la deuxième personne; mais la troisième est aussi représentée.

Les verbes qui se prêtent à cet emploi sont assez variés; il n'est pas très facile de définir ici les catégories de sens. Il y a surtout des verbes qui expriment soit un sentiment (amour, haine,, confiance, etc.), soit une sensation (vue, etc.). Une autre catégorie est celle des énonciations solennelles et des opérations qui se réalisent par la parole (serment, vente, etc.). Une autre catégorie encore comprend certains déplacements (départ, etc.). Une autre des évaluations. Et cette liste n'est pas complète.

L'étude n'est ici qu'amorcée, avec quelques exemples ou références (pour le passé duratif, voir p. 184 et 211).

Hébreu. — Voir *Grundriss*, II, § 76, p. 149; Driver, *Tenses*, § 10-11; König, *Syntax*, p. 44 et suiv.; Gesenius-Kautzsch, p. 321. — Psaumes, 31, 7 : *śâne(')t*ʰ*i(y) haššoməri(y)m hab*ʰ*le(y) šâwə(') wa'ăni(y) 'ęl yhwh bâṭâḥ-ti(y)* «je hais les sectateurs des vanités vides, et moi c'est en Dieu que je mets ma confiance» (Psaumes, 45, 8, imparfait avec *wa-*); Genèse, 23, 11 : *haśśâdę(h) nât*ʰ*atti(y) lâk*ʰ «je (2) te (3) donne (2) le champ (1)».

Araméen. — Exemples dans *Grundriss*, II, § 77, p. 151; pour le ṭōrānī, voir Siegel, *Ṭûr ʿabdin*, § 87 c, p. 151.

Arabe classique. — *Grundriss*, II, § 78, p. 154; Reckendorf, *Synt. Verh.*, p. 54, ainsi (Hamadāni) : *(i)ḫtalafū* «ils sont d'avis différents»; Reckendorf, *Syntax*, p. 12 : (Ṭabarī) *wamā ʿabadat tamīmun* «et ce que révèrent les Tamīm». Pour les relations de *kāna* et du présent, voir p. 118. Avec un verbe analogue au verbe «être», Zetterstéen, *Mamlukensultane*, p. 163, l. 1 : *mā baqiya 'illā lmawtu* «il ne reste [rien] que la mort» (voir aussi § 193).

Arabe moderne. — Arabie, voir Landberg, *Gloss. Dat.*, p. 13 bas, pour les verbes «vouloir», ainsi : *baḡaynāh yirʿa* «nous voulons qu'il paisse» (voir en outre IVᵉ partie, chap. III); pour les verbes de sensations physiques, *Gloss. Dat.*, p. 527 bas : *aḫtŭmt* «j'ai chaud». Égypte, voir Spitta, *Grammatik*, p. 336-337. Région du Tchad : *mšŭt* «je m'en vais», Carbou, *Tchad*, p. 122; Lethem, *Shuwa*, p. 176. Maghrib : le langage moyen de la région d'Alger emploie *šḥant* «j'ai chaud», *bkŭt* «ça me fait du chagrin (je pleure)», *šbaʿt* «je suis rassasié», *skarṭ* «es-tu saoul?», *mšŭt* «je m'en vais», *brā* «il est guéri », *āš ḥaṣṣŏk* « qu'est-ce qui te manque »; à Rabat, Brunot, *Yallah*, p. 6 : *ʿarft* « je sais »; p. 42 : *bġīt nəkmi* « je veux fumer ».

Éᴛʜɪᴏᴘɪᴇɴ ᴇɴ ɢéɴéʀᴀʟ. — *Grundriss*, II, § 79, p. 157, exemples de diverses langues[1]. Pour *kwn* « être », ci-dessus, p. 127, 129 et 133.

Gᴜèᴢᴇ. — Dillmann, *Gram.*, § 88; *Chrest.*, p. 71, l. 3 : *ʾəsma nəḥna sə'ənna maṣiʾa* « parce que nous, nous ne pouvons pas venir »; avec relatif, *zatarfa* « ce qui est de reste » (ainsi *Chrest.*, p. 20, l. 16).

Tɪɢʀɪɢɴᴀ. — Vito, *Gram.*, p. 63 : *ʾəntāy fatōḫa* « que veux-tu ? ».

AᴍʜᴀʀɪQᴜᴇ. — Exemples dans Praetorius, *Amh.*, p. 362 bas, ainsi *allaqna* « nous sommes perdus »; Armbruster, *Gram.*, § 63, p. 173, et p. xxiii : (*ə*)*ngədieh ḥədna* « eh bien, nous partons (*en français* : nous voici partis) »; avec relatif : *yabazzā* « (ce) qui est (était) nombreux, en excès ». Le parfait-présent composé (p. 156) peut remplacer le parfait simple. Praetorius, *Amh.*, § 280, p. 369: *faqəǧǧāllahu* « je veux »; *zārye lamməññehāllahu* « aujourd'hui je t'en prie ».

128. *Eхᴘʀᴇssɪᴏɴs ᴅɪᴠᴇʀsᴇs ᴅᴜ ᴘʀésᴇɴᴛ ᴇᴛ ᴅᴜ ᴘʀésᴇɴᴛ–ғᴜᴛᴜʀ ᴇɴ ᴅᴇʜᴏʀs ᴅᴜ ᴘᴀʀғᴀɪᴛ.*

Aᴄᴄᴀᴅɪᴇɴ. — L'imparfait est rarement situé dans le passé en proposition indépendante (p. 184); il apparaît donc à peu près comme un présent-futur et s'oppose nettement au parfait qui joue le rôle de passé (p. 141). Il n'y a pas moyen, dans le verbe, de distinguer le présent du futur; *ikas(š)ad* est « il conquiert » ou « il conquerra » (Delitzsch, *Ass. Gr.*, § 119).

Mais ce qui précède n'est vrai que s'il s'agit d'actions momentanées; dès qu'il y a expression de la durée, c'est le permansif — indifférent au temps — qui est employé (p. 44).

Les expressions de l'existence sont traitées soit comme un verbe ordinaire, soit comme un élément nominal non situé (p. 77-78).

129. Héʙʀᴇᴜ ʙɪʙʟɪQᴜᴇ. — L'imparfait, comme il a été vu p. 185, s'emploie normalement pour le passé duratif : c'est donc un inaccompli,

---

[1] L'un d'eux est faux; pour le tigrigna, *kam ḥadarka* « comment as-tu passé la nuit ? » est un passé.

214 LES FORMES VERBALES TEMPORELLES.

sans limites temporelles, non un présent-futur. Il peut être employé, ainsi que son équivalent le parfait avec *wə-*, soit comme présent, soit (plus fréquemment) comme futur. Pour le présent, voir Driver, *Tenses*, § 28 et 33 *a*; § 113, 2; pour le futur, voir plus loin, § 152.

Exemples du présent : Psaumes, 2, 2 : (pourquoi...) *yit^hyaṣṣəb^hu(w) mal^k^he(y)* '*ereṣ* «les rois (2) de la terre (1) se dressent-ils (1) ?»; Job, 9, 11 : *hen ya'ăbor 'ălay wəlo(') 'er'ę(h)* «voici qu'il passe près de moi et je ne [le] vois pas».

Le participe, qui n'est pas limité dans le temps (voir p. 45), est assez souvent employé pour décrire un fait présent (König, *Syntax*, § 236, 237 *c*); Exode, 3, 5 : *hammăqo(w)m 'ăšer 'attă(h) 'o(w)med^h 'ălă(y)w* «l'endroit (1) sur lequel (2-5) tu te tiens [toi (3) te tenant (4)]».

Les particules exprimant l'existence et la non-existence ne sont pas non plus par elles-même situées dans le temps (p. 79).

Sur les relations du verbe *hăyă(h)* avec le présent, voir p. 111-112.

NÉO-HÉBREU. — En hébreu talmudique, l'imparfait est moins employé qu'en hébreu biblique; il ne s'emploie que comme futur ou avec une nuance modale autre que l'indicatif (Albrecht, *Neuhebr.*, § 105-106); il ne sert pas pour le présent [1].

Le présent a une expression propre, qui est l'emploi du participe comme prédicat verbal, avec accompagnement d'un sujet : en effet le participe n'est pas employé pour le futur (Albrecht, *Neuhebr.*, § 107 *b*, p. 120) [2]; d'autre part, s'il est passé, il est régulièrement accompagné de *hăyă(h)*.

Voir des exemples de participe présent dans Albrecht, *Neuhebr.*, § 107 *b* et suiv., p. 117, ainsi : *hayyăd ko(w)t^hęb^hęt^h* «la main écrit».

Le participe ainsi employé semble avoir un rudiment de conjugaison, puisque le pronom de 1re personne singulier peut s'y agglutiner sous une forme réduite, ainsi : *ho(w)šəšeni(y)* «je crains» (König, *Syntax*, p. 134 milieu; Albrecht, *Neuhebr.*, § 107 *g*, discute l'existence de cette forme).

Le participe est généralement nié par la négation de phrase nominale '*e(y)n*, rarement comme un verbe par *lo(')*, Albrecht, *Neuhebr.*, § 107 *o*.

---

[1] En hébreu écrit de nos jours, l'imparfait n'est pas exclu du présent; ainsi Rosenberg, *Gram.*, p. 69, n° 60-61 : *yqwm mks'w* «il se lève de son siège». Mais c'est une langue factice; l'usage n'y est pas réglé.

[2] Mais il peut exprimer l'imminence (voir IVe partie, chap. II).

Quand il s'agit d'habitude, le sujet du participe est quelquefois précédé de *dęrękʰ* «voie, habitude» (Albrecht, *Neuhebr.*, § 107 c).

130. Araméen occidental ancien. — En araméen biblique, l'usage est dans l'ensemble le même qu'en hébreu biblique.

En araméen postérieur, palestinien et surtout galiléen, l'imparfait subsiste et ne marque pas spécialement un temps.

Le participe peut s'employer comme verbe avec agglutination des pronoms de 1ʳᵉ personne, rarement des autres personnes; tous les exemples cités par Dalman, *Jüd. Pal.*, § 65, p. 234, de participes actifs et passifs sont traduits comme des présents (voir encore plus haut, p. 49).

131. Araméen occidental moderne. — L'imparfait est d'usage restreint : il peut encore s'employer en proposition principale interrogative indépendante comme présent-futur; en dehors de ce cas, il semble toujours teinté d'une valeur modale, de jussif atténué (voir Parisot, *Maʿlula*, p. 97, 148) : *Neuaram. Märchen*, p. 1, l. 5 : *billëlya nišwi libnōi sfihča* «ce soir je ferai (que je fasse, je vais faire) à mes fils des beignets»; par ailleurs, il s'emploie en subordination, notamment dans l'expression de l'intention (IVᵉ partie, chap. III).

Dans les emplois d'indicatif, l'imparfait est habituellement remplacé par le participe : celui-ci, quand il est employé comme passé, est composé avec un auxiliaire (p. 187); employé seul, il est donc un présent-futur net (correctement exposé pour l'essentiel dans Parisot, *Maʿlula,* p. 99; mal compris dans *Grundriss*, I, § 264, p. 582 bas).

Le participe-imparfait a aux 2ᵉˢ et 1ʳᵉˢ personnes les désinences de l'imparfait; il reste nu aux 3ᵉˢ personnes. La même conjugaison peut s'appliquer à des adjectifs.

Neuaram. Märchen, p. 31, l. 22 : *nifyil lehma hlille* «[si] nous faisons (imparfait) du pain, ils le mangent (présent-futur en fonction de présent)»; p. 31, l. 33 : *ana nmappeh* «moi je [le] donnerai (présent-futur en fonction de futur)».

La préfixation de *ʿammal*, féminin *ʿammōl* (qui se conjugue lui-même comme présent-futur), ou de ses formes abrégées, donne un présent avec nuance durative. Exemples relevés dans Nöldeke, *Z. A.*, XXXI, p. 209, ainsi : *Neuaram. Märchen,* p. 7, l. 25 : (il y a quelqu'un dans la ville qui)

ʿamma mzappen ḥušaf « est à vendre des sorbets »; p. 26, l. 6 : *m-ōḥ čmapṣuṭ uč̌ǝʿammal čim̌ʿanni* « qu'as-tu [que] tu te réjouis et [que] tu es à chanter ? ».

Le même ensemble peut être reporté au passé, voir p. 187; comparer les faits arabes, § 137.

Le verbe « être » n'a pas d'expression propre du présent (p. 113).

132. Araméen oriental ancien — *Syriaque*. — L'imparfait à l'indicatif est à peu près restreint au sens de futur (voir § 155).

Le participe actif (conjugué au moyen de pronoms réduits suffixés), quand il n'est pas accompagné de l'auxiliaire du passé (p. 187), est présent ou futur, plus souvent présent, sans que la spécialisation soit aussi nette qu'en néo-hébreu talmudique (Nöldeke, *Syr. Gr.*, § 269 et suiv., p. 186).

Pour le verbe « être », voir p. 81.

Talmud de Babylone. — L'imparfait est d'usage rare à l'indicatif, même comme futur (voir § 155).

Le participe s'emploie comme inaccompli dans tous les temps, fréquemment renforcé par *qa*; il est souvent présent, mais en fait il n'y a pas d'expression propre du présent (Margolis, *Talmud,* § 58, p. 79).

Pour l'expression de « être », p. 82.

Mandéen. — L'imparfait a conservé l'étendue de ses fonctions; il est souvent remplacé par le participe, mais ceci sans spécification de temps (Nöldeke, *Mand.*, p. 370, 373).

133. Araméen oriental moderne. — L'imparfait ancien a disparu. Il est remplacé par le participe actif conjugué au moyen d'anciens pronoms indépendants réduits, agglutinés comme suffixes.

En ṭōrānī, le participe-imparfait sans *vo* ne semble pas pouvoir se situer dans le passé, sauf rarement comme présent historique (voir p. 188).

Il n'est employé nu qu'en subordination ou comme jussif-optatif (voir les différents cas dans Siegel, *Ṭûr ʿabdîn,* § 88, p. 152-153). Mais comme indicatif présent ou futur, il est toujours muni d'un préfixe.

Avec le préfixe *k-* il est présent-futur. L'emploi le plus habituel est celui de présent (Siegel, § 88 *b*, p. 153 bas); ainsi, Parisot, *Contributions*, p. 16 : *kōmārnoḥ* «je te dis». Mais le sens de futur est représenté aussi, ainsi voir Parisot, p. 20 : *ēnō kmantenōḥ lbōli* «je me souviendrai de toi» et des exemples (négatifs) dans Siegel, § 87 *d*, p. 151.

D'autre part, dans l'emploi comme futur, on trouve plus habituellement *gəd-* au lieu de *k-* (voir § 156).

Dans les dialectes orientaux, le participe-imparfait se situe régulièrement dans le passé s'il est accompagné d'un auxiliaire passé (p. 188) ou de *kam, kim* (p. 142), très rarement s'il est seul (p. 189).

Le participe-imparfait nu peut être employé comme indicatif, soit dans le domaine du présent, soit dans celui du futur. L'emploi de cette forme comporte toutefois une étroite limitation dans la plupart des parlers. Au positif, il est employé surtout dans de courtes incises et pour certains verbes (Nöldeke, *Neusyr.*, p. 292; Maclean, *Vernacular*, § 51, 1 et 3, p. 140); au négatif au contraire, il est l'indicatif habituel présent-futur, excepté dans de rares parlers (Maclean, *Vernacular*, § 51, 3 et 5). Cependant certains parlers l'emploient aussi sans limitation au positif et même certains parlers montagnards du Kurdistan ne le munissent jamais de préfixes (même référence). Partout le participe-imparfait nu est employé comme temps subordonné et comme jussif-optatif (Maclean, *Vernacular*, § 51, 8, p. 141).

En fait, à l'indicatif positif, le participe-imparfait en fonction de présent ou de futur est généralement précédé d'une particule. Il n'y a aucune ambiguïté quand cette particule est celle du futur, *bid*, etc. (voir § 156). La question est un peu plus délicate quand le préfixe est la particule de concomitance *k* ou *ī* [1].

Dans ce cas l'imparfait avec particule est en principe un présent-futur : . l'emploi comme futur est possible; mais c'est l'emploi comme présent qui prédomine (Nöldeke, *Neusyr.*, p. 294; Rhétoré, *Soureth*, § 304. p. 86; Maclean, *Vernacular*, § 51, 3 et 5).

Les parlers de la plaine de Mossoul ont une position particulière : ce sont les seuls où *k-* s'emploie en phrase négative (Maclean, *Vernacular*, § 51. 3).

---

[1] Le préfixe *k-* peut n'être pas répété si plusieurs verbes se suivent, NOLDEKE, *Neusyr.*, p. 297.

L'emploi du participe-imparfait avec *k-* au présent y est très usuel, et même Sachau, *Mosul,* p. 45, donne exclusivement le sens de présent pour cette forme : *kmalpin* «j'enseigne»; *la-khāwēlā ğālē* «elle n'a pas d'enfants». Toutefois, Maclean, *Vernacular,* § 51, 5, mentionne pour les mêmes parlers : *la kqatlin* «je ne tuerai pas».

Pour le verbe «être», on a vu, § 48, p. 83-84, que le ṭōrānī a une particule d'existence qui est imparfaitement située, qu'il n'a comme copule qu'un négatif, et qu'il n'a pas d'élément servant d'auxiliaire présent.

Au contraire, dans les dialectes orientaux, le verbe «être» a un présent net comme copule et comme auxiliaire.

Cet auxiliaire présent sert à composer un présent insisté, avec l'infinitif précédé de *b(i)* «dans» (Nöldeke, *Neusyr.,* p. 304-305; Maclean, *Vernacular,* § 52) : *bi'mara ile* «il réside». Ce temps peut indiquer l'imminence, mais non un futur : *bi(')taya wīn* «je suis en train de venir, je vais venir». Cette forme est usitée dans la plaine de Mossoul, d'après Sachau, *Mosul.* p. 50; mais elle y est rare dans les parlers observés par Maclean (*Vernacular,* §52).

134. ARABE CLASSIQUE. — L'imparfait exprime tout le domaine de l'inaccompli (pour le passé, p. 189). Il n'est donc pas un présent-futur. Toutefois, en l'absence de détermination du passé dans le voisinage, il est plutôt soit un présent, soit un futur, qu'un passé. Exemple de présent : Coran, 29, 63 : *bal 'akṯaruhum lā yaʿqilūna* «mais la plupart d'entre eux ne comprennent pas».

Le futur peut être spécialement désigné par un préfixe (voir § 157); mais cet usage n'est jamais obligatoire. Il en résulte que le présent ne peut pas être défini par contraste. Au total, l'arabe classique n'a pas d'expression du présent.

Il y a lieu cependant de signaler quelques faits de détail, où il se rencontre une expression occasionnelle du présent.

Il a été exposé dans quelle mesure *laysa* est un présent «il n'est pas» (p. 86), comment *kāna* «il a été» peut être occasionnellement présent (p. 118), ainsi que tel de ses équivalents (p. 120, 212).

Le négatif *laysa* suivi d'un imparfait a très souvent le sens de présent (mais il peut être aussi futur); ainsi : *lastu 'uğīzuhā* «je ne les admets pas».

(*Grundriss*, II, § 105, p. 183, § 326, p. 510; Wright, *Ar. Gr.*, II, § 159, p. 302; Reckendorf, *Synt. Verh.*, p. 84 et 295).

Sur l'imparfait *yakūnu* en composition, voir § 157.

L'imparfait nié par *mā* a le sens présent, tandis que nié par *lā* il a toute son extension habituelle; ainsi (Sacy, *Gramm.*, I, p. 200 haut) : *mā yakūnu li 'an 'ubaddilahu* «il ne m'appartient pas de le transformer» (voir Wright, *Ar. Gr.*, II, § 58, p. 20 bas).

Le présent est la valeur temporelle de formes sans flexion personnelle : *nĭ῾ma* «il est bon», *bi'sa* «il est mauvais», etc. (*Grundriss*, II, § 78, p. 154; Wright, *Ar. Gr.*, I, § 183, p. 97; Reckendorf, *Synt. Verh.*, p. 59, qui tient, sans doute avec raison, pour l'origine nominale de ces éléments).

Il y aurait lieu de joindre à ces verbes d'«appréciation» une particule telle que *qad*, qui peut suppléer un verbe au présent : *qadnī dirhamun* «un dirhem me suffit».

135. ARABE MODERNE. — Dans l'ensemble, l'imparfait y a gardé son indépendance à l'égard du temps; il peut exprimer, entre autres notions, le présent.

D'une manière générale, les quelques expressions du présent qui se montrent par place ont surtout un caractère de présent insisté et n'apparaissent pas chaque fois qu'une action présente est exprimée.

Les diverses catégories de faits sont examinées dans les paragraphes suivants en réunissant, lorsqu'il y a lieu, des domaines géographiques différents.

Pour l'expression de l'existence et la copule au présent, voir p. 87 à 91 et 121 à 124.

136. *Emploi du participe seul.* — La phrase participiale, indifférente au temps par elle-même, peut exprimer le présent, entre autres temps, voir p. 48 (sur l'emploi du participe au passé, p. 152 et 169 à 174).

Dans la région du Tchad, il semble que le participe servant de verbe, dans des phrases à sujet nominal ou pronominal (l'emploi des pronoms indépendants est développé dans cette région) soit au moins très souvent présent; ainsi Carbou, *Tchad*, p. 122 : *huma nāzĕlīn* «ils descendent de cheval»; Derendinger, *Tchad*, p. 19 : *nas kullu gā῾idin* «tout le monde attend»: mais Lethem, *Shuwa*, p. 107, donne le participe comme expression durative sans distinction de temps : *aššēḫ gā'id fī bētah* «le cheik est (*ou* était) assis dans sa maison» (pour le passé duratif, voir p. 195).

Dans certains dialectes au moins de l'arabe moderne, des participes de certains sens déterminés ont la valeur de présent.

Pour la Syrie, Harfouch, *Drogman*, p. 157, dit qu'on peut employer comme présents des participes de verbes exprimant soit «une action de tout le corps», soit «l'action des cinq sens, de la volonté et de l'intelligence»; ainsi : *ana rāyĕḥ ila lžabal* «je vais à la montagne»; *mnaïn žāye* «d'où viens-tu?»; *min ṭālĕ ʿala-ssullŏm* «qui monte l'escalier?»; *ana sāmĕ* «j'entends»; *ana rāḍi* «j'accepte».

Au Maghrib, les participes des verbes «aller» et «venir», «habiter», etc., s'emploient couramment pour le présent dans la conversation. Ainsi à Rabat (Brunot, *Yallah*, p. 74) : *lāin ġādi* «où vas-tu?»; *ġāda lǝlḥammām* «je (féminin) vais au bain»; en Algérie (dans divers parlers) : *fain sākǝn* «où habite-t-il?»; (exemples communiqués par M. W. Marçais) : *ġīr gā'ǝd* «il est tout juste assis (il ne fait rien)», *kīfāš dāir* «comment est-ce fait?», *sārḥin wulla msouugīn* «font-ils paître ou mènent-ils les bêtes au marché?».

137. *Emploi de particules duratives avec l'imparfait.* — Les composés de l'imparfait avec des mots complets à sens duratif servant de particules ou avec des suffixes brefs de même valeur ($ 40, p. 67) ne sont pas réservés au présent. Si un élément quelconque de la phrase, qui peut être un verbe auxiliaire, les situe dans le passé, ils jouent le rôle de passé duratif insisté et ont été à ce titre étudiés au chapitre précédent (p. 194-195). Ils peuvent être également situés dans le futur s'ils figurent dans une phrase se rapportant au futur. Ainsi, en libanais (phrase traduite par Mgr M. Féghali) : *m'akkǝd beddna nšūfu ʿan yeqra* «certainement nous le verrons (trouverons) en train de lire».

Néanmoins on a quelquefois décrit ces composés comme des présents. Il est seulement vrai qu'ils sont présents en l'absence de toute détermination contraire, et que ce cas se présente assez souvent. Le sens est alors celui d'un présent duratif ou insisté. Un sens accessoire assez fréquent de ces présents duratifs est celui d'imminence (IVe partie, chap. II).

Quelques exemples sont donnés ici.

ʿammāl avec ou sans pronoms suffixés, fléchi ou invariable, entier ou abrégé, se rencontre de l'Arabie à la Tunisie : Arabie (cité par Socin, *Diwan,*

III, p. 190) : *'ammāl an-ashar* «je (exprimé par le pronom *an*) veille continuellement»; Syrie, Harfouch, *Drogman*, p. 156 : *'ammālīn nuhandĕs ĕddarb*
«nous sommes en train de faire le tracé du chemin»; *šu 'am ta'mĕl* «que
fais-tu?»; Liban, Féghali, *Kfar'abīda*, p. 138 : *'anyektŏb* ou *'ambyektŏb* «il
est en train d'écrire»[1]; p. 78 : *manyākŏl* «il est en train de manger»;
Palestine, Spoer-Haddad, § 198, p. 78 : *'ammālha tiġsil* «elle est en
train de laver»[2]; Bauer, *Pal.*, p. 106, l. 15 : *ana 'am buṭbuḫ* «je suis
en train de cuisiner»; Égypte, Spitta, *Gram.*, p. 354-355 : *'amma baḥsib*
«je pense», *ma baqullak* «je te dis»[3]; Tunisie, d'après un renseignement
de M. W. Marçais : *'ammāl tudḫul lŏluṭā* «elle est en train de rentrer en
terre»; sur la forme abrégée *'a-*, voir p. 72.

Racine *q'd* «être assis». Dialectes orientaux et jusqu'en Tunisie (voir
Grundriss, II, § 327, p. 513). Mésopotamie, Meissner, *Iraq*, § 52 note :
eš gā'ad tĕsawwī «que fais-tu?»; formes abrégées, *qatyŏktŏb, qayŏktŏb* «il
écrit». Région du Tchad, Carbou, p. 122 : *ana gā'ad nŏhdŏm* «je suis en
train de travailler». Malte, Vassalli, p. 41-42 : *hwa qī'ĕd yiktĕb* «il écrit»,
Nöldeke, *Z. D. M. G.*, 1904, p. 914 : *qēt nistenna* «j'attends». Sur *qa* en
Tunisie, voir p. 72.

Racine *ğls* «être assis». Reinhardt, *Oman*, p. 143 : *mhu gālis yŏ'mil
hŏnāk* «qu'est-il en train de faire là?».

Racine *ḥdm* «travailler». Marçais, *Tanger*, p. 277 : *uhūma ḫăddāmīn
kĕiḥslŏ* «tandis qu'ils sont en train de laver»; Colin, *Taza*, p. 98 : *žbŏrt'ŏm
ḥaddāmīn āinoqšu lfūl* «je les ai trouvés en train de biner les fèves».

Participe *lāti* (dérivé d'une racine *lhw* «s'occuper à»). Alger juif, Cohen,
p. 225 : *lāti yākŏl* «il est en train de manger» (voir *lāhi*, IVᵉ partie,
chap. II).

Particule *kil, kē*. En haute Mésopotamie; à Mossoul, Socin, *Mōṣul Märdīn, Z. D. M. G.*, 36, p. 5, l. 2-3 : *kil edauwir 'ala ak'l* «je suis à chercher
de la nourriture»; l. 15 : *min haqqa kē ndauwir 'alēk* «en vérité nous
sommes à te chercher».

---

[1] Cet exemple montre que *b-* (voir § 139) n'est pas exclu par la présence de la particule durative.

Sur *'an-* et *man-* au Liban, voir p. 67.

[2] L'usage de *'ammāl* avec pronoms suffixes n'a jusqu'à présent été signalé qu'à Jérusalem, voir Barthélemy, *J. A.*, 1906, II, p. 233.

[3] En Égypte, l'usage de *'ammāl*, toujours abrégé, serait en ce qui concerne le présent réduit à quelques formules, voir Vollers, cité dans Kampffmeyer, *Verbalpartikel b*, p. 14; pour le passé, voir p. 195.

138. *La copule* ṛā- *en composition avec l'imparfait (Maghrib central).* — Dans la région où ṛā- est une copule du présent (p. 90), il se combine avec l'imparfait pour constituer un véritable présent. Ce présent n'est pas exclusivement duratif comme les combinaisons examinées au paragraphe 137; il comporte une idée d'insistance, mais est souvent momentané. Il est toujours employé dès qu'il y a insistance sur le moment présent; au contraire, l'imparfait nu est employé quand une notion d'habitude se fait jour[1]. Les exemples suivants sont pris aux textes recueillis à Alger juif; ils représentent l'usage moyen de l'Algérie : Cohen, *Alger juif,* p. 490 : *ṛākum tšūfu ṇd elkəbš* «vous voyez ce mouton?»; p. 514 : *ṛāk tmərgədni* «tu es en train de me déconsidérer»; mais, p. 492 : *lilt ssəbt . . . n[w]əǧdu l'adḥra* «le vendredi soir . . . nous préparons la marmite».

Le caractère «présent» du composé avec ṛā- se montre spécialement au fait qu'il n'est jamais transporté dans le passé par l'auxiliaire *kān,* au contraire des expressions duratives (§ 137) et de concomitance (§ 139 et suiv.).

Dans les phrases négatives, la négation conjuguée comme ṛā- (voir p. 91) ne peut pas en général se composer avec l'imparfait; on dit dans la plupart des parlers : *mā ṛānīš nəḫdəm* «je ne travaille pas»; *mānīš nəḫdəm* est rare (signalé en Tunisie à Tunis et Tekrouna par M. W. Marçais)[2].

139. *La particule* b(i). — Cette particule a été dans la IIᵉ partie, p. 63 et suiv., distinguée de la particule *ba-* (dont il sera à nouveau question au § 159). Il s'agit maintenant d'en définir l'emploi. C'est ce qui sera fait dans la mesure du possible par un examen rapide de documents empruntés aux différents domaines où elle a été signalée. On verra que l'emploi est différent suivant les lieux.

D'une manière générale *b(i)-* apparaît, dans certaines conditions, au présent, mais pas uniquement au présent. Il ressortira de l'ensemble de l'étude que *b(i)-* exprime une notion assez difficile à définir de «concomitance», peut-être plus ou moins mêlée, au moins à l'origine, à une idée

---

[1] Ainsi sont distinguées deux notions qui sont confondues dans le présent du français.

Sur l'idée d'imminence, voir IVᵉ partie, chap. II.

Pour l'usage de *ikūn,* voir p. 122.

[2] L'élément *ra'-* en Arabie du Sud peut aussi servir devant un imparfait à exprimer le présent insisté, ainsi LANDBERG, *Daṯînah,* p. 488 : *ra' ĕmmaṭar yeḫḏil* «voilà que la pluie tombe fine».

de durée. Si cette particule a pu quelquefois concourir à exprimer le présent, il serait impossible d'expliquer tous ses emplois par cet usage partiel. Tout n'est pas expliqué non plus par la distinction modale, et non temporelle, dont il sera question principalement à propos de l'usage syrien. Toutefois c'est plutôt dans l'ensemble par une nuance de mode que par une expression du temps qu'on peut expliquer le développement de *bi*, qui est surtout en fait une particule de l'indicatif.

Textes écrits antérieurs au xix° siècle. — L'emploi de *bi-* devant l'imparfait apparaît au xiv° siècle dans des auteurs égyptiens et syriens; on le rencontre ensuite dans des œuvres des xv°, xvi°, xvii° siècles. L'usage le plus fréquent, dans les quelques exemples recueillis du xiv° siècle, est l'emploi devant un imparfait, dans une phrase située au passé soit par *kāna*, soit par un autre parfait, pour désigner une action précisément en train de s'accomplir; ainsi dans *Essul waššumūl*, qui est un conte syrien, d'après son éditeur-traducteur Seybold (cité par Nöldeke, *Beiträge*, p. 64) : *kunnā lbārihata . . . binaṡralu* « nous avions été (voir p. 167, note) la veille . . . à boire »; de même Abu-lmaḥāsin ibn Tagribirdi, éd. Popper, VI, 133, 8 (communiqué par M. Gaudefroy-Demombynes) : *kāna biyaľabu maʿī* « il était à jouer avec moi »; Zetterstéen, *Mamlūkensultane*, p. 127, l. 2-3, dans un récit au passé : *wa'anā 'anḍuru' ilā(y) lǧabali ššarqiyyı wahwa biyataqaṭṭaʿu wayaqaʿu yamīnan wašamālan ṯumma naḍartu* « et moi je regardais du côté de la montagne à l'Est, et celle-ci (justement) se fendait en deux et tombait à droite et à gauche; alors je regardai . . . ». Cet exemple montre que *bi* n'est pas répété si deux imparfaits de même valeur se suivent.

Dans un seul des douze exemples relevés dans Zetterstéen, *Mamlūkensultane*, p. 28, il y a citation d'une phrase en style direct, où l'imparfait avec *bi-* n'est pas un passé, p. 143, l. 15 : *fa-'ašāra ssulṭānu 'ilayhi 'anā banzilu lmaydāna* « alors (1) le sultan (3) lui (4) fit signe (2) : moi (5) je descends (6) au cirque (7) » [1]; les autres exemples sont des passés.

Le présent vague (et non actuel) se rencontre dans un exemple d'Abu-lmaḥasin, VI, 504, 14 : *tunḍur mā biyafʿalu binā haḍā rraġulu* « tu vois comment cet homme agit (a agi et continue à agir) envers moi (pluriel de majesté) » (traduction de M. Gaudefroy-Demombynes) [2].

---

(1) Il n'est pas probable qu'il faille voir dans cet exemple un futur « je descendrai » où *b-* serait la particule *ba-* contractée.

(2) Au xv° siècle on trouve des exemples de Soyouṭi (voir Lindberg, *Gloss. Daṯ.*, p. 46).

Un manuscrit, daté de 1434, d'une œuvre proche de la langue parlée de Samuel Almaġrabi (Nöldeke, *Beitr.*, p. 64), donne un exemple où *bi-* apparaît en subordination : *li'an(na) fulān(ān) biyašhad(u) lī* «parce qu'un tel témoigne(ra) pour moi».

Le présent est le temps d'une série d'exemples égyptiens de Yūsuf Aš-Širbīnī (xviiᵉ siècle), reproduits dans Kampffmeyer, *Verbalpartikel b,* p. 14, ainsi : *bitabkī* «tu pleures», *kalb(un) biyanbaḥ(u)* «un chien [qui] aboie»; de même *biya'lam(u)* «il sait», dans un manuscrit du xviᵉ siècle (cité par Nöldeke, *Beitr.*, p. 64). Mais il y a un passé dans un des exemples de Y. As-Širbīnī, Hazz ul-Quḥuf (éd. de Boulaq, 1274), p. 17, l. 2 : *wĕkān ma'i ibni... wiḥne binigri mitl elkilāb essa'rāne* «et était avec moi mon fils... alors que nous courions comme les chiens enragés».

Les emplois écrits qui ont été relevés jusqu'à présent ne sont pas suffisants pour bien juger les usages de *bi-* : il est toutefois visible qu'ils sont multiples et qu'il ne s'agit pas d'une expression du présent.

Arabie du Sud occidentale. — L'usage de *b* pour le présent est attesté par des exemples relevés dans Landberg, *Gloss. Dat.*, p. 35 : *eš bĕtūḫi fī 'omrak* «que sens-tu dans ta personne?»; p. 34 bas : *ĕlmisyā di bitsayyi fīhā* «le miroir où tu te mires». Il ne s'agit pas d'un usage constant dans le dialecte observé. C'est peut-être par hasard qu'il ne s'est pas présenté d'exemples avec un passé[1].

Égypte. — Dans le parler du Caire (Spitta, *Gramm.*, p. 340 et 346) l'imparfait simple peut toujours être employé. Cependant il est souvent précédé de *b,* soit dans une phrase au passé (avec ou sans *kān,* voir p. 195), soit dans une phrase au présent. Mais le *b-* n'apparaît pas au futur. Sa présence ou son absence ont donc une certaine valeur temporelle.

Exemples au présent soit actuel soit habituel, Spitta, p. 347 : *ṣaḥīḥ ĕlkalām di ĕllī bitqūlīh* «est-ce vrai, cette histoire-là que tu (féminin) racontes?»; *wāḥid bigīhā billēl wǝwāḥid bigīhā binnahār* «l'un vient à elle la nuit et l'autre vient à elle de jour».

Il ne semble pas que *b-* accompagne un imparfait subordonné, sauf en proposition relative. Sur le cumul avec *'ammā(l),* voir p. 195 et 221.

---

[1] Les quelques exemples de *b-* présent invoqués par Rhodokanakis, *Dofar,* p. 190, pour le parler décrit dans cet ouvrage se laissent tous interpréter comme des futurs, avec particule *ba-* plus ou moins altérée.

Syrie–Palestine. — Chez les citadins de ce domaine, dans le langage
non entaché de pédantisme, l'imparfait indicatif est muni de *b-*, qu'il soit
d'ailleurs situé dans le présent, le passé ou le futur (pour le passé, voir
ci-dessus, p. 193-194). L'imparfait nu est réservé pour le rôle de jussif,
de jussif subordonné, ou de subjonctif (voir Barthélemy, *Naaman*, p. 472-
473 et 272-273). Une première difficulté pour observer les détails de cet
usage tient à ce que la définition du subjonctif varie suivant les parlers :
tous, il est vrai, semblent admettre *b-* après une conjonction qui n'implique pas de finalité; mais il y a diversité dialectale quand un verbe
dépend sans conjonction d'un autre verbe (auxiliaire ou non) n'impliquant
pas d'ordre. C'est ainsi que suivant les parlers *kān* peut être ou peut ne pas
être suivi de *b-* [1].

Une seconde difficulté vient de ce que l'usage n'est pas bien constant :
une légère influence soit de langage bédouin, soit de langage littéraire,
influence qui peut agir momentanément sur un sujet parlant, suffit pour
que *b-* n'apparaisse pas où on l'attendrait; inversement, il est employé
quelquefois par des bédouins qui n'en font pas un usage habituel; voir
Bergsträsser, *Sprachatlas*, § 50, et le texte en langage de Damas, qui est
reproduit à la page 6 de cet ouvrage.

Les exemples suivants illustrent la situation un peu compliquée (et encore mal connue dans le détail) qui vient d'être exposée. Certains d'entre
eux montrent que les phrases négatives se construisent comme les phrases
positives.

Exemple de présent. — Mattson, *Monde oriental*, 1912, p. 206, l. 15 :
šu ssïkr byu'ṣuf iľəmr « est-ce que l'ivresse brise la vie ? ».

Exemples de futur. — Même endroit, p. 210, l. 11 : *biṣūr lwalad mīyal
lašɪrb ilḫamr* « l'enfant (2) sera (1) pris du désir (3) de boire (4) l'al-
cool (5) ».

Dans l'exemple suivant, la raison de l'absence de *b* avec les premiers
verbes apparaît mal; Oestrup, *Contes*, p. 70, n° 9 : (je lui disais :) *hadōl*

[1] En arabe classique, un verbe qui dépend (sans conjonction) d'un verbe qui le
précède immédiatement est à l'indicatif,
c'est-à-dire sans aucune marque de dépendance. Donc, dans les parlers conservateurs
où *b* ne s'est pas introduit devant le second
verbe, il y a, contrairement au type classique, une marque de subordination (absence de préfixe). Inversement, là où *b* se
montre devant le second verbe, il y a innovation dans la forme, mais en réalité conser-
vation du type syntaxique ancien.

*ūlād ḥarām yiḥassarū lmaṣāri uyĕ[d]daḥḥaku ʿalēk ubaʿdēn bitṣīr muflis...
mā byeʿūdū byaʿrifūk... waṣṣabi byĕqūl...* «ces (1) vauriens (2-3) dé-
pensent l'argent et se moquent de toi et ensuite tu seras ruiné... ils ne
te connaîtront plus [ils ne continueront pas ils te connaissent]... Et l'enfant disait... ».

Dans le même texte un futur avec *b-*, suivi de deux futurs sans *b-*, apparaît p. 66, n° 1 : *ana bukra bimūt (= bamūt) wayḥarraǧūk elmaṣārī watisfa
mitl ennawar* «moi demain je mourrai et ils te gaspilleront ta fortune et tu
resteras (là) comme les vagabonds».

Subordination avec conjonction. — Le sens n'est pas final dans Harfouch,
Drogman, p. 198 : *law baʿrəf innak btəstatqəl* «si je savais que tu sois im-
portuné»; mais avec finalité, p. 248 : *bəḫāf innī ŏūqaʿ* «je crains de tomber
(que je tombe)».

Verbes se suivant sans conjonction. — 1° **Préfixe** *b* avec le second verbe.
Voir ci-dessus, l. 2, *mā byeʿūdū byaʿrifūk*; de même, Mattson, *Monde oriental*, 1912, p. 206, l. 15 : *ma btismaʿ bi'ūlu* «n'entends-tu pas [qu']ils disent»
(deux fois *b-*); Harfouch, *Drogman*, p. 248 : *ma baʿrəf bimši bilqibqāb* «je
ne sais pas marcher avec des patins de bois».

2° Pas de *b-* avec le second verbe. *Monde oriental*, 1912, p. 208, l. 20 :
law kān il'insān byi'dir ibaṭṭlu wa't illi birīd... «si l'homme pouvait (imparfait avec *b* en proposition hypothétique) y renoncer (imparfait sans *b*) au
moment où il le veut (imparfait avec *b*)»; Spoer-Haddad, § 102 : *ĕlwāḥad
ma byiqdar yišrab ĕlmāi* «on ne peut pas boire l'eau»; § 209 : *ma baʿrafš
aktib* «je ne sais pas écrire».

Pour le Liban, voir les exemples détaillés de Féghali, *Kfarʿabîda*,
p. 139, où on remarque surtout que les auxiliaires autres que *kān* et les
particules autres que *ʿan* et *man* excluent l'emploi de *b*(1).

Région du Tchad. — Dans certains parlers au moins, le *b* est employé,
tant au présent qu'au futur. Mais il n'est pas possible de fixer les limites
de l'emploi. Il y a des contradictions même dans tel parler déterminé (elles
s'expliquent sans doute en partie par l'usage incorrect de l'arabe dans la
bouche de gens qui ont une autre langue maternelle).

La question d'emploi est liée ici en partie à un détail morphologique :

<hr>

(1) Une étude complète sur l'emploi de *b-*,
ainsi que sur celui de *ʿan* et *man*, avec de
nombreux exemples, se trouve dans l'ouvrage en préparation du même auteur sur
la syntaxe du libanais.

la 1re personne du singulier, caractérisée anciennement par une faible laryngale initiale, ', tend à prendre un préfixe plus solide que la simple voyelle qui reste après chute de '. Ainsi dans une partie de l'Égypte et du Soudan égyptien et au Maghrib en général, n- de la 1re personne du pluriel s'est étendu au singulier; le même élément se rencontre aussi quelquefois dans la région du Tchad; mais d'autres fois il est remplacé par *b;* enfin on a signalé (Decorse, *Chari,* p. 61) le cumul des deux préfixes : *nbəgdər* «je peux».

On peut donc rencontrer *b* à la 1re personne singulier alors qu'il n'est pas employé aux autres personnes : Lethem, *Shuwa,* p. 24, signale que *b* est employé «souvent» à la 1re personne; Howard, *Shuva stories,* p. 13, donne à une ligne de distance : *anā nĕgo^c d ma^c ak* et *bago^c d ma^c ak* «je resterai avec toi»; p. 12 : *bəqassad bəgri* «je suis diligent à m'instruire».

Dans les textes de Carbou, *Tchad,* p. 149 et suiv., le *b* se rencontre même en dehors de la 1re personne, employé sans constance (voir un dépouillement de ces textes dans Landberg, *Gloss. Daṭ.,* p. 41 et suiv.). Le *b* sert de préfixe à la 3e personne, d'après Derendinger, *Tchad,* p. 354. Le non-emploi de *b* même à la 1re personne s'observe dans les textes de Decorse, *Chari,* p. 21, 28, 29, etc.

140. *Préfixe ḥa- en Oman.* — Dans les parlers de l'Oman l'imparfait simple est relativement rare comme indicatif présent ou futur; il est plus abondant comme passé descriptif; il semble régulièrement employé en subordination.

Comme indicatif, présent ou futur, l'imparfait est souvent précédé de *ḥa-* ou *ha-,* au moins dans le parler décrit par Reinhardt, *Oman.* Sur l'usage confus de cette région, voir Reinhardt, *Oman,* § 270, 420 et 427, et textes; Nöldeke, *W.Z.K.M.,* 1895, p. 19; Landberg, *Gloss. Daṭ.,* p. 50; ci-dessus p. 65 et ci-dessous § 159.

Exemple de présent d'habitude. — Reinhardt, *Oman,* p. 277, 1. 1-3 : *yōm ysawyo zeffe... l'arūs... ḥatrĕkkĕb ^c a nāqa* «quand on fait une noce... la mariée... monte sur une chamelle». (Il n'a pas été relevé d'exemple de présent actuel.)

Exemple de futur. — P. 327, 1. 4 : *inšā allāh ḥanuḫod umūrne ^c ama qiltī* «si Dieu veut, nous arrangerons nos affaires comme tu as dit»; mais sans préfixe, p. 314, l. 7 : *inšā allāh etḥaiyello bḥīle* «si Dieu veut, je le tromperai par une ruse».

141. *Les préfixes de l'imparfait en maghribin occidental.* — Dans la II⁰ partie, p. 68-73, ces préfixes ont été étudiés dans leur forme et en partie dans leur emploi; l'usage de *ka-* au passé duratif a été cité avec des exemples p. 197. Il y aurait lieu maintenant de voir la question dans son ensemble; mais les études préalables manquent; quelques parlers seulement du Maroc sont relativement bien connus par des textes recueillis à la fin du xix⁰ ou au xx⁰ siècle, pour aucun la syntaxe n'a été étudiée dans le détail.

Le préfixe *ka-* semble de beaucoup le plus répandu. Ce qui suit concerne l'usage de deux parlers citadins, ceux de Tanger et de Rabat. L'usage d'une autre ville, Fez, peut être considéré comme semblable, d'après Kampffmeyer, *Texte aus Fes.*

Les principaux faits sont les suivants (sous la réserve des exceptions discutées plus loin).

Quant l'imparfait est employé pour le présent, il est normalement muni du préfixe *ka-*, au moins en proposition principale; l'imparfait simple n'apparaît que rarement, surtout dans des formules toutes faites (Marçais, *Tanger,* p. 3 : *yaʿlm allah* «Dieu sait»; p. 81, l. 7 : *ma-iḫāf* «rien à craindre») et volontiers en poésie (voir Marçais, p. 73-75, mais voir p. 231, note). Au passé duratif, *ka-* apparaît moins souvent qu'au présent; il y est cependant fréquent. Au point de vue temporel, dans l'ensemble, l'imparfait avec *ka-* est donc présent ou passé, et n'est pas futur.

Mais le point de vue temporel n'est qu'un aspect de la question. Le point important est que l'imparfait simple sert de jussif. Le préfixe *ka-* ne peut jamais apparaître dans ce cas. Il est généralement aussi exclu du jussif subordonné. Dans les autres types de subordination, avec relatif ou avec conjonction, et dans les suites de deux verbes (en particulier avec l'auxiliaire *kān,* voir p. 197), l'usage est flottant.

Ainsi, avec la réserve que l'usage de *ka-* n'est jamais absolument obligatoire, l'imparfait avec *ka-* peut être défini comme indicatif, d'une part, et d'autre part comme non futur.

Les exemples qui suivent concernent le présent indicatif et les usages subordonnés. On remarquera que le préfixe *ka-* peut n'être pas répété si des verbes coordonnés se suivent. Il ne semble pas y avoir de différence entre l'usage négatif et l'usage positif.

Le présent du verbe «être» est formé comme un autre présent : *kaikūn* «il est» (p. 122). A Tanger, il sert, en se préposant à un autre verbe lui-même muni de *ka-*, à former un présent insisté (voir un exemple ci-après). Mais, au moins à Rabat, cette construction peut être remplacée par l'emploi de *rā-* avec l'imparfait sans *ka-*, ainsi Brunot, *Yallah*, p. 86 : *rākum ma tāklu ġīr tiġrādkum* «vous n'êtes pas à manger autre chose que votre bien».

A Tanger, Marçais, *Tanger*, p. 3, l. 6 : *kēirfda uïbūsha ūyākla* «il la ramasse, l'embrasse et la mange» (non-répétition de *ka-*).

Tanger, p. 7, l. 6 : *lbnāt lli kēikūno kēidlko laʿzīn mʿa nnsā, mnēin kēiqaḍʿo bēddlūk ukēibdo iqaṭʿo lǧqāqŏš* «les filles qui sont à pétrir (présent insisté; emploi de *ka-* en proposition relative) la pâte avec les femmes, quand [celles-ci] en ont fini (emploi de *ka-* en proposition temporelle) avec le pétrissage et commencent (même observation) à couper (non-emploi de *ka-* en subordination, après verbe auxiliaire indicatif) les galettes».

Tanger, p. 5, l. 1-2 : *ʿaib rrāžl li (i)kūn bḍārhum uimši (i)šri lḫubz mssōq; ʿalā ḫaṭar lḥabbāzāt mā kāyākŭl lḫubz diālum...* «il est honteux [que] des hommes qui ont (non-emploi de *ka-* en proposition relative) un intérieur aillent (*mot à mot* «et vont», non-emploi de *ka-*) acheter (non-emploi de *ka-*) le pain au marché; parce que les boulangers, on ne mange pas leur pain (emploi de *ka-* avec négation) [si ce n'est les gens de rien]».

P. 9, l. 3 : *bāš ïaddlọ* «afin qu'elles confectionnent» (non-emploi de *ka-* en proposition finale); mais, p. 49, l. 8 : *bāš kēislek* «pour qu'il se mette à l'abri» (voir encore, p. 5, l. 20, 23, 24)[1].

---

[1] Cet emploi en proposition finale paraît étonnant. Mais il semble explicable lorsqu'on se souvient que, si *bāš* est la conjonction finale habituelle du Maghrib, c'est un terme nouveau, et qu'il ne contient pas d'élément ancien de valeur finale; son sens propre est à peu près «ce par quoi». Comparer (p. 70) l'emploi de *ka-* dans les propositions finales en andalou de Pedro de Alcala.

A Rabat, Brunot, *Yallah*, p. 75 haut : (Si quelqu'un des musulmans meurt dans la campagne) *ma idĕḫḫluh ši miyit ĕllĕmdīna* «ils ne l'introduisent pas mort dans la ville» (non emploi de *ka-* en proposition principale : peut-être nuance d'éventuel, à cause de la condition qui précède).

Yallah, p. 74 : *kaiqōlu fĕlboṣṭ lqrāᶜ kaiwulli qāid kull lyūm larbaᶜ* «on dit (emploi de *ka-*) par plaisanterie que le teigneux devient (emploi de *ka-* en subordonnée déclarative) caïd tous les mercredis».

L'usage de Casablanca (et même des environs) ne paraît pas différer sensiblement de celui de Tanger et Rabat, malgré l'observation de Kampff-meyer, *Casablanca*, p. vi, d'après laquelle *ka-* manquerait régulièrement; voir dans cet ouvrage, p. 2 : *waš kataᶜməl ši-duā* «as-tu besoin de quelque remède?», etc.

A Taher en Algérie (voir p. 71) l'imparfait est usuellement précédé de *ka/ku* d'après les textes recueillis par M. W. Marçais (inédits); ainsi *dīyĕš ddi kūtᵉḫdĕm dĕlᵂok* «qu'est-ce que tu fais maintenant?»; *kĕlləmma kuṛṛūḫ lĕlžāmaᶜ kaiṭrobni* «toutes les fois que je vais (nuance de conditionnel) à l'école, il me frappe». Il faudrait une étude complète pour savoir quel est l'usage du parler dans ses détails.

Dans l'Ouargha nord-marocain, d'après Lévi-Provençal, *Textes*, p. 23, «la préfixation d'un *a* aux [désinences] de l'imparfait est pour ainsi dire constante». Les textes montrent en effet *a-* pour différents moments du temps : p. 53, l. 3 (il rencontra un oiseau) *ūwaḫd ddĕrrī aidfar-lo waḫd lfaḫ* «et un garçon lui préparait un piège»; l. 4 : *šĕnnī adaᶜmĕl* «que fais-tu?»; p. 73, l. 11 : *mĕnnain aiži ᶜăndăk ġŏddā, kūlo* «quand il viendra près de toi demain, mange-le»[1]; voir un exemple pour la région de Taza, p. 221. Mais les exemples d'imparfait sans préfixe sont très nombreux, dans les *Textes de l'Ouargha;* ainsi au présent, p. 53, l. 9 : *untᵉe daᶜrăf rrāṣăk* «et toi tu sais toi-même». Quoi qu'il soit du détail, l'emploi de *a-* ne fournit pas de distinction temporelle. La situation est, au point de

[1] Il est possible que *a-* figure devant l'imparfait même en fonction de jussif, ainsi p. 51, l. 5 : *llī qŏddāmō-ši, airĕfdō* «celui qui (1) [a] quelque chose (3) devant lui (2), qu'il le prenne (4)»; ceci n'étonne pas si on voit dans *a-* un emprunt au berbère, où un même préfixe sert pour le subjonctif, le futur et la forme d'habitude; mais le préfixe berbère est généralement *ađ* en alternance avec *a*.

vue du temps au moins, analogue à ce que montre l'arabe syrien pour l'emploi de *b-*.

Dans le même parler, le préfixe *ka-* est assez souvent employé, à la place de *a-*; il apparaît au passé et au présent, soit momentané, soit habituel; les textes ne fournissent aucun exemple de futur; p. 75, l. 12 : *llī kānō kailĕʿbō feh* « qui y jouaient »; p. 79, l. 22 : *llī kait'zoŭž* « celui qui se marie (en dehors de son milieu) »; p. 53, l. 5-6, *mā kadšūf-ši* « ne vois-tu pas? ». Il ne semble pas que l'usage de *ka-* introduise une idée de durée comme *ʿammāl* dans les dialectes orientaux (§ 137, p. 220). Les raisons du choix entre *ka-* et *a-* n'apparaissent donc pas; c'est une question qui reste à élucider.

On trouvera au paragraphe 158 des exemples de l'imparfait nu employé comme futur. Toutefois, si la règle générale est que le préfixe *ka-* n'apparaît pas dans cet emploi, il faut compter avec des cas particuliers. En effet il semble que, au moins comme deuxième verbe d'une phrase, un imparfait muni de *ka-* peut exprimer la concomitance dans un temps à venir; ainsi Marçais, *Tanger*, p. 65, l. 10 : *mā t'ĕbqāu ǧīr kaḍḍofṛọ ššīb* « vous (ne) resterez (que) tout juste à tresser [vos] cheveux blancs [comme vieilles filles] »; le futur est introduit par l'imparfait nu, la concomitance est exprimée par *ka-*; la valeur est la même dans *Tanger*, p. 53, l. 13 : (prends la montée) *usīr kaltšebbọṭ* « et continue en grimpant ». Il est probable qu'il faut interpréter de même un exemple tel que Socin-Stumme, *Houwara*, p. 66, l. 14 : *ḥta iži fi hādi keišemm elḥniz uyohrob* « voici qu'il viendra à celle-ci (une charogne), il sentira la puanteur et (de sorte que) il s'enfuira », ou « attends qu'il se mette à sentir... »; peut-être dans cette phrase y a-t-il une légère nuance de finalité qui rappellerait certains usages andalous (voir p. 70) : « (attends) qu'il vienne près d'elle, de sorte qu'il en sente la puanteur, et... »[1].

---

[1] Il y a lieu d'écarter deux exemples d'une poésie au sujet d'une juive de Fez, de date inconnue, qui a été éditée par Fleischer, *Z. D. M. G.*, 18 (1863), p. 329 (et *Kleinere Schriften*, III, p. 425); il ne s'agit pas de futurs comme le dit Fleischer, p. 340 : vers 12, *lih kanbiʿ* (mot douteux dans le manuscrit) *rōḥi* « c'est à lui que je vends ma vie qui va s'en aller en cadeau »; vers 15, *kataʿarfu rabbi faḍḍĕlna ʿala ddĕnya* « vous savez bien que Dieu nous a préférés à tout l'univers » (traductions d'après une revision de M. W. Marçais).

La liste d'exemples de divers parlers qui se clôt ici montre quelles questions se posent, et combien elles sont loin d'être résolues. Le moins qu'on puisse dire est que l'emploi des particules en arabe marocain n'a pas un usage uniquement temporel, ni, même dans les cas les plus simplés, un usage temporel unique; ce qui domine, c'est la notion de concomitance.

142. Sudarabique moderne. — Pour l'expression de « être » (négatif) voir p. 92.

L'imparfait est un inaccompli, par lui-même indifférent au temps; pour le passé, p. 197; pour le futur, § 162. Exemple de présent (Bittner, *Soqoṭri*, II, p. 11) en mehri : *ukō thārūs lā* « pourquoi ne te maries-tu pas? ».

Comme le futur est souvent exprimé d'une manière spéciale, quand rien n'indique le passé dans la phrase, l'imparfait peut passer pour une espèce de présent. Mais les exceptions dans l'emploi de la forme spéciale du futur empêchent qu'il y ait expression constante du temps.

La construction de l'imparfait avec relatif, signalée pour le passé p. 198, est employée aussi pour le présent; ainsi, Bittner, *Mehri*, III, p. 68 : *ho d adaḥōk leh* « je ris de lui »; *d ebēki* « je pleure »; il y a sans doute une nuance (d'actualité? de durée?); Bittner ne cite aucun exemple de futur.

143. Langues éthiopiennes. — L'éthiopien ancien n'a ni présent-futur, ni présent. Au contraire, la tendance à exprimer le temps est nette dans les langues modernes qui ont un présent-futur dans l'ensemble, par endroits même un présent distinct. Ceci pour les verbes en général. Dans l'expression de « être », le présent distinct du futur est réalisé en plusieurs points.

144. Guèze. — L'imparfait est indifférent au temps. Quand rien dans le voisinage ne contribue à le situer dans le passé (p. 198), il exprime le présent ou le futur, suivant le contexte. Exemple du présent; Extrait du Synaxaire, dans Dillmann, *Chrest.*, p. 34, 1. 9-10 : *salām baqāla səbḥat ʾəblō ʾənza ʾāʿabbəyō waʾālēʿʿəlō* « je lui dis (4) salut (1) d'une voix (2) de louange (3) tandis que (5) je le prône (6) et l'exalte (7) ».

Le verbe *hallō* « être, exister » n'est pas situé dans le temps. Il en est de même en général pour le composé qu'il forme avec un imparfait (pour l'usage comme passé duratif, voir p. 198-199); cependant dans un certain cas ce composé ne peut être que futur, voir § 163. Exemple du présent : Épîtres aux Romains, 8, 34, cité dans Dillmann, *Lexicon,* col. 4 : *hallō yǝnabbǝr bayamāna ʾǝgzĭʾabǝḥēr* «il se tient à la droite de Dieu».

145. TIGRIGNA. — L'usage de l'imparfait simple étant extrêmement restreint dans le domaine du passé (p. 200), cette forme est en fait un présent-futur (pour le futur, voir § 164).

Exemples de présent : Kolmodin, *Traditions,* n°168, 7 : *nǝgǝzzāʾ* «nous nous soumettons»: Schreiber, *Manuel,* p. 124 bas : *ṣaḥay ḥǝži yǝwarrǝd...* ʾǝmmō «car (4) le soleil (1) décline (3) maintenant (2)».

Mais l'imparfait simple est d'emploi assez rare à cause de l'existence de composés variés à valeur de présent-futur, présent ou futur.

Pour l'expression de «être» au présent, voir la particule copule *ʾǝyyu,* p. 101 (et un exemple ci-dessous), le verbe d'existence *ʾallō,* p. 96 et certains emplois du parfait *kōnä,* p. 129.

La copule *ʾǝyyu* (conjuguée) entrant en composition avec l'imparfait en fait un présent-futur net, qui est aussi bien présent que futur, mais n'est jamais passé.

Voir Praetorius, *Tigrigna,* p. 330, où le sens futur est considéré comme le principal; Schreiber, *Manuel,* p. 54 bas, où il est insisté sur le sens de présent non actuel; Vito, *Gram.,* p. 64-65, où il y a un essai d'explication par une idée de «certitude»; *Grundriss,* II, § 327 *bis,* p. 515, où seul le sens de futur est donné; l'usage d'Abba Jérôme confirme que le composé n'est ni uniquement présent ni uniquement futur (pour le futur, voir § 164).

Ce composé semble se généraliser, au moins dans la conversation et dans le style écrit familier; mais c'est seulement à l'indicatif indépendant, positif ou négatif. La subordination lâche avec *ʾǝmmō* est possible, ainsi que l'emploi en proposition relative, mais on n'observe pas d'autres subordinations; au total cet imparfait composé est un indicatif présent-futur (comparer l'amharique, § 147).

Schreiber, *Manuel,* p. 124 : *nǝzǝbaḥ baqli waṣĭʾe ʾayfallǝṭǝn ʾǝyyämmō* «comme je ne sache pas (5-4) être monté (3) sur le dos (1) d'un mulet (2)» (la négation est appliquée à l'imparfait); p. 120 : *məntay 'ətədəlli 'ïḫa* «qu'est-ce que tu sais?». Le relatif (ici *'ə-*) est appliqué à l'imparfait [1].

L'auxiliaire n'est pas obligatoirement répété avec des verbes coordonnés, mais il l'est souvent.

Seul le présent (actuel, insisté) est exprimé par la composition du verbe *'allō* (conjugué) avec l'imparfait (renseignement d'Abba Jérôme, confirmant Schreiber, *Manuel,* p. 55; Vito, *Gramm.,* p. 66; Offeio, p. 60 et 154; *Grundriss,* II, § 327 *bis,* p. 515; l'impression de Praetorius, *Tigrigna,* p. 329, résultant de traductions de l'*Évangile,* que ce composé est aussi bien futur que présent, était fausse).

Il peut y avoir négation et subordination, au moins avec un relatif.

Conti Rossini, *Z. A.,* XVII, p. 45 : *taḥəlləmənni 'allohi qanṭabāṭəb* «tu (féminin) [vas] me fais[ant] rêver de choses vaines» (complément pronominal attaché à l'imparfait).

D'après le document publié par Praetorius, *Z. D. M. G.,* 28, p. 444, dans certaines parties au moins du Hamasen (nord du domaine tigrigna) l'auxiliaire serait abrégé en *-əllo* invariable : *'əṭamməqātkum-əllo* «je vous baptise».

Ainsi le tigrigna possède deux présents-futurs, l'un simple, l'autre composé (réservé à l'indicatif); il a en outre un présent indicatif net facultatif, et on verra chap. VI, § 164, qu'il a de plus un futur, d'emploi également facultatif.

146. TIGRÉ. — Le tigré est dans un état plus archaïque que le tigrigna; les innovations y sont moins bien établies.

Il a été vu, p. 202, que l'imparfait simple a encore liberté d'apparaître comme passé. Il peut être aussi soit présent, soit futur.

Pour le sens de présent, voir des exemples, d'après le manuel de Perini, dans *Z.A.,* 1899, p. 11; Camperio, p. 56 : *mi-litbəhəl illi* «comment s'appelle ceci?»; Littmann, *Princeton,* I, p. 26, l. 1 : *ka'əb masal ləblo* «on dit (3) comme (1) proverbe (2)».

---

[1] Remarquer l'emploi de *'əyyu* parallèle à celui du français «c'est, est-ce»; mais la personne est marquée (dans l'exemple ci-dessus *'ïḫa,* 2ᵉ pers. masc. sing.).

Mais l'emploi de l'imparfait simple est plus fréquent comme futur; en effet le présent est généralement exprimé par le composé dont il va être question ci-dessous.

Pour l'expression de « être », il a été vu, p. 102, que la copule *tu* n'est pas un présent (emplois fréquents au passé).

Mais le verbe d'existence *hallā* (§ 54, p. 97) est seulement présent, contrairement à *hallō* du guèze.

Or, en composition, *hallā,* comme les verbes correspondants du guèze et de l'amharique, et au contraire du tigrigna, ne répond pas uniquement au présent (sur l'usage dans l'expression du parfait-présent, voir p. 156; sur le non-usage pour le passé duratif, p. 202).

En ce qui concerne le composé de *hallā* avec l'imparfait, il est établi qu'il peut être un futur, voir § 165. Toutefois il est d'usage très limité avec cette valeur. Elle semble au moins très rare dans les textes de *Princeton; Grundriss,* II, § 327 *bis,* p. 515, cite plusieurs exemples tirés de ces textes, et tous sont présents; les sondages faits pour le travail présenté ici n'ont de même fourni que des exemples du présent.

Ceux-ci sont extrêmement nombreux, au point qu'on a l'impression que le présent est presque toujours exprimé par l'imparfait suivi de *hallā* (qui est entièrement conjugué).

Princeton, I, p. 52, l. 16-17 : *'agəl 'addām tətqallā' 'ihallēt* « elle n'apparaît pas (4-3) aux (1) hommes (2) ». On voit que la négation est attachée à l'auxiliaire; au contraire les pronoms régimes se suffixent à l'imparfait : *Princeton,* I, p. 34, l. 9 : *ləblūkā hallaw* « ils te disent ». S'il y a deux verbes coordonnés, l'auxiliaire n'est pas répété; p. 83, l. 1 : *'addām 'ask yōm wallad waqabbər hallā* « l'homme jusqu'à maintenant enfante et ensevelit ». Voir encore des exemples dans Camperio, p. 57, l. 1 et 7.

En résumé, le tigré ne s'est pas constitué un présent-futur constant comme en amharique ou presque constant comme en tigrigna puisque l'imparfait se meut encore librement dans le passé. D'autre part, il possède l'expression composée du présent qui manque à l'amharique, mais de manière beaucoup moins nette qu'en tigrigna puisque le composé qui sert au présent se rencontre aussi au futur; il a en outre un futur facultatif, comme le tigrigna (voir § 165). Il semble que cette langue soit, au

début du xxᵉ siècle, seule époque où on la connaisse, dans un moment de
transition.

147. AMHARIQUE. — C'est en amharique que la constitution d'un présent-futur est la plus nette.

Dans la même langue, le présent du verbe « être » est bien constitué avec
alla « il y a » (p. 98) et la copule *näw* « il est » (p. 105); mais le présent
n'est pas distingué du futur dans les autres verbes.

Les faits sont exposés ici d'abord au point de vue de la langue moderne,
dans les grandes lignes; les détails et l'histoire viennent ensuite.

L'imparfait, en proposition principale, ne peut être situé dans le passé
que s'il est combiné avec *nabbara* « il était » (p. 203). Donc, en dehors de
ce cas, l'imparfait en proposition principale est un présent-futur[1].

La question est complexe par le fait que le présent-futur est tantôt
l'imparfait simple, tantôt une forme composée. En effet le présent-futur
indicatif de tous verbes, en phrase positive, n'est pas l'imparfait simple,
mais l'imparfait composé avec *alla*. En phrase négative, au contraire, l'imparfait simple est le présent-futur normal. (Exemples de présent, conditions spéciales aux phrases interrogatives, et survivances de l'imparfait
simple au positif, voir dans la suite du paragraphe; exemples de futur,
§ 166.)

Une autre complication apparaît si on tient compte des propositions
subordonnées : en effet dans une proposition subordonnée au moyen d'une
conjonction ou d'un relatif, l'imparfait composé n'est jamais employé. Il
résulte de ceci qu'en phrase positive on distingue nettement l'indicatif,
exprimé par l'imparfait composé, du mode subordonné (subjonctif ou
jussif subordonné) exprimé par l'imparfait simple[2]; en revanche la distinction temporelle entre passé et présent-futur n'est pas marquée en
proposition subordonnée (voir § 13, p. 39); ainsi l'imparfait simple après
relatif ou conjonction sert aussi bien de passé (voir p. 204) que de présent
(voir ci-dessous) ou de futur (§ 166).

---

[1] Sur la composition de l'imparfait avec
des auxiliaires de mode, voir les références
p. 204.

Pour l'emploi de l'imparfait composé avec
alla comme présent historique, voir à la fin
du présent paragraphe.

[2] Le jussif indépendant a une forme à
part, voir p. 34 bas.

En phrase négative au contraire, où il n'y a jamais que l'imparfait simple, la distinction entre indicatif présent-futur et mode subordonné n'existe pas.

Il apparaît donc que si un système temporel a pris pied en amharique, le temps est loin de régir tout le verbe comme dans une langue telle que le français.

Pour la forme, le composé de l'imparfait avec *alla* est très net; l'auxiliaire postposé a perdu toute indépendance d'accent; il est joint au verbe principal, formant avec lui un seul mot. Quelques détails de forme rendent cette cohérence éclatante. En général, l'auxiliaire est conjugué. Toutefois, à la 3ᵉ personne masculin singulier, *alla* est toujours abrégé en *-āl* (*-al*) : *yəsabrāl* « il casse »; à la 3ᵉ personne du pluriel, la finale *-u* ne figure qu'une fois pour le verbe principal et l'auxiliaire; en général, c'est l'auxiliaire qui la porte : *yəsabrāllu* « ils cassent »; mais si un pronom régime se suffixe au verbe principal, il en protège la finale, laquelle subsiste alors, tandis que celle de l'auxiliaire est supprimée : *yəsabrū-h-āl* « ils te cassent ».

Quand deux membres de phrase sont coordonnés par *-m* « et » ou par *-nnā* « et, puisque » ou accolés sans conjonction, l'auxiliaire figure avec le second verbe en coordination comme avec le premier : Guidi, *Grammatica*, p. 24 bas : *yənagrūmal* « et ils parlent »; Afevork, *Gramm.*, p. 119 : *əraña bagōčum yətabbəqāl zāgōf-əm yənafāl* « le berger (1) garde (3) les moutons (2) et (5) il joue (6) de la flûte (4) ».

En phrase interrogative positive, l'auxiliaire peut manquer (exemples rassemblés dans Praetorius, *Amh.*, p. 363); dans Afevork, *Gramm.*, p. 119 : *qəddasye yəqqaddasāl wayəs fətāt yənōr* « célèbre-t-on (2) [encore l'anaphore de] la messe (1) ou bien (3) est-ce [serait-ce] (5) l'absoute (4)? »; en phrase exclamative de forme interrogative, Afevork, *Gramm.*, p. 208 : *əndyet bāgarāčən əslām yəččawwatəbbat* « comment? dans notre [propre] pays, le musulman s'en moque(rait) ! » [1].

On observe le cas inverse avec la négation; en effet, comme il a été dit ci-dessus, l'auxiliaire ne figure pas en phrase négative indépendante; ainsi

---

[1] On voit par ces exemples que cette construction comporte volontiers une nuance dubitative. Compléter par les indications des paragraphes 166 et 174.

Afevork (*Gramm.*, p. 128) : *ahun . . . ayzanbəm* «maintenant. . . il ne pleut pas»; mais une phrase négative peut comporter un auxiliaire si elle est interrogative; l'auxiliaire est alors *yälläm* (p. 98), qui reste quelquefois invariable (faits exposés dans Praetorius, *Amh.*, p. 365-366), ainsi : *telü yälläčhumənə* «ne dites-vous pas?»; *səlazzih yəmaṭu yälläm* «n'est-ce pas (3) pour ceci (1) [qu'ils] viennent (2)?»; comparer le fait parallèle pour le parfait-présent, p. 58 haut.

Sur l'imparfait simple dans les formules archaïques, voir ci-dessous.

L'imparfait simple, comme il a été dit, est employé dans les subordonnées relatives et conjonctives, sans y marquer de distinctions temporelles; dans les exemples qui suivent, il a occasionnellement la valeur de présent : Afevork, *Gramm.*, p. 120 : *qāçəl yammiāqāççəlän diaqōn yämāčc ləǧʾ näw* «le diacre (3) qui fait sonner (2) la clochette (1) est (6) mon beau-frère [le fils (5) de mon beau-père (4)]; p. 235, l. 2 : *sïbäla ṭäǧ yəṭaṭṭäl* «quand il mange (1) il boit (3) de l'hydromel (2)».

On peut entrevoir dans le passé le moment où l'imparfait composé ne s'était pas encore généralisé en amharique. En effet, dans certains chants en l'honneur d'empereurs du xv⁰ et du xvı⁰ siècle on ne trouve que des imparfaits simples (voir des textes notamment dans Praetorius, *Amh.*, p. 499 et suiv.), ainsi : *əsät yəmasəl* «il ressemble (2) au feu (1)». Mais il n'y avait peut-être déjà là qu'un archaïsme poétique non général; en effet, dans un chant du xvı⁰ siècle (si du moins il est bien de cette date), sur lequel voir Chaîne, *Catalogue Mondon*, p. 18, et Conti Rossini, *R. S. O.*, vol. IX, p. 394, l'imparfait composé est au contraire constamment employé. Dans un ouvrage grammatical qui semble être du xvıı⁰ siècle (Brauner-Plazikowski, *Sawāsew*) l'imparfait composé traduit constamment l'imparfait du guèze à l'indicatif, ce qui concorde avec l'usage recueilli par Ludolf à la fin du xvıı⁰ siècle; ainsi, *Gramm. amh.*, p. 54, texte donné par Gorgorios, *alawäčhwällahwə* (l'*a-* initial doit être corrigé en *ə-*) «je vous dis», *šū(ʾ) tägañällăčhwə* «cherchez, vous trouverez».

D'autre part, l'emploi archaïque de l'imparfait simple a persisté jusqu'à nos jours dans des formules, proverbes, etc. : c'est une forme toujours comprise (Mondon, *Proverbes*, p. 495) : *qan sidars amba yəfars* «quand le jour [en] arrive, la citadelle s'écroule».

Il faut renoncer, faute de textes plus anciens et plus amples, à savoir mieux comment l'imparfait composé s'est introduit en amharique. La valeur habituelle de *alla* isolé en amharique inviterait à y voir un présent qui s'est étendu secondairement au futur. Ludolf, *Gramm. amh.*, p. 10, a cru pouvoir distinguer, effectivement, l'imparfait composé à valeur de présent de l'imparfait simple à valeur de futur, mais il avoue lui-même que les textes écrits par son informateur Gorgorios ne confirment pas cette vue; en réalité c'était une simple erreur de sa part (voir ci-dessus p. 238 les exemples en question de Gorgorios). D'autre part, si on considère les valeurs de la particule verbale d'existence dans les langues parentes et en amharique même, on est peu convaincu que *alla* ait eu à l'origine la valeur d'un présent dans les formes composées; voir ci-dessus, p. 98 et, à propos des composés du guèze et du tigré, p. 232-233 et 235. Voir aussi ci-dessous l'« exception ».

Le fait à retenir est que, d'une manière ou d'une autre, la forme composée de présent-futur indicatif s'est stabilisée en amharique à une époque relativement récente.

Reste à voir l'exception. Il arrive que l'imparfait composé avec *alla* figure dans des récits au passé; ce sont des emplois de présent historique, voir p. 98 et 144; des exemples se trouvent dans Praetorius, *Amh.*, p. 366 bas. D'après les savants de Gondar, le présent historique ne serait correct que dans les commentaires historiques, ainsi : *addām syetan yewaldāl* « Adam engendra Seth (Adam est le père de Seth) » (suivant un renseignement d'Abba Jérôme); mais les références rassemblées par Praetorius montrent que l'usage est plus étendu. Voir encore Afevork, *Roman*, p. 14, l. 1 du bas, p. 15, l. 3. En phrase négative l'imparfait simple peut être employé de même, voir Afevork, *Roman*, p. 13, l. 26-27; p. 14, l. 3. Il est à remarquer que lorsque le « présent historique » évoque une idée de durée, on pourrait penser à un emploi archaïque de l'imparfait simple ou composé comme passé duratif. Mais cette interprétation est exclue quand il s'agit d'un passé momentané (récit d'événement historique, comme dans l'exemple cité ci-dessus)[1].

___

[1] Sur l'imparfait composé joint à *hāna*, voir p. 206.

148. HARARI. — En harari il s'est constitué, comme en amharique, un imparfait composé qui sert de présent-futur. Mais les détails de forme et d'emploi diffèrent.

L'auxiliaire est très réduit et différent de ce qu'il est à l'état isolé (*l* disparaît en dehors de la 3ᵉ personne) : il tend à prendre l'aspect d'un suffixe.

En ce qui concerne l'emploi, la forme composée a plus d'extension qu'en amharique : elle figure en phrase négative aussi bien qu'en phrase positive; de plus, elle peut se subordonner non seulement à un relatif, mais même à une conjonction n'impliquant pas de finalité. Dans une subordonnée finale (jussif subordonné), l'auxiliaire n'apparaît pas (voir Littmann, *Har. St.*, nᵒˢ 220, 228, 235, 283); mais l'état de nos connaissances ne permet pas de discerner si dans ce cas le verbe subordonné a la forme d'imparfait simple comme en amharique ou celle de jussif comme en guèze. En tout cas la distinction d'un mode indicatif (de proposition principale) et d'un mode subordonné ne se fait pas comme en amharique.

L'usage indépendant du présent de « être » *hal(a)* a été indiqué p. 99 (sur la copule *ta* « il est », voir p. 103).

Les exemples suivants du présent permettent de voir les détails de forme et d'emploi de l'imparfait composé; voir aussi Mondon, *Har. Gour.*, p. 30, et, pour le futur, ci-dessous, § 167.

Littmann, *Har. St.*, nᵒ 114 : *hŭbāb iliṭal* « le serpent va »; nᵒ 161 : *yi (ə)farqumēḫ* « je ne pense pas (2) cela (1) »; nᵒ 169 : *mablūl ibārkumēl* « on (exprimé par la 3ᵉ personne du pluriel) ne loue pas (2) un paresseux (1) »; dans cette forme, où la négation est infixée, on voit que la désinence de pluriel *-ū* ne figure qu'une fois, comme en amharique; de même, nᵒ 188, avec un complément infixé : *yəmāḫtuyuhal* « ils les frappent ».

Proposition relative, nᵒ 144 : *yənatazāl* « qui est malade »; subordonnée, nᵒ 185 : *askarăč yəliṭusālu imaḫtalu karabu* « lorsque (exprimé par *s* infixé) les soldats (1) marchent (2), ils battent (on bat) (3) le tambour (4) ». Pour le nᵒ 131, *nəliṭsāna wăzaḫu*, la traduction de M. Littmann « alors que nous marchions, j'ai sué », fait d'un imparfait composé un passé subordonné; il faut hésiter avant d'admettre sans plus amples informations que l'imparfait composé puisse se trouver avec cette valeur; or cette traduction ne s'impose pas; on peut conserver en substance l'interprétation qui a été donnée par Paulitschke, l'auteur qui a recueilli la phrase (*Beiträge*, p. 93 *a*, vers le bas) : « quand je vais vite, je sue », à condition de supprimer «vite», de remplacer le premier «je» par «nous» et d'interpréter *wǎzaḫu* comme un parfait à sens présent (voir p. 212) : «quand nous marchons, je sue».

149. Gouragué. — Pour le présent du verbe «être», voir § 54, p. 100, § 56, p. 104, § 57, p. 105 et § 71, p. 136-137.

D'après les documents de l'Enquête personnelle, il semble que, au moins dans certains dialectes et à certaines personnes, l'indicatif présent-futur soit pourvu de suffixes.

Le dialecte walani a à la 3ᵉ personne masculin singulier *-ān* qui est peut-être à rapprocher de *ālä* (voir au parfait-présent, p. 160, la même finale pour le passé).

Les dialectes aymälläl et mouher ont *-u*, pour lequel il faut sans doute penser à un rapprochement avec l'élément *-u* signalé p. 105 bas.

En tchaha, il semble que l'imparfait employé comme présent est nu et se distingue ainsi du futur, pourvu d'un suffixe, voir au paragraphe 168.

CHAPITRE VI.

FUTUR.

150. Le préambule du précédent chapitre, surtout en ce qui concerne le compartimentage de l'inaccompli et l'usage de l'imparfait, vaut aussi pour celui-ci.

Au cours de ce chapitre, en même temps que seront cités des exemples d'inaccompli en général, de présent-futur en particulier, employés en fonction de futur, on examinera les cas où un préfixe de l'imparfait caractérise spécialement l'emploi comme futur.

Ici se rencontre une difficulté spéciale au futur : la notion temporelle d'avenir peut se confondre avec des notions qui ne sont pas proprement temporelles, celle d'imminence et celle d'intention.

A vrai dire, l'imminence est une notion proche de l'idée de temps futur, puisqu'elle comporte l'idée du «moment suivant»; il peut être difficile de distinguer le «futur prochain» du futur tout court. En fait, le futur vrai provient assez souvent d'une expression du futur proche.

L'intention est un sentiment, mais un sentiment porté vers ce qui vient. A côté des futurs provenant d'expression de l'imminence, on en trouve qui sont nés d'une expression de l'intention; inversement, d'ailleurs, un futur vrai comporte généralement une nuance affective (Meillet, *Linguistique*, p. 145 et p. 181; Spitzer, *Aufsätze*, p. 176).

L'étude de l'imminence et de l'intention, en relation avec le futur prochain, a été rejetée à la IV⁰ partie. Ici il n'a été tenu compte que des cas où une expression d'imminence ou d'intention a fourni incontestablement ou semble avoir fourni une expression du futur vrai.

Pour la simplicité de l'exposé, le futur a été considéré dans ce qui vient d'être dit comme relatif au présent, lequel est représenté essentiellement par le moment où on parle. Mais dans les langues sémitiques, comme dans la plupart des langues, le futur peut être considéré non par rapport au présent, mais par rapport au temps où se situe l'ensemble du discours[1]. On n'aura guère à signaler ici de cas où il y ait une distinction grammaticale du futur par rapport au présent et du futur par rapport au passé. Toutefois on verra qu'en arabe classique le futur vrai ne s'allie pas volontiers aux auxiliaires du passé comme font les expressions de l'imminence et de l'intention. Voir aussi § 155.

En général, il n'est pas utile de distinguer futur momentané et futur duratif; cependant certains futurs composés d'un verbe auxiliaire et d'un participe sont nettement duratifs.

Avant qu'on ne passe à la revue des expressions du futur qui sont en relation avec l'inaccompli, un paragraphe préliminaire, parallèle au paragraphe préliminaire du chapitre précédent (§ 127), montre quelques emplois de la forme de l'accompli en fonction du futur.

151. *Usage du parfait comme futur.*

L'accompli peut être situé dans l'avenir au moyen d'un souhait : c'est un usage optatif sur lequel voir, pour l'arabe, p. 34.

Pour le parfait prophétique en hébreu et pour les descriptions du jugement dernier en arabe, voir p. 19. Pour l'arabe on notera en outre que le parfait s'emploie dans les serments négatifs avec *lā* (Wright, *Ar. Gr.*, § 1, p. 2), ainsi : *wāllāhi lā 'aqamtu bimakkata* «par Dieu, je ne resterai pas à la Mecque».

Il y a lieu de mentionner aussi l'usage du parfait avec *mā* «tant que», voir Sacy, *Gram.*, I, § 397; Wright, *Ar. Gr.*, II, § 7; ainsi : *mā dumtu ḥayyan* «tant que je resterai en vie»; cet usage est connexe à des emplois en phrase conditionnelle qui ne sont pas considérés ici; ainsi : (fais ceci) *wa-'illā qataltuka* «et sinon (si tu ne le fais pas) je te tuerai».

---

[1] En français, en propositions séparées, il n'y a pas de distinction de deux futurs : «J'ai répondu : il viendra» comme «je réponds : il viendra»; mais s'il y a subordination on distingue «j'ai répondu qu'il viendrait» de «je réponds qu'il viendra».

Il faut tenir compte ici d'une équivalence : parfait = futur qui, comme l'équivalence : parfait = présent examinée au paragraphe 127, ne peut se rencontrer que pour certains verbes.

Il s'agit surtout de l'expression de la promesse : quand un verbe sert à énoncer une action qui ne peut se réaliser qu'après un délai, on a, au lieu d'une affirmation solennelle ou d'un acte juridique présent, une assurance pour l'avenir; voir Driver, *Tenses*, § 13, p. 17; ainsi l'hébreu *nat^hat-ti(y)* au lieu de « je [te] donne » peut signifier « je [te] donnerai ».

En amharique on peut trouver comme futur de promesse le parfait-présent (gérondif avec auxiliaire *alla*); comparer l'emploi comme présent signalé p. 213; un exemple tiré d'une chronique est cité dans Praetorius *Amh.*, p. 371 haut : (si tu me renvoies ma mère libre) *saṭəčče̊hāllahu* « je te donnerai » (un certain pays).

152. *Usage de l'imparfait comme futur.*

Hébreu. — L'imparfait et son équivalent le parfait avec *wə-* peuvent exprimer le futur (Driver, *Tenses*, § 29, § 113), ainsi : Genèse, 40, 13 : (dans trois jours) *yiśśā' p^har'oh ęt^h ro(')šęk^hā̊ wahăšib^hək^hā̊ 'al kannęk^hā̊* Pharaon (2) élèvera (1) ta tête (3-4) et te remettra (5) à (6) ta place (7) ». Mais il n'y a pas là d'expression distincte du futur puisque les mêmes formes peuvent être situées dans le présent (p. 214) ou le passé (p. 185).

Toute expression distincte du futur en hébreu biblique est liée au fait que l'imparfait (ou le parfait avec *wə-*) de *hå̊yå̊(h)* « être » exprime généralement le futur (voir p. 112).

Ce verbe, employé comme impersonnel est souvent mis en tête d'une phrase en la situant au futur (pour le passé, voir p. 144). Esaïe, 7, 18 : *wəhå̊yå̊(h) bayyo(w)m hahu(w') yišroq yhwh lazzəbu(w)b 'ašęr biq°ṣe(h) yə'ore(y) miṣrå̊yim* « ce sera (1) dans ce jour-là (2-3) [que] Dieu (5) sifflera (4) les mouches qui [sont] à l'extrémité des canaux (fleuves) d'Égypte ».

Dans les mêmes conditions où le participe avec le passé de *hå̊yå̊(h)* exprime le passé duratif (p. 185), un participe avec le futur de *hå̊yå̊(h)* exprime le futur duratif. Nombres, 14, 33 : *ub^hə ne(y)k^hęm yihyu(w) ro°i̊(y)m bammid^hbå̊r 'arbå̊°i(y)m šå̊nå̊(h)* « et vos fils seront paissants (feront paître) [leurs troupeaux] dans le désert [pendant] quarante ans ».

Dans les mêmes textes où le passé tend à s'exprimer par le participe

avec auxiliaire sans qu'il y ait d'idée de durée nette (§ 77, p. 145),
l'imparfait avec participe peut se rencontrer sans qu'il y ait un futur duratif : Néhémie, 13, 22 : *wāᵓomrā(h) laľwiyyim ᵓāšęr yihyu(w) miṭṭahărī(y)m...*
«et j'ordonnai aux lévites de se purifier [que — ils seront (*ou* soient) —
purifiés]» (remarquer que la proposition est subordonnée, avec un sens
final; ce n'est pas vraiment un futur; comparer le fait syriaque § 155,
p. 246).

En néo-hébreu talmudique, le présent étant exprimé par le participe
(p. 214) l'imparfait apparaît en conséquence comme un futur.

On pourrait attendre théoriquement (à l'analogie des passés composés
en arabe, par exemple *kāna yaqtulu* «il tuait», p. 191) un futur formé
par un auxiliaire suivi d'un imparfait; cette combinaison apparaît dans
un seul exemple relevé jusqu'à présent (Albrecht, *Neuhebr.*, § 106, p. 116
bas) : *ᵓăni(y) ᵓęhyę(h) ᵓo(w)bʰi(y)n* «moi je le ferai comprendre (je serai,
je ferai comprendre)» [1].

L'expression habituelle du futur insisté est tout autre : c'est *ᵓatʰi(y)dʰ*
ou *so(w)f* avec *l* et l'infinitif, *so(w)f* avec le participe (voir p. 59); Albrecht, *Neuhebr.*, § 106, p. 115, ainsi (exemple négatif) : *ᵓe(y)nāh ᵓătʰi(y)-
dʰā(h) laᶜālo(w)tʰ* «elle ne montera pas»; *so(w)fāh bęṭelā(h)* «elle cessera».
Pour la même construction en araméen palestinien, voir ci-dessous § 153.

153. Araméen occidental ancien. — Pour le verbe «être» voir p. 112.
L'imparfait est normalement employé comme futur.

Dalman, *Jüd. Pal.*; § 61, 9, p. 215, signale pour l'araméen palestinien l'usage de *ᵓatʰi(y)dʰ* avec ou sans *l* et l'infinitif; ainsi dans le Targoum
Onkelos, Genèse, 4, 10 : *dʰa-ᶜătʰi(y)dʰān lamippaq* «qui sortiront».

154. Araméen occidental moderne. — Ce parler a un présent-futur
formé de l'ancien participe actif; voir p. 215, où un exemple de futur est
cité; voir au même endroit sur l'usage restreint de l'ancien imparfait.

Pour le verbe «être», le futur est exprimé par le présent-futur *ṭōqēn*,
qui peut aussi être présent (p. 113). Parisot, *Maᶜlula*, p. 99, donne un

---

[1] Pour l'araméen occidental moderne, voir p. 246 haut; pour l'arabe classique et moderne, p. 249 et 253; pour le guèze, p. 254; pour le tigrigna, p. 255; pour l'amharique, p. 257.

exemple de futur composé de cet auxiliaire et d'un présent-futur : *čṭōqēn čəhfēn* «tu seras affamé».

L'usage très fréquent d'une expression de l'intention (voir IV⁰ partie, chap. ɪɪɪ) supplée en partie l'usage d'un futur proprement dit.

155. Araméen oriental ancien. — *Syriaque.* — L'imparfait simple est dans une certaine mesure une expression du futur; en effet, il est presque inemployé en proposition principale pour exprimer un pur indicatif, à moins que ce ne soit un futur (p. 216); Nöldeke, *Syr. Gramm.,* § 264, p. 182-183 : *'ekʰtōbʰ wa'pʰi(y)sâkʰ* «[une fois] j'écrirai et te prescrirai».

L'imparfait apparaît, en dehors de l'expression du futur, dès qu'il y a une nuance modale (souvent d'ailleurs portée vers l'avenir, comme le désir), et fréquemment en subordination (sur l'imparfait suivi de *(h)wâ* en proposition subordonnée, voir p. 147).

D'autre part le participe peut lui aussi exprimer le futur, aussi bien, quoique moins souvent, que le présent (voir p. 216), ainsi (exemple cité dans Nöldeke, *Syr. Gr.,* § 270, p. 187) : *metʰgəle(')* «il se révélera».

En réalité, il y a décadence de l'imparfait (qui aura complètement disparu quelques siècles plus tard) au profit du participe, sans que l'état momentané de transition que représente le syriaque littéraire dans l'évolution de l'araméen oriental ait une expression une et nette du futur (du moins en dehors de l'auxiliaire «être»).

Dans le verbe *hăwă'* l'imparfait (à l'indicatif) n'est usité que pour exprimer le futur; ainsi (Nöldeke, *Syr. Gr.,* p. 182 bas) : *lă(') nehwe(') tʰu(w)b ṭawfână(')* «il n'y aura pas de nouveau un déluge». En jussif subordonné la forme d'imparfait peut être augmentée de *'i(y)tʰ*; voir *Grundriss,* II, § 54 *b,* p. 106, exemple de saint Ephrem : (le Sauveur est apparu) *dʰənehwe(') 'i(y)tʰayn ṭăbe* «afin que nous soyons bons».

Un participe précédé de cet auxiliaire exprime souvent un futur insisté à nuance modale (équivalant à un ordre), soit en proposition principale, soit dans une proposition subordonnée par l'élément relatif *d* (Nöldeke, *Syr. Gr.,* § 300, p. 210) : *dʰəlă(') nehwon găzəri(y)n* «(il leur ordonna) de ne pas se circoncire (qu'ils ne seraient pas circoncis)».

Araméen talmudique. — Dans le Talmud de Babylone, l'usage de l'imparfait est encore plus rare qu'en syriaque. Le participe tend à en occuper la place, en particulier comme futur (Margolis, *Talm.,* § 57 et 58).

Mandéen. — En mandéen (voir p. 216) les circonstances sont analogues; l'imparfait semble toutefois plus souvent employé.

156. Araméen oriental moderne. — Dans l'ensemble, les dialectes
modernes ont un futur qui est marqué par un préfixe spécial, mais l'emploi de cette forme n'est pas obligatoire.

Pour une partie des faits exposés ici se reporter au paragraphe 133,
p. 216.

Le ṭōrānī semble ne pas employer le participe-imparfait nu comme
indicatif. Il emploie couramment le présent-futur à préfixe *k-* aussi bien
comme futur que comme présent (exemple et références p. 217). Mais il
peut en outre marquer le futur par la préfixation au participe-imparfait
de *kəd, gəd, gə*, voir Nöldeke, *Z.D.M.G.*, 35, p. 230; Siegel, *Tûr ʿabdin*,
§ 86, p. 148, 149 et 151, ainsi *kədyot vit* « tu resteras ».

Les faits concernant les dialectes orientaux sont groupés dans Maclean,
Vernacular, § 51, 5. Certains parlers n'emploient que le participe-imparfait
nu comme présent-futur et n'ont pas de préfixe futur. Dans la plupart,
l'usage est tel au négatif, et aussi dans l'interrogation. Mais dans les
phrases ordinaires au positif, l'imparfait n'est pas simple.

Si la plupart des parlers peuvent employer, au positif, le temps à *k-*
à la fois comme présent et comme futur, ils ont en outre la possibilité,
dont ils usent habituellement, d'exprimer spécialement le futur par une
particule qui est suivant les parlers *bit, bid, b,* etc. (excluant la présence
de *k-*). C'est à l'origine une expression de l'intention; mais elle semble avoir
pris la valeur d'un véritable futur.

Toutefois, comme il a déjà été dit, l'emploi n'en est pas obligatoire;
il y a lieu de noter aussi que le préfixe peut n'être pas répété si deux
verbes coordonnés se suivent (Nöldeke, *Neusyr.,* p. 297; Maclean, *Vernacular,* § 51, 7, note).

Dans les parlers de la plaine de Mossoul décrits dans Sachau, *Mosul,*
il semblerait que *k-* soit réservé au présent (voir p. 218) et que le futur
soit toujours exprimé au moyen du préfixe *bid* qui est souvent réduit
à un simple *b* (*Mosul,* p. 44) : *bid āzil* « il ira », *ānā bgōrin* « je me
marierai ».

Un futur duratif est constitué (parallèlement au présent insisté, p. 218),
par le futur en *bit* du verbe «être» et l'infinitif précédé de *bi* «dans»
(Maclean, *Vernacular*, § 32, 8, p. 87) : *bit hawe biprāqā* «je serai en train
de finir»; mais cette tournure est rare.

157. **Arabe classique**. — Il a été vu, p. 218, que l'imparfait, qui a
toute l'extension possible de l'inaccompli, peut être futur. Ainsi, Coran,
29, 20 : *'ilayhi tuqlabūna* «vous serez rappelés (2) à lui (1)».

Dans certaines conditions particulières, l'imparfait est toujours un
futur.

La forme énergique de l'imparfait (allongée d'un suffixe -*n*-) a toujours
le sens de futur (Reckendorf, *Synt. Verh.*, p. 63, Wright, II, § 14),
ainsi : *wallāhi la'adribanna 'unuqaka* «par Dieu, certes je te couperai la tête
(je frapperai ton cou)».

En subordination, le subjonctif (forme d'imparfait à finale -*a*) après les
conjonctions de finalité (*'an*, ses composés ou ses équivalents) se rapporte,
d'une manière générale, à l'avenir (Wright, *Ar. Gr.*, II, § 22), mais c'est
en réalité une expression modale et non une expression temporelle. Un cas
particulier important est celui de la négation *lan* qui se joint au subjonctif
en une phrase elliptique, laquelle équivaut à un indicatif futur négatif :
ainsi «[ce] n'est pas qu'il fasse, il ne fera pas»; c'est un équivalent négatif de la particule *sa-*, c'est-à-dire un véritable futur, d'emploi d'ailleurs non
obligatoire (*Grundriss*, II, § 395, p. 603); ainsi : *lan yadḫula lǧannata
'illā...* «n'entrera [personne] au Paradis, excepté...».

L'imparfait en fonction de futur (sous sa forme simple ou sous sa forme
énergique) peut être renforcé d'une particule, qui est *sawfa, sa-*, etc. (*sawfa*
peut être renforcé de *la*; il peut être séparé de l'imparfait par d'autres
mots, Wright, *Ar. Gr.*, II, § 8; *Grundriss*, II, § 78, p. 156 bas). Mais
l'emploi de cette particule n'est jamais obligatoire.

L'imparfait avec *sa-* se rapporte généralement à l'avenir par rapport au
présent : *sawfa yaqtulu* ou *sayaqtulu* «il tuera». Néanmoins il peut exprimer le futur relatif à un passé, voir Nöldeke, *Zur Gram.*, p. 79, Reckendorf, *Synt. Verh.*, p. 565, ainsi (exemple de Buḫārī) : *laqad 'alimna 'an
ayakūnu* «nous savions (nous avions su) que cela arriverait». Mais il n'est

pas employé après l'auxiliaire *kāna* comme le sont si volontiers les expressions de l'intention en arabe moderne (voir IV⁰ partie, chap. III)[1].

Les grammairiens arabes ont beaucoup discuté pour savoir s'il y a une différence de sens entre *sawfa* et *sa-*; ce dernier exprimerait, suivant certains, un futur prochain, *sawfa* un futur ordinaire. Si cette distinction a existé une fois dans les parlers vivants qui ont donné ces particules à l'arabe écrit, toujours est-il que dans les textes on n'a jusqu'ici pas pu discerner deux usages; le grammairien Soyouṭī, qui tient, discrètement, pour l'identité des usages, faisant dans *Hamʿ al-Hawāmiʿ*, II, p. 72, un résumé de la question (communiqué par M. W. Marçais) a cité le vers suivant, qui est probant au moins pour une époque : *sa* et *sawfa* sont rigoureusement parallèles; remarquer, en outre, qu'ils peuvent être employés avec subordination et négation : *wamā ḥālatun 'illā sayuṣrafu ḥāluhā ila(y) ḥālatin 'uḫra(y) wasawfa tazūlu* «et [il n'y a] pas (1) de situation (2) sans que (3) son état (5) doive se modifier (4) en une situation autre et doive prendre fin». Le débat sur la distinction du sens de *sa-* et *sawfa* se poursuit chez les grammairiens modernes, voir Reckendorf, *Syntax*, § 8 *c*, p. 13, avec quelques références, et Barthélemy, *Notes*.

A l'endroit cité de Reckendorf, *Syntax*, il est indiqué un usage possible de *sawfa* pour situer dans le futur une phrase nominale.

A l'époque moderne, le futur classique à préfixes a une certaine survie soit comme expression pédante, soit dans des formules figées, voir Harfouch, *Drogman*, p. 23, et l'expression tunisienne (Stumme, *Tun. Gram.*, p. 149) : *sawfa tra* «tu verras ça»[2].

L'imparfait *yakūnu* de *kwn* «être» a souvent le sens futur «il sera», mais non toujours (voir p. 119).

Il est très rare que *yakūnu* soit composé avec un autre imparfait; voir dans Reckendorf, *Syntax*, § 154, 6 un exemple, qui n'a d'ailleurs pas le sens futur. On trouve plus souvent, en subordonnée, le subjonctif d'un verbe quelconque remplacé par un composé du subjonctif de *kwn* joint à l'imparfait indicatif dudit verbe; mais il ne semble pas que cette combinaison soit jamais destinée. à exprimer plus nettement l'idée de futur.

---

[1] L'exemple cité montre que l'imparfait muni de *sa-* reste à l'indicatif après *'an* (voir RECKENDORF, *Syntax*, p. 454).

[2] Sur des particules modernes *sa-*, voir § 159 (Arabie du Sud) et IV⁰ partie, chap. II (Malte).

Elle marque plutôt une insistance sur le sujet de la phrase ou sur la continuité de l'action, etc.; voir à ce sujet Reckendorf, *Synt. Verh.*, p. 294 bas, *Syntax*, § 154, p. 299, et Nöldeke, *Zur Gramm.*, p. 73, où on trouvera des exemples dans lesquels le temps de l'ensemble est le passé ou le présent; voici, pris au même endroit, un exemple de Ibn Hišām qui se rapporte à l'avenir : *ḥatta(y) takūna 'anta taftaḥuhā* «jusqu'à ce que tu l'ouvres (tu sois toi tu l'ouvriras)».

158. ARABE MODERNE. — *Imparfait simple.* — D'une manière générale (p. 219 et suiv.), l'imparfait a gardé en arabe moderne son indifférence au temps. Il peut exprimer le futur, mais pas plus que le présent, ou le passé, quand le contexte s'y prête.

Cependant, dans quelques cas particuliers, l'imparfait se trouve à peu près réservé à l'usage de futur.

Ainsi, dans le verbe «être», l'imparfait *yikūn* n'est pas employé au passé et n'est qu'exceptionnellement présent (voir p. 122); il fait donc généralement figure de futur (voir pour l'Égypte, Nallino, *Egitto,* § 84, pour le Maghrib, Cohen, *Alger juif,* p. 252).

En conséquence de ce qui précède, un futur duratif quelconque est volontiers exprimé par l'imparfait de «être» suivi d'un participe, ainsi en Égypte (Selden-Wilmore, § 147, p. 126) : *akun ḍārib* «je frapperai»; mais il n'y a pas là de temps régulier (sur la composition avec un imparfait, voir § 161).

En arabe algérien, comme le présent d'un verbe quelconque est dans un grand nombre de phrases signifié par le composé avec *ṛā-* (voir p. 222), il en résulte (si du moins le passé est d'autre part exclu par le contexte) que l'imparfait nu apparaît volontiers comme un futur. Mais encore là il n'y a qu'une possibilité.

Le cas est plus net dans ceux des parlers marocains où l'imparfait nu n'est que très exceptionnellement présent ou passé, le présent ayant *ka-*, le passé ayant *ka-* ou l'auxiliaire *kān,* ou les deux à la fois (voir p. 197 et 228) : un imparfait nu qui n'a aucune valeur modale autre que l'indicatif est le plus souvent un futur. Ainsi, Marçais, *Tanger,* p. 63, l. 21 : *lqonnba hāhi uššeẓra mūžūda, umōṭeyša katḥṣṣ; škū ṯallŏqha* «voici (2) la corde (1), et l'arbre [est] prêt, et la balançoire manque (n'est pas achevée) : qui l'accrochera?». Dans les parlers du Sous (exemple dû à M. Moḥammed ʿAbdessalām) : *aškun lli itqīyĕd fi muḍaʿ flan lli tĕnzaʿ* «qui est-ce qui sera fait caïd à la place d'un tel qui a été destitué?». (Sur *ka-* au futur, voir la discussion p. 231 ; sur les futurs composés au Maroc, voir § 160.)

159. *Imparfait avec préfixe.* — On n'a jusqu'ici aucun exemple sûr d'un parler arabe moderne où fonctionne un futur analogue au futur en *sawfa* ou *sa-* de l'arabe classique, c'est-à-dire un futur n'exprimant aucune nuance d'imminence ou d'intention.

Les emplois des préfixes qui expriment clairement ces nuances non temporelles seront examinés à la IVᵉ partie.

Ici il est question de l'un d'eux, *ba-*, dans la mesure où il sert à former des vrais futurs.

Dans son domaine propre actuellement · connu, c'est-à-dire dans le centre de la région côtière de l'Arabie du Sud sur l'océan Indien (Hadramaut et Datinah), *ba-* est d'emploi extrêmement fréquent; la nuance d'intention qui en est la valeur habituelle est souvent très atténuée, sinon tout à fait évaporée, et on doit traduire en français par un futur ordinaire. Mais il ne faut pas perdre de vue que l'emploi de *ba-* n'est pas généralisé et on trouve des futurs sans ce préfixe.

L'emploi et le non-emploi paraissent côte à côte dans la phrase suivante, Landberg, *Datinah*, I, p. 14, l. 1-3 : *dī ʿādhom bāyiḫlaqow bayiqātilūn fi hāḍe ddaʿwa uma laqsil hāḍe lʿār inkān biqatĕl* «ceux qui désormais naîtront (futur avec *ba-*) se combattront (futur avec *ba*) à cause de cette affaire, et nous ne laverons pas (futur sans *ba*) cette honte si ce n'est dans le combat. . . » (voir un autre exemple d'imparfait simple, IVᵉ partie, p. 280); autres exemples d'emploi de *ba-*, Landberg, *Gloss. Dat.*, p. 28 et suiv., ainsi : *ʿala riğmĕt ḥağar batṣāl lilḥeyed* «à un jet de pierre [plus loin] tu parviendras à la montagne»; *bayislim ĕlkāfir* «le mécréant (2) se fera musulman (1)»; Snouck Hurgronje, *Saʿd*, p. 235 : *mā had bāyisʾalak u bāyitḫabbar ʿalĕk* «personne ne t'interrogera et ne s'informera de toi» (cet exemple montre *ba-* répété avec deux verbes coordonnés). Sur *ba-* en Oman, voir p. 195, fin.

Les préfixes suivants, employés dans d'autres parties de l'Arabie du Sud, ne peuvent pas être étudiés sur des textes aussi étendus; certains d'entre eux seraient peut-être plus à leur place dans la IV⁰ partie; ils ont été groupés ici, malgré ce doute, et pour ne pas omettre des renseignements utiles, quoique fragmentaires, sur des parlers en partie très peu connus. (Sur *ḥa-* en Oman, voir p. 227.)

Préfixe *a-*, en Arabie du Sud orientale, sur le domaine Omanais et à Zanzibar, voir Landberg, *Gloss. Daṯ.*, p. 51, l. 4; Rössler, *Nachal*, p. 58 : *anuglis ila kem min ĕlmudde* «nous resterons [ici] combien de temps?»; mais dans la même page, imparfait sans préfixe : *ana asīr* «moi j'irai».

Préfixe *ha-*, en Arabie du Sud occidentale, Yemen et districts environnants, voir Landberg, *Gloss. Daṯ.*, p. 52.

Préfixe *ša-*, région d'Aden, Landberg, *Arabica*, III, p. 109 : *šānākol*, avec la traduction «nous allons manger».

Préfixe *sa-*, au Ḥogarieh, Landberg, *Gloss. Daṯ.*, p. 50, l. 7; pour l'arabe parlé à Souakin, Watson, *Comp. Voc.*, p. 13 : *sa'akun* «I shall be, je serai», *sa'aḍrob* «je battrai», *sa'akun maḍrub* «je serai battu»[1].

160. *Imparfait précédé d'un participe «allant».* — Cette sorte de composé se rencontre en divers endroits comme expression de l'imminence (voir IV⁰ partie, § 183). Elle mérite une brève mention ici parce qu'il semble que sur certains points au moins du Maroc elle tende à devenir un futur vrai. Exemples du Sous, dans le Sud Marocain (dus à M. Moḥammed ʿAbdessalām) : *ašku lli ğāḍi isken maʿak* «qui habitera avec toi?»; la traduction par un futur, et non par un futur prochain, semble s'imposer plus encore quand l'adjonction de *mazāl* «encore» constitue un futur duratif : *ašku lli ğāḍi mazāl iṭiyĕb lĕk* «qui est-ce qui fera (restera à faire) la cuisine pour toi?»

161. *Composé d'un auxiliaire et d'un imparfait.* — La tournure signalée aux paragraphes 152, 154, 155, et que l'usage de *yikūn* en arabe moderne (p. 122) semble rendre possible, apparaît peut-être par endroits.

---

[1] On peut, pour éviter des confusions, dire ici quelques mots de la conjonction *ḥattā* et du préfixe *ta-* qui en est tiré. Ces éléments ne déterminent exactement ni un vrai futur, ni une expression de l'imminence ou de l'intention, mais une nuance voisine, conforme au sens originel «jusqu'à». Ainsi chez les Bédouins de Syrie, Landberg, *Arabica*, III, p. 112 : *ta-našūf* «nous allons voir» (on pourrait dire «voyons voir»); à Tlemcen en Algérie (Marçais, *Tlemcen*, p. 193) *ḥatt'ā nšūf* «je vais voir» *ḥatt'ā iži* «il va venir» («attendez voir qu'il vienne»); voir aussi l'exemple cité p. 231.

En Égypte, d'après un seul auteur (Selden Wilmore, § 147, p. 126), le futur peut s'exprimer par un imparfait de verbe (muni de *b-*) précédé de l'imparfait de *kwn : akun baḍrab* «je frapperai (je serai en train de frapper)»; en dehors de l'exemple donné dans la théorie des temps, un exemple figure en proposition' subordonnée, p. 284 : *ūʿa tĕkun tinsa* «prends garde d'oublier (que tu sois que tu oublies)»; mais ce n'est sans doute pas un vrai futur (voir ci-dessus § 157, p. 249 bas, pour l'arabe classique).

Pour le maltais, Nöldeke, *Z. D. M. G.*, 1904, p. 913, a relevé un exemple analogue, également en subordination : *bieš ĭnkūn nista mmūr* «pour que je puisse aller (je sois, je peux, je vais)».

162. Sudarabique ancien. — Voir p. 73.

Sudarabique moderne. — L'imparfait simple est partout normalement employé comme futur. En soqotri il semble être employé même là où les autres langues ont un futur intentionnel. Bittner, *Soqoṭri*, II, p. 10 : *ål eboʿel* «je ne me marierai pas» (voir les futurs composés du mehri et du šḫauri pour ce passage, § 201). On peut voir dans le même ouvrage, p. 12-13, un exemple de futur simple dans les trois langues : soqotri : *lesāʿt ʿažeh temoḥenš* «dans quelque temps la femme te (féminin) maltraitera»; šḫauri : *ʿad tegoris biš*; mehri : *mġōren tśanaʾan biš* «dans la suite (1) elle (2) te (3) maltraitera (2)». Mais les formes de futur prochain, à préfixes, sont usuelles sur ce domaine (voir IVᵉ partie, §201).

Le mehri, seul, peut employer une forme nominale qui est réservée à l'expression du futur. C'est un adjectif verbal de forme spéciale; il est fléchi en genre et en nombre (mais ne comporte pas de désinence personnelle), voir Jahn, *Gramm.*, p. 84-85, 134 bas; Bittner, *Mehri*, I, p. 25, II, p. 25, 32, etc.). La forme, au thème simple du verbe, est : (verbe «dire») sing. masc. *amrōne*, fém. *amrŭte*, plur. masc. *amreye*, fém. *amrŭten*; d'une forme dérivée, avec préfixe *-m-* et sans l'*ō* caractéristique du masc. sing. : (verbe «voyager») *mesafire, mesfireyte; mesfirēye, mesfirūten.*

Exemples : Bittner, *Mehri*, V, 1, p. 64, nᶜ 42 : *qaṣṣōne ḥere dehāmĭ, hen hĕt tḥōm* «[je] couperai la tête de ma mère, si tu veux» . . .*lehōn sīrōne* «où iras[-tu]?». On voit qu'un pronom sujet n'est pas nécessaire, même à la 1ʳᵉ ou à la 2ᵉ personne.

163. Guèze. — L'imparfait simple est l'expression ordinaire du futur (voir p. 232), ainsi : Testament en Galilée, p. 65, l. 4 : *'antəmūnī tətnaśə'û baśəgā* «vous certes ressusciterez en chair (corporellement)». Le futur n'a donc pas d'expression spéciale, en général. Cependant deux cas de composition sont à examiner.

Le composé formé de *hallō* suivi de l'imparfait peut exprimer le futur (il exprime aussi le passé, p. 198, le présent, p. 233; sur l'imminence, voir IV⁰ partie, chap. ɪɪ); mais c'est seulement dans le cas où ce composé se rapporte à l'avenir (expression de l'imminence ou vrai futur) que *hallō* peut être mis après l'imparfait au lieu de le précéder; il y a donc là une sorte de désignation expresse du futur. Sur *hallō* avec le subjonctif-jussif, voir §185.

Le composé avec *hallō* (en première ou en deuxième place) n'apparaît sans doute au lieu de l'imparfait simple dans l'expression du futur vrai qu'avec une valeur spéciale d'insistance ou de durée prolongée. C'est l'opinion exprimée dans Dillmann, *Gramm.,* § 88, p. 153-154; Chaîne, *Gramm. éth.,* § 208, p. 152 ne reconnaît l'idée d'insistance que si l'auxiliaire précède. Exemples : Hénoch, 10, 2 : *māya 'ayḫ yəmaṣṣə' hallō dība kwəllā mədr* «l'eau du déluge viendra sur toute la terre»; Hénoch, 106, 18 : *'ənta hallawat tətfèṣṣam* «qui s'accomplira».

Il a été dit p. 128 que l'imparfait *yəkawwən* du verbe «être» est généralement un futur.

La possibilité d'un futur composé avec l'auxiliaire est affirmée dans Dillmann, *Lex.,* col. 863, où il est dit que l'imparfait ou le subjonctif de *kwn* peuvent se composer avec un imparfait ou un subjonctif; mais un seul exemple est donné et il contient seulement des subjonctifs (séparés par d'autres mots), Hénoch, 10, 21 : *yəkūnū kwəllū 'aḥzāb yāməlkū wayəbārkū kīyaya* «que tous (2) les peuples (3) m'(6)adorent (1-4) et s'agenouillent (1-5) devant moi (6)». En réalité «qu'ils soient» mis en tête permet d'introduire immédiatement le sujet et annonce le reste du développement; mais il n'y a pas vraiment composition.

164. Tigrigna. — Il a été vu p. 233 que le présent-futur peut être exprimé soit par l'imparfait simple soit par l'imparfait composé avec *'əyyu.* Exemples de futur : imparfait simple, Schreiber, *Manuel,* p. 125 : *nay məṣwaᶜ dasyet naḫalləf* «nous traverserons (4) l'île (3) de (1) Massoua (2)»;

Kolmodin, *Traditions*, n° 195, 6 : *kələttä 'əḫa 'əttəqattəl* «c'est deux que tu
tueras (deux tu es que. . .)»; imparfait composé, Vito, *Gramm.*, p. 65 :
ṣəbāḥ māy yəwaqqə' 'əyyu «demain (1) il tombera (3-4) de l'eau (2)».

L'imparfait de «être» *yəkawwən* est toujours un futur (p. 129); sur
yəhəllū, p. 96.

D'après Vito, *Gramm.*, p. 66, *yəkawwən* peut se composer avec un
imparfait pour exprimer le futur : *waraqat yəṣəḥəfulōm yəhōnu* «ils leur
écriront (3-2) une lettre (1)». Cette tournure est rare si elle existe vraiment dans ce sens; d'après Abba Jérôme, la phrase ci-dessus veut dire
«peut-être (3) leur écriront-ils (2) une lettre (1)».

Mais le tigrigna exprime souvent le futur autrement, avec emploi de
la particule *kə* «que». L'imparfait précédé de cette particule exprime une
finalité lorsqu'il dépend d'une proposition principale; ainsi Schreiber, *Manuel*, p. 165, l. 7 : *kətəsaddulay 'əfattu* «je désire (2) que vous m'en-
voyiez (1)»; *kənəgəzzə' maṣā'nā* «nous sommes venus (2) pour acheter (1)».
Mais ce complexe d'imparfait et de *k-* peut s'employer même sans qu'il soit
subordonné à une autre proposition; il y a alors véritable futur. D'après
l'origine, on s'attendrait à ce que ce soit un futur prochain (comparer
pour l'amharique IVᵉ partie, § 188); cette valeur est en effet quelquefois manifeste, ainsi Schreiber, *Manuel*, p. 165, l. 3 : *dagīm məntay kəbla-
kum* «que (2) vous dirais-je (3) de plus (1)?». Mais le sens de futur
éloigné est aussi représenté; *Manuel*, p. 164, l. 6 : *'ab pārīs məs'atōḫu
'ətədalləyo killaw kəsaddalka* «quand je serai arrivé (3) à (1) Paris (2)
je t'enverrai (6) tout (5) ce que tu voudras (4)». Ce serait un futur emphatique, à l'avis d'Abba Jérôme. En réalité, ordinairement, cette expression ne se présente pas seule, mais suivie de la copule de présent *'əyyu.*
Ce composé à trois termes semble garder quelque chose du sens d'imminence et peut se rapporter à un événement proche, ainsi Schreiber, *Manuel*,
p. 132 : *nāb 'aḫărur kəwarrəd 'əyyä* «je vais descendre (3-4) à (1) Akrour (2)»;
mais il peut également se rapporter à un événement éloigné. Vito, *Gramm.*,
p. 64 bas, ne retient que le sens de futur prochain; Offeio, p. 46,
Bassano, *Vocabolario*, col. 5, le donnent sans observation comme futur.

La négation s'obtient en niant l'imparfait : Offeio, p. 64 : *'aykəqattələn
'əyyu* «il ne tuera pas».

Un pronom complément peut s'attacher à l'imparfait : Kolmodin, *Traditions*, 172, 4 : *nəhalhal kəzammət kəsaddo 'əyyä* «je l'enverrai (ou «je vais l'envoyer») (3-4) pour qu'il pille (2) les Halhal (1)»; Schreiber, *Manuel*, p. 149-150 : *gänzäbkumənwən, fasas məs 'awṣa'hu kəhəbakum 'əyyä* «votre argent (1), quand (3) j'aurai levé (4) le tribut (2), je vous le donnerai (5-6)».

Dans certains textes de traductions, d'après Praetorius, *Tigrigna*, § 215, p. 334-335, on trouve l'auxiliaire *'allō*, conjugué ou impersonnel, composé, au lieu de *'əyyu*, avec l'imparfait à préfixe *kə-*.

Un futur prochain relatif au passé, composé avec l'auxiliaire *nabara*, est possible, mais rare, d'après Abba Jérôme, ainsi : *kəmaṣṣə' nabarku* «j'allais venir».

165. Tigré. — Il a été dit, p. 234, que l'imparfait simple sert de présent-futur, mais que l'emploi comme futur est le plus fréquent. Littmann, *Princeton*, I, p. 23, l. 13 : *'ənwaddəyo 'əlki* «nous le ferons pour toi»; p. 52, l. 25 : *'anamā la'ānūd mən 'ambā 'ask 'aflūq 'əwarwərro* «pour moi (1) je lancerai (7) le pilier (2) de (3) Amba (4) jusqu'à (5) Aflouq (6)».

Pour le verbe «être», voir l'emploi de *gabbə'* comme futur p. 131.

En ce qui concerne le composé de l'imparfait avec *hallā*, il a été dit p. 235, qu'il est très employé comme présent vrai. Il peut être aussi futur prochain, ce qui peut passer encore pour un emploi du présent (voir IVᵉ partie, chap. ii). Enfin il semble qu'il peut être futur vrai, ce qui empêche de le classer comme un présent.

Dans Camperio, p. 58 : *'ana 'agid ('ə)maṣṣə(') hallēko* se traduit au mieux comme futur prochain «moi (1) je vais venir (4-3) vite (2)»; mais il y a un futur net dans la phrase (p. 56) : *sonno 'əmaṣṣə' hallēku(m)* «je viendrai (3-2) lundi (1)». Autres exemples, dans des traductions de l'Évangile, *Z. A.*, 1899, p. 9 et 99; Watson, *Comp. Voc.*, p. 13, donne «*adabet haleko*», traduit par «je battrai».

La finalité est exprimée au moyen de *'əgəl* «que» avec l'imparfait : ainsi *Princeton*, I, 21, 24 : *'əb qasb 'əgəl ləšaymūnì gayso bəye hallaw* «ils vont (5-7) en m'emmenant (6) pour me faire chef (3-4) par (1) force (2)».

Quand cette expression est complétée par la copule *tu*, il se constitue une proposition indépendante qui peut exprimer un futur prochain; mais il semble qu'elle peut exprimer aussi un futur vrai, et peut-être même est-ce là le sens principal (comparer § 164 le fait analogue du tigrigna); ainsi *Princeton,* I, p. 5, l. 20 : *'anāmā sannēt 'əgəl 'əfdēkā tu* «quant à moi (1) je te récompenserai (ou «il faut que je te récompense, je vais te récompenser) (3-4-5) d'un bon [tour] (2)»; Camperio, p. 20 : *baḫšiš 'əgəl tənsā tu* «tu recevras (tu auras) (2-3-4) un pourboire (1)».

166. Amharique. — La constitution du présent-futur est exposée p. 236. Exemples du futur, Afevork, *Gram.,* p. 120 : *naga mātā čaraqā təmōlāllāč* «demain soir la lune sera pleine»; p. 129 : *zändəro talləq byēt alsarām* «cette année (1) je ne construirai pas (4) une grande (2) maison (3)»; en proposition relative, p. 175 : *yammimaṭāw qədāmye talləq sarg takatamāčən alla* «samedi (2) prochain (qui va venir) (1) il y a(ura) (6) une grande (3) noce (4) dans notre ville (5)»; un exemple en proposition éventuelle se rapportant nettement à l'avenir, ci-dessous (*bənnəsafər*).

Dans le verbe «être» seulement, comme il existe des présents nets «il y a», «il est», l'imparfait composé de *hōna* est régulièrement un futur voir p. 132 : *yəhōnal* «il sera» (ce mot peut aussi exprimer la possibilité); dans l'interrogation on supprime volontiers l'auxiliaire (voir Praetorius, *Amh.,* p. 363).

Un futur composé de *yəhōnal* et d'un imparfait simple est signalé par Praetorius, *Amh.,* p. 381 bas, avec deux exemples d'une chronique indigène et un exemple d'une traduction biblique; ainsi : *yəgazu yəhōnal* traduit «ils gouverneront». Cet exemple montre que l'auxiliaire est invariable; il faut comprendre en réalité : «ce sera [qu']ils gouverneront», comparer l'usage analogue de composés peu habituels au passé, p. 206.

Cette tournure n'est pas usuelle dans la langue parlée, avec ce sens; mais la même composition exprime fréquemment la possibilité (l'auxiliaire pouvant se conjuguer ou rester invariable). Armbruster, *Gram.,* p. 106 : *yəlaqmu yəhōnal(lu)* «il se peut qu'ils ramassent», «ils ramasseront probablement». Il existe donc un dubitatif composé (comparer § 174, pour le futur antérieur).

En phrase interrogative, on emploie comme auxiliaire l'imparfait simple *yəhōn;* des exemples sont donnés dans Praetorius, *Amh.,* p. 363-364; voir encore Afevork, *Roman,* p. 11, l. 8 : *mače ənnəttayāyy yəhōn* «quand viendrons-nous à nous voir ? *»*; Afevork, *Gramm.*, p. 131 : *tazıh bənnəsafər awrye yənōrəbbəna yəhōn* «si nous partons (2) d'ici (1) un fauve (3) ne va-t-il pas (5) se révéler contre nous (4)?».

Les conjonctions qui servent à introduire les propositions finales (portant sur l'avenir par rapport au temps de la proposition principale) sont *əndə-* préposé, *zänd* postposé et *lə-* préposé; ainsi *əndigazā maṭṭā* «il est venu (2) pour acheter (1)»; *yəgazā zänd yəmaṭāl* «il viendra (3) pour (2) acheter».

D'après Guidi, *Vocabolario*, col. 11, et Armbruster, *Amharic-english*, p. 24, l'une de ces conjonctions, *lə-*, peut constituer avec l'imparfait un futur insisté analogue à celui du **tigrigna** avec *kə-* (voir § 164); ainsi *ləsaṭăw* «je [le] lui donnerai certainement» (pour le futur prochain, voir § 188).

167. Harari. — Le présent-futur a été défini p. 239. Exemples d'emploi comme futur : Littmann, *Har. Stud.*, n° 151 : *wəsṭe yənatañal* «mon intérieur me fera mal, je serai malade» (c'est la traduction de Paulitschke; inutile de traduire par le présent comme dans les *Har. Stud.*); Conti Rossini, *Testi*, p. 8, l. 7 : *an ălĭṭuməhaw* «moi je ne m'en irai pas».

Voir aussi IV⁰ partie, § 189.

168. Gouragué. — Rien n'indique, dans les faits connus jusqu'ici, qu'il y ait dans les dialectes gouragué — ailleurs qu'en tchaha — une distinction du présent et du futur, sauf toutefois pour le verbe «être». En ce qui concerne le verbe «être» la situation est la même qu'en amharique (voir p. 136); ainsi, en mouher (Enquête personnelle) *yəhwonu* signifie «il sera».

Le dialecte tchaha a un futur, constitué par la suffixation de *-ša* à l'imparfait. Mondon, qui a signalé ce composé, *Har. Gour.*, p. 104 a sans doute raison de comparer *ša* au verbe homonyme «vouloir» en amharique. Les faits sont confirmés par l'Enquête personnelle, où une note mentionne que les pronoms suffixes s'insèrent entre l'imparfait et *ša*.

Exemple d'emploi dans le texte de Mondon, *Har. Gour.*, p. 118, l. 8, *əḫərša* «je serai» (mais au présent, l. 5, *yətraf* «il y a de reste», sans *ša*).

Sur l'usage de *-tä*, voir IV⁰ partie, § 190.

CHAPITRE VII.

FUTUR ANTÉRIEUR.

169. L'antériorité d'une action future par rapport à d'autres actions futures est une notion relative; comme il arrive pour le passé du deuxième degré, qui est également un temps relatif, il est habituel que le futur antérieur ne soit pas exprimé par une forme spéciale [1].

En sémitique oriental il en est régulièrement ainsi; par exemple on observe une suite d'imparfaits dans l'inscription d'Asurnaṣiraplu, *Balawat*, rev. 12-14, citée dans Delitzsch, *Ass. Gram.*, § 191, p. 367 : *aširtu ši enaḫu narā tamar-ma tašasū anḫūsa uddiš* « [quand] ce (2) temple (1) se sera écroulé (3) tu verras (5) l'inscription (4) et (6) tu [la] liras (7) (*c'est-à-dire* quand tu auras vu l'inscription et l'auras lue), [alors] restaure (9) la ruine (8) ». La construction est la même quand la subordination est expres-·sément marquée par une conjonction *enuma* « lorsque », *Ass. Gr.*, p. 367.

La même construction est possible en sémitique occidental; ainsi en araméen biblique, Daniel, 4, 22 : *wəšibʰᶜä̊(h) ʿiddäni(y)n yaḫləʃu(w)n ʿälä̊(y)kʰ ʿadʰ di(y) tʰindaᶜ* « et sept années passeront (auront passé) sur toi jusqu'à ce que tu saches ».

Mais l'action antérieure dans le futur peut être considérée comme une action réalisée, achevée [2].

Le parfait du sémitique occidental, qui a précisément la valeur d'un accompli indifférent au temps, se prête admirablement, par son simple

---

[1] Ainsi en français on peut dire : « je sortirai tôt de mon bureau et je vous ferai visite » ou : « comme je sortirai tôt de mon bureau, j'irai vous voir »; la première action sera réalisée avant la seconde, mais toutes deux sont exprimées par le futur simple.

[2] Ainsi en français le futur antérieur, comme le plus-que-parfait, est un temps « accompli », Brunot, *Pensée et langue*, p. 466.

rapprochement avec un inaccompli, à exprimer le futur antérieur. Il est utilisé ainsi dans l'ensemble des langues sémitiques occidentales, même dans les langues modernes qui tendent à substituer les notions de temps aux notions d'aspect. Pour le tigrigna et l'amharique, voir § 173 et 174; pour l'hébreu, Driver, *Tenses*, § 17, p. 23; pour le syriaque, Nöldeke, *Syr. Gram.*, p. 179; pour le guèze, Dillmann, *Gram.*, § 88, p. 152-153.

Les exemples suivants illustreront le fait : en guèze, Genèse, 4, 14 : *kwəllū zarakabannī yəqattəlannī* « tout [homme] qui m'aura trouvé (parfait) me tuera (imparfait) »; en arabe moderne de la région du Tchad, Lethem, *Shuwa*, p. 176, *gĕbĕl ma tĕržaʿ ana daḫalt filbŭlad* « avant que tu reviennes (imparfait) je serai entré (parfait) dans la ville ».

Il résulte de ce qui précède une différence notable entre le parfait oriental qui, n'ayant que des rôles de passé (voir p. 141), ne sert pas pour le futur antérieur et le parfait occidental qui n'est pas proprement un « temps passé » et peut exprimer sans peine le futur antérieur. Et même cet usage comme futur antérieur peut précisément servir de critérium pour le caractère d'« accompli » et non de « passé » qui est celui du parfait.

Ici une objection : nous avons considéré (voir p. 243) qu'un futur peut être un vrai futur temporel, même s'il est relatif à un passé; ne peut-on de même considérer le parfait dans son rôle de futur antérieur comme un vrai passé? Ce qui nous autorise à écarter cette objection avec le maximum de vraisemblance, c'est le caractère d'« achèvement », d'« accomplissement » qui est celui du futur antérieur : on verra ci-dessous que, en composition, le parfait peut être remplacé dans certaines langues pour l'expression du futur antérieur par une forme nominale qui implique un procès réalisé. Il sera donc admis ici que c'est l'aspect accompli du parfait, et non son usage comme passé, qui le fait intervenir comme futur antérieur. Ainsi l'emploi du parfait en fonction de futur antérieur dans une langue comme l'amharique, où cette forme est par ailleurs devenue nettement un passé momentané (p. 143), sera interprété comme une survivance de la valeur d'accompli.

Reste à rechercher quelles sont les expressions propres du futur antérieur qui se rencontrent en sémitique.

Il y a expression propre du futur antérieur si une forme complexe, ne constituant qu'un verbe, réunit dans la même proposition un inaccompli et un accompli : c'est ce qui peut arriver par l'usage d'un verbe auxiliaire et ce qui s'est produit en effet en araméen oriental moderne et dans les langues sémitiques méridionales. (Comparer en français « il sera venu », composé d'un auxiliaire futur avec participe passé.)

170. Araméen oriental moderne. — Le futur antérieur peut être exprimé par le futur du verbe « être » suivi d'un participe passé à -$\bar{a}$ final (ancien participe passif). Cette tournure n'est pas très fréquente, d'après Maclean, *Vernacular*, § 32, 8, p. 87 bas; elle est citée aussi dans Rhétoré, *Soureth*, § 306, p. 86-87. Exemple : *bit hawe prīqā* « il aura fini ». Le passé (ancien participe passif sans finale) est un vrai passé et ne se prête pas à l'expression du futur antérieur.

171. Arabe classique. — La rencontre, d'ailleurs rare, de l'imparfait *yakūnu* en fonction de futur avec un parfait donne un futur antérieur (Wright, *Ar. Gr.*, II, § 10). L'auxiliaire peut avoir la forme énergique et le verbe principal peut être renforcé de *qad* qui insiste sur l'accomplissement : *Grundriss*, II, § 327, p. 511, exemple de Ṭabarī : *latakūnanna qad ra'ayta lquṣūra lbīḍa* « tu auras certainement vu les châteaux blancs »; de Sacy, *Gramm.*, I, § 429, p. 212 (exemple de Tebrīzī, voir *Grundriss*, II, p. 511 haut) : *'arīǧū ʿalā(y) naʿamihim, falina'ḫuḏhā fanakūnu qad 'aḫaḏnā ʿiwaḍan mimmā ṣuniʿa binā* « jetez-vous sur leurs chameaux; prenons-les, alors nous aurons pris une revanche de ce qu'on nous a fait ».

Le futur antérieur peut se subordonner.

Il est alors usuel que *yakūnu* soit remplacé par le subjonctif *yakūna* (Nöldeke, *Zur Gramm.*, p. 73, exemple de Buḫārī) : *lanarǧū 'an yakūna rasūlu llāhi qad istaǧfara lahu* « nous espérons (1) que (2) l'envoyé de Dieu (4-5) aura intercédé (3-6-7) pour lui (8) ». Dans ce cas le futur antérieur se confond avec le passé composé mis en subordination au subjonctif (p. 147, 151 et p. 168) : cette confusion de diverses notions dans une seule forme empêche en fait l'expression temporelle distincte, ce qui est fréquent dans la subordination (voir p. 236).

Mais l'auxiliaire peut rester à l'indicatif si la subordination se fait au moyen de *'anna* avec pronom suffixe, ou, en tout état de cause, si le préfixe *sa-* intervient (voir p. 249, note 1); ainsi Ibn Hišām, p. 101, l. 7-8 (exemple relevé par M. W. Marçais): (elle entendait dire par son frère...) *'annahu sayakūnu kāna fī haḏihi l'ummati nabiyyun* «que [à un certain moment] il se sera produit dans cette nation-ci un prophète».

172. ARABE MODERNE. — Dans l'ensemble, la construction de l'arabe classique a persisté. La valeur en est légèrement différente : elle est plus nettement établie, dans la mesure où *yikūn* est un futur plus net (ce qui arrive surtout là où le présent de «être» a une autre expression).

Pour ce qui est de la forme, dans une partie des dialectes, le parfait du verbe principal peut être remplacé par un participe à valeur d'accompli.

Mais l'emploi du futur antérieur composé est rarement obligatoire; ainsi voir l'exemple du paragraphe 169, p. 260 [1].

Exemples avec le parfait :

Mésopotamie. — Meissner, *Irāq*, § 52 : *nĕkūn riḥnā* «nous serons allés».

Syrie. — Harfouch, *Drogman*, p. 25 : *bitkūn ṣirt* «tu auras été» (pour le participe, voir ci-dessous).

Palestine. — Bauer, *Pal.*, p. 106 : *bukra bikūn maḍa sentēn* «demain il se sera passé deux années»; mais aussi (langage de la campagne) : *buǩra wafāt es-sentēn illi maḍĕn* «demain [sera] l'accomplissement des deux années qui [sont] passées».

Égypte. — Spitta, *Gram.*, p. 338-339 : *lammā tigī hĕnāk nĕkūn iḥnu rauwaḥnā* «quand tu arriveras là-bas, nous serons partis».

Maltais. — Nöldeke, *Z. D. M. G.*, 1904, p. 913 : *wāra li nkūn qtilt* «après que j'aurai tué».

Tunisie. — Communiqué par M. W. Marçais : *ikūn ṯallaf ʿal bābūr* «il aura manqué le train» (au sens hypothétique, voir § 174).

Maroc. — Marçais, *Tanger*, p. 107, l. 22 : *ʿandk īkūn zznāt tharrĕslo;* exemple où il y a subordination et futur antérieur hypothétique «peut-

---

[1] Emprunté d'ailleurs à une région où *yikūn* n'est pas en usage.

être que le chien [de son fusil] s'est cassé (à lui)», «prends garde que le chien se soit cassé», «le chien se sera cassé».

Exemples avec le participe :

Oman. — Reinhardt, *Oman*, § 271, p. 150 : *bḫams sā'āt nkūn rāgē'ïn milḫōri* «à cinq heures nous serons revenus du bateau».

Syrie. — Mattson, *Monde oriental*, 1912, p. 210, l. 12 : *li'annu bikūn wārit ilmēl lassirb* «parce qu'il aura hérité du désir de boire».

Palestine. — Bauer, *Pal.*, p. 110 (parler citadin) : *ba'd nuṣṣ sā'a binkūn āklīn* «dans une demi-heure nous aurons mangé».

Égypte. — Selden-Wilmore, § 489, p. 286 : *mĕsāfit ma nākul issamak yĕkūnū gaybīn illaḥm* «cependant que nous mangerons le poisson, ils auront apporté la viande».

173. TIGRIGNA. — La copule de futur *yəkawwwən* forme un futur antérieur avec le gérondif qui indique l'achèvement (Vito, *Gramm.*, p. 66) : *'əgzi'abəḥēr masgan hībūni yəḥawwwən* «Dieu (1) m'aura donné (3-4) la grâce (2)»; dans Offeio, p. 55, exemple négatif : *nabīrū 'ayyəḥawwwənen* «il n'aura pas existé».

En subordonnée temporelle, c'est le parfait ou le gérondif sans auxiliaire qui exprime le futur antérieur; Schreiber, *Manuel*, p. 164, l. 6 : *'ab pāris məs-'atōḫu 'ətədalləyō kīllaw kəsaddalkā* «quand (3) je serai arrivé (4) à (1) Paris (2) je t'enverrai (7) tout (6) ce que tu voudras (5)»; Vito, *Gramm.*, p. 67 : *'əndəḥər tawāgi'nā nəta'arraq* «après que nous aurons combattu, nous ferons la paix».

174. AMHARIQUE. — En composition avec le gérondif, le présent-futur du verbe «être» n'a pas le sens de «il sera», mais le sens de possibilité qu'il a souvent soit quand il est isolé soit en composition (p. 133, note). Ainsi se trouve formé un temps hypothétique qui ressemble au futur antérieur du tigrigna; c'est un dubitatif accompli. Pour la même notion exprimée par le gérondif du verbe principal avec le parfait-présent du verbe «être», voir § 107, fin, p. 180 (pour le dubitatif non accompli, voir § 147, p. 237 et § 166, p. 257). Remarquer qu'en français le futur

antérieur a en plus de sa valeur temporelle la même valeur hypothétique; voir aussi pour l'arabe § 173 (Tunisie, Maroc).

Isenberg, reproduit dans Praetorius, *Amh.*, p. 381 *b*, a signalé la forme dont il est question ici, avec auxiliaire conjugué; Armbruster, *Gramm.*, p. 106, la donne avec auxiliaire soit conjugué, soit figé à la 3ᵉ personne masculin singulier : *laqmaw yəhōnal(lu)* «ils auront (sans doute) ramassé, c'est qu'ils auront ramassé».

Exemple avec auxiliaire figé, Afevork, *Roman*, p. 8, l. 6 : *səlazzih ənyē-m salāwq atfəččä yəhōnal* «et (3) moi (2) à cause de ça (1) sans savoir (4) je me serai trompé» (autres exemples dans Afevork, *Gramm.*, p. 131, l. 10-11).

Le parfait simple exprime le futur antérieur en subordination, en particulier en proposition relative, ainsi Praetorius, *Amh.*, p. 362 : *kagwəlbatəh yamaṭṭaw yəwarsəhal* «celui qui sera venu (2) de ta hanche (ton genou) (1) héritera de toi (3)»; Afevork, *Guide*, p. 83 bas : *yatamaññūtən hullu warye ənagrawāllahu* «tout (2) renseignement (3) que vous aurez désiré (désirerez) (1) je [le] dirai (4)».

QUATRIÈME PARTIE.

NOTIONS ACCESSOIRES DU TEMPS. FUTUR PROCHAIN.

CHAPITRE PREMIER.

DÉFINITIONS ET EXEMPLES.

175. A côté des grandes divisions du temps (passé, présent, futur) et des temps relatifs (passé antérieur, futur antérieur), des distinctions plus fines et accompagnées de notions accessoires peuvent soit situer l'action dans une tranche minime de temps, soit définir un mode d'accomplissement qui implique une relation avec la durée.

Ces distinctions sont souvent exprimées par des adverbes ou des verbes indépendants, et ne relèvent alors que d'une étude de vocabulaire; mais il peut arriver aussi qu'elles soient signifiées par des verbes auxiliaires autres que le verbe « être » ou par des éléments d'origine diverse employés comme préfixes ou suffixes.

Par exemple, en français, à côté de « je travaille encore; je commence à travailler » où tous les mots ont leur sens plein, il se rencontre des tournures telles que « je viens de finir », « je me fais vieux » où les verbes « venir », « faire » n'ont pas leur sens plein et commencent à devenir des outils grammaticaux; en latin, une action dont le développement débute est caractérisée par le suffixe -sc- : *albesco* « je deviens blanc, je me fais blanc ».

176. En sémitique, certaines particules courtes peuvent jouer le rôle de préverbe, avec un sens spécial (voir chap. III). Mais il est fait surtout usage de verbes auxiliaires, autres que les verbes «être», «devenir», mais qui, comme ces derniers verbes dans leur rôle d'auxiliaire, perdent plus ou moins complètement leur sens propre et quelquefois la faculté de se fléchir. Il peut arriver ainsi qu'une forme personnelle ou un participe devienne en fin de compte une particule invariable.

Quelquefois, d'ailleurs, les particules ou auxiliaires sont communs aux formes étudiées dans la IIIe partie et aux formes accessoires étudiées ici : il n'y a au point de vue du sémitique aucune délimitation précise des deux séries de faits qui ont été séparés par le plan de ce livre. Quant à une notion comme celle de concomitance (voir p. 209), qui n'est pas une division du temps situé, si le plan avait été poussé avec la dernière rigueur, elle aurait plutôt trouvé place dans cette IVe partie que dans la précédente, tout comme la notion de l'imminence par exemple.

Les notions qui restent à examiner sont les suivantes :

1. «Être près de» : tranche de la durée qui précède immédiatement le procès, quel que soit le moment de ce procès;

2. «Avoir l'intention de» : préparation, annonce d'un procès qui va suivre, quel que soit son moment dans le temps situé;

3. «Se mettre à» : première tranche de la durée contenue dans le procès;

4. «Continuer à» : tranche centrale d'un procès envisagé dans la durée de son développement;

5. «Finir de» : tranche terminale de la durée du procès.

Les deux premières catégories concernent le futur prochain, qui souvent remplace un futur vrai (voir p. 242). L'expression du futur prochain dans le passé est souvent jointe à un auxiliaire du passé, tout comme l'inaccompli quand il exprime le passé duratif (comparer en français «je vais le faire, j'allais le faire»). La catégorie 1 fera l'objet du chapitre II, la catégorie 2 l'objet du chapitre III.

Ci-dessous quelques exemples seront donnés pour les catégories 3, 4 et 5 qui paraissent n'être représentées qu'en sémitique méridional (voir *Grundriss*, II, § 324-328, p. 507-517; Reckendorf, *Synt. Verh.*, p. 287-

291; Wright, *Ar. Gr.*, II, § 42; ci-dessus, p. 120, sur les «sœurs» de *kāna,* p. 183, note, sur l'expression du passé duratif).

Seules les notions qui ont une relation quelconque avec le temps ont été retenues ici. Si on voulait compléter l'étude des «auxiliaires de mode», il y aurait à tenir compte des idées de «possibilité» et d'«obligation». Elles sont souvent liées en sémitique à l'expression du verbe être (voir les références à l'index); comparer en français : «c'est à faire, ce n'est pas à faire».

177. INCHOATIFS. — *Arabe classique.* — Les verbes inchoatifs y sont nombreux; on les trouve généralement au parfait suivi immédiatement d'un imparfait indicatif; voir Wright, *Gram.,* II, p. 108 D, ainsi (racine *ǧʿl* «mettre») : *ǧaʿala yalūmuhu* «il se mit à lui faire des reproches».

Arabe moderne. — L'usage des inchoatifs est très développé, surtout dans les contes, où ils jouent le rôle du français «et alors». Cet usage restreint sensiblement la fréquence d'emploi des passés simples et des passés duratifs ordinaires.

qwm, racine de sens «se tenir debout, se dresser», forme un inchoatif avec un imparfait ou avec un parfait précédé ou non de *u* «et». En Arabie centrale, Socin, *Diwan,* III, p. 239 : *gām yidḫul* «il se mit à entrer (toujours plus)», *gāmĕt albint ubučat* «la fille de se mettre à pleurer»; en Égypte, Spitta, *Gram.,* p. 347 : *qām bazbūzı nkasar* «voici que mon goulot est cassé».

qʿd «être assis, s'asseoir», a des emplois analogues, à côté de l'emploi duratif qui a été étudié ailleurs; à Bagdad, Yahuda, *Sprichwörter,* p. 404 : *(i)ššadı qaʿad yiwassiḫ biǧǧīmeʿ* «le singe se mit à faire des saletés dans la mosquée».

ṣyr «devenir». Palestine, Spoer-Haddad, § 219, p. 83 : *ṣārat tilʿab* «elle s'est mise à jouer», *biṣīr yimši* «il se mettra à marcher»; parfait figé à la 3ᵉ personne masculin singulier, Bauer, *Pal.,* p. 162 et 164, l. 2 : *ṣār ilḥāḍrīn kullhum yiḍḥaku* «tous les assistants de se mettre à rire»; sens de capacité, Spoer-Haddad, p. 83 : *ṣār yisbaḥ* «il s'est mis à nager (habituellement); il sait nager». — Égypte; Spitta, *Gram.,* p. 345 : *ṣārū yigūloh wāḥid baʿdə wāḥid* «eux de venir à lui l'un après l'autre».

ǧyʾ «venir». A Bagdad, Yahuda, *Sprichwörter,* p. 415 : *ǧā-llāḫ (i)yrīd yišwi ʿlihā čifta* « et l'autre de vouloir faire cuire dessus des brochettes de mouton »; Algérie, Cohen, *Alger juif,* p. 258, p. 486-490, avec parfait simple : *ǧaw umān qālulu* « eux de lui dire », parfait avec *u* : *ǧaw šhābu udhku* « ses collègues de rire ».

dwr « chercher, vouloir ». En omanais a le sens de « se mettre à »; Reinhardt, *Oman,* § 338, p. 207; Landberg, *Gloss. Daṯ.,* p. 804; Reinhardt, *Oman,* p. 229 : *yōm ydūro yšorbo* « lorsqu'on se met à boire, lorsqu'on est à boire ».

ʾḫd « prendre ». En Tunisie : *ḫda iqaṭṭaʿ fəllḥam* « il se mit à découper la viande » (renseignement de M. W. Marçais).

tĕffĕl « disposer une natte sous le moulin pour recevoir la farine » prend le sens de « commencer à » chez des Bédouins de Tunisie (renseignement de M. W. Marçais).

Cette liste pourrait s'allonger encore; voir notamment, pour l'Arabie du Sud, Landberg, *Gloss. Daṯ.,* p. 874; Rhodokanakis, *Ḍofar,* II, § 87 et références; pour le Maghrib, Marçais, *Tanger,* p. 230, sous *brk;* ci-dessus, § 64, p. 124.

Guèze. — Le verbe *ʾaḫaza* « prendre, commencer » suivi du jussif-subjonctif signifie « se mettre à », voir Dillmann, *Lex.,* col. 767; Tobie, 7, 15 : *waʾaḫazū yəbləʿū* « et ils se mirent à manger ».

Amharique. — Le verbe *gabbā* « entrer » (comparer *gaʾa, gabbəʾ* en tigré, § 68, p. 131) peut être employé comme auxiliaire et, à ce titre, se composer avec un imparfait sans interposition de conjonction (ce qui n'est pas possible avec un verbe ordinaire); ainsi, Afevork, *Roman,* p. 7, l. 18 : *yəggwətamaṭṭam gabbā* « il se mit à bougonner ».

Dans la même langue, le verbe usuellement employé au sens de « commencer », *ǧammara* (ou *žammara*) se construit de la même manière : le sens plein du verbe semble être conservé dans la forme composée; mais l'altération de la flexion contribue avec l'absence de conjonction à montrer que *ǧammara* est senti comme auxiliaire : en effet, il peut rester figé à la 3ᵉ personne masculin singulier *ǧammara* ou prendre une forme abrégée *ǧammar* (comparer *nabbar,* p. 135) : *yəlaqəm ǧammar(a)* « il commença à ramasser »; Afevork, *Roman,* p. 11, l. 21 : *yərrabārrabŭbbat ǧammara* « ils commencèrent à se l'arracher ».

178. Continuité et cessation. — Les verbes de cette catégorie tendent, en arabe, à devenir des particules invariables.

bqy « rester » (voir p. 120, 124). Emploi du parfait; arabe marocain, à Rabat, Brunot, *Yallah*, p. 75 bas : *uma bqa iḫāf mən šey* « et il ne craignit plus rien (il ne resta pas à craindre) »; à Rabat également, emploi du participe fléchi, *Yallah*, p. 73 : *hūma bāqyīn ma mšaw* « ils ne sont pas encore partis »; emploi du même participe non fléchi, à Tlemcen, en Algérie, exemple recueilli par M. W. Marçais, cité dans *Grundriss*, II, § 327, p. 512 : *bāqẹ yaḫḫart'ū* « ils travaillent encore » (on peut dire aussi *bāqyīn*, Marçais, *Tlemcen*, p. 184). Le parfait *baqa* est de même un adverbe « toujours » dans un exemple d'arabe libanais cité dans *Grundriss*, II, p. 512 haut.

zwl (*zyl*) « quitter un endroit, s'éloigner »; en arabe classique ce verbe, nié, se prépose à un imparfait avec le sens « ne pas cesser de »; Reckendorf, *Synt. Verh.*, p. 288, exemple des Huḏail : *lā zilta taksibu maǧnaman* « tu ne cesseras pas de gagner du butin ». En arabe moderne, le même verbe fournit des particules : conjonction en Oman, Reinhardt, § 341 : *ma zilt ḥay* « tant que je vis »; adverbe au Maghrib : *mazāl,* souvent invariable, signifie « encore »; *mazāl fi bītu* « il est encore dans sa maison » (sur l'usage dans un futur duratif au Maroc, voir p. 252).

ʿwd « retourner » (voir § 124) est souvent employé comme adverbe, sous la forme d'un parfait conjugué ou figé : Oman, Reinhardt, p. 339 : *ḫti ʿādit sāira* « ma sœur est déjà partie » (voir *Grundriss*, II, p. 512).

tlw « suivre »; employé négativement dans les parlers arabes du Sahara : Sud Oranais, Sud Marocain (renseignement de M. W. Marçais) : *ma tlītš nəkmi* « je ne fume plus »; Mauritanie, Reynier, p. 79 : *ma tlit nəštəǧəl* « je ne travaille plus ».

tmm « achever, compléter »; arabe du centre tunisien et au Sahara (renseignement de M. W. Marçais) : *təmmīt nəmši* et *təmmīt māši* « j'ai continué à marcher ».

CHAPITRE II.

L'IMMINENCE.

179. L'imminence (dans le présent ou en dehors du présent) est exprimée en sémitique par divers procédés.

La notion qui est le plus souvent mise en valeur est la « direction » vers le moment suivant : elle est exprimée soit par la particule *li, la* « à, vers », qui se trouve dans toutes les langues, soit par les verbes de sens « aller ».

Quelquefois l'expression d'un état qui dure suffit à suggérer le moment suivant (comparer l'usage du présent ou de l'imparfait en français : « je pars ce soir, je partais deux minutes après si. . . . »).

Il y a aussi fréquemment une liaison entre l'expression d'une obligation atténuée et celle de l'avenir proche (comparer en français : « je dois partir à neuf heures »).

Des exemples de ces différents modes d'expression se trouvent au cours du chapitre.

Un cas a été systématiquement rejeté au chapitre suivant : c'est celui où une expression de l'intention s'est atténuée en une expression de l'imminence (comparer dans le langage provincial français, dans le Sud et dans l'Est d'après Brunot, *Pensée,* p. 465, dans l'Ouest d'après observation personnelle : « il veut pleuvoir » pour « il va pleuvoir »).

Inversement, des exemples de formes qui paraissent être à l'origine des expressions de l'imminence, mais ont en fait un sens d'intention, ont été cités dans le présent chapitre et non réservés pour le suivant.

Des renvois sont destinés à remédier aux inconvénients de ces classements étymologiques. Voir en outre § 191 fin.

180. Hébreu. — L'expression de l'imminence est un infinitif précédé de la particule *lə-*. *Grundriss*, II, § 91, p. 169 bas; Ésaïe, 38, 20 : *yhwh ləho(w)ši(y)ʿeni(y)* «Dieu va me sauver»; reporté dans le passé, Genèse, 15, 12 : *wa-yʾhi hašŝęmęš lå-bʰo(wʾ)* «et (1) le soleil (3) allait (1-2-4) se coucher (5)».

La même expression reportée expressément sur l'avenir par une particule supplémentaire fournit un futur au néo-hébreu (p. 245).

Un participe employé comme prédicat peut être situé dans l'avenir; si, se rapportant à l'avenir, il est précédé de *hınnē(h)* «voici que», il exprime l'imminence (mais la même tournure peut exprimer le présent, p. 51); voir Gesenius-Kautzsch, § 116, p. 375; ainsi Genèse, *Genèse,* 50, 5 : *hinne(h) ʾånokʰi(y) metʰ* «voici que je vais mourir».

En néo-hébreu, le participe, qui exprime régulièrement le présent, peut exprimer l'imminence; Albrecht, *Neuhebr.*, § 107, p. 120 : *ʾănu(w) no(w)-šəʾi(y)m* «nous allons épouser».

181. Araméen occidental moderne. — L'expression du verbe «être» peut être aussi celle de l'imminence, si elle précède un imparfait; ainsi, *Neuaram. Märchen,* p. 44, l. 9 : *ōṯ īmuṯ* «il va mourir».

Une autre expression de l'imminence est la jonction du participe présent-futur *ʾzl* «aller» avec un imparfait; ainsi, variante de l'exemple ci-dessus : *ōz īmut;* p. 25, l. 30 : *čōz čačʿıb* «vas-tu être fatigué?». Voir en outre § 192.

Syriaque. — L'expression du passé duratif peut aussi servir à exprimer l'imminence dans le passé, *Grundriss,* II, § 328, p. 517 : *kefe hålen då-tʰe (h)wå(ʾ) ʿălayho(w)n qaddišå(ʾ)* «ces (2) pierres (1) sur lesquelles (3-6) le saint (7) devait venir (5-4)».

Araméen oriental moderne. — Il s'y rencontre le même usage qu'en syriaque, au moins dans certains dialectes; Maclean, *Vernacular,* § 31, p. 83 : *prīq wā lē* «il allait finir».

Pour l'imminence dans le présent, on peut employer une périphrase avec un mot «prêt à»; Maclean, *Vernacular,* § 51, 5, p. 141 : *hdīrā ılē le(ʾ)taya* «il est (2) sur le point (1) de venir (3)».

182. Arabe classique. — L'imminence peut être exprimée par des verbes «être proche de», «s'en falloir de peu que», qui sont traités comme des sortes d'auxiliaires et équivalent souvent à un adverbe «presque»; Wright, *Ar. Gr.*, II, § 42, p. 106; le principal de ces verbes est *kāda*, ainsi : *'in kāda layuḍillunā ʿan 'ālihatinā* «en vérité il était près de nous détourner de nos dieux» («en vérité peu s'en est fallu certes qu'il ne nous détourne», «il allait nous détourner»).

Pour *'arāda* «vouloir», voir chap. III, § 193.

183. *Expression de l'imminence au moyen des verbes de sens «aller» en arabe moderne.* — C'est l'expression la plus fréquente sur tout le domaine arabe; suivant les dialectes les verbes sont différents et diversement abrégés; ils sont parfois réduits à l'état de particule courte. Les formes pleines qui sont employées sont généralement des participes; les formes abrégées peuvent cacher soit des participes, soit d'autres formes (parfait).

Arabie du Sud. — Ḥaḍramaut. Le verbe *btt* «aller» peut s'employer tout conjugué, pour exprimer un futur prochain, Landberg, *Arabica*, III, p. 108; *Gloss. Daṯ.*, p. 45, note : *bukra bānbitt bānšūf* «demain nous allons voir» (les deux verbes à l'imparfait ont le *ba-* du futur).

Voir p. 68, note, au sujet des composés en *ibn* et *bidn*.

Syrie. — D'après Harfouch, *Drogman*, p. 158, la marque de l'imminence est soit le participe *rāyĕḥ* «allant», fléchi en genre et en nombre, soit *rāḥ* invariable. Pour le passé, *kān* précède : *kān rāyĕḥ yəži* «il allait venir». Au Liban, d'après Féghali, *Kfarʿabida*, p. 139-140, la forme abrégée serait employée au masculin singulier, le féminin et le pluriel étant fléchis; l'imparfait peut être précédé de *b-* : *raḥ bəktob lek* «je vais t'écrire».

Palestine. — Spoer-Haddad, § 199, signale l'emploi de *rāiḥ*, fléchi : *rāiḥa tistrēḥ* «elle va se reposer».

Désert de Syrie. — Les Bédouins emploient une particule invariable *raḥḥ*, ou *laḥḥ* : cette variante est sans explication satisfaisante, voir Landberg, *Syrie*, p. 35, *Grundriss*, II, § 327, p. 512.

Égypte. — Plusieurs formes d'éléments préposés sont employées concurremment : *rā'iḥ*, fléchi, *rāḥ*, *laḥ* et enfin *ḥa* qui est peut-être à l'origine

étranger aux formes précédentes; Spitta, *Gram.*, p. 353; Nallino, *Egitto*,
§ 72 : *ḥa-niśrab* «nous allons boire»; exemple d'imminence dans le passé,
après un parfait quelconque : *iltaqa ĕllĭ fĭlfĕlŭke rāḥīn yiḍrabu lkĕlb* «il
trouva ceux qui [étaient] dans la barque sur le point de battre le chien».

Maghrib. — Les participes employés sont *māšĭ*, *ġādĭ* et *ṛāyăḥ*; voir Marçais, *Tanger*, p. 467, où la forme abrégée *māš* est signalée; pour *ġādĭ* dans
l'expression du futur vrai, voir p. 252.

Exemple tangérois (à l'endroit cité) : *āna māšĭ mmšĭ* «je vais partir» (ici
le verbe principal est le même verbe *mšy*, avec assimilation de la désinence *m* de la 1ʳᵉ personne à *m* initial); au Sous (M. Moḥammed ʿAbdessa-
lam) : *ma ġādĭ šĭ ĭžrĭ mĕn ḥĕna ḥatta lagār* «il ne va pas courir d'ici jusqu'à
la gare?»; à Constantine (Ben Kalafat, *Fables*, p. 44, n. 3) : *ṛāhĭ ṛāiḥa
tahlĕkna* «elle va nous faire périr» (remarquer la préposition de *ṛā-*);
p. 14, l. 2 : *kān ṛāyăḥ yitlāḥ-ḥatĭh* «il allait se jeter sur lui».

Chez les Houwara on rencontre, au lieu du participe, le parfait *mša* suivi
d'un autre parfait, ainsi Socin-Stumme, *Houwara*, p. 32, l. 2 et 8 : (il le
frappa) *ḥta mša qtlu* «jusqu'au moment où il allait le tuer (presque jusqu'à
le tuer)».

A Malte, la particule *seyyer* et le préfixe *sa* se rangent ici, si on admet
l'étymologie par la racine *syr*; il y a de toutes manières, à l'origine,
expression de l'imminence, même si on admet l'étymologie par *syr* «devenir»; mais le sens peut être l'intention : Nöldeke, *Z. D. M. G.*, 1904,
p. 193 : *seirin emmoru* «nous voulons aller», *kienet sētaqalu* «elle voulait lui
plaire».

Le participe du verbe *ġy'* «venir» peut jouer le même rôle que ceux des
verbes «aller»; ainsi, en Mésopotamie, Meissner, *Iraq*, § 52 : *ġā'i amūt*
«je vais mourir»; en Palestine, Löhr, *Jerusalem*, § 26 : *ana ġay 'albis*.

184. *Autres expressions de l'imminence en arabe moderne.* «Presque.» —
En Oman, la particule *duwēn* (diminutif de *dūn* «sous») se combine avec
l'imparfait précédé de *ha-* et de *kān* ou avec l'imparfait nu; son sens
propre est «presque»; mais on peut considérer aussi qu'elle fournit une
expression de l'imminence dans le passé dans les exemples donnés par
Reinhardt, *Oman*, § 428 : *duwēn kint haġraq* ou *duwēn ĕġraq* «j'allais me
noyer, je me noyais presque» (comparer les faits du paragraphe 182).

«Être temps de.» — Le libanais a une expression *ḥallu* «il est temps pour lui de» (Féghali, *Kfarʿabīda,* p. 78-79) qui peut s'ajouter ici.

«Être occupé à.» — Des expressions de la durée, de sens «être occupé à», peuvent aussi signifier l'imminence.

Ainsi le participe *lāhı* de la racine *lhw* «s'occuper (agréablement) à» est employé au Sénégal comme préfixe du futur proche; Reynier, *Maure,* p. 172 et exemple p. 209 : *mnīn naʿūd lāhi nʿaddəl ḥărīṭa* «lorsque je suis sur le point de cultiver un champ» (sur *lāti,* voir p. 221).

En arabe oriental, la particule *ʿammāl* peut exprimer le futur prochain; ainsi Landberg, *Syrie,* n° 126 (cité dans *Grundriss,* II, p. 513) : *ʿammāl naḍrubak* «nous allons te battre». En Égypte, ce serait le sens habituel de cette particule, d'après Probst, *Sprachführer,* § 56, p. 62.

Particule *ṛā-.* — La particule *ṛā-* du maghribin a été étudiée p. 90 et p. 222 dans ses rapports avec l'apparition et avec le présent. Elle peut exprimer aussi l'imminence, en combinaison avec un imparfait; ainsi, Ben Kalafat, *Fables,* p. 73, l. 1 du bas : *uṛāh bla šĕkk iži lyūm* «et il va certainement venir aujourd'hui»; Cohen, *Alger juif,* p. 514, style commercial arabo-roman : *ubīya lbanka ṛāi tzīd tprīzanṭarlək ad ǫlmanda* «c'est pourquoi la banque va vous présenter de nouveau (recommencer à vous présenter) ce mandat».

L'arabe marocain des Houwara du Sous peut employer *ṛā-* de la même manière; mais cette construction paraît rare; Socin-Stumme, *Houwara,* p. 32, l. 24 : *ṛāni niṭḥaṣm āna wuyyāk* «je vais me disputer (moi) avec toi». La construction la plus fréquente est le cumul de *ṛā-* avec le préfixe *bu-* qui exprime l'intention, ainsi p. 54, l. 13 : *ra bbwa boiži wuigullək* «mon père va venir et il te dira»; l. 17 : *ṛāni bwinʿod slūgı* «je vais devenir un lévrier»; l. 23 (avec *hā-* au lieu de *ṛā-*) : *hāni bunwulli ḅaǧĕl* «je vais devenir un mulet» [1].

Voir en outre au chapitre III, § 195 à 200 [2].

---

[1] *raʿ* en Arabie du Sud semble avoir un emploi analogue; ainsi Landberg, *Daṯīnah,* p. 485 : *raʿak bātebūwiš mineh,* traduit par «car tu en seras malade».

[2] Pour le sudarabique, tous les faits concernant le futur prochain ont été groupés au chapitre III, § 201.

185. GUÈZE. — L'imminence peut être exprimée par *la-* avec l'infinitif (comparer l'emploi de *l* en hébreu, § 180); voir les exemples dans Dillmann, *Lexicon*, col. 24, ainsi : *zənām lamaṣi'* «la pluie va venir»; exemple dans le passé : *sōba lahawir* «alors qu'il fallait partir».

En outre il se rencontre des expressions composées avec *hallō*. Il a déjà été mentionné p. 254 que *hallō* avec un imparfait qu'il précède ou qu'il suit exprime souvent l'imminence; ainsi (Dillmann, *Gramm.*, § 89, p. 154) : *yəmaṣṣə' hallō* «il va venir».

De plus, l'expression de l'imminence peut être composée d'un subjonctif et de *hallō*, soit conjugué, soit invariable et muni de pronoms suffixes; le subjonctif a généralement la seconde place; *hallō* est rarement postposé. Voir *Grundriss*, II, § 327 *bis*, p. 515; Dillmann, *Gram.*, § 89, p. 154; *Lexicon*, col. 4-5, ainsi Épître à Timothée, I, 1, 16 : *'əlla hallawōmū yə'manū bōtū* «ceux qui devaient croire en lui» (parfois on trouve *hallō* et le subjonctif comme traduction d'un futur grec du texte biblique des Septante; voir *Lexicon*, col. 5, haut).

Cette construction se rattache à l'emploi des verbes «être» pour exprimer l'obligation; en effet elle se rencontre aussi dans le sens d'obligation; ce dernier sens paraît être toujours celui de la construction parallèle de *kōna* «il fut» avec le subjonctif (mêmes références, et Dillmann, *Lexicon*, col. 864; Chaîne, *Gramm.*, § 192, p. 125).

186. TIGRIGNA. — Le futur constitué par l'imparfait et *kə-*, avec ou sans *'əyyu*, qui semble être, à l'origine au moins, une expression de l'imminence et qui exprime encore assez souvent le futur prochain a été étudié au chapitre du futur (p. 255).

187. TIGRÉ. — Le futur avec *'əgəl* et *tu* est dans la même situation que le futur analogue du tigrigna dont il vient d'être question (voir p. 256).

Voir au même endroit sur l'imminence exprimée par l'imparfait avec *hallā*.

188. AMHARIQUE. — L'imparfait précédé de la conjonction *lə-* peut indiquer en subordination l'intention, la volonté; il peut même en proposition principale exprimer un futur insisté comme il a été vu p. 258. Mais son emploi le plus fréquent est d'exprimer l'imminence, ceci toujours en subordination.

La combinaison la plus usuelle est la réunion avec le verbe «être», soit *năw* pour le présent, soit *nabbara* pour le passé. Ces auxiliaires peuvent être conjugués ou employés impersonnellement.

Pour *năw*, voir Praetorius, *Amh.*, p. 382; Armbruster, *Amharic-english*, p. 24-25 : *lizanbə năw* «il va (2) pleuvoir (1)», *ləsaṭăw näñ* ou *năw* «je vais (2) [le] lui donner (1)».

Pour *nabbara*, Praetorius, *Amh.*, p. 382 : *zārye lyelit ləmōt nabbar* «cette nuit (1-2) j'étais près de mourir (3-4)».

Au lieu de l'auxiliaire «être», il se rencontre aussi des verbes indiquant par eux-mêmes l'approche, ainsi *qarraba* «être proche», *ṭəqıt qarra* «peu s'en falloir», *darrasa* «arriver» (Praetorius, § 357, p. 480), par exemple *ləttāsər darsahāl* «tu es bien près (2) d'enchaîner (1)».

D'après Massaja, *Lectiones*, p. 72 et 76, l'auxiliaire de l'imminence peut être *yəhōnal* «il sera», conjugué ou non. Il y a alors imminence dans le futur. Cette tournure est rare. Il semble que *yəhōnal* invariable évoque toujours pour les Abyssins l'idée de «peut-être» : *ləgaḅa yəhōnal* serait «il se peut que j'entre» (voir p. 257). Mais *ləgaḅa əhōnāllahu* peut se dire au sens de : «je serai sur le point d'entrer».

Pour l'usage du verbe *āla*, voir § 202.

189. Harari. — Le harari, d'après l'enquête de Burton (voir Praetorius, *Amh.*, p. 382 d)', a la même tournure que l'amharique, au moins avec l'auxiliaire du présent, qui est *hal* conjugué; la particule est -*le* postposé : *an ileṭle halḫo* «I will go», traduction de Burton; sans doute : «je vais aller».

190. Gouragué. — Pour le dialecte tchaha, Mondon, *Har. Gour.*, p. 104, a signalé, à côté du futur en -*ša* (p. 258), un futur en -*te* (invariable) dont la valeur ne lui était pas claire. Les informateurs de l'Enquête personnelle ont confirmé l'existence de la forme *isaḅərte*, en la traduisant par l'amharique *lisaḅər* «que je brise» : c'est probablement une expression de l'imminence; mais le détail de l'emploi reste à fixer.

CHAPITRE III.

L'INTENTION.

191. L'intention se rapporte à un moment futur généralement plus
éloigné que le plus proche avenir. Aussi les expressions de l'intention
peuvent-elles facilement donner des futurs vrais (ainsi en anglais : « he will
go », c'est-à-dire : « il veut aller, il ira »); voir ci-dessus § 159.

Une atténuation de l'idée d'intention peut amener à l'idée d'imminence.
Il a été dit § 179 que les cas de ce genre sont examinés dans le présent
chapitre, qui se trouve donc être par là un complément du précédent (voir
notamment § 201). Le cas inverse se présente aussi (voir § 183, pour
Malte; § 184, pour les Houwara).

L'intention est presque toujours exprimée par des mots de sens
« vouloir ».

Ce n'est cependant pas une règle absolue (voir § 202).

Quelques expressions d'origine douteuse, et qui auraient pu être examinées au chapitre précédent, figurent dans celui-ci. Il a été tenu compte
quelquefois pour le classement, faute d'études suffisantes sur certains
points, de traductions des enquêteurs qui ne sont pas toujours sûres : il est
souvent malaisé dans une langue étrangère de discerner des nuances
minimes du futur prochain.

192. Araméen moderne occidental. —— Ce parler possède une particule *batt-* (munie de pronoms suffixes), dont l'origine est contreversée,
mais dont le sens de « volonté » n'est pas douteux. Suivie, soit de l'imparfait ancien, soit du présent-futur d'origine participiale, elle exprime

l'intention. Les nuances de sens peuvent aller de la volonté caractérisée à un futur presque sans nuance d'intention. L'expression peut être située dans le passé.

Parisot, *Maʿlula,* p. 96, avec l'imparfait : *battē yĭḫtab* « il écrira »; *Neua-ram. Märchen,* p. 1, l. 6, avec le présent-futur : *battaḫ čquṭlel libnōi* « est-ce que tu veux tuer mes enfants ? »; p. 9, l. 32, avec l'imparfait : *minna battaihun yōḫəlun* « que vont-ils avoir à manger ? »; p. 1, l. 20, avec l'im-parfait : (le derviche l'avait enlevée) *ubatte išuqlenna* « et il voulait l'épouser ».

Araméen oriental moderne. — En ṭōrānī, ʿadō « déjà », joue le rôle de particule de l'intention, d'après Parisot, *Contributions,* p. 187 haut : ʿadō *sōyēmnō* (ou *ksōyēmnō*) « je vais faire » ʿadō *söymat* « tu vas faire »[1].

193. Arabe classique. — Le verbe ʾarāda « vouloir » s'emploie comme auxiliaire pour exprimer l'imminence; Wright, *Ar. gr.,* II, § 42, p. 107 : ʾarāda lmarīḍu ʾan yamūta « le malade va mourir » (et non pas « voulut »; c'est un verbe de volonté où le parfait peut avoir la valeur de présent, voir p. 212). Voir aussi Landberg, *Gloss. Daṯ.,* p. 11-12.

194. Arabe moderne. — Les expressions de l'intention soit au moyen de verbes « vouloir », conjugués, employés au participe, ou figés et plus ou moins abrégés, soit au moyen de particules non verbales de sens équi-valent, sont fréquentes dans les parlers modernes.

Les faits sont souvent délicats à apprécier : il est quelquefois difficile de discerner, quand un imparfait suit un verbe « vouloir », s'il y a pleine expression de la volonté, les deux verbes conservant leur autonomie de sens, ou s'il s'est formé un complexe exprimant la volonté atténuée qu'est l'intention.

Le doute est naturellement exclu quand le verbe de « volonté » ne peut absolument pas être traduit comme tel, et est évidemment une expres-sion de l'imminence (comme dans l'exemple ci-dessus de l'arabe clas-sique).

Un cas intéressant qui se présente quelquefois est la coexistence dans le même parler d'une forme nette de l'intention à côté d'une forme nette de

---

[1] Sur l'usage du futur avec *bid*, etc., en araméen oriental moderne, voir § 156, p. 247.

l'imminence, c'est à dire la coexistence de deux espèces de futur prochain (§ 196, 198).

195. ARABIE. — Les principaux éléments à considérer sont les deux verbes synonymes ou presque synonymes et souvent coexistants dans un même parler : *bġy* « désirer, vouloir », *'by* « vouloir » et la particule *ba-* qui a été expliquée comme une altération soit de l'un soit de l'autre verbe ; l'explication par *'by* est préférable (voir § 40, p. 64).

Les éléments qui n'ont pas sûrement un caractère intentionnel ont été cités au paragraphe 159 fin, p. 252, et ne sont pas repris ici.

Dans l'exposé fait ici, il n'est pas insisté en général sur la différence de valeur qu'il pourrait y avoir entre parfait et imparfait du verbe « vouloir » et sur les formes exactes qui ont pu donner le préfixe abrégé ; en effet, suivant le paragraphe 127, p. 211-212, dans les verbes de vouloir, le parfait a normalement le sens présent et rejoint ainsi l'imparfait. Cette observation vaut aussi pour les autres verbes qui sont examinés dans les paragraphes suivants.

Verbe *bġy*. — Centre du domaine côtier de l'océan Indien. Voir Rhodokanakis, *Ḍofār*, II, § 79 *a-c*; sens plein : *bġaynīh yir'a lġanam* « nous voulons qu'il paisse le troupeau »; intention : *yam bġa inām* « quand il voulait (allait) se coucher »; imminence : *ḍaharī yibġī yinksĕr* « mon dos va se briser ».

Oman. Voir Reinhardt, *Oman*, § 358, p. 225-226 : volonté, intention : *hum boġyu yqilūni* « ils voulaient me tuer »; imminence : *ṣġĕf. . . bāġi yinḍĕg* « le fruit va être mûr ».

Pour l'Arabie centrale, voir Socin, *Diwan*, III, § 138 *d*; pour le domaine Nord, voir Landberg, *Gloss. Daṯ.*, et Landberg, *Prov. Syrie*, p. 35 : *wuss tabġi tugra* « que vas-tu lire? ».

Verbe *'by*. — Ḥaḍramaut. Jahn, *Mehri*, p. 11, l. 16, sens plein : *yōm yibā yisāfirū* « au jour où il voulait qu'on parte ».

Datīnah. Landberg, *Gloss.*, p. 25-26, sens plein : *beytak teḥaddar* « je veux que tu fasses attention »; imminence : *tlāt marrāt ille ḍi' beyt mūt* « trois fois que j'ai été sur le point de mourir ».

Centre du domaine côtier. Rhodokanakis, *Ḍofār*, II, § 79 *d*, intention : *tbī tigtil* « elle voulait tuer ».

Oman. Reinhardt, *Oman,* § 388, intention, volonté : *tbayyi ddūḫi rišbe* «veux-tu fumer un narghilé?».

Arabie centrale et septentrionale. Voir Socin, *Diwan,* III, § 156; Landberg, *Gloss. Dat.,* p. 26-27.

Particule *ba-.* — Quelques exemples de futur net ont été donnés au paragraphe 159, p. 251.

Ḥaḍramaut; Jahn, *Mehri,* p. 11, l. 11, expression nette de volonté : *bāzuwiǧ ʿalēha* «je veux l'épouser». Un exemple particulièrement net d'intention dans le passé, et d'intention dans le présent, Landberg, *Arabica,* III, p. 107 : *ams konnā bānbitt elmukallā. . . ubānsāfir ǧudwa* «hier nous voulions partir pour Elmukalla (mais il y a eu empêchement) et nous allons nous mettre en route demain».

Daṯīnah. Dans Landberg, *Gloss. Dat.,* p. 28-30, nombreux exemples, dont beaucoup indiquent l'intention ou l'imminence : *wēn batĕnām* «où veux-tu dormir?», *bayiṭraḥ* «il va poser»; dans Snouck Hurgronje, *Saʿd,* p. 234 : *ennās bā-yṣallūn* «tout le monde va prier».

Centre du domaine côtier. Rhodokanakis, *Ḍofar,* II, § 79 *e,* et nombreux exemples dans les textes. La légère nuance de sens qui sépare l'imparfait avec *ba-* de l'imparfait simple en fonction de futur apparaît dans un exemple comme le suivant : *Ḍofar,* I, p. 42, l. 15 : *min baigboḍ gism ĕḍḍubĕʿ* «qui va garder la part de la hyène?» (le renard répond :) *ana agboḍ. . .* «moi, je garderai. . .»; voir encore, p. 24, l. 21 et suiv. : *farru ʿaskar bayigtĕlūn eṣṣobey* «les soldats (2) s'élancèrent (1) pour tuer (3) le garçon (4)» (il leur dit : buvez d'abord le café, ensuite) *bāgbar errās . . . utēla gitĕlūni* «j'enterrerai (j'ai l'intention d'enterrer) la tête. . . ensuite tuez-moi».

Oman. L'emploi de *ba-* y est rare dans les parlers observés par Reinhardt, mais semble plus fréquent dans certains autres (Landberg, *Gloss.,* p. 36-37).

En Arabie centrale, aucun exemple sûr de *ba,* voir Socin, *Diwan,* III, § 156 [1].

Le verbe *erād* «vouloir» (voir § 193 pour l'arabe classique) s'emploie

---

[1] Sur l'emploi des mêmes éléments au Maghrib, voir § 198 et 199.

aussi en omanais pour constituer un futur prochain, Reinhardt, *Oman*, § 428, p. 278 : *erād yitlü̆f* «il a failli périr». — Sur *ḥabb*, voir § 199.

196. Syrie-Égypte. — Usage de *badd, bidd* (pour l'origine, p. 64).

Bidd avec les pronoms suffixes est employé en Syrie, Palestine, Égypte, Mésopotamie. Il forme avec l'imparfait une expression de l'intention qui se distingue des expressions de l'imminence étudiées p. 272-273, avec lesquelles il coexiste.

Syrie. Harfouch, *Drogman*, p. 158 : *baddi ektob* «je dois écrire»; Féghali, *Kfarʿabīda*, p. 139 : *bŏddi ʾektob lu* «j'ai l'intention de lui écrire»; Löhr, *Jerusalem*, § 26 : *ana kān biddi aktub* «j'avais l'intention d'écrire» (remarquer l'emploi de *kān* impersonnel). L'imparfait est senti comme subordonné à *badd*, le *b* ne s'y préfixe pas. — Pour le langage des Bédouins, voir Landberg, *Syrie*, p. 35.

Égypte. Spitta, *Gramm.*, p. 350 : *biddi arūḥ* «j'ai l'intention d'aller»; *wəfatni lmaġrabi wəbiddoh yimši* «et le Maghribin me laissa, et il avait l'intention de partir».

197. Région du Tchad. — L'auxiliaire employé est *rād* (voir ci-dessus § 193 et 195) ou *dār*; pour l'expression de l'intention dans le présent, l'auxiliaire est à l'imparfait. Carbou, *Tchad*, p. 124 : *idōr isīr grīb* «il veut partir bientôt, il ne tardera pas à partir»; Lethem, *Shuwa*, p. 176 : *yadawwar (yarīd) yamūt* «il va mourir».

198. Malte. — Le maltais, à côté du préfixe *sa-* vu plus haut, § 183, a aussi un préfixe *ḥa* : *ḥa-mmun-n̆ğīb-lu* «je voudrais aller lui porter», *ḥa-nsayyara* «je veux la rôtir», dans Nöldeke, *Z. D. M. G.*, 1904, p. 915, où ce préfixe est expliqué par le verbe *ḥalla* (racine *ḥly* «laisser»). L'étymologie inviterait donc à y voir un futur d'intention, opposé à l'expression de l'imminence du paragraphe 183. Mais l'usage n'est peut-être pas aussi nettement tranché.

199. Tunisie, Algérie, Maroc. — Les deux verbes *ḥabb* «aimer, vouloir» et *bġa* «désirer, vouloir» se partagent l'expression de la volonté, suivant les parlers (Marçais, *Tanger*, p. 233, 258). Tous deux peuvent former une expression de l'intention (Beaussier, *Dictionnaire*, p. 43 et

p. 102; Marçais, *Observations*, p. 424; Stumme, *Tunis*, p. 156; Landberg, *Gloss. Dat.*, p. 55, où sont cités aussi des exemples orientaux de *ḥabb*). Ainsi *nḥabb nəmši* «je vais aller, j'irai»; *iḥabb* ou *ḥabb imūt* «il va mourir»; avec le participe : *ḥābb imūt, bāġi imūt*. A Constantine on trouve le verbe *šta* «désirer» (Marçais, *Tanger*, p. 233), ainsi *šāti imūt* «il va mourir».

200. Tripoli et Maroc méridional. — Dans ces deux régions se rencontrent des équivalents du *ba-* de l'Arabie du Sud.

Pour Tripoli, voir Stumme, *Märchen Tripoli*, II, § 56, p. 239; Landberg, *Gloss. Dat.*, p. 49. Le verbe *bġy* paraît ne pas se rencontrer; mais il se trouve surtout une forme *yibbī* «il veut» qui mélange peut-être *'by* et *bġy*. Assez souvent, dans l'expression de l'intention, un imparfait apparaît précédé d'un élément réduit : *bī, bū, bə, b-* : *bīyākul* «il veut manger», *əssams btuzrug* «le soleil va se coucher».

Pour les Houwara du Sous marocain, voir Socin-Stumme, *Houwāra*, p. 11; Kampffmeyer, *Partikel b*, p. 7; Landberg, *Gloss. Dat.*, p. 45 et 49, et ci-dessus § 184, p. 274. Dans les textes houwara on rencontre, avec le sens plein de «vouloir», soit *bġy*, soit *'by*; ainsi *aš butt* «que veux-tu?». Pour exprimer l'intention, l'imparfait est précédé, soit d'un imparfait servant de préfixe *ibo-*, soit d'une forme réduite à initiale consonantique *bo-, bu-* qui est peut-être une abréviation de *ibo-*. L'étymologie de ces deux éléments est à chercher dans la racine *'by* et non dans *bġy* comme l'ont fait les éditeurs des textes. Exemples, p. 34, l. 10 : *boižūni* «ils vont venir chez moi»; dans le passé, p. 34, l. 16 : *ža waḥed boišimm* «l'un (2) vint (s'approcha)(1) dans l'intention de sentir (3)»; p. 34, l. 21 et suiv. : usage côte à côte de l'imparfait simple et de l'imparfait avec *bo-*, faisant ressortir que celui-ci n'est pas employé sans au moins une légère nuance d'intention : *nži nšri mʿandək had-əžžild, mabiddā iži ši (i)hūdi ibo-išri men ʿandek*... «je viendrai t'acheter (acheter de toi) cette peau; certainement viendra quelque juif dans l'intention de t'acheter...».

201. Sudarabique moderne. — Le mehri a un verbe *ḥām* «vouloir» qui peut s'employer à l'imparfait, suivi d'un subjonctif avec ou sans *l*, pour former une expression de l'intention; à la 1re personne singulier *aḥōm* est remplacé par *ḥōm-* (Jahn, *Grammatik*, p. 86 et Landberg, *Gloss. Dat.*, p. 56, où on trouvera d'autres références); ainsi, Bittner, *Mehri*, V, 2, p. 7 :

naḫom nayḫōm «nous voulons partir, nous avons l'intention de partir»; Bittner, *Soqoṭri*, II, p. 11 (passage cité pour le soqoṭri, § 162, p. 253) : *hu ḫōm lehāres lā* «je ne me marierai pas (moi je veux que je me marie non)»; p. 17 : *ḥebere dedaulet yeḫōm lesaḫten* «le fils du sultan devait être circoncis»; p. 59 : *utḫëm tësīr he-mišē* «et que tu (féminin) veuilles aller aux cabinets».

Le šḫauri peut employer un verbe *ʿgb* «aimer, vouloir», au parfait, suivi du subjonctif avec ou sans *l* (Bittner, *Šḫauri*, II, p. 20; Landberg, *Gloss. Daṯ.*, p. 57); Bittner, *Soqoṭri*, II, p. 59 : *ʿagk* (réduction de *ʿagbk*) *leṯhol ʿamqes* «je veux faire mes besoins dedans».

Mais on trouve plus souvent en šḫauri une autre construction, exprimant sans doute une volonté plus atténuée, composée de *dhar* invariable et du subjonctif avec ou sans *l*; ainsi, en reprenant les exemples ci-dessus, *Soqoṭri*, II, p. 11 : *el dhar le-šfok lo* «je ne me marierai pas (*le. . . lo* est une négation composée); p. 17 : *bre seltan dhar išeḫten* «le fils du sultan devait être circoncis»; p. 59 : *er dhar teġid eñṯher* «si tu dois aller aux cabinets».

Pour tous ces mêmes passages, le soqoṭri a l'imparfait simple (voir p. 253); mais le verbe *ʿgb* «vouloir» se rencontre aussi dans ce dialecte; voir Bittner, *Soqoṭri*, II, p. 32.

202. Amharique. — Le verbe *āla* «dire» a différents usages comme auxiliaire; ainsi il sert à former de nombreux verbes du type *zəmm āla* «faire : chut» au sens de «se taire». Indépendant, il peut avoir le sens de «tendre vers», ainsi Guidi, *Vocabolario*, col. 411 : *wada saṭatā yəlāl* «on va vers la tranquillité, on va se tranquillisant». Dans ce sens, avec un verbe à l'imparfait précédé de *lə* (voir § 188, p. 275), *āla* forme une expression de l'intention; ainsi Afevork, *Roman*, p. 7, l. 4-6 : *aggāfariw ärä . . . linnäggar s-īl. . . bālabyëtu. . . tanassā* «comme (4) l'huissier (1) allait (5) dire (3) oh (2) le maître (6) se leva (7)».

TABLEAU RÉSUMÉ.

LES SYSTÈMES VERBAUX DES LANGUES SÉMITIQUES.

Notion par notion, langue par langue, l'expression du temps a été recherchée au cours de cet ouvrage dans tous les parlers sémitiques pour lesquels des documents accessibles se sont présentés. Les systèmes verbaux en ont été ainsi démembrés et dispersés dans de nombreux paragraphes séparés. Il est utile maintenant de regrouper ce qui compose le système particulier de chaque langage.

Le résumé qui suit ne comprend que les langues littéraires ou les groupes de parlers assez bien connus pour qu'on puisse faire un tableau d'ensemble de leur verbe. Les différents états d'une même langue ont été traités comme des langues différentes. En effet, les systèmes d'expression doivent être considérés à un point de vue statique. La comparaison entre les différents états pourra ensuite fournir des idées sur l'évolution de chaque groupe dialectal et de l'ensemble sémitique.

Le plan des descriptions est influencé par l'objet de la présente étude. Elles sont en général restreintes à l'indicatif. Les questions de mode n'interviennent que dans la mesure où les emplois de formes de l'indicatif en sont éclairés. Des indications négatives sur la non-expression de certaines notions dans certains domaines sont destinées à faciliter les comparaisons. Mais, ces réserves faites, l'exposé se conforme autant que possible à l'esprit de chaque système.

Les grandes lignes et les faits importants sont seuls indiqués; les faits semblables dans deux langues ne sont pas énoncés deux fois tout au long : la première langue décrite est prise comme un terme de comparaison auquel on renvoie par la suite.

Accadien. — L'accadien a un système constant au cours de son histoire. Il distingue deux aspects principaux : le procès et l'état.

Le permansif, forme de l'état, de la situation prolongée, se rapporte indifféremment au passé, au présent et à l'avenir ; il sert de résultatif.

Il y a deux formes exprimant le procès. Elles servent essentiellement à distinguer l'accompli et l'inaccompli.

L'imparfait (inaccompli) exprime généralement le présent ou le futur, rarement un passé duratif.

L'accompli (parfait) est toujours situé dans le passé.

Les temps relatifs ne sont pas distingués ; le futur antérieur est exprimé par l'imparfait.

Les expressions de l'existence, défectives, ne sont pas aptes à distinguer les aspects comme les verbes ordinaires. Il n'y a pas de copule verbale.

Hébreu biblique. — Le verbe hébreu distingue l'accompli et l'inaccompli, qui ont l'un et l'autre une double expression : en effet chacune des deux formes qui expriment ces notions a l'autre pour doublure dans certaines conditions.

Le parfait (ou l'imparfait en rôle de parfait) est un accompli non strictement situé dans le temps ; il est généralement passé, soit comme temps momentané soit comme résultatif ; il peut toutefois servir pour le futur antérieur et pour le futur prophétique ; certaines catégories seulement du lexique l'admettent comme présent, et comme futur en dehors des prophéties. L'imparfait (ou le parfait en rôle d'imparfait) est un inaccompli indifférent au temps et peut servir de passé duratif, de présent ou de futur.

Le participe, indifférent au temps, est souvent employé comme élément de phrase nominale. Il n'y a pas de forme d'état incorporée à la conjugaison.

Les temps relatifs n'ont pas d'expression spéciale.

Un verbe « être » peut être employé comme copule, le parfait étant dans l'ensemble un passé, l'imparfait un futur. Avec un participe, il peut former des espèces de temps duratifs (passé, futur) ; impersonnel en tête de phrase, il peut situer le développement qui suit soit au passé, soit au futur.

Néo-hébreu talmudique. — Les formes y sont simplifiées : le système d'interéchange entre le parfait et l'imparfait n'existe plus.

Le parfait est un passé. L'imparfait est un futur.

Le participe employé comme prédicat est présent ou futur prochain; il tend à se conjuguer. Accompagné de « être » au passé, il exprime le passé duratif.

Le futur est souvent exprimé par des composés nominaux : particules avec infinitif ou participe.

Les temps relatifs n'ont pas d'expression spéciale.

Araméen occidental ancien. — L'état de l'hébreu biblique s'y retrouve dans l'ensemble, sauf l'interéchange du parfait et de l'imparfait.

Syriaque. — Le parfait est un accompli qui fonctionne à peu près comme en hébreu; il sert pour le futur antérieur.

L'imparfait est peu employé à l'indicatif, où il apparaît comme futur.

Le participe remplace généralement l'imparfait, sans être conjugué : il peut être situé dans un temps quelconque, avec prédominance du présent et du futur; pour exprimer le passé duratif, il est généralement accompagné d'un verbe « être » au passé.

Un participe passif, qui reçoit une flexion, fournit un résultatif : employé seul, il est généralement parfait-présent; dans le rôle de plus-que-parfait, il est accompagné du verbe « être » au passé.

La particule partiellement conjuguée qui sert de verbe d'existence n'est pas strictement située dans le temps; cependant, comme passé et comme futur, elle est généralement accompagnée du parfait ou de l'imparfait d'un verbe « être »; en conséquence elle apparaît plus ou moins comme un présent quand elle est seule. Cette particule tend à devenir copule du présent, le verbe « être » étant d'autre part normalement employé comme copule soit du passé soit du futur.

Néo-araméen occidental (Ma'lūla). — Le parfait n'est plus un accompli indifférent au temps, mais un passé.

L'imparfait n'est presque plus employé à l'indicatif (il ne l'est jamais pour le passé).

La place de l'imparfait est remplie par l'ancien participe actif. Celui-ci a pris en partie les désinences de l'imparfait. Employé sans auxiliaire, il est, d'une manière générale, un présent-futur; comme passé duratif, il s'accompagne d'un auxiliaire. Toutefois, s'il est muni d'une particule de durée, il est présent ou passé suivant le contexte; d'autre part, pour le futur, il reçoit souvent la particule préfixée qui exprime l'intention.

Le verbe d'existence distingue imparfaitement les temps. Il n'y a pas de copule verbale généralisée; la phrase nominale est cependant en régression.

Néo-araméen oriental (*Kurdistan*). — Le parfait et l'imparfait anciens ont disparu.

Le remplaçant du parfait est la forme qui était en syriaque un résultatif. C'est toujours un passé, momentané ou résultatif (parfait-présent).

Le remplaçant de l'imparfait est l'ancien participe actif. Il a hérité de tous les emplois d'inaccompli. Cependant, comme passé duratif, il est généralement accompagné d'un auxiliaire passé; comme présent-futur il est habituellement muni d'une courte particule préfixée.

Le futur tend à se distinguer du présent, par une particule intentionnelle qui remplace souvent la particule du présent-futur.

Le verbe «être» est employé soit pour exprimer l'existence, soit comme copule; il comporte un présent et un passé duratif; en outre, la forme de l'intention y sert régulièrement de futur. L'emploi de la copule est généralisé, la phrase nominale n'est utilisée qu'exceptionnellement.

La copule sert à former des temps composés, d'emploi facultatif, à valeur à la fois durative et temporelle; certains de ces temps sont relatifs. Ainsi, quand la copule est suivie d'un participe passif, il se constitue, si elle est au présent, un parfait-présent; si elle est au passé, un plus-que-parfait; si elle est au futur, un futur antérieur (d'emploi rare). Quand elle précède un infinitif muni d'un préfixe de valeur «dans», elle donne : au passé, un passé duratif; au présent, un présent insisté; au futur, un futur duratif.

Arabe classique. — Le parfait est un accompli, qui sert souvent de passé, soit momentané soit résultatif; mais il a divers usages en dehors du passé, à peu près comme en hébreu biblique. L'imparfait est un inaccompli passé, présent ou futur suivant le contexte.

Un préfixe d'emploi fréquent s'accole au parfait employé avec la valeur de résultatif, et constitue avec lui soit un parfait-présent, soit plus souvent un plus-que-parfait, suivant le contexte.

Une forme lourde de l'imparfait, d'emploi rare, ne se trouve qu'en emploi de futur.

Il existe un préfixe qui donne à l'imparfait un sens net de futur; mais il est d'emploi facultatif.

Le verbe « être » peut être employé comme copule et comme auxiliaire. En emploi indépendant à sens plein ou comme copule, son parfait est généralement passé; son imparfait est présent-futur.

Dans le rôle d'auxiliaire, le verbe « être » peut apparaître pour des raisons diverses, par exemple la mise en valeur d'un des mots de la phrase.

Souvent il sert à former des combinaisons qui ont la valeur de résultatifs ou de duratifs situés dans le temps. Ce sont certaines de ces combinaisons qui expriment les temps relatifs. Le parfait de l'auxiliaire suivi de l'imparfait d'un verbe principal constitue un passé duratif; suivi du parfait, il donne un plus-que-parfait; l'imparfait de l'auxiliaire avec le parfait du verbe principal donne un futur antérieur.

Mais l'emploi de toutes ces combinaisons est facultatif et plusieurs caractères empêchent qu'on les considère comme de vrais temps composés : ainsi l'auxiliaire et le verbe principal, qui ont chacun leur conjugaison indépendante, peuvent être séparés par un ou plusieurs mots et même être à des personnes différentes.

Arabe moderne. — Dans l'ensemble, le système de l'arabe classique survit dans l'arabe moderne. Les modifications sont assez nombreuses, mais souvent peu sensibles et difficiles à apprécier. Le détail varie passablement suivant les dialectes.

Le parfait a un peu moins de liberté, mais il n'est pas restreint strictement aux emplois de passé; il peut servir pour le futur antérieur.

Le résultatif composé de particule préfixée et de parfait n'apparaît qu'en Arabie du Sud.

L'imparfait simple continue à se situer suivant le contexte à différents moments du temps : cette liberté est souvent restreinte, de manières variées, par l'emploi de préfixes et d'auxiliaires; mais l'usage de ces éléments n'est jamais strictement obligatoire, au moins en tant qu'il est temporel (voir ci-dessous).

La particule de futur de l'arabe classique n'a pas subsisté.

Le participe, dans certains dialectes orientaux, a tendance à remplacer souvent les formes conjuguées, soit seul, soit en composition. Employé seul, il est soit résultatif, soit descriptif, sans localisation temporelle.

Le verbe « être », à sens plein ou employé comme copule, a une valeur temporelle à peu près fixe, le parfait étant passé et l'imparfait, futur.

En général, il n'y a pas de copule du présent; toutefois une copule d'origine non verbale sert ordinairement au présent en Algérie, et l'arabe marocain emploie au présent l'imparfait à préfixe du verbe « être » (voir ci-dessous).

Les combinaisons d'auxiliaire et de forme conjuguée ou de participe tendent à former des temps composés. L'auxiliaire se joint plus étroitement qu'en arabe classique à la forme qui suit; la liberté d'interposer des mots, celle aussi d'employer des personnes différentes pour les deux termes se sont au moins beaucoup restreintes. L'auxiliaire est en général entièrement conjugué, et il ne se répète pas avec des verbes principaux coordonnés. Au reste le passé duratif, le plus-que-parfait, le futur antérieur composés ne sont pas d'emploi obligatoire, non plus que le présent insisté formé avec les copules de sens présent (Algérie et Maroc).

Dans la plupart des parlers, l'imparfait peut être muni de préfixes courts. Ces préfixes sont d'emplois variés; l'usage qui semble dominer est la distinction d'un indicatif muni de particule par opposition au jussif qui n'en a pas. Dans la plupart des parlers où les préfixes sont employés, ils sont accolés à l'imparfait même si un auxiliaire précède.

Certains de ces préfixes paraissent se rattacher à une idée de concomitance; l'un d'eux est employé en Égypte dans des propositions au passé et au présent; en Syrie-Palestine, dans des propositions au passé, au présent et au futur; un autre est employé dans de nombreux parlers marocains, dans des propositions au passé et au présent (rarement au futur).

Une autre série de préfixes (en partie au moins issus de verbes figés) sert à exprimer l'intention ou l'imminence. Dans les phrases qui ne sont pas au passé, ils expriment normalement le futur prochain, et quelquefois ils peuvent devenir une expression, facultative, du futur éloigné.

De nombreux parlers ont des particules duratives qui précèdent l'imparfait (muni ou non de préfixes de concomitance), quel que soit le temps de la phrase.

Sudarabique. — Le sudarabique ancien, mal connu, semble avoir eu pour le parfait et l'imparfait un usage analogue à celui de l'arabe classique (avec des traces, au moins, de l'interéchange signalé plus haut pour l'hébreu). On n'y observe pas de résultatif ni de temps composés.

En sudarabique moderne, le parfait et l'imparfait ont. les emplois ordinaires d'accompli et d'inaccompli.

Une particule précédant le parfait en fait un résultatif, dans les mêmes conditions que pour la particule homologue de l'arabe classique.

Une forme nominale du verbe (participe de formation spéciale) exprime le futur en mehri; mais l'emploi n'en est pas obligatoire.

Il n'y a que des amorces de copule. Le parfait du verbe « être » peut se rencontrer en composition avec un imparfait pour exprimer le passé duratif.

Des expressions de l'imminence et de l'intention au moyen de particules (en partie des verbes figés) se sont développées en mehri et en šḫauri.

Guèze. — Les deux formes principales du verbe ont la valeur ancienne. Le parfait est un accompli : il est souvent passé, mais peut aussi être situé à un autre temps; il est régulièrement employé comme futur antérieur. L'imparfait est un inaccompli indifférent au temps.

Une forme nominale du verbe pourvue d'une conjugaison (pronominale), le gérondif, exprime la circonstance (antérieure ou concomitante).

Un verbe d'existence (d'origine nominale) est indifférent au temps, soit quand il est employé seul, soit quand il entre en combinaison avec l'imparfait, qu'il accompagne souvent pour exprimer une idée de durée ou d'insistance.

Le verbe « être » (de même racine qu'en arabe) est quelquefois copule; le parfait en est presque toujours passé, l'imparfait futur.

Ce verbe ne sert pas très souvent d'auxiliaire : cependant il peut se combiner avec le parfait pour exprimer le plus-que-parfait; avec l'imparfait il peut former un passé duratif (cette dernière construction se rencontre aussi avec un parfait de sens « demeurer »).

Tigré[1]. — Le parfait semble être à peu près restreint aux différents usages de passé. L'imparfait simple peut être passé, présent ou futur; il est souvent futur.

Une copule non conjuguée est généralement employée : elle est indifférente au temps et n'entre en composition que pour le futur prochain.

Le verbe d'existence homologue à celui du guèze est présent, quand il est isolé.

Des verbes «demeurer» et «devenir» fournissent des expressions de l'existence et des copules du passé momentané ou du passé duratif (au parfait) ou du futur (à l'imparfait).

Il existe plusieurs formes composées, où les auxiliaires sont entièrement conjugués. Un participe servant à l'expression du résultat peut se composer avec le verbe d'existence en un parfait-présent; avec le plus usuel des auxiliaires passés, il forme un plus-que-parfait; mais le premier de ces temps est rare, le second n'est jamais obligatoirement employé.

Quand l'imparfait est composé avec le verbe d'existence, l'ensemble n'est jamais passé, mais est situé dans le présent-futur; il est surtout employé comme présent.

Il existe une périphrase à sens de futur prochain qui joue souvent le rôle de futur ordinaire.

Tigrigna. — Le parfait est ordinairement un passé; pourtant il sert de futur antérieur. Dans le passé, il est généralement réservé au rôle de passé momentané; il peut cependant exprimer le passé antérieur dans certains cas.

L'imparfait simple n'est jamais un passé en proposition principale, mais un présent-futur. Il ne figure dans une phrase au passé que s'il est accompagné d'un auxiliaire passé, ou s'il est subordonné au moyen d'une conjonction. Dans ce dernier cas le temps n'est pas distingué; c'est l'expression modale qui prévaut.

Le gérondif, conjugué comme en guèze, peut servir d'expression subordonnée de la circonstance. Mais il s'emploie aussi seul, ou avec auxiliaire, pour exprimer le résultat (voir, ci-dessous, les composés).

Le verbe d'existence, employé seul, est un présent. Une copule conjuguée

---

[1] Le tigré suit ici immédiatement le guèze et précède le tigrigna, en raison de son caractère relativement archaïque.

(d'origine non verbale) est aussi un présent. D'autres racines servent d'expression de l'existence et de copules pour les autres temps; le parfait du verbe « être » (même racine qu'en arabe et en guèze) sert pour le passé momentané; le gérondif, soit de la même racine, soit de l'ancien verbe « demeurer », sert pour le parfait-présent; le parfait « demeurer » sert pour le passé duratif, et l'imparfait du verbe « être » sert pour le futur. L'emploi de ces copules est assez généralisé pour que la phrase nominale soit exceptionnelle.

Les temps composés sont nombreux.

Le gérondif avec le verbe d'existence du présent ou avec la copule du présent est (comme le gérondif simple) un parfait-présent; le gérondif (ou en phrase négative le parfait), avec l'auxiliaire duratif (parfait de « demeurer »), est un plus-que-parfait. L'imparfait, avec la copule du présent, exprime le présent-futur, tout comme l'imparfait simple, et il tend à supplanter celui-ci en proposition principale et relative; composé avec le verbe d'existence du présent, il exprime seulement le présent. Le gérondif, avec l'auxiliaire « être » au futur, exprime le futur antérieur.

Les auxiliaires sont entièrement conjugués; ils ne sont pas répétés obligatoirement quand deux verbes coordonnés se suivent.

Amharique. — Le parfait est, dans le passé, généralement réservé au rôle de passé momentané (toutefois il sert de parfait-présent en phrase négative). Il sert aussi à l'expression du futur antérieur.

L'imparfait seul n'est jamais passé, en proposition principale; mais les subordonnées (y compris les propositions relatives) sont indifférentes au temps (comparer la situation du tigrigna).

Le gérondif a la même valeur qu'en tigrigna; mais il n'est employé qu'exceptionnellement seul en proposition principale comme parfait-présent.

Pour l'expression de l'existence et pour les copules, les conditions sont à peu près les mêmes qu'en tigrigna (le parfait-présent est une forme composée de la racine « être »). L'emploi des copules est si bien généralisé que la phrase nominale ne peut guère figurer que dans des proverbes ou exceptionnellement en poésie.

Les temps composés sont abondants et particulièrement nets par leur forme.

Le gérondif combiné avec le verbe d'existence du présent constitue le parfait-présent (non employé avec négation); le gérondif avec l'auxiliaire du passé duratif constitue le plus-que-parfait.

L'imparfait composé avec le verbe d'existence (présent) est présent-futur. Il est toujours employé en proposition principale positive (l'imparfait simple apparaissant en proposition négative principale, et d'autre part en proposition subordonnée). L'imparfait composé avec l'auxiliaire du passé duratif est un passé duratif.

En composition, l'auxiliaire passé peut être à volonté conjugué ou non. L'auxiliaire présent est dans l'ensemble conjugué, partiellement figé; il est joint à la forme principale comme un suffixe et se répète généralement avec des verbes coordonnés.

En interprétant le tableau qui précède on peut relever, au point de vue de la constitution des formes, le contraste entre les domaines dialectaux distincts du sémitique.

Le sémitique oriental a un système d'une simplicité extrême : trois formes conjuguées simples, pas de formes nominales non conjuguées jouant un rôle verbal, aucun auxiliaire; très peu de chevauchements d'emploi entre les trois formes simples. Ce système si nu, à grandes articulations, paraît avoir eu une fixité remarquable.

Le sémitique occidental a une histoire beaucoup plus compliquée.

Les langues septentrionales ont seulement, au départ, deux formes conjuguées, avec des chevauchements d'emploi; les relations de ces deux formes entre elles ont changé plus d'une fois, ainsi que leurs relations avec les formes participiales. Celles-ci, tantôt sans, tantôt avec conjugaison (quelquefois avec accompagnement d'un verbe «être» réduit plus ou moins au rôle d'auxiliaire) ont souvent tendu à restreindre la place des anciennes formes verbales. Quelques états de transition montrent des expressions nettes de certaines notions duratives au moyen de formes nominales devenues plus ou moins conjugables : ici le présent, là le résultatif.

Dans les parlers qui ont survécu le plus longtemps et ont le plus évolué (araméen oriental), deux formes participiales, qui ont supplanté entièrement les deux formes fondamentales anciennes, reconstituent l'ossature.

essentielle à deux divisions. Les divisions accessoires sont obtenues au moyen de copules-auxiliaires : celles-ci se composent en partie avec les deux formes fondamentales (de nominales devenues verbales), en partie avec des formes nominales actuelles, qui à leur tour arrivent ainsi à entrer dans le système verbal.

Le sémitique méridional connaît peu de mélanges des formes nominales avec les formes verbales : là où une forme nominale est venue compliquer l'opposition des deux formes conjuguées anciennes (gérondif éthiopien) elle a pris une flexion qui lui donne l'aspect en même temps que le rôle d'une forme verbale supplémentaire. Mais les deux formes fondamentales qui s'opposent, non sans quelques chevauchements d'emploi à époque ancienne, sont, au cours de l'évolution, entourées de plus en plus par des éléments accessoires.

Les auxiliaires, qui se joignent rarement au verbe principal de manière fixe, compliquent volontiers la proposition; ils introduisent des idées d'antériorité ou de simultanéité qui manquent le plus souvent en sémitique septentrional. Leur développement est amorcé en arabe; il est arrivé à la floraison dans les langues éthiopiennes modernes : si le tigrigna a des emplois ambigus et des expressions doubles, le système arrive à prendre en amharique de la fermeté et de la symétrie.

Le développement des copules ne se confond qu'en partie avec celui des auxiliaires de temps composés.

Les particules ont foisonné surtout sur le domaine arabe. Anciens noms, plus souvent anciens verbes déchus de leur conjugaison, elles tendent à s'accoler, même à s'agglutiner, aux anciennes formes verbales, en leur apportant des nuances variées, variables, mais sans les changer sensiblement de valeur au fond; loin d'en entamer la vitalité, elles la renouvellent.

Tels sont les éléments qui ont joué un rôle sur différents points et à des moments variés : anciennes formes conservées sans modifications ou changées de valeur; formes nouvelles suppléant des formes anciennes défaillantes ou apportant de nouvelles possibilités d'expression.

Les cas où l'utilisation de ces divers éléments s'est faite dans le sens d'un système vraiment temporel seront repris et examinés brièvement dans la conclusion qui suit.

CONCLUSION.

Le fait le plus frappant, à considérer les quelque cinq mille ans sur lesquels se répartissent les morceaux d'histoire du sémitique que nous atteignons, c'est la persistance d'un système verbal qui ne repose pas sur le temps.

Jusque dans les langues les plus évoluées, l'ancien accompli continue à se distinguer d'un passé en figurant dans des phrases qui expriment le futur.

Presque partout l'inaccompli peut se situer indifféremment au passé, au présent et au futur.

Les formes nouvelles qui se créent au cours de l'évolution n'ont pas en général pour rôle propre ou au moins pour rôle unique l'expression du temps. Mais, souvent, elles renouvellent l'expression d'anciennes distinctions. Ainsi les formes duratives abondent : or l'expression de la durée paraît être un fait très ancien en sémitique, antérieur sans doute à la distinction même de l'accompli et de l'inaccompli. Ainsi encore, sur le domaine méridional, on voit que des formes duratives et même des formes à valeur temporelle non durative ont un rôle modal, en distinguant un mode indicatif d'un mode subordonné. D'anciennes tendances se maintiennent donc en utilisant des formes nouvelles.

Malgré tout, dans presque toutes les langues, le temps situé a un rôle plus ou moins important.

Les faits de détail, comme le caractère nettement passé du parfait accadien ou la propension de l'arabe classique à exprimer les temps relatifs par le jeu de son verbe auxiliaire, ne sont pas les plus intéressants.

Ce qui importe, c'est de voir quels sont les systèmes verbaux dont l'ensemble repose sur l'idée de temps, quelles que soient les divisions du temps qui y ont reçu une expression distincte.

L'hébreu talmudique a un parfait qui est un passé, un imparfait qui est un futur, un participe qui est un présent; le composé du participe avec un auxiliaire fournit un passé duratif. Ce système est à grandes divisions temporelles. Mais on peut se demander s'il a jamais vécu dans l'usage parlé.

L'araméen moderne oriental a un parfait de nouvelle formation qui est un passé. Le présent-futur nouveau montre comme l'imparfait qu'il a remplacé une tendance à ne pas se situer par lui-même dans le temps. Mais, grâce à un jeu complexe d'auxiliaires et de préfixes, un système temporel complet s'est constitué, où non seulement les grandes divisions du temps sont marquées (opposition du passé et du présent-futur), mais des distinctions plus précises (opposition du présent et du futur, expression de temps relatifs) se sont introduites. L'extension d'usage de la copule, supprimant la phrase nominale, fait qu'aucune phrase n'est sans marque de temps.

Autres langues modernes, l'amharique et le tigrigna ont innové à peu près dans le même sens et avec les mêmes résultats que l'araméen oriental; mais c'est en conservant les anciennes formes de parfait et d'imparfait et en y ajoutant le gérondif. La scission nette de l'ancien imparfait en passé duratif d'une part, en présent-futur de l'autre, suivant le jeu des auxiliaires qui s'y ajoutent ou manquent dans des cas déterminés, la distinction précise de plusieurs espèces de passé, la rigueur d'emploi des copules situées dans le temps sont des traits frappants d'innovation.

Si on ajoute à ces exemples quelques faits arabes (comme la constitution partielle d'un présent en arabe algérien), on observera que, en dehors de l'hébreu à son dernier stade, seules des langues modernes possèdent des systèmes temporels et on sera tenté d'en rechercher la cause.

Une question se pose ici. Doit-on s'engager dans une distinction entre langues anciennes et langues modernes? Là où on rencontre des innovations qui vont au rebours des anciennes tendances sémitiques, ne doit-on pas les attribuer à des influences étrangères : ici substrat non sémite sur un domaine conquis, là influences occasionnelles?

Certes il est intéressant, pour l'hébreu talmudique, langue savante, de mentionner qu'il s'écrivait dans un monde hellénisé : n'y aurait-il pas eu influence grecque sur son système des temps? — Certes aussi, à voir les descriptions des langues couchitiques d'Abyssinie, il s'y montre une grande richesse de formes verbales, que les auteurs de descriptions donnent comme ayant des valeurs temporelles : n'est-ce pas le secret de l'évolution tigrigna et amharique?

Il y aurait là, sans doute, des recherches à tenter. Malheureusement, notre histoire a trop de lacunes : la connaissance des substrats n'est pas toujours possible; car beaucoup de langues ont disparu; et là même où les langues d'un domaine conquis sont encore actuellement observables, il est difficile d'en rien conclure, faute de pouvoir remonter dans leur passé et pénétrer le sens de leur évolution.

En tout cas une observation s'impose ici : le sémitique s'est étendu en Afrique sur le domaine des langues dont l'origine était la même que la sienne; il a pu se rencontrer dans les langues conquises et dans les langues conquérantes des évolutions parallèles. Ce serait une raison pour ne pas attacher, au moins en ce qui concerne le sémitique méridional, une importance privilégiée aux questions d'influences étrangères.

Mais, d'une manière générale, au moins en ce qui touche les systèmes d'expression, il faut se défier d'explications trop faciles par des influences de substrats.

Une revue rapide à l'intérieur du sémitique, ou même de telle langue sémitique à domaine étendu comme l'arabe, permet d'observer des développements parallèles de détail dans des parlers qui sont éloignés sur le terrain et sont établis sur des substrats distincts. Il suffit de rapprocher par exemple le *ba-* intentionnel de l'Arabie du Sud et celui du Maroc méridional ou les usages parallèles du préfixe *b-* en arabe oriental et du préfixe *ka-* en arabe marocain.

D'autre part, on peut remarquer qu'une tendance en passe de se généraliser emprunte en des endroits divers des voies différentes qui ont également leur point de départ, non sur des terrains étrangers, mais sur le fonds même du sémitique ancien. Il y a une copule conjuguée du présent en araméen oriental, en arabe algérien, en tigrigna, en amharique : les quatre copules sont différentes et pourtant toutes composées d'éléments sémitiques anciens dont on peut suivre assez bien l'évolution; ce ne sont certes pas quatre substrats pareils qui sont responsables de la convergence des résultats au point de vue de l'expression du temps.

Enfin, si on admettait, malgré bien des difficultés de principe, une énorme influence du grec littéraire sur le néo-hébreu savant, une pareille explication vaudrait mal pour les parlers araméens, dont l'évolution, au moins depuis de nombreux siècles, s'est poursuivie en dehors des influences littéraires.

Donc, sans écarter légèrement un ordre de recherches important, il est permis de n'en pas trop attendre, et de chercher à interpréter l'évolution interne du sémitique autrement que par des influences extérieures occasionnelles et locales.

Les faits ont été exposés jusqu'ici à un point de vue purement grammatical. Il a été sous-entendu que des sujets parlants peuvent avoir conscience du temps situé sans que cette notion se reflète dans le verbe de leur langue. On n'a donc pas examiné la « psychologie sémitique ».

Mais s'il est certain que chaque homme peut concevoir certaines idées qui n'ont pas d'expression constante dans la langue qu'il parle, il est néanmoins raisonnable de chercher une certaine relation entre les notions conçues et les notions exprimées. La grammaire comparée permet de rechercher la direction d'une évolution ; la linguistique générale devra en dégager les causes et la signification d'ensemble. Et on peut, dès maintenant, essayer de situer dans le cadre de ce que nous savons sur l'évolution des langues en général les faits que nous avons observés en recherchant les expressions verbales du temps situé en sémitique.

Une analyse minutieuse des manières de penser, examinées à travers des séries d'actes décrits par des observateurs dignes de foi, a conduit M. L. Lévy-Bruhl à la conclusion suivante (*Mentalité primitive,* p. 126) : « Ils (les primitifs) ne voient pas s'étendre indéfiniment devant leur imagination cette sorte de ligne droite toujours semblable à elle-même sur laquelle se situeront les événements [ce qui est la conception du « civilisé »]... Le temps n'est pas pour le primitif, comme il l'est pour nous, une sorte d'intuition intellectualisée, un « ordre de successions »... Il est senti qualitativement plutôt que représenté » (voir à l'index du même livre les références sous le mot *Temps*).

Tels sont les points de départ et d'arrivée dans l'état actuel des recherches.

On doit attendre que les groupes de langues dont on peut suivre l'histoire sur une assez longue période montrent des degrés intermédiaires entre les points extrêmes, avec des différences suivant les moments et suivant les populations.

Pour le sémitique, Meloni, *Alcuni studi*, a montré, en dehors du verbe, un certain nombre de détails par où les langues sémitiques marquent entre le temps et l'espace des rapports autres que ne font des langues européennes occidentales comme l'italien et le français; mais d'autre part l'emploi des adverbes de temps dans les langues sémitiques marque une conception bien établie du temps situé tripartite.

L'histoire de l'indo-européen, la famille de langues la mieux connue, montre que, comme le nombre duel, élément archaïque, s'élimine peu à peu des langues de civilisés (Meillet, *Introduction,* p. 381), le verbe, qui exprimait anciennement surtout des oppositions d'aspect, en vient à exprimer en première ligne les divisions du temps (Meillet, *Linguistique,* p. 185-186).

On voit où tend ce développement. — Ceux des Sémites dont le système verbal repose sur le temps situé seraient donc plus proches des conceptions caractéristiques des civilisés d'Europe?

Une objection se présente (voir Bauer, *Tempora,* p. 53) : est-ce que, parmi les Sémites, le plus haut degré de civilisation intellectuelle peut se trouver chez les malheureux chrétiens du Kurdistan, qui n'ont sauvé leur langue de l'absorption par l'arabe que parce qu'ils sont en dehors des grands courants de circulation des peuples; se rencontre-t-il chez les habitants des paillotes de l'Afrique orientale?

Une discussion entraînerait un débat infini sur la notion de «progrès». Mais une courte observation nous permettra sans doute de passer outre, à titre provisoire. La civilisation matérielle, en matière de langues, compte moins que l'état social. Or, aussi bien les gens qui parlent araméen (chrétiens et juifs) que les Abyssins chrétiens ont, à défaut des commodités matérielles de la civilisation, une organisation sociale où l'individu est autonome, et par là ce sont des «modernes»; le jugement inverse atteint le monde arabe musulman, dans la mesure où le groupement par tribus y prédomine. De même, on se rappellera que les Indo-Européens n'ont pas apporté dans les régions qu'ils ont recouvertes et dominées une civilisation matérielle raffinée, mais «une intelligence claire et un sens social profond» (Meillet, *B. S. L.,* XXIII, 2, n° 71, p. 132).

Les langues sémitiques, donc, sont des organismes archaïques, dans la mesure où leur verbe exprime surtout l'opposition de l'accompli et de l'inaccompli. Dans la mesure où certaines d'entre elles mettent au premier plan les divisions du temps situé (passé, passé relatif, présent, futur, etc.), ceux qui les parlent sont entraînés par une évolution qui va du concret à l'abstrait, du jugement global à l'analyse. C'est ainsi que le développement des copules conjuguées du présent va de pair avec le développement de l'expression du temps (voir Bally, *Copule zéro*, p. 1). Et il n'est sans doute pas indifférent que des parlers dont l'extinction remonte à une époque déjà éloignée de nous n'aient pas eu d'expression complète du temps dans le verbe, tandis que cette expression se développe dans ceux des parlers qui ont survécu jusqu'à nos jours et qui n'ont pas été arrêtés dans leur développement par des forces archaïsantes.

INDEX DES NOTIONS.

INDEX DES MOTS.

L'ordre adopté est celui de l'alphabet français; ' et ' suivent *a*; les caractères avec signe diacritiques sont rangés à la suite des caractères simples.

ACCADIEN.

CANANÉEN.

Hébreu, sans indication.

ARAMÉEN.

Araméen en général et araméen occidental ancien, sans indication; araméen moderne occidental, *ma^c.*; syriaque, *syr.*; araméen talmudique de Babylone, *talm.*; mandéen, *mand.*; araméen moderne oriental de Ṭūr ʿabdīn, *ṭōṛ.*, de la région d'Ourmia, *néosyr.*

néosyr. *ate*, 117.

syr. *'i(y)t^h*, *'i(y)t^hay-*, 81, 106, 115, 187, 246.
'i(y)t^hay, 78, 80.
syr. *'i(y)t^hya(')*, 81.
ma^c. *'ty*, 81.
talm. *'yk'*, 82, 115.
'yt, 80, 81.
nabatéen *'yty*, 80.
ma^c. *'zl*, 271.

ṭōṛ. *ʿadō*, 60, 278.
ma^c. *ʿammāl*, 59, 187, 215.
ʿât^hi(y)d^h, 59, 245.

b-, 50, 65.
néosyr. *b-* (futur), 60, 247.
néosyr. *bă̆e*, 60.
ma^c. *batt-*, 59, 278, 279.
néosyr. *b(ə)-*, *b(i)*, 61, 189, 218, 248.
néosyr. *bid-*, *bit-*, *biṭ-*, 60, 217, 247, 278.

ma^c. *čūt*, 81.

d, 246.
ṭōṛ. *d*, 60.
néosyr. *d*, 60, 61.

néosyr. *ek-*, 60.

ṭōṛ. *gə(d)*, 60, 217, 247.

hăwâ(h), *hăwâ(')*, 112, 186, 246.
néosyr. *hăwe*, 165.
néosyr. *hdīrā*, 271.
hen, 80.

syr. *həwâ(')*, 114, 146, 187, 188.
hw', 109, 112, 187.
mand. *hw'*, 115.
syr. *(h)wâ(')*, 114, 147, 165, 187.
talm. *hwh*, 115, 188.
hwy, 81, 109, 112, 115.

néosyr. *ī*, 60, 188, 217.
néosyr. *īlē*, 84.
mand. *īt*, 82.
néosyr. *īt^h*, 84, 116.
néosyr. *iwā*, 116.
néosyr. *īwin*, 84.

ṭōṛ. *k-*, 83, 150, 188, 216-217, 247.
néosyr. *k-*, 60, 83, 188, 247.
mand. *-ka*, 82.
talm. *-k'*, 82.
talm. *kaddu*, 60.
ṭōṛ. *kə-*, 60.
néosyr. *ke*, 60.
ṭōṛ. *kəd*, 60, 247.
néosyr. *kim*, 61, 142, 150, 166 n., 217.
ṭōṛ. *kīt*, 83, 116.
kwn, 117.
syr. *kyanā*, 117.

talm., mand. *l-*, 82, 245.
ṭōṛ. *l-*, 83.
néosyr. *lă*, 85, 116.
lă('), 80.
syr. *lă(')*, 81.
syr. *lă(')h)wâ(')*, 81, 114.
ṭōṛ. *lat-*, 83, 116.
syr. *law*, 81, 114.

mand. *lāyīt*, 82.
ṭōṛ. *layt*, 83.
syr. *layt^h*, *layt^hay-*, 81.
néosyr. *layt^h*, 84.
talm. *l' 'yt*, 82.
l't, 80.
talm. *lyt*, 82.

ṭōṛ. *oʿdo*, 60.
ma^c. *ōb*, 113, 187.
ma^c. *ōḥ*, 112.
ma^c. *ōṭ*, 81, 187, 271.

néosyr. *pyš*, 117.

talm. *q*, *qâ*, 59, 72, 188, 216.
mand. *qâ*, *qi*, 60.
talm. *qā'em*, 60.
néosyr. *qāim*, 60.
néosyr. *qadăm*, 61.
néosyr. *qam*, 61, 142, 150. 166 n.
néosyr. *qdm*, 61.

néosyr. *ṣlê(')*, 60.

ma^c. *ṭqn*, 113, 187, 245.

ṭōṛ. *-ve*, 116.
ṭōṛ. *-vo*, 83, 115, 116, 165, 188, 216.
syr. *-wâ(')* 114, 146, 187.
néosyr. *wa*, *wā*, 84, 85, 116, 165, 188, 189.
néosyr. *wē-wa*, 85, 116.
ṭōṛ. *wō*, 116.
ma^c. *wōb*, 113, 187.
ma^c. *wōṭ*, 81, 187.

ARABE.

Parlers modernes, sans indication; arabe classique, *class.*

ka- («comme»), 71.
class. *ka'an(na)*, 71, 121.
class. *kāda*, 272.
kāin, kāyin, 70, 118, 121, 172.
kan(n) 68.
kān, 109 n., 136, 169, 170, 171, 173, 174, 192, 193, 195, 196, 197, 222, 224, 226, 250, 252, 253, 272, 273, 281.
kān (particule), 123 n., 173, 196.
class. *kāna*, 69, 70, 71, 86, 151, 166, 167, 175, 189, 191, 212, 218, 249, 261.
kānši, 123 n.
kaši, 123 n.
kašimā, 123 n.
class. *kay*, 71.
kē, 68, 151, 221.
keenno, 121.
kīf, 123.
kil, 67, 151, 221.
ku-, 71, 230.
kwn, 62, 67, 109, 117.

l-, 124.
class. *la-*, 61, 151, 166, 248.
la-, 72.
class. *lā*, 86, 219, 243.
lāhi, 274.
lahh, lah, 272.
class. *lam*, 17, 142.
class. *lan*, 248.
las(s), 91.
las bədd, 92.
class. *lāta*, 86.
lāti, 221.
class. *laysa*, 85, 91, 119 n., 218.
lēs, 91.
lhw, 221, 274.
līs, 92.
lla, 72.

lūkān, 123 n.

m-, 63.
ma-, 67, 221.
class. *mā* («tant que»), 243.
class. *mā* (négation), 91.
mā, 91.
mā — š, 88, 222.
mafi, 88.
mafi(h)š, 88.
makān, 123 n.
makēn, 123 n.
maku, 123 n.
mamīš, 88.
man-, 67, 221, 226.
maqīš, 88.
māš, 273.
māši, 273.
mazāl, 252, 269.
min, 67.
mša, 273.
mudāri', 53.
mustaqbil, 53.
muš, 88.

-n-, 48, 91, 152.
nəggəz, 170.
class. *ni'ma*, 219.

qa, 72, 221.
qa'ad, 267.
qā'id, 67, 72.
cl. *qad*, 61-62, 67, 149, 150, 151, 154, 166, 167, 168, 169, 191, 219, 261.
class. *qat*, 62.
class. *qdd*, 62.
qə'ed, qə'et, qēt, 72, 195, 221.
class. *qtt*, 62.
qwm, 267.

ṛā, 51, 73, 89-91, 106, 122, 123, 149, 153, 222, 229, 250, 273, 274.
ra', 88, 154, 222 n., 274 n.

raḥ, 65.
rāḥ, 65, 272.
raḥḥ, 272.
rād, 281.
rāiḥ, rā'iḥ, 272.
ṛāyaḥ, rāyēḥ, 272, 273.
r'y, 88, 89.

class. *sa*, 61, 248, 249, 251, 261.
sa-, 66, 72, 249 n., 252, 273, 281.
class. *sā*, 61.
sā-, 66.
cl. *sa'ā*, 61.
cl. *saf*, 61.
cl. *saw*, 61.
class. *sawfa*, 61, 248, 249, 251.
cl. *say*, 61.
seyyer, 72, 273.

ṣā-, 89.
ṣār, 72, 124, 152.
ṣāyir, 124.
ṣyr, 123, 267, 273.

ša-, 66, 252.
šā-, 66.
class. *šā'a*, 66.
ša', 89.
šāti, 282.

ta-, 66, 72, 252 n.
ta'a, 66.
class. *ta'āla*, 66.
tämma, 68 n., 87, 153.
tarā-, 89.
tārī, 89.
tawwā, 66.
t'y, 66.
tĕffĕl, 268.
tĕrā-, 89.
tlw, 209.
tmm, 269.
trā-, 89.
ṭəmmä, 87.

SUDARABIQUE.

ÉTHIOPIEN.

Sans indication, guèze; tigrigna, *tña*; tigré, *tē*; amharique, *amh.*; harari, *har.*; gouragué, *gour.*

BERBÈRE.

ÉGYPTIEN.

PERSAN.

SOMALI.

TABLE DES MATIÈRES.

HÉBRON.
LE HARAM EL-KHALÎL,
SÉPULTURE DES PATRIARCHES,
PAR

L. H. VINCENT ET E. J. H. MACKAY
AVEC LA COLLABORATION

DE

F. M. ABEL.

1 volume texte, grand in-4° de 256 pages et 86 figures et 1 album de 28 planches en héliogravure et phototypie................ **250 fr.**

JEAN EBERSOLT.

LES ARTS SOMPTUAIRES DE BYZANCE.
ETUDE SUR L'ART IMPÉRIAL DE CONSTANTINOPLE
ILLUSTRÉE DE 67 GRAVURES.

1 volume in-4° de 168 pages........................... **50 fr**

SALOMON REINACH.

RÉPERTOIRE
DE PEINTURES GRECQUES ET ROMAINES.

1 volume grand in-8° de 2720 gravures.................... **45 fr**

LE CABINET DES MÉDAILLES ET ANTIQUES
DE LA BIBLIOTHÈQUE NATIONALE.
NOTICE HISTORIQUE ET GUIDE DU VISITEUR,

PAR

E. BABELON.
I. LES ANTIQUES ET LES OBJETS D'ART.

1 volume in-8° de 280 pages, illustré................. **12 fr. 50**

MAURICE GOGUEL.

INTRODUCTION AU NOUVEAU TESTAMENT.

TOME I   : *Les Évangiles synoptiques.*
TOME II : *Le Quatrième Évangile.*
TOME III : *Le Livre des Actes.*

3 volumes in-16 jésus, ensemble .... **68 fr**

www.ingramcontent.com/pod-product-compliance
Lightning Source LLC
LaVergne TN
LVHW021229170726
843501LV00003B/719